MÉMOIRES D'EXIL

DU MÊME AUTEUR

Lettres d'amour en Somalie, Regard, 1985.
Tous désirs confondus, Actes Sud, 1990.
Destins d'étoiles, tomes 1 à 4, P.O.L-Fixot, 1991-1992.
Monte-Carlo : la légende, Assouline, 1993.
L'Ange bleu : un film de Joseph von Sternberg, Plume, 1995.
Madame Butterfly, Plume, 1995.
Une saison tunisienne, avec Soraya Elyes, Actes Sud, 1995.
Les Aigles foudroyés, France 2 éditions/Robert Laffont, 1997

Frédéric Mitterrand

Mémoires
d'exil

ROBERT LAFFONT

© Éditions Robert Laffont, S.A., Paris, 1999
ISBN 2-221-09023-3

Pour Barbara, Marie-Nicole et Marie.

« Dans leur grandeur comme dans leurs malheurs, toutes les générations de Romanov ont placé les intérêts et la gloire de la Russie au-dessus de tout calcul personnel. La Russie était une partie de leur âme, de leur corps ; aucun sacrifice ne leur paraissait trop grand et ils l'ont prouvé en donnant leur vie pour elle. Je fais des vœux pour que leur esprit m'anime jusqu'à la fin de mes jours. »

Grande-duchesse Maria Pavlovna, 1932.

« Je n'ai jamais été découragé. J'ai toujours fait ce que je croyais juste et si ça ne marchait pas, j'ai toujours pensé : si ce n'est pas aujourd'hui, ce sera peut-être plus tard. Au soir de ma vie, je le pense encore. J'ai ma devise personnelle : "ne pas tirer, c'est aussi manquer son but". »

Otto de Habsbourg, 1999.

« Dans la solitude où je suis, je ne vis que pour le peuple allemand, je ne pense qu'à lui. Je me demande comment je pourrais l'aider et le servir encore, par mes suggestions ou mes conseils. Les critiques les plus âpres ne pourront jamais porter atteinte à l'amour que j'éprouve pour mon pays et pour mon peuple... »

Guillaume II, 1922.

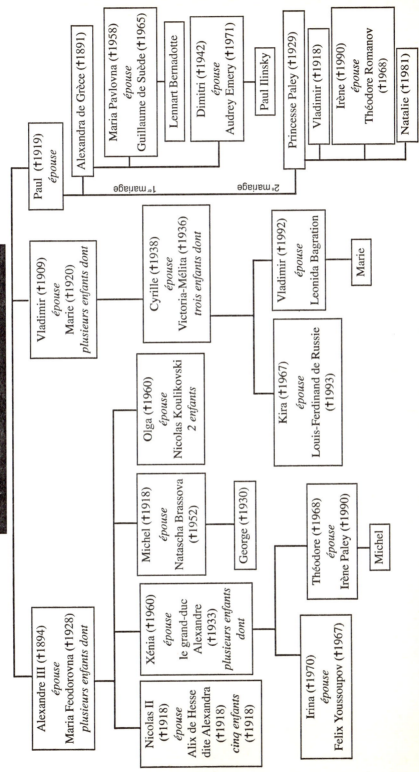

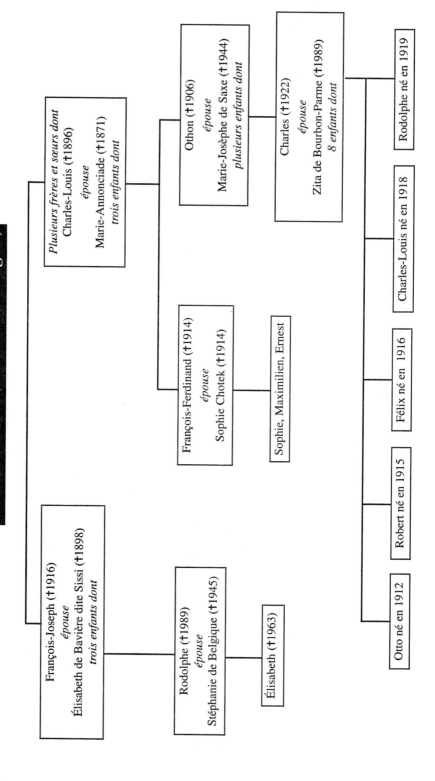

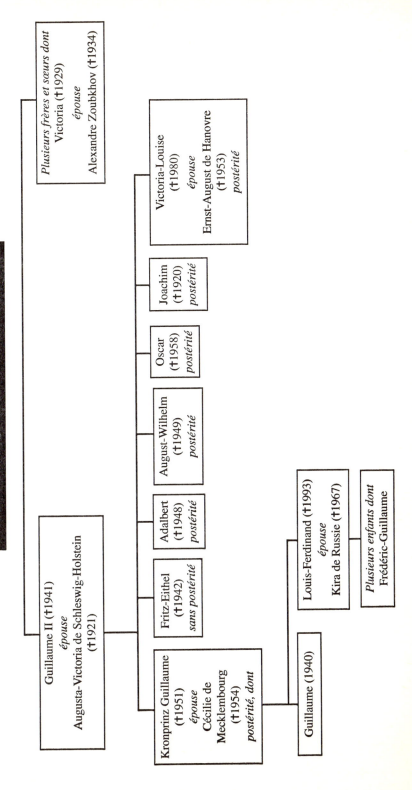

1
LE DERNIER TSAR

> « À Sa Majesté l'empereur Michel : les événements récents m'ont contraint à décider irrévocablement de prendre cette mesure extrême. Pardonne-moi si cela te fait de la peine et aussi pour ne pas t'avoir prévenu. Je n'avais pas le temps. Je resterai toujours ton frère fidèle et dévoué. Je retourne maintenant au quartier général d'où j'espère revenir rapidement à Tsarskoïe Selo. Je prie Dieu pour qu'Il t'assiste ainsi que notre patrie. Ton Nicky. »
>
> Télégramme de Nicolas II annonçant à son frère Michel qu'il a abdiqué en sa faveur.

En massacrant la famille impériale à Iekaterinbourg dans la nuit du 16 au 17 juillet 1918, les bolcheviques ne pensaient pas avoir réglé définitivement le sort de la dynastie Romanov ; leur exécution n'était qu'un premier pas vers le point de non-retour qui leur permettait d'éloigner à tout jamais la perspective d'une restauration. On sait maintenant que l'ordre de tuer la famille impériale a été donné par Lénine lui-même, relayé par Sverdlov, l'un de ses lieutenants les plus efficaces et les plus implacables. Depuis le début de son activité révolutionnaire et même en Europe, alors qu'il dirigeait un groupuscule terroriste, Lénine a toujours considéré Nicolas II comme un ennemi qu'il fallait impérativement éliminer. On aurait pu imaginer qu'il ne jugerait pas indispensable de tuer les autres membres de la famille impériale ou les Romanov plus éloignés du pouvoir. Mais Lénine a levé toute ambiguïté sur le sort qu'il leur réservait en précisant qu'il comptait éliminer toute l'*ektenia*, c'est-à-dire la liste des Romanov dont on citait les noms lors des offices religieux. Il s'agissait, donc, avant tout, de supprimer à tout jamais et entièrement cette famille afin que le pouvoir bolchevique ne coure pas le risque qu'un Romanov se présente un jour en criant vengeance ou ne ressuscite la légitimité impériale.

Cependant, comme souvent dans les cas de génocide, même s'il est circonscrit à l'échelle d'une famille, ce programme funeste ne s'accomplit pas totalement et certains Romanov parvinrent à s'échapper dans l'apocalypse qui suivit la révolution d'Octobre et la guerre civile. Les Romanov ne furent que des victimes parmi bien d'autres, mais les plus immédiatement visibles puisque, jusqu'en 1917, ils incarnèrent la réalité du pouvoir russe.

La tourmente

Le 24 octobre 1917, les bolcheviques arrachent le pouvoir des mains brouillonnes et affaiblies de Kerenski qui n'a pas su répondre aux demandes précises du peuple russe. Après trois ans d'une guerre qui a causé une hémorragie terrible à la société, les Russes réclament la paix, ainsi que le partage des grands domaines, sujet sensible qui agite le monde russe depuis des temps immémoriaux, et ce d'autant plus que le tsar Alexandre II a aboli le servage, en 1861. Faute d'avoir résolu ces problèmes, Kerenski n'a plus de prise sur les événements, bien qu'il ait proclamé la République russe le 15 septembre 1917.

La prise du palais d'Hiver à Petrograd[1], que toute la propagande communiste et notamment les films d'Eisenstein présenteront comme un acte d'héroïsme extraordinaire où les masses se saisissent du pouvoir, est en fait une échauffourée où les bolcheviques bien organisés bousculent le fameux détachement féminin de Kerenski. Pour toute résistance à l'insurrection, Kerenski se borne à quelques exhortations pathétiques puis s'enfuit piteusement en Finlande pour chercher des renforts. Il ne reviendra jamais en Russie. Il parcourra le monde, vivra successivement en France, en Angleterre et

---

1. Nouveau nom de Saint-Pétersbourg depuis le début de la guerre pour effacer la référence allemande.

en Amérique où il exercera une certaine influence aux yeux des démocraties jusqu'à sa mort en 1970.

La prise du pouvoir par Lénine est le fruit d'une stratégie très efficace et de plusieurs répétitions, durant l'année 1917, dont l'une au début de l'été faillit tourner mal pour lui et entraîna son exil provisoire en Finlande. Avocat socialiste devenu le nouvel homme fort après la chute du tsarisme, Alexandre Kerenski n'a pas répondu aux espoirs qu'une grande partie de l'opinion russe mettait en lui et il a perdu peu à peu le contrôle du pays ; à l'automne, personne ne tient vraiment les rênes du pouvoir, ce qui explique que l'insurrection de Lénine se déroule assez facilement. Or les élections à l'Assemblée constituante vont avoir lieu bientôt et les Russes attendent beaucoup du bon fonctionnement de cette assemblée qui doit définir le cadre exact de l'exercice du pouvoir. Pour les bolcheviques, il faut prendre de vitesse cette promesse d'un retour à l'ordre et à la légalité. La société russe a littéralement implosé. Les villes vivent dans une agitation permanente ; la disette, les grèves insurrectionnelles, l'anarchie dans les services publics épuisent les espoirs qu'avait fait lever la révolution de Février. Des régions entières, dans un immense pays où les communications sont difficiles, échappent au contrôle du gouvernement de Petrograd. La guerre et les six mois de troubles incessants qui ont marqué la période du gouvernement bourgeois ont totalement désorganisé la maison Russie dont le tsar était la clef de voûte. Abandonnant les combats après avoir massacré leurs officiers, les paysans rentrent chez eux pour les moissons et pour partager les terres. Ils se révoltent sans pitié, brûlent les châteaux et les propriétés et commettent des actes d'une barbarie effroyable, encouragés par les bolcheviques locaux. Cet implacable règlement de comptes dont les racines remontent jusqu'aux grandes jacqueries du Moyen Âge et les troubles persistants en ville alimentent bientôt une psychose collective de la course à l'abîme qui n'est pas sans favoriser, dans l'inconscient général, une possible victoire des bolcheviques. L'instabilité est telle que, petit à petit, l'idée que le monde court à sa perte se répand jusque dans les classes cultivées qui vivent souvent la situation avec une sorte de messianisme nihiliste et morbide. Les bolcheviques s'emparent donc d'un pouvoir à l'encan, avec un programme si simple — « la paix, la terre, le pain » — qu'il est plébiscité par une partie de l'opinion, celle qui a déjà effectué le nouveau partage des terres. Mais l'essentiel est d'avoir promis la fin de la guerre et Lénine engage immédiatement des pourparlers avec les Allemands pour y parvenir coûte que coûte.

À partir de mars 1918, la paix est faite avec l'Allemagne et Lénine installe son pouvoir à Moscou, pour affirmer la rupture avec l'ordre des siècles précédents en renouant avec une histoire russe plus ancienne. Les combats ont cessé, mais une partie considérable du pays est désormais aux mains des Allemands : les pays Baltes, la Pologne, la Finlande se sont détachés et l'Ukraine est devenue un protectorat allemand littéralement pillé par l'effort de guerre du Reich. L'Ukraine, où sévissent les bandits de grand chemin, les nationalistes, les officiers de l'armée tsariste qui se sont alliés à leurs anciens ennemis allemands pour lutter contre les bolcheviques, et dont le leader indépendantiste Petlioura consacre beaucoup plus de temps à déclencher des pogroms qu'à doter le nouvel État de véritables institutions.

La contre-révolution et le baron Wrangel

Dans les territoires qui échappent au pouvoir de Lénine s'organisent les armées « blanches » de la contre-révolution. En fait, de nombreux officiers démobilisés qui ont échappé aux mutineries sanglantes de leurs soldats ont reconstitué leurs régiments et s'attaquent au pouvoir bolchevique. Parmi ces combattants, Ioudenitch, Koltchak, Denikine, se détache un personnage extraordinaire, le général Wrangel, homme d'une stature physique et morale exceptionnelle, à l'allure noble et altière, qui exerce sur ses troupes un ascendant considérable. Ses hommes infligent des coups terribles à l'Armée rouge de Trotski et de Frounze, son bras militaire. Alors que les armées blanches sont séparées les unes des autres par des distances énormes et qu'elles se révèlent incapables d'avoir un autre projet pour la Russie que de retourner en désordre vers son passé, Wrangel analyse parfaitement les multiples défis à relever en cas de victoire sur les bolcheviques. Mais, sa puissante personnalité faisant de l'ombre aux autres chefs de la contre-révolution, il accède trop tard au commandement suprême pour pouvoir renverser le sort des armes. Homme d'honneur et de parole, il ne parviendra finalement qu'à rembarquer l'essentiel de ses soldats avec leurs familles sur des rafiots de fortune et les épaulera quand ils seront dans l'émigration. Les officiers de Wrangel représentent sans doute les éléments les plus inflexibles dans le maintien de l'idée de la

Sainte Russie éternelle, les plus émouvants pour leur fidélité à leur pays, et ils se révéleront doués d'une formidable capacité à maintenir leur cohésion dans les pays qui les accueilleront, notamment en France. Ils sont ces Russes blancs dont nous parlent tant les films de l'entre-deux-guerres, non sans clichés, à la fois pittoresques et touchants, mais dans une authenticité qui force le respect.

Dans ce climat général de grand désordre, il faut aussi rappeler l'épopée incroyable des Tchécoslovaques, ces prisonniers de l'armée austro-hongroise qui se sont trouvés démobilisés quand la paix a été signée entre la Russie bolchevique, l'Allemagne et l'Autriche-Hongrie et qui entreprirent de regagner leur pays, lui-même surgi des ruines de l'empire des Habsbourg, en traversant la Sibérie. Pactisant tantôt avec les Rouges, tantôt avec les Blancs, ils créèrent la psychose d'une armée farouche et mystérieuse, se déplaçant sur le grand corps convulsé de la Russie en poursuivant une folle entreprise. En fait, ces Tchèques voulaient tout simplement rentrer en Bohême et, pour cela, faisaient l'interminable détour par Vladivostok en suivant les voies du Transsibérien qui était lui-même la veine jugulaire de la guerre civile.

Durant l'été 1918, la situation des bolcheviques est d'ailleurs quasiment désespérée. Ils ne mesurent pas encore à quel point les démocraties occidentales sont elles-mêmes épuisées et en fait impuissantes à apporter un véritable soutien aux forces blanches. Ils se retrouvent cernés par l'amiral Koltchak qui s'est proclamé régent de Russie et qui contrôle pratiquement toute la Sibérie, par Wrangel au sud, Ioudenitch au nord et Denikine en Ukraine. Et dans cette atmosphère de forteresse assiégée qui pèse sur Moscou, au milieu des ordres d'exécutions et de destructions dont il bombarde Trotski durant les opérations militaires, Lénine est plus que jamais décidé à éliminer toute l'ektenia.

Toute l'ektenia

La folie vengeresse s'appuie sur toute une frange de la population où se mêlent les soldats mutinés de 1917, les fanatiques, la pègre, des revanchards surgis des nationalités oppressées par le tsarisme, qui saisit le bolchevisme comme une aventure et partage sans état d'âme la vision sanguinaire de la Révolution, de la même manière que pendant la Terreur en France, qui sert d'ailleurs de référence pour justifier tous les excès et tous les crimes. C'est ainsi que les meurtriers de la famille impériale n'exprimèrent ni remords ni doute sur le bien-fondé du massacre et qu'ils racontèrent en détail, comme de véritables actes d'héroïsme, la manière dont ils plongèrent leurs baïonnettes dans le corps des enfants Romanov et comment ils les achevèrent à coups de crosse et de revolver. À cet égard, quand les Russes blancs parviennent à Iekaterinbourg quelques jours après la tuerie, et que l'enquêteur Sokolov y mène les investigations qui servirent longtemps de relation quasi officielle du massacre de la famille impériale, on ne retrouve pas les corps des victimes. Les assassins ont voulu effacer toute trace de la nuit tragique, suivant les ordres de Lénine qui compte éliminer tous les Romanov le plus discrètement possible, de manière à garder un profil « présentable » à l'égard des Alliés et surtout des Allemands qui tiennent alors le haut du pavé à Moscou. En effet, en 1918, l'Allemagne est la plus grande puissance de l'Europe de l'Est et l'ambassadeur du Kaiser se comporte à l'égard des bolcheviques comme un proconsul. Jusqu'à ce qu'il soit tué par des militants sociaux-révolutionnaires dont le parti antibolchevique a remporté les élections à l'Assemblée constituante, dissoute par Lénine le lendemain même de son installation.

Lorsque Iekaterinbourg est à nouveau reconquise par les Rouges, ceux-ci organisent des manifestations devant la maison où a été tuée la famille impériale, pour soutenir le gouvernement révolutionnaire. Les images sont terribles qui montrent à la fois la haine des bolcheviques contre les Romanov et un réel sentiment du bon droit de la terreur. Elles préfigurent en cela les hécatombes de la reconquête du territoire par les bolcheviques et du reflux des armées blanches, mais aussi le devenir terrible de la Russie quand Staline prendra le pouvoir.

Le règne d'un seul jour

Parmi les membres de la famille Romanov qui se trouvent pris dans la nasse bolchevique, tandis que d'autres s'abritent provisoirement dans les refuges aménagés par les Allemands ou par les Blancs avant d'émigrer, figure le propre frère du tsar Nicolas II, le grand-duc Michel, qui est en fait le dernier tsar. En effet, lorsqu'en février 1917 Nicolas II abdique devant les trois plénipotentiaires de la

Douma qui sont venus le retrouver dans son train bloqué en rase campagne, il le fait une première fois en faveur de son fils, puis il se ravise quelques instants plus tard pour ne pas être séparé du petit tsarévitch hémophile, et abdique alors en faveur du grand-duc Michel. D'un point de vue légal, Michel est donc le dernier tsar, mais son règne ne durera que vingt-quatre heures, le temps nécessaire pour refuser à son tour cette couronne impériale. Ce geste équivalait à laisser le sort de la couronne en attendant au pouvoir de la rue qui l'a déjà piétinée... jusqu'à ce que l'Assemblée constituante se réunisse.

Le grand-duc Michel est un homme charmant, sensible et poétique mais totalement dénué du sens des opportunités politiques et de l'esprit aventureux qui lui auraient été nécessaires dans cette période d'effondrement généralisé de l'ordre ancien. Il s'entend mal avec Nicolas II et les journées qui conduisent à l'abdication de son frère n'ont fait qu'accroître le fossé creusé depuis longtemps par des années d'incompréhension réciproque. Durant les journées de février, Michel demeure à soixante kilomètres de Petrograd, près du palais que lui a légué son père Alexandre III, forteresse énorme, austère et triste où le tsar de fer avait fixé sa résidence. Michel a senti tout de suite que l'émeute de Petrograd aura des conséquences beaucoup plus graves que tous les autres soulèvements et qu'elle peut donner le signal d'une révolution. Il n'a cessé depuis de presser Nicolas de revenir à Petrograd, et de faire connaître le jugement très négatif que tous les Romanov portent sur l'action désastreuse de la tsarine et qui concluent à l'urgence de la mettre à l'écart de toute décision. En vain. Ces interventions répétées de Michel exaspèrent le couple impérial qui se répand en commentaires moqueurs et méprisants à son égard. Nicolas II est alors totalement sous la coupe de sa femme, elle-même définitivement envoûtée par Raspoutine. Et même si le prince Youssoupov et le grand-duc Dimitri règlent bientôt le problème Raspoutine en l'assassinant, ce meurtre ne fait qu'étaler les dissensions familiales et l'état de déliquescence qui affectent la dynastie et le régime ; en outre il survient beaucoup trop tard, si tant est qu'il s'agissait de la bonne solution. Le mécanisme de la Révolution est déjà en place. Les mises en garde de Michel n'auront résonné que dans le vide...

La jeunesse du grand-duc Michel

Avant-dernier-né des enfants d'Alexandre III et de Maria Feodorovna, Michel est l'enfant gâté et insouciant de la famille. Le tsar étant encore jeune et en bonne santé et son fils aîné Nicolas devant lui succéder, Michel peut continuer à jouer au benjamin chouchouté de la famille sans que cela prête à conséquence. Alors que tout le monde respecte la figure impressionnante, à la fois bourrue et tendre, d'Alexandre III, le petit Michel répond sans crainte à son père, lui fait des farces et se comporte souvent comme un enfant capricieux. Naturellement et sans que personne y trouve à redire, il s'installe dans le rôle de l'enfant choyé et irresponsable, et l'on sait combien les habitudes de l'enfance peuvent suivre les individus et orienter le cours d'une existence.

La jeune génération de Romanov a hérité de l'heureux caractère de la famille royale danoise, habituée à vivre dans un pays paisible où la violence, la brutalité, l'exercice autocratique du pouvoir ne sont pas de mise. Bien que Michel soit devenu un adulte grand et athlétique alors que Nicolas II est petit et râblé, bien qu'il ait beaucoup de succès en société parce qu'il est gai et ouvert alors que son frère surprend par sa timidité et sa réserve, cette façon d'être joue contre lui et on ne le prend jamais au sérieux. Il ne s'en formalise d'ailleurs pas vraiment puisqu'il n'est pas appelé à exercer des responsabilités importantes. Or, avec la mort prématurée d'Alexandre III, l'accession de Nicolas II au trône et la mort de Georges, leur autre frère emporté par la tuberculose, Michel se voit promu au statut inattendu de prince héritier. Cette promotion qui durera quelques années, jusqu'à la naissance du tsarévitch, il l'assume avec cette habitude d'inconséquence légère chère à son enfance. Il faut dire aussi que les Romanov vivent repliés sur eux-mêmes, dans une cour incroyablement organisée et hiérarchisée et dans un luxe inouï, à l'image du caractère gigantesque des ressources de ce pays. Dans ce monde clos, largement coupé des réalités et de l'évolution en profondeur de la société, on peut comprendre que le grand-duc Michel ne fasse pas preuve d'un grand sens des visions politiques.

Natascha

Avec son physique engageant, ses manières délicieuses et son regard qui pétille de gentillesse, le grand-duc Michel séduit immédiatement tous ceux qu'il rencontre et il attire irrésistiblement les femmes. Plutôt que de suivre les conseils de sa famille qui aurait voulu lui voir épouser une princesse anglaise ou une princesse de la Maison de France, il a eu une liaison avec une femme de la bourgeoisie russe, qu'on a dû envoyer à l'étranger sans autre forme de procès. Alors que sa famille le pensait désormais immunisé contre ce genre d'intrigue, il tombe amoureux d'une femme très belle, mariée à un officier de son régiment, Natascha Wulfert, et ils vivent bientôt leur liaison au grand jour. Un parfum de scandale commence à flotter sur la cour, d'autant que la jeune femme a déjà été mariée et qu'elle a un enfant de son précédent mariage. La société de la capitale vit les yeux braqués sur l'existence de ces demi-dieux que sont les Romanov, d'autant que le mari-officier, longtemps traité en ami par Michel, regimbe à s'effacer et fait chanter le couple en réclamant toutes sortes d'avantages. Pendant plus d'un an, ils vont vivre dans une totale inconscience, formant un ménage à trois entre le mari complaisant, le grand-duc amoureux et l'experte en maniement des hommes. Et lorsque Nicolas II décide de faire cesser cette situation inacceptable, il est trop tard, Natascha a une emprise totale sur Michel qui se refuse absolument à la quitter. Il faut dire que le sentiment qui semble les lier est particulièrement intense : lorsqu'ils sont séparés, Michel écrit à Natascha des lettres exprimant un amour éperdu. Si, dans la famille impériale, les véritables histoires d'amour sont fréquentes, elles sont souvent à l'abri d'un voile de bienséance, alors que Natascha déclenche un tourbillon de passion dans la vie de Michel. Le grand-duc est manifestement très attaché sensuellement à cette femme magnifique, et ils ne font pas mystère l'un et l'autre de ce lien charnel très fort. Et cette fois, le grand-duc décide de ne pas céder à la pression de la Cour et d'imposer cette femme considérée comme une aventurière et qui horrifie la famille impériale. La tsarine parle de Natascha comme d'une sorcière profondément dangereuse dont la présence et le comportement mettent en péril le prestige de la dynastie. Les lois du mariage dans la famille impériale russe sont tellement strictes qu'elles ne peuvent admettre une entorse aussi patente que la liaison affichée de Michel et Natascha. Aucune autre famille royale ne les a adoptées avec autant de rigueur et en Angleterre, par exemple, les princes peuvent épouser sous certaines conditions des femmes qui n'appartiennent pas au cercle royal. Mais l'esprit de caste qui imprègne la cour de Russie est absolu et sans appel.

Issue de la bourgeoisie moscovite, Natascha était célèbre à Saint-Pétersbourg pour sa grâce et sa personnalité, avant même d'avoir rencontré Michel. Elle possède un teint de porcelaine, des traits d'une finesse exquise, et elle figure au nombre des beautés en vogue de la société russe du début du siècle. Lorsque Paléologue, l'ambassadeur de France, la croise dans un magasin durant la guerre, il est saisi par son élégance et la perfection de ses manières ; or cela fait déjà plus de quinze ans qu'il y a comme une odeur de soufre autour d'elle, depuis qu'elle a divorcé de son premier mari, le musicien célèbre Mamantov, pour épouser l'officier du régiment impérial Wulfert, avant de partager la vie du plus beau parti de Russie... Natascha bouleverse aussi la vie de Michel en lui dévoilant des horizons qu'il ne soupçonnait pas, et en lui faisant rencontrer des intellectuels, des artistes, des industriels, ceux qui représentent les forces vives de la Russie de l'époque. De son côté, il est très impressionné par le fait qu'elle ose braver tous les jugements désagréables pour vivre avec lui. Natascha aurait pu choisir de demeurer dans l'ombre du plus séduisant des Romanov et, malgré ses réticences, le tsar aurait sans doute laissé faire pour sauver les apparences. Alors qu'on l'accusait de vouloir capter le grand-duc par intérêt, il y a très certainement plutôt dans cette obstination à défier l'opinion publique, pour pouvoir vivre comme un couple normal, une véritable preuve d'amour et d'attachement. Natascha n'a rien à y gagner. Elle sait très bien que l'ordre social traditionnel de la Russie se retournera contre elle et qu'elle n'obtiendra jamais un statut d'égalité avec le reste de la famille impériale.

La situation se complique puisque, quelques mois après le début de leur liaison, Natascha se retrouve enceinte et qu'un petit garçon va naître alors qu'elle n'est pas encore divorcée de l'officier Wulfert. La tsarine mère, Maria Feodorovna, aura bien tenté de ramener son fils et sa compagne à la raison. Elle a rencontré une première fois Natascha au Danemark, mais cet entretien s'est très mal passé, et la jeune femme a refusé de céder en quoi que ce soit aux exigences de la famille impériale. Le couple décide au contraire de quitter la Russie en 1912, et passe ses premiers mois d'exil dans les grands hôtels d'Italie, de France et d'Angleterre. Aux yeux de Nicolas II et de la tsarine Alexandra, Michel est perdu pour la famille impériale, et ils ne lui pardonnent pas de se montrer encore plus irresponsable que par le passé. En fait, grâce à Natascha et à ses idées, Michel s'est considérablement ouvert sur le monde ; il s'intéresse au fonctionnement des sociétés occidentales et d'une certaine manière, alors qu'on fustige son inconséquence, il a mûri.

Disgrâce, exil et retour

Depuis la naissance du tsarévitch Alexis en 1904, le grand-duc Michel a été rétrogradé dans la hiérarchie dynastique, mais la découverte de l'hémophilie de l'enfant change toute la donne et fait entrevoir une hypothèse qui terrifie le tsar et la tsarine. En effet, si l'enfant meurt et que Michel devienne tsar, Natascha l'aventurière peut légitimement aspirer à devenir la première dame de Russie. Au sein de la famille impériale, les crises du tsarévitch rendent le climat irrespirable, les parents sont tellement affolés que Michel leur inflige encore d'autres blessures par son attitude et ses maladresses. Voulant assurer son frère de son soutien dans l'épreuve, il lui écrit qu'il se tient « à sa disposition », mais, dans cette ambiance d'inquiétude hystérique, ses messages sont considérés comme autant de manières d'enterrer le pauvre tsarévitch avant l'heure... Mais surtout, Michel commet l'irréparable en épousant Natascha, à la barbe de la police du tsar qui le surveille, dans une église orthodoxe de Vienne, où le pope fait semblant de ne pas comprendre la complexité de la situation. Les lois de l'Église orthodoxe étant encore plus inviolables que celles de la famille impériale, Natascha est désormais légitimement l'épouse de Michel et non moins légitimement la mère de son fils. Wulfert, qui avait fini par accorder le divorce à Natascha, aggrave le scandale du nouveau mariage de son ex-épouse en divulguant le montant considérable de l'arrangement financier qu'il a obtenu de Michel. Dans ces conditions, la disgrâce de Michel est absolue. Il appartient toujours à la famille impériale, mais ses biens en Russie sont mis sous tutelle, il perd ses commandements et il est contraint de vivre définitivement en exil.

Cependant, installés en Angleterre, Michel et Natascha mènent une vie mondaine joyeuse et s'accommodent très bien de leur disgrâce. Ce que Michel a abandonné ne lui manque pas, il réussit dans les affaires en gérant les biens qu'il possède à l'étranger et qui ne tombent pas sous le coup de la tutelle infligée à ses autres possessions en Russie. Natascha, délivrée des humiliations que lui imposait la haute société russe, reçoit l'élite britannique qui lui a fait le meilleur accueil. En fait, le couple proscrit affiche son bonheur avec insolence. Ce qui enrage un peu plus la famille impériale qui voit le benjamin choyé et inconscient vivre loin de la Russie, avec son aventurière, sans rien demander à personne ! Rien, si ce n'est une petite faveur : que son enfant soit légitimé dans le cadre de la famille et que Natascha obtienne le statut d'épouse morganatique avec un titre. Le tsar accédera exclusivement à son premier souhait, faute de pouvoir remettre en cause un mariage béni par l'Église. L'enfant est titré comte Brassov, du nom d'une propriété appartenant à Michel. Puis, durant la guerre, Nicolas acceptera que Natascha soit également titrée comtesse Brassova.

Lorsque éclate la guerre, le sursaut patriotique aidant, tous les Romanov qui ont pris l'habitude de vivre à l'étranger rentrent en Russie. Bien que rien n'ait été précisé concernant le retour de Natascha, elle accompagne évidemment son mari et ils s'installent avec leur fils à Gatchina, à soixante kilomètres de Petrograd, dans une maison proche du palais où vivaient les parents de Michel. Natascha aménage et décore leur nouvelle demeure avec un goût raffiné et reçoit un petit cercle de fidèles. Peu à peu la tutelle de Nicolas sur leurs biens s'allège et ils retrouvent un statut social ambigu mais finalement apaisé. Nicolas II, qui continue à en vouloir à son frère, ne lui donne pas de commandement prestigieux mais lui confie une armée de supplétifs musulmans et tchétchènes, à moitié soumis au pouvoir impérial, pratiquant leur religion avec ferveur, et qui se singularisent par leur insubordination permanente et leur sauvagerie. Mais Michel fait des prouesses avec cette armée dont tous les militaires perçoivent le commandement comme une véritable punition ; il est loyal avec eux, strict mais jamais injuste, et les hommes lui sont farouchement dévoués. En définitive, cet agglomérat méprisé de Tchétchènes, de Cosaques et de Caucasiens musulmans qui constitue son étrange armée se couvre de gloire, et toutes les opérations que Michel mène sont victorieuses. Les photos de l'époque le montrent étonnamment naturel en uniforme de simple officier, ne portant qu'une simple décoration gagnée au combat, la prestigieuse croix de Saint-André. En même temps, ces hauts faits d'armes aggravent un peu plus les tensions avec la famille impériale.

D'un côté, la tsarine Alexandra est furieuse de voir que Michel retire une véritable stature d'un commandement qui aurait dû le laisser dans une impasse et, de l'autre, Natascha ne manque aucune occasion de montrer à son mari à quel point la famille impériale continue à le traiter comme quantité négligeable de la dynastie.

Depuis qu'ils sont rentrés d'exil, les rumeurs et les intrigues ont repris de plus belle dans l'entourage de Michel et Natascha et il est évident, pour une partie de la classe politique de Petrograd, que Natascha est proche des éléments avancés de la Douma, le parlement russe, et qu'elle entretient une idée libérale et moderne du fonctionnement des institutions en Russie, en comparaison de l'autocratisme du tsar. En somme, l'ombre de Natascha grandit sans cesse, au fur et à mesure que se précise le danger de révolution, et la famille impériale est impuissante à contrecarrer cette influence. Et plus elle refuse de tenir compte de la personnalité et des prises de position de Natascha, plus celle-ci apparaît comme la force derrière le recours que serait Michel. Ainsi, bien qu'il ne fasse rien pour l'affirmer, Michel existe aux yeux de l'opinion comme la promesse libérale d'un régime qui craque de toutes parts faute d'avoir su évoluer à temps.

Michel face à la couronne

Quand Nicolas II remet finalement la couronne à son frère, il lui fait parvenir un message très noble qui paraît effacer les reproches réciproques des années précédentes ; un message où il ne doute pas que son frère va lui succéder tout à fait normalement, malgré une révolution dont il ne mesure pas encore le caractère irrémédiable. Nicolas II ne fait aucune allusion aux inclinations libérales de son frère : on ne discute pas les réflexions d'un tsar surtout quand on l'a été soi-même... Michel hésite durant plusieurs heures avant de prendre une décision. Natascha est restée dans la maison de Gatchina et la confusion générale ne leur permet pas de se concerter. Michel se retrouve donc seul face aux hommes qui ont arraché son abdication au tsar. Parmi eux se trouvent des monarchistes sincères qui désirent voir le régime évoluer tout en conservant ses institutions, et qui craignent qu'une Russie sans tsar ne se décompose avec des conséquences incalculables. Ainsi, Milioukov, qui ne ménageait guère Nicolas et Alexandra et qui est le maître du parti constitutionnaliste démocrate, incline sans doute à la république, mais pense que ce serait un danger pour la Russie et que Michel représente toujours la meilleure option. D'autres encore naviguent au gré du courant, comme Rodzianko, le président de la Douma, homme faible et sans consistance qui s'avère incapable de conseiller Michel. En revanche Kerenski, dont l'étoile monte à une vitesse fulgurante et qui, grâce à son éloquence, jouit d'un immense prestige pendant ces journées fiévreuses où la révolution enfle à chaque instant, exerce une pression très vive pour que Michel refuse la couronne.

Le palais de la Douma est le lieu de scènes incroyables où se croisent les députés qui ont mis en place le gouvernement provisoire et le Soviet des ouvriers et des soldats de Petrograd, qui constitue une assemblée parallèle. Les couloirs et les galeries sont soumis à des va-et-vient incessants entre l'assemblée légale et l'assemblée autoproclamée, et toutes les décisions se prennent dans une anarchie totale. Les soldats ont pillé les dépôts de munitions et ils déambulent, armés jusqu'aux dents, en poussant devant leurs fusils les membres de l'ancien gouvernement tremblants de peur. Et c'est face à ces hommes-là, monarchistes qui ont vu le tsar abdiquer, modérés qui tentent de recoller les morceaux et révolutionnaires qui exigent une autre solution, que Michel doit prendre une décision.

Pour lui, le choc est considérable. Traité en enfant par la famille impériale pendant des décennies, banni, exilé, mis sous tutelle, disgracié ensuite dans un commandement qui n'avait pas le lustre auquel pouvait prétendre le frère du tsar, cet homme profondément honnête et bienveillant, et animé par le désir de bien faire, se retrouve comme frappé par la foudre. Et là, il oscille entre les avis divergents qu'on lui assène. Il ne peut pas vraiment s'appuyer sur Natascha à ce moment crucial. Il a réussi à s'entretenir avec elle au téléphone pendant quelques minutes, on ne sait pas ce qu'ils se sont dit, mais on peut imaginer que la volontaire Natascha ne l'a pas incité à se replier et à fuir ses responsabilités. Cependant, il se retrouve aussi en face des membres du gouvernement provisoire, avec Kerenski qui lui martèle de ne pas accepter cette couronne et de s'en remettre aux décisions de l'Assemblée constituante. Finalement, lorsque Michel décide de s'en remettre à l'avis de l'assemblée, Kerenski peut le féliciter chaleureusement en lui disant qu'il sauve la Russie, mais il est clair aussi que Michel abdique de facto, et sans retour possible, la couronne des Romanov. Et c'est ainsi que, dans un mélange de grandeur et d'inconscience, avec toute la loyauté qui le caractérise, dans le souci de ne pas entraver l'évolution générale, et sans doute aussi pour protéger Natascha, Michel laisse choir définitivement la légitimité des Romanov de ses mains trop hésitantes et inexpertes.

Le citoyen Romanov et la comtesse Brassova

Durant toute la période de la révolution bourgeoise où la Douma tente d'exercer le pouvoir et où Kerenski connaît cette ascension fulgurante qui le fait passer provisoirement pour le sauveur de la Russie, Michel vit tranquillement à Gatchina avec Natascha. Cependant, les effusions que Kerenski lui a prodiguées après qu'il eut renoncé à la couronne sont vite oubliées. Soumis à la pression des bolcheviques, Kerenski se montre d'une grande lâcheté pour protéger la famille impériale de plus en plus menacée. Il est vrai qu'après la tentative de putsch conservateur perpétrée par Kornilov, un des généraux les plus populaires de ce qui reste de l'armée russe, les soviets accusent Kerenski d'être incapable de lutter contre les menées de droite qui ramèneraient les Romanov au pouvoir et il a jugé habile de resserrer nettement la surveillance autour de la famille impériale. Il n'est pas question pour lui d'être taxé de faiblesse vis-à-vis des Romanov, alors qu'avec la guerre qui se prolonge et dont on leur impute la responsabilité, l'évolution de l'opinion est de plus en plus violente à leur égard. De la même manière que Kerenski garde la famille impériale emprisonnée à Tsarskoïe Selo, à plusieurs reprises il fait garder Michel. Il lève le corps de garde, puis le rétablit et l'enlève à nouveau, au gré des pressions auxquelles il est soumis. Michel supporte assez bien cette situation même s'il ne peut quitter la ville. Il fait décorer de nouvelles pièces dans la maison, il roule dans la Rolls qu'il a achetée à Natascha à travers le parc de la propriété impériale de son père, il reçoit des visiteurs venus de Petrograd qui l'informent des aléas de la situation politique. La seule chose qui lui manque, semble-t-il, est de ne plus avoir son commandement car, avec la chute du tsarisme, tous les membres de la famille impériale ont été démis de leurs fonctions.

Ce n'est qu'au cours de l'été 1917, au moment où la situation devient terriblement dangereuse pour la famille impériale, que

Michel envisage avec une répugnance extrême de s'exiler. Le grand-duc ne pense pas à sa survie personnelle, mais il s'inquiète pour Natascha et pour leur fils, et il décide de les mettre à l'abri dans la propriété qu'il loue toujours en Angleterre. Il envisage d'autant plus de partir que la famille impériale a été transférée à Tobolsk en Sibérie, sur ordre de Kerenski, qui a, semble-t-il, voulu la protéger en l'envoyant dans un endroit où personne ne viendra la menacer. Cette mesure d'éloignement permet surtout à Kerenski d'échapper au perpétuel chantage des bolcheviques ; et Tobolsk se révélera un piège infernal pour la famille impériale quand les bolcheviques prendront précisément le pouvoir.

La veille du départ, Nicolas II et Michel se voient à Tsarskoïe Selo pour une dernière entrevue. Que peuvent se dire ces deux frères, alors que le palais est jonché des valises de la famille en partance, que les enfants et la tsarine expriment une angoisse insurmontable devant la destination inconnue de ce voyage, que les domestiques ont disparu, que tout est chagrin et détresse autour d'eux ? Que peuvent-ils se dire alors que la folle accélération de l'Histoire les a saisis et qu'ils n'ont plus aucune marge de manœuvre ? L'entrevue à laquelle assiste Kerenski est dramatique et très émouvante. Michel prend brutalement conscience de l'état d'abaissement définitif dans lequel se trouvent les Romanov. Qui aurait pu penser, six mois plus tôt, que le tsar abdiquerait et que lui-même renoncerait à la couronne après un règne de quelques heures ? Ils ne sont plus à présent que deux prisonniers qui ne peuvent même pas s'exprimer librement puisque Kerenski, faussement absorbé dans ses réflexions, se tient tout près et ne perd pas une miette de leur conversation.

Ils s'entendaient si bien lorsqu'ils étaient enfants, sous la protection de leur père qui étouffait toutes les craintes d'attentat ou d'insurrection, comme durant leurs vacances avec leur mère, auprès de la famille royale du Danemark où l'on vivait heureux dans une atmosphère simple et chaleureuse. Par-delà des décennies d'incompréhension, de drames et de critiques réciproques, la complicité entre les deux frères resurgit lorsqu'ils se retrouvent pour ce dernier face à face. Kerenski le rapporte dans ses Mémoires : à la fin de l'entretien, Michel sanglote devant son frère qui, lui aussi, pleure silencieusement, l'un et l'autre saisis par une situation dont l'immensité et la complexité les dépassent.

Quand Michel revient à Gatchina, sa décision est prise : il faut partir. Mais l'organisation du départ est lente car Michel et Natascha souhaitent emporter toutes sortes d'effets personnels et de souvenirs ; il faut aussi obtenir les sauf-conduits nécessaires. Finalement, on les leur accorde. Mais entre une intendance qui traîne en longueur, les va-et-vient de l'administration, et aussi le traditionnel optimisme de Michel qui lui fait penser, comme tous les gens qui n'ont pas approché de près les tragédies, que tout finira par s'arranger, ils perdent beaucoup de temps. Peut-être aussi s'égarent-ils dans ce sentiment diffus d'intouchabilité que l'on retrouvera souvent chez les Romanov et qui contribuera à leur perte... Quoi qu'il en soit, lorsqu'ils sont enfin prêts, les bolcheviques se sont saisis du pouvoir et il leur est désormais impossible de quitter la Russie. Gatchina se referme sur eux comme un autre piège.

Aux mains des bolcheviques

Michel est mis en état d'arrestation dans sa maison de Gatchina, et bien qu'il n'ait plus de contact avec le monde extérieur et que la garde soit renforcée autour de lui, il dispose toujours de son parc et de sa Rolls. C'est une situation pénible mais dont il ne peut percevoir encore les conséquences funestes, et il n'imagine pas devoir subir quelque condamnation que ce soit. En fait, à ce moment-là, personne ne peut penser sérieusement que les bolcheviques vont tenter de mettre à mort tous les Romanov. Peu de gens connaissent Lénine et ont un jugement précis sur lui. Or, contrairement à son mari, Natascha est très consciente des dangers qu'ils courent et elle se rend à plusieurs reprises à Petrograd pour obtenir le renouvellement des sauf-conduits. Elle va jusqu'à entrer en contact avec le pervers Ouristky, le chef de la police bolchevique, qui joue au chat et à la souris avec les Romanov ; il passe son temps à les convoquer, les emprisonner, les insulter et les libérer. Profitant de la désorganisation générale, Natascha parvient même jusqu'au bureau de Lénine qui ne s'est pas encore installé à Moscou, et elle le tance en exigeant que les sauf-conduits soient signés sans délai et qu'on en finisse. Devant les foudres de la jeune femme, Lénine se lève de son bureau sans un mot et sort de la pièce. Évidemment, Natascha n'est pas entendue et, quelque temps plus tard, Michel est déporté avec son secrétaire Johnson à Perm, petite ville industrielle et marchande, au-delà de l'Oural.

L'idée que l'on prête alors à Lénine est, semble-t-il, de faire croire aux Alliés et aux Allemands qu'il garde les Romanov en « sécurité » et qu'il sera prêt à les leur « vendre » le moment venu. Les Anglais ne paraissent pas particulièrement pressés d'accueillir les Romanov, mais les Allemands, eux, réclament leurs cousins de Russie, en dépit des trois ans de guerre où ils ont été ennemis. Une fois la paix signée, le Kaiser se montre très pressant auprès de son ambassadeur en Russie, malgré les réticences de son état-major. Quant au grand-duc de Hesse, il veut obtenir que lui reviennent sa sœur Alexandra, son beau-frère Nicolas et tout le reste de la famille. Finalement, les négociations traînent en longueur puisque la véritable décision de Lénine est d'éliminer, si possible discrètement, l'ensemble des Romanov.

La mort en Oural

Michel est donc déporté en Sibérie, avec Johnson, son fidèle secrétaire. Malgré son nom anglais, Johnson est russe, et il a passé sa vie à travailler et à servir le grand-duc. Une très grande amitié unit les deux hommes. Johnson l'a suivi pendant toutes les années d'exil en Europe, et il l'accompagne sans hésiter jusqu'à Perm, même s'il est conscient du danger qu'il court en liant son destin à celui du grand-duc. À Perm, ils vivent cependant dans le meilleur hôtel de la ville, confortablement installés dans une suite où l'hôtelier, à tout hasard, les traite comme des clients privilégiés. Ils sont à peine surveillés et, aux yeux de beaucoup, Michel reste malgré tout un grand-duc Romanov, qui se croit provisoirement retenu dans des circonstances fâcheuses et globalement incompréhensibles en Sibérie mais devrait logiquement être élargi dès que la situation générale sera clarifiée. Il ne songe même pas à s'évader : Perm est au bout du monde ; avec le printemps, la Sibérie s'enfonce dans la boue et les routes ne sont que des fondrières. Et toujours cette aveugle confiance en l'humanité qui lui interdit de redouter le pire. À travers cette déportation douce en apparence et ce traitement de faveur, on retrouve l'une des singularités de la Révolution russe. Même en pleine révolution de Février, la Douma, Kerenski et tous les hommes politiques se sont toujours entourés d'un très grand juridisme : ils ont demandé à Michel une renonciation en bonne et due forme, comme si la Révolution devait s'entourer d'un maximum de bases légales. À Perm, les bolcheviques affectent de continuer sur les mêmes bases. On déporte un grand-duc mais on y met les formes.

Donc, suivant sa bonne nature, Michel continue à espérer. En signe de protestation contre le bannissement et l'éloignement auxquels il a été contraint, il porte des vêtements civils et cesse de se raser. C'est pourquoi les dernières photos les montrent, Johnson et lui, portant une barbe de quelques jours, comme deux artistes en villégiature, ce qui était sans doute pour Michel une manière élégante de manifester son dédain d'être retenu contre son gré et une façon très personnelle et passablement dérisoire de résister. Le grand-duc passe ses journées à écrire à Natascha des lettres pleines d'amour et d'espoir et il continue à tenir son journal. Avec Johnson, il visite la ville, se promène dans les marchés. En dehors d'une frange toute dévouée aux bolcheviques, la population de Perm manifeste de la sympathie à Michel et il peut se déplacer sans escorte. Il devient même populaire, ce qui agace beaucoup les révolutionnaires. Mais cette situation de semi-liberté et les conditions acceptables de sa déportation endorment un peu plus la méfiance de Michel, surtout lorsque Natascha, après un voyage éprouvant, parvient à le rejoindre et passe un mois près de lui à l'hôtel. Elle sort de sa rencontre infiniment décevante avec Lénine, et elle a assisté avec terreur à la fuite et à l'emprisonnement de ses amis. Ils passent néanmoins un séjour d'oubli et de ferveur, d'autant plus que Michel, dans son optimisme inconscient, reste persuadé que les efforts de Natascha leur vaudront tôt ou tard la possibilité d'émigrer. Lorsqu'elle repart pour Petrograd, ils s'étreignent sur le quai de la gare en étant certains de se retrouver bientôt.

À cet égard, Michel commet d'incroyables imprudences. À plusieurs reprises, il a écrit à Lénine, en lui demandant de pouvoir vivre en citoyen ordinaire, en Crimée ou sur sa terre de Brassovo, avec Natascha, en renonçant à tous ses titres et privilèges. Ces lettres sont transmises à Lénine par Bonch-Brouïevitch, son principal secrétaire, et tous deux en font des gorges chaudes. Il n'est évidemment pas question de laisser Michel vivre comme tout le monde, sous le nom de « citoyen Romanov », sur la terre que lui a léguée son frère Georges ou sur le rivage ensoleillé de la mer Noire. Aux supplications de Michel, Lénine a fait finalement répondre : « Je ne m'occupe pas de ces affaires. » Par cette déclaration indifférente qui peut sembler floue et sans conséquence, Lénine met au point, avant Hitler et Staline, cet « understatement » terrifiant de tous les régimes totalitaires, qui consiste à accomplir les crimes les plus odieux sans jamais les nommer ou laisser de traces écrites. C'est ainsi que la maison de Iekaterinbourg, où est assassinée la famille impériale, était aussi appelée la maison « à destination spéciale », alors qu'on ne trouva jamais d'ordre écrit de les massacrer à cet endroit.

Au mois de juin 1918, alors que la pression des armées blanches sur la région se fait plus forte et que l'on signale que des détachements d'irréguliers tchétchènes sont à la recherche de leur ancien chef, le soviet local obtient le feu vert de Moscou pour exécuter Michel et Johnson. Là encore, il n'existe nulle part de lettre signée Lénine où l'on puisse lire : « Tuez le grand-duc Michel Romanov ». Le pouvoir de Moscou s'en tient plutôt à des phrases telles que « Réglez la situation », « Résolvez ce problème », « Mettez fin à ces agissements », formules vagues mais qui sont immédiatement décryptées par les soviets locaux. Ce sont les proches de Lénine qui confirmeront plus tard qu'il est bien le principal responsable de l'assassinat.

On emmène donc Michel et Johnson en camion dans une forêt à proximité de Perm. Les soldats les font descendre et les exécutent immédiatement. Il semble que Johnson ait été tué le premier et que Michel ait tenté de s'interposer. Les versions des assassinats des membres de la famille Romanov divergent toutes, puisque les soldats ayant participé aux divers pelotons d'exécution ont toujours affirmé avoir « personnellement » tiré sur chacun des membres de la famille, espérant obtenir ainsi la considération du pouvoir et en retirer les avantages dus aux héros de la Révolution. Personne n'a pu dire ce qui s'était réellement passé dans la forêt de Perm, mais toujours est-il que l'on n'a jamais retrouvé les corps de Michel et de Johnson. Michel a été fusillé le 12 juin 1918, trois semaines avant le tsar Nicolas II. Il est le premier Romanov à avoir été assassiné et sans doute celui qui aura eu le destin le plus cruel puisqu'il n'y a pas d'endroit pour perpétuer son souvenir. Enfant irresponsable et chéri de la famille qui portait le prénom du fondateur de la dynastie, et dernier tsar évanoui en vingt-quatre heures, même son cadavre s'est perdu dans les immensités sibériennes.

Non seulement Natascha ignore tout de l'exécution de Michel, mais la confusion est telle que le premier meurtre d'un Romanov est tenu secret pendant plusieurs mois. Ce qui n'empêche pas les rumeurs de circuler, la plus persistante étant que Michel s'est échappé et qu'il a réussi à rejoindre les armées blanches. Les Allemands notamment pensent que leurs curieux protégés bolcheviques vont inévitablement s'effondrer et qu'il faudra, à ce moment-là, jouer la carte Michel pour restaurer les Romanov. Le Kaiser affirme avec certitude que l'Allemagne victorieuse traitera bientôt avec le nouveau tsar Michel. Durant tout l'été 1918 et au début de l'automne, cette rumeur est si vivace que l'on signale la présence de Michel sur différents théâtres d'opérations.

Natascha, la descente aux enfers

En 1919, Natascha s'enfuit de Russie avec ses enfants, la fille qu'elle a eue de son premier mariage et le fils qu'elle a eu de Michel. Elle se retrouve à Constantinople, sans argent, sans appui, mais toujours persuadée que Michel a été sauvé et qu'elle le retrouvera tôt ou tard. En 1919, le grand-duc Alexandre, beau-frère de Nicolas II, se trouve à Constantinople et il rencontre Natascha qui marche dans la ville l'air totalement hagard. Son entretien avec Lénine, son voyage à Perm, l'absence de nouvelles de Michel, son enfermement en prison pendant deux mois par le sinistre Ouristky l'ont rendue à moitié folle. Elle craint sans cesse d'être surveillée par les bolcheviques qui rôdent, dit-elle, dans le couloir de son hôtel et elle guette chaque bruit suspect. Saisi de pitié, Alexandre la prend en charge et lui fait rejoindre l'Angleterre. C'est là qu'elle admet peu à peu que Michel ne reviendra jamais et qu'il a connu le sort de son frère.

Le destin de Natascha, devenue princesse Brassova, grâce au prétendant Romanov qui la légitime durant son exil, sera d'une grande tristesse. En Angleterre, elle se remet très lentement du chagrin que lui cause la disparition de Michel. Elle qui vient d'affronter des situations terribles se voit à présent confrontée à d'autres problèmes. En effet, les propriétaires de son ancienne demeure lui réclament les loyers de la propriété louée par Michel, qui n'ont pas été honorés pendant toute la durée de la guerre, alors que Natascha dispose à peine de quoi entretenir ses enfants, vendant un par un ceux des bijoux qu'elle a réussi à sauver du naufrage en les retrouvant dans un coffre à Londres. Il est manifeste que la famille royale anglaise, qui a abandonné la famille impériale aux bolcheviques, n'a pas davantage envie de s'encombrer du sort de Natascha et de ses enfants. Seul le roi de Danemark la reçoit et l'aide quelque temps, en souvenir des liens qui unissent sa famille et celle des

Romanov. À Copenhague, Natascha rencontre alors pour la deuxième fois de sa vie la tsarine mère, Maria Feodorovna, qui y est désormais en exil. Les épreuves ont rapproché les deux femmes qui tentent maintenant de se comprendre et l'entretien se passe beaucoup mieux que la première fois. Cependant, pour la tsarine mère, Michel est toujours vivant, car elle refuse de croire que Michel, Nicolas et d'autres Romanov ont été assassinés, alors que Natascha sait la vérité sans pouvoir ni oser en apporter la preuve. Et l'illusion de Maria Feodorovna la déchire d'autant plus qu'elle retrouve en la mère de Michel les traits de l'homme qu'elle a tant aimé et qu'elle désespère de voir revenir de toute manière. Et si la vieille dame est touchée par la détresse de Natascha, et se montre heureuse d'avoir pu rencontrer son petit-fils Georges, la relation des deux femmes s'arrête là, car elles glissent l'une et l'autre des deux côtés d'une frontière infranchissable séparant l'illusion de la réalité.

Finalement Natascha s'installe en France, mais la vie est de plus en plus difficile. Elle continue à vendre, un par un, pierre par pierre, les quelques bijoux qui lui restent. En désespoir de cause, elle essaie même de vendre les décorations militaires de Michel qu'elle possède encore, mais les Anglais, considérant qu'ils sont propriétaires de ces décorations, saisissent les objets et la vente chez Sotheby's est annulée. Natascha survit plus isolée que jamais entre les émigrés monarchistes pour qui elle est toujours une aventurière et les républicains qui la considèrent comme une Romanov. Sa fille qui s'est mariée sans son consentement vit loin d'elle et un dernier coup du sort encore plus cruel lui arrache prématurément son fils. En 1930, alors qu'il vient de réussir ses examens, Georges décide de prendre quelques jours de vacances et se tue dans un accident de voiture. Anéantie par le désespoir, Natascha trouve un peu de réconfort dans l'amitié fidèle de Dimitri, le fils du grand-duc Paul, avec qui elle eut un flirt sans importance à l'époque où Michel était à la guerre. Mais Dimitri est bien le seul qui l'aide moralement et financièrement, et après sa mort, en 1942, la situation de Natascha ne cesse d'empirer ; trop âgée pour pouvoir travailler, elle ne voit plus personne, n'a plus rien à vendre, et échoue dans une chambre de bonne au 11, rue Madame, où l'héberge une exilée russe élégante et cruelle, qui la maltraite et l'humilie en claironnant qu'elle fait la charité à la veuve du grand-duc Michel. Natascha est d'ailleurs une figure étrange et familière de ce quartier tranquille du 6e arrondissement : on la voit passer chaque jour, tel un fantôme dans ses vêtements sombres et démodés, sans savoir qu'elle hante les marchés, où on lui donne ce qui n'a pas été vendu. Quand elle meurt en 1952, dans une salle commune de l'hôpital Laennec, où l'écriteau « Princesse Brassova » au pied de son lit étonne les infirmières, le rapport médical conclut à une fin causée par l'inanition, le désespoir et l'abandon. Elle repose auprès de son fils au cimetière de Chaillot, à côté de la tombe de cet ambassadeur Paléologue qu'elle avait tant frappé par sa beauté, au temps de sa jeunesse.

2

LE GRAND-DUC PAUL ET OLGA

> « Je compris qu'il ne me restait plus que le devoir. Le devoir de vivre pour mes deux filles, Irène et Natalie, jusqu'au jour où elles n'auraient plus besoin de moi. Le devoir de vivre pour faire connaître au monde la beauté des âmes du grand-duc Paul et de mon fils Vladimir. Le devoir de révéler à l'humanité égarée et insouciante l'horreur du péril bolcheviste. »
> Princesse Olga Paley, *Souvenirs*, 1924.

Le grand-duc Paul, le plus jeune des oncles du tsar Nicolas II, est certainement l'un des personnages les plus respectés de la famille Romanov pour sa culture, sa personnalité tranquille et sa singulière ouverture d'esprit. Il a hérité du courage et de la bonté de son père, Alexandre II, le tsar réformateur qui libéra les serfs et entreprit un gigantesque travail d'adaptation de la Russie aux temps modernes. Sa mère, princesse de Hesse, lui a légué sa sentimentalité, son amour des arts et sa curiosité intellectuelle. Il est d'ailleurs surprenant de voir que l'on présente souvent les Romanov comme des gens rudes et brutaux alors que la plupart d'entre eux sont d'une grande douceur et d'une timidité presque maladive. Paul a hérité de tout cela et cette sensibilité apparaît même dans la fragilité de ses traits, que rendit admirablement le peintre Valentin Serov, dans le portrait qu'il fit de lui en 1897 et où l'on retrouve toute la noblesse du personnage.

La jeunesse du grand-duc Paul

Le règne d'Alexandre II est caractérisé par de perpétuels attentats, dans une époque où les groupes terroristes sont d'une virulence extrême et cherchent constamment à abattre le tsar réformateur, avant qu'il ne transforme le rapport de forces à son avantage. C'est ainsi que Paul, encore adolescent, assiste à l'assassinat de son père dont les deux jambes sont arrachées par une bombe, et qui agonise pendant des heures, baignant dans son sang au milieu des siens. Curieusement, ce crime qui aurait dû le rendre réactionnaire et offensif l'horrifie mais ne le pousse pas à la vengeance, à l'inverse de ses frères. Il en retirera au contraire un motif de réflexion sur l'état de la Russie et sur les changements à y apporter.

Des dernières années de vie de son père, Paul a tiré une autre leçon. Alexandre II a plus de cinquante ans et il est marié depuis trente ans à Marie de Hesse, quand il rencontre Katia Dolgorouki, une jeune aristocrate de seize ans. La force de leur amour est telle qu'Alexandre décide d'installer la jeune fille au Palais impérial. Le tsar continue néanmoins à témoigner beaucoup de tendresse à la tsarine ; elle-même semble accepter la situation mais, au fil des mois, cette trahison la ronge, sa santé décline, elle tombe malade et meurt. Si la peine d'Alexandre est immense, c'est avec Katia qu'il veut vivre à présent ; il épouse donc la jeune femme, l'impose à sa famille et à la cour et il envisage même de la faire couronner. Les enfants Romanov se soumettent aux volontés de leur père mais ils nourrissent une très grande rancœur à l'encontre de sa jeune épouse. Lorsque Alexandre II est assassiné, ils exigent son éloignement de la cour et Katia part à l'étranger avec les enfants nés de son union avec le tsar. Le destin de Katia, largement repris dans les journaux, les livres et plus tard au cinéma avec Danièle Darrieux ou Romy Schneider, fera pleurer des générations de cœurs romantiques. Or, contrairement à ses frères, Paul s'est plutôt bien entendu avec sa jeune belle-mère et, en mémoire de son père tant aimé, il s'est toujours refusé à porter un quelconque jugement sur elle. De fait, Katia Dolgorouki n'est pas l'intrigante que la cour a décrite et, malgré la différence d'âge, elle a aimé infiniment Alexandre II. En cela, l'exemple de son père jouera un rôle essentiel dans la décision que prendra Paul, quelques années plus tard, de s'exiler plutôt que de perdre la femme qu'il aime et que la famille impériale lui interdit d'épouser.

L'éducation de Paul est celle des jeunes grands-ducs de la famille impériale. Après les premières années confiées à des précepteurs, il passe par les grandes institutions militaires où le culte de l'honneur et de la Russie, le patriotisme et le sens de la discipline ont une importance considérable. Toute sa vie, il restera un homme d'honneur et un soldat soucieux de la parole donnée et du devoir à accomplir ; ce mélange d'ouverture d'esprit et de moralisme sévère en fait un des hommes les plus loyaux et les plus fiables de la famille Romanov. Il entre finalement au régiment des gardes à cheval, l'un des plus prestigieux de par son rôle de protection de la famille impériale. Mais l'entraînement particulièrement strict que l'on y subit, et auquel les jeunes Romanov sont soumis sans passe-droit ni privilège, lui pèse. Paul préfère secrètement la lecture, la poésie, les arts en général.

À vingt-huit ans, il épouse la princesse Alexandra de Grèce. Les Romanov ont une attirance particulière pour les alliances grecques, car les Grecs sont orthodoxes et ouvrent par leur situation géographique une lucarne sur le vieux rêve russe d'atteindre le Bosphore et la Méditerranée. C'est un mariage de raison politique, non dénué de tendresse, mais sans réelle ferveur, à l'image de ce qui se pratiquait alors le plus souvent dans les familles royales. Alexandra de Grèce lui donne deux enfants, Maria Pavlovna et Dimitri Pavlovitch, mais elle meurt peu après la naissance du petit garçon. Le grand-duc Paul, totalement désemparé, reste ainsi seul avec deux petits enfants qu'il est obligé de confier à des gouvernantes et dont forcément il s'éloigne. Maria Pavlovna et Dimitri se retrouvent un peu abandonnés à eux-mêmes, grandissent dans une solitude à deux, prélude à cet attachement réciproque qu'ils éprouveront l'un pour l'autre toute leur vie durant.

Olga Pistolskors née Karnovitch

Après quelques années de veuvage, le grand-duc Paul rencontre une jeune femme magnifique, mariée à un officier du régiment de gardes à cheval et mère de trois enfants, qui le séduit au premier regard. Olga Pistolskors est une des femmes les plus en vue de la haute société de Saint-Pétersbourg ; son charme, son intelligence et sa très forte personnalité l'ont placée au centre de la vie mondaine, et sa situation sociale est si établie qu'elle est régulièrement reçue à la cour. La liaison d'Alexandre II et de Katia n'appartenait pas au monde des simples mortels ; en revanche, quinze ans avant Michel et Natascha, celle de Paul et d'Olga cause le premier scandale sentimental d'envergure chez les Romanov. Or Paul fait savoir immédiatement qu'il désire épouser Olga qui n'a même pas encore divorcé ! Dans le contexte ultra-rigide de la famille impériale où la succession et les mariages sont soumis à un code extrêmement strict obligeant les membres de la famille impériale et les grands-ducs à n'épouser que des jeunes filles de sang royal, le comportement du grand-duc Paul est particulièrement choquant et Nicolas II doit sanctionner et bannir son oncle favori. Il n'y est pas encore habitué mais ce n'est qu'un début ; curieusement, le scénario est à peu près toujours le même : prince et femme d'un autre monde. Cependant la première version du film est peut-être la meilleure, car Olga est vraiment exceptionnelle et elle le démontrera amplement par la suite. Le grand-duc est donc contraint de s'exiler avec Olga et Vladimir, l'enfant qu'ils ont eu ensemble comme pour mieux sceller leur amour, mais le tsar exige en plus que Maria Pavlovna et Dimitri restent en Russie. Terrible crève-cœur pour le grand-duc Paul qui est obligé de s'incliner et de les confier à son frère le grand-duc Serge, le gouverneur de Moscou, et à la magnifique et charismatique Ella, son épouse, qui est également la sœur de la tsarine.

Le bonheur à Boulogne

De 1898 jusqu'en 1913, le grand-duc Paul et Olga vivent à Boulogne, tout près de Paris, dans une maison magnifique, au milieu d'un vaste parc — aujourd'hui, le cours Dupanloup —, qu'ils aménagent somptueusement et avec un goût parfait. Olga respire la joie de vivre ; gaie et chaleureuse, toujours en retard à ses rendez-vous, élégante, spirituelle et généreuse, elle devient l'une des reines de la vie parisienne. Le couple dispose de ressources considérables, reçoit beaucoup, est très fêté, et le caractère du grand-duc Paul séduit par sa gentillesse et sa réserve ; aux yeux du grand monde parisien, il incarne « le bon grand-duc » que l'on retrouve dans l'œuvre de Marcel Proust qui, à plusieurs reprises dans ses écrits, évoque également Olga et vante sa séduction. Paul et Olga parlent plusieurs langues et, comme souvent les intellectuels russes, un français aussi pur que s'il s'agissait de leur langue maternelle. Deux enfants naissent après Vladimir : Irène, en 1903, et Natalie, en 1905. Tous trois grandissent dans un véritable paradis parisien, bénéficient d'une vie à la française merveilleusement protégée, et profitent de l'air revigorant de la côte basque lors de leurs vacances à Biarritz. Ce sont des années de bonheur extrême pour toute la famille. De plus, le déracinement, la vie en exil, même s'il s'agit là d'un exil doré loin d'une Russie à laquelle ils pensent tous, unissent encore plus profondément ces êtres tendres et romantiques, dont les sentiments s'expriment avec un naturel rare dans leur milieu social. Olga et Paul s'occupent d'autant mieux de leurs enfants qu'ils souffrent d'être séparés de ceux qu'ils ont laissés en Russie. Et puis Paul n'attend plus rien de la Russie si ce n'est qu'il espère revoir Maria Pavlovna et Dimitri, mais pour cela il faudrait que le tsar change d'avis...

Le charme de Vladimir

Les trois enfants sont très différents les uns des autres. Vladimir, qui a hérité de la beauté de sa mère, développe très vite des dons artistiques étonnants. Il traduit brillamment des pièces en vers, du russe en français et inversement, et il monte des pièces de théâtre avec ses petites sœurs. Dès l'âge de treize ans, il écrit des poèmes en français qui peuvent, à première vue, sembler appartenir au genre sentimentalo-mièvre que l'on affectionnait à cette époque, mais en fait l'ensemble de ses textes montre que son talent dépassait largement les limites d'un tel genre, et certains de ces poèmes d'adolescence reflètent une véritable qualité d'écriture qui ne cessera de s'affirmer. Sa mère voit en lui le prodige de la famille et ses sœurs vivent dans l'admiration éperdue de sa beauté, de son charme et de son talent. Irène, l'aînée, gardera toute sa vie le souvenir de ce frère dont la grâce et la pureté imprégneront toute son existence et Natalie, bien que secrète, réservée et ne parlant jamais de ses sentiments, sera elle aussi profondément marquée par l'amour intense qu'elle lui portait. Seul le grand-duc Paul semble un peu effaré d'avoir pour fils un jeune homme si délicat, si sensible et si peu porté à la vie rude que l'on fait subir aux Romanov dans les casernes, mais il reconnaît ses qualités et n'ira jamais à l'encontre de ce qui est, à l'évidence, une véritable vocation artistique. De toute manière, ils vivent en France, exilés et sans perspective de retour à Saint-Pétersbourg ; et Vladimir peut continuer à cultiver la poésie sans redouter de devoir rejoindre un régiment d'élite.

En 1913, cependant, le tsar décide de pardonner au grand-duc Paul ce qu'il a jusqu'alors considéré comme une faute, et il lui demande de rentrer en Russie avec Olga et les trois enfants. Le temps est passé, les colères se sont émoussées et il semble bien que ce qui avait choqué tout le monde en 1897 est maintenant assez largement oublié. Nicolas II a également pris la mesure des qualités d'Olga qui se montre une épouse parfaite pour son oncle. De plus, et c'est apparemment une raison importante qui explique le retour en grâce de Paul, le tsar se sent de plus en plus seul face à une situation politique menaçante et il ne peut s'appuyer sur personne dans son entourage, hormis la tsarine dont la toute-puissance est largement contestée en raison de l'influence de Raspoutine. Le grand-duc Paul lui manque. Il lui manque d'autant plus que son oncle a noué des relations importantes à Paris, et qu'il est devenu l'un des rouages essentiels de l'alliance franco-russe. Nicolas II est reconnaissant à Paul d'avoir gardé un patriotisme intact, bien qu'exilé et banni, et d'être resté fidèle à la famille. Le tsar a aussi besoin d'un témoin privilégié et expert de la vie française, dans cette république alliée dont il apprécie le concours mais dont il considère les institutions avec une nuance d'incompréhension et de surprise permanente.

Nous sommes en 1913. La Révolution de 1905, bien qu'ayant échoué, a ébranlé en profondeur le pouvoir et le prestige des Romanov. Olga s'est suffisamment mêlée à la vie française pour savoir que le cours du monde ne va pas dans le sens de l'autocratie russe, que la menace de révolution est réelle et qu'il y a certainement dans ce retour en Russie plus de promesses de drames et de dangers que s'ils étaient restés tranquillement dans leur hôtel particulier de Boulogne. Mais elle fait taire ses réticences ; la volonté du tsar ne souffrant pas de discussion, la famille prépare ses malles.

Le retour en Russie

Les trois enfants se sentent presque autant français que russes et s'ils ont toujours vécu dans une Russie mythique, celle de leurs précepteurs et celle dont ils parlaient continuellement dans leurs jeux et dans le secret de leurs chambres, ils se sentent français par la langue et par tous les amis rencontrés au cours de leurs loisirs à Paris, ou de leurs vacances à Biarritz. On imagine donc le choc pour eux lorsqu'ils se retrouvent dans ce pays dont ils ont rêvé mais qu'ils ne connaissent pas. Olga et Paul s'installent près de Saint-Pétersbourg, à Tsarskoïe Selo, « le village du tsar », et font construire un palais, dans l'immense enclos du parc, à quelques centaines de mètres de celui de la famille impériale, par les mêmes corps de métiers qui avaient aménagé la maison de Boulogne et qui sont venus spécialement en Russie pour les travaux. La construction s'achève en 1914... juste avant la Révolution.

Les années de guerre sont, pour Olga, les années d'une éclatante revanche sociale. L'empereur lui a accordé le titre de princesse Paley, qui est également dévolu à ses enfants et qui lui permet de bénéficier d'un statut parmi les Romanov supérieur à celui d'une épouse morganatique. Elle est en fait traitée comme un membre à part entière de la famille impériale. Durant cette période, elle a l'habileté et la souplesse de se faire aimer par la tsarine Alexandra qui apprécie son calme, son assurance, la chaleur de son caractère, alors qu'elle l'avait longtemps considérée comme une de ces aventurières qui jettent leur dévolu sur les Romanov et les entraînent dans des écarts sentimentaux dévastateurs. Quand on sait la méfiance et le caractère névrotique de la tsarine, femme intelligente mais déséquilibrée, on mesure comme Olga s'y est bien prise dans ses relations avec elle, sans renoncer pour autant à sa propre personnalité. Tout le contraire de Natascha, avec qui elle entretenait d'ailleurs des liens aimables mais beaucoup plus distants. La princesse Paley raconte très bien dans ses Mémoires l'atmosphère à Tsarskoïe Selo, tandis que grandit l'inquiétude suscitée par la guerre et l'incertitude politique. Elle décrit notamment avec une terrible perspicacité le climat de l'année 1916 quand le sort de la Russie est entre les mains affolées de la tsarine, totalement dominée par Raspoutine. Elle en parle lucidement mais avec compassion et mansuétude alors qu'elle aurait pu facilement faire partie du chœur des adversaires d'Alexandra, ce qui démontre à la fois son intelligence et la qualité de son caractère.

Olga raconte aussi un merveilleux séjour que la famille fait en Crimée, à l'automne 1916. Le grand-duc Paul a près de soixante ans, mais il en paraît davantage. La guerre et l'angoisse l'ont épuisé, il est très maigre, très affaibli, et Olga, qui veille constamment sur sa santé vacillante, obtient de l'emmener se reposer en compagnie des enfants. Ce seront les dernières vacances, les ultimes mois de bonheur pour la famille dans la douceur et l'enchantement d'un palais sur la mer Noire avant que n'éclate la Révolution. Cependant, malgré l'harmonie parfaite de ce séjour en Crimée, Olga éprouve comme une crainte diffuse. Chacun sent qu'il va se passer quelque chose, qu'un événement mystérieux s'approche, mais le poids du conformisme et de l'inertie du pays est tel qu'on espère, autant que l'on redoute, ce qui va arriver.

Pour la famille du grand-duc Paul, le séisme arrive en décembre 1916, deux mois avant qu'il ne frappe les autres Romanov, lorsque l'on apprend que Dimitri, le fils né de son premier mariage, est très largement compromis dans l'assassinat de Raspoutine. Dimitri fait le serment absolu à son père qu'il n'a ni prémédité le crime ni porté la main sur Raspoutine, mais il semble bien pourtant qu'il faisait le guet pendant que le prince Felix Youssoupov commettait le crime. Paul ne cherchera pas à en savoir davantage, il se contentera du serment, comme s'il voulait être avant tout solidaire de son fils, de manière à pouvoir le protéger contre la colère de la tsarine qui, passé les premiers moments de stupeur, réclamait que l'on fusille Youssoupov et Dimitri pour venger ce qu'elle considérait comme un acte de trahison. On sait qu'il n'en fut rien, et que la punition fut nettement plus douce. Sur ordre de l'empereur, le prince Youssoupov fut consigné sur ses terres et Dimitri envoyé sur le front de Perse. Ces deux bannissements les sauvèrent l'un et l'autre, puisqu'ils survinrent quelques semaines avant la Révolution et qu'ainsi le prince Youssoupov et Dimitri échappèrent au piège qui se referma sur les autres Romanov.

Pour la famille Paley, le bannissement de Dimitri sonne comme l'annonce de la tragédie, mais durant quelques semaines, après cette chaude alerte, tout semble rentrer dans l'ordre. Vladimir regagne l'armée où il est mobilisé dans le régiment que commande son père. Et si Olga ne voit pas partir son fils sans quelque appréhension, elle accepte avec une certaine fierté que son enfant, l'artiste de la famille, soit exposé aux mêmes dangers que les autres.

Lorsque la Révolution éclate en février 1917, dans l'évanouissement subit de toute la cour, c'est au grand-duc Paul qu'il incombe d'annoncer l'abdication de Nicolas II à la tsarine. Contrairement à ce que l'on pouvait attendre de sa nature hystérique et imprévisible, la tsarine accueille la nouvelle sans ciller, tétanisée, livide et silencieuse. Elle s'enferme dans son salon et brûle pendant des heures lettres et papiers personnels. Paul a réussi à rassembler autour du palais de Tsarskoïe Selo un corps de garde alors que les sentinelles ont rejoint les mutinés à Petrograd et désormais il se charge de la sécurité de la tsarine et de ses enfants. Mais au bout de quelques jours, après le retour du tsar déchu, Paul et les siens perdent le contact avec la famille impériale. Nicolas II est mis aux arrêts avec sa famille dans son palais par le gouvernement provisoire et une chape de plomb sépare désormais les deux résidences voisines.

Durant les premiers temps de ce que l'on appellera la Révolution bourgeoise, le gouvernement provisoire est censé assurer la protection des Romanov. Mais Tsarskoïe Selo est proche de Petrograd et les délégués des soviets tentent sans cesse de pénétrer dans le domaine impérial pour opposer leur vindicte révolutionnaire aux Romanov qui sont restés sur place. C'est ainsi qu'à plusieurs reprises des détachements de soldats mutinés, armés aux arsenaux de Petrograd, envahissent la maison des Paley, fouillent les salons, menacent d'emporter des biens, molestent les domestiques et repartent en vidant la cave du grand-duc. Sur les conseils de Maria Pavlovna, la première fille du grand-duc qui analyse lucidement la gravité de la situation, toute la famille s'installe dans une maison plus modeste, de manière à ne pas attirer l'attention des commandos de soviets qui débarquent de Petrograd. À cet égard, Maria Pavlovna fait face à la Révolution avec un sens de l'urgence et de l'organisation remarquable. Il est vrai qu'elle a dirigé un hôpital militaire durant la guerre et qu'elle s'est révélée une administratrice hors pair. Elle a appris bien des choses sur le fonctionnement et sur l'état réel de la Russie au contact des blessés et des médecins qui appartiennent à toutes les catégories sociales. C'est pourquoi, dès le début, elle imagine le pire, c'est-à-dire non pas la stabilisation de la Révolution dans un État bourgeois qui ressemblerait aux États occidentaux, mais la prise du pouvoir par des insurgés maximalistes. Elle a vu le désespoir, la violence et les excès auxquels peuvent s'abandonner les soldats une fois que la barrière archaïque du respect du tsar s'est effondrée. Et elle explique à Olga qu'il faut s'en aller, qu'il faut émigrer au plus vite.

Malheureusement, la santé du grand-duc Paul, son extrême réticence à quitter la Russie et à s'éloigner de Nicolas II, dont il est sans nouvelles bien qu'il se trouve à quelques centaines de mètres de lui, freinent tout projet sérieux d'émigration. Pour la famille Paley qui, malgré tout, vit dans une espèce de bulle heureuse, le pire est difficile à imaginer d'autant plus que Vladimir est de retour et qu'il enchante les siens avec la reprise de ses activités artistiques. Ce qui lui vaut d'ailleurs quelques ennuis. Ayant écrit et fait jouer une pièce satirique où il brocarde Kerenski, il manque de se faire arrêter et connaît un certain nombre d'embarras avec les autorités. Olga doit promettre à Kerenski lui-même que Vladimir mettra désormais une sourdine à ses facéties spirituelles. Encore un signe qui devrait les inciter à fuir mais rien ne peut faire revenir Paul sur sa décision de rester.

Lorsque la Révolution bolchevique survient, la situation de la famille Paley se resserre dramatiquement. Le ton se durcit, ils sont assignés à résidence et les voitures sont saisies. Lénine s'approprie d'ailleurs celle du grand-duc Paul, ce qui fera dire à certains polémistes de droite que les deux hommes étaient proches puisque l'un conduisait la voiture de l'autre. Ne voyait-on pas, traversant les rues de Petrograd à toute allure, Lénine dans la limousine personnelle du grand-duc avec, sur les portières, les armes des Romanov ? Cependant, Paul, Olga et leurs enfants sont désormais bloqués et ne peuvent plus s'enfuir.

Arrestation du grand-duc Paul et de Vladimir

Finalement, après des jours de menaces et de perquisitions violentes de la part des bolcheviques, le grand-duc Paul est arrêté sur ordre du soviet de Petrograd. On le relâche, puis on l'arrête à nouveau. Les premiers mois de l'hiver 1918 constituent le premier cercle de l'enfer pour la princesse Paley qui tente de négocier la liberté de son mari en invoquant son innocence et sa mauvaise santé. Son assurance, la manière dont elle arrive à forcer les portes des bureaux en corrompant de petits potentats bolcheviques lui permettent à plusieurs reprises d'espérer une libération définitive de Paul. Mais la situation devient dramatique quand on arrête à son tour Vladimir. Les mécanismes pervers utilisés par les nouveaux maîtres s'exercent dans toute leur horreur car on fait miroiter sa libération à Vladimir — il lui suffit de se désolidariser de sa famille et d'affirmer ne pas appartenir à la dynastie Romanov. On lui propose à plusieurs reprises de signer un tel acte, en bonne et due forme, et il serait en droit de le faire car il est prince Paley et non Romanov. Mais si Vladimir a été très critique à l'égard du tsar et de son régime, et s'il tient à retrouver les siens, il a aussi été élevé dans le respect de la loyauté et de l'honneur. Il voit dans le fait de signer un tel papier une arme dirigée contre son père, un désaveu à l'égard des Romanov, et il refuse catégoriquement, s'exposant au sort de tous ceux qu'il n'a pas voulu trahir.

Il est immédiatement déporté en Sibérie avec la grande-duchesse Élisabeth, la sœur de la tsarine, et plusieurs princes de la branche des Constantinovitch, à Alapaïevsk, à proximité de Iekaterinbourg, la ville où la famille impériale est à présent prisonnière. Vladimir se trouve maintenant à des milliers de kilomètres et pour Olga il est évidemment encore moins question de s'exiler sans lui. On peut imaginer les angoisses de cette famille passée, en un an, du statut quasi céleste des Romanov de la Russie impériale, à un petit appartement de Petrograd où elle vit désormais dans la gêne et l'obscurité avec d'autres proscrits, alors qu'un froid atroce paralyse la ville, et que tout manque, à commencer par la nourriture. Sans compter l'inquiétude affreuse d'être sans nouvelles de Vladimir. La princesse Paley fait face avec un courage inaltérable, elle se rend chaque jour à pied à la forteresse Pierre-et-Paul, où est enfermé le grand-duc Paul, dans la neige et le froid, en traversant le pont qui surplombe la Neva, battu par les vents glacés, pour lui porter du linge propre et quelques aliments dans des colis qu'elle traîne sur une luge. Heureusement, il lui reste le réconfort de Maria Pavlovna, de ses filles et des enfants de son premier mariage qu'elle a retrouvés à son retour en Russie. Olga, de toute manière, est prête à tous les sacrifices et à tous les compromis pour sauver son mari et son fils.

Le palais de Tsarskoïe Selo que le grand-duc Paul avait fait construire a été saisi par les bolcheviques et ils l'ont transformé immédiatement en musée pour l'édification des masses. Olga y voit une occasion d'entrer en contact avec des bolcheviques influents et elle obtient de pouvoir s'y rendre quand elle le désire au titre de conservateur de la demeure. Ainsi, dès qu'elle le peut, après sa visite à la forteresse Pierre-et-Paul, elle retourne à Tsarskoïe Selo, pour assumer ses étranges fonctions de gardienne de son ancienne propriété. Elle va passer quelques mois dans ce statut déchirant pour elle de protectrice des biens saisis de la famille, mais qui lui permet de se lier d'une sorte d'amitié avec l'épouse de Lounatcharski, le commissaire à l'Instruction publique et à la Culture de Lénine. Dans le délire de table rase qui animait les révolutionnaires, il fallait à Olga une singulière force de caractère pour se prêter à un tel simulacre. C'est lors d'une de ses multiples démarches facilitées par l'épouse de Lounatcharski pour avoir des nouvelles de Vladimir que la princesse Paley entre en contact avec

Gorki. L'écrivain, qui a un parcours révolutionnaire impeccable aux yeux des bolcheviques, se montre d'une rare ouverture d'esprit et d'une grande noblesse d'âme. Il est d'ailleurs intervenu à plusieurs reprises en faveur de prisonniers et notamment pour certains des membres de la famille impériale. Il a même adressé à Lénine une demande de libération pour l'un des grands-ducs qui est l'historien de la famille des Romanov. Ce à quoi Lénine a répondu que la Révolution n'a pas besoin d'historiens... De la même manière, Gorki intervient pour faire libérer Paul et Vladimir, mais il est trop tard : ils sont déjà perdus dans le labyrinthe carcéral bolchevique et n'en sortiront plus.

Les nouvelles de Vladimir en provenance d'Alapaïevsk sont rares et curieusement, comme pour Michel, assez rassurantes. Un des paradoxes de cette mise à l'écart des Romanov est que certains vécurent, jusqu'au moment de leur mort, dans un état de semi-liberté. Ce relatif laxisme finit d'ailleurs par endormir leur méfiance et c'est sans doute la raison pour laquelle ils ne cherchèrent pas à s'évader. Vladimir écrit à sa mère des lettres réconfortantes, car mis à part la nourriture qu'il se procure difficilement, il peut lire, écrire et dessiner. De plus, il partage sa détention avec la grande-duchesse Élisabeth et s'entend très bien avec elle. On aurait pu attendre qu'Élisabeth se comportât de manière hautaine avec ce fils de la princesse Paley, enfant d'un amour si choquant pour elle. Bien au contraire, elle tombe sous le charme de Vladimir, est touchée par sa solitude, admire son courage et sa fidélité et devient l'amie et la confidente du jeune homme. Ils sont extrêmement proches l'un de l'autre et les lettres de Vladimir racontent cette amitié dans les conditions éprouvantes de leur détention. Ils vivent dans une école désaffectée, dorment à même le plancher et, s'ils peuvent aller et venir en toute liberté, il leur faut quand même subvenir à leurs besoins alimentaires. Élisabeth et Vladimir bêchent le jardin de la petite école, font pousser des légumes et le reste du temps passe en lectures, en conversations confiantes. Et toutes les lettres de Vladimir, agrémentées de poèmes et de dessins délicieux, rassurent la princesse Paley et lui font espérer le retour prochain de son fils chéri.

Fuir en Finlande...

Aidée par Maria Pavlovna, Olga décide de faire franchir la frontière finlandaise à Irène et Natalie. Le grand-duché de Finlande jouissait d'un statut très particulier avant la Révolution : il avait ses propres institutions, bien plus libérales que les institutions politiques russes, et vivait dans un état de semi-autonomie. Avec la révolution bolchevique, la Finlande obtient son indépendance, mais la guerre civile y fait rage comme dans le reste de la Russie et on ne sait plus au juste qui exerce le pouvoir. Quoi qu'il en soit, les jeunes filles y seront beaucoup plus en sécurité qu'à Petrograd. La frontière est proche, mais il leur faut quand même marcher pendant trente-six heures dans la neige et déjouer le zèle des garde-frontières. Irène, Natalie et un ancien officier de l'armée traversent le lac Ladoga gelé, munis d'un grand drap blanc dont l'officier les recouvre à chaque fois qu'un faisceau de projecteur se rapproche de leurs silhouettes, de manière à ce qu'elles se fondent dans l'immensité glacée. C'est ainsi qu'elles arrivent totalement épuisées à Helsinki, dans un dispensaire où on peut les accueillir et les soigner. On imagine quel choc cela doit être pour ces deux adolescentes d'avoir vu partir leur père et leur frère chéris et d'être arrachées à leur mère, sans savoir quand et où elles pourront se retrouver. À cet égard, si on mesure mal l'intensité des traumatismes et des souffrances qu'elles subirent, il est probable en revanche que Natalie fut gravement molestée, violentée peut-être, lors d'une des incursions des soldats bolcheviques à Tsarskoïe Selo. Quand on sait comment les mutins, brutaux et avinés, s'emparaient des palais et se livraient à toutes sortes de sauvageries, il est plausible qu'un tel sort ait été réservé à Natalie. Elle n'en a jamais parlé que par allusions, mais plusieurs membres rescapés de la famille n'ont jamais douté de la réalité de cette épreuve infligée à une adolescente terrorisée.

Un puits de mine en Sibérie

Irène et Natalie sont maintenant à l'abri et, à Petrograd, la princesse Paley continue à franchir chaque jour le pont de la Neva pour apporter à son mari, dans la forteresse Pierre-et-Paul, ses pauvres colis de linge et de nourriture. Elle s'accroche au plus petit espoir et les jours où elle peut entrevoir le grand-duc sont pour elle des moments de victoire. Sa hantise serait qu'on lui réponde, comme elle l'a déjà entendu pour d'autres femmes, ses compagnes d'infortune qui se débattent comme elle pour sauver des prisonniers, que « le grand-duc n'a plus besoin de linge »... ce qui signifierait qu'il vient d'être exécuté. À la fin de l'année 1918, la guerre civile fait rage à travers toute la Russie. Il y a déjà quelques semaines que la princesse Paley ne reçoit plus de lettres de Vladimir, mais ce silence ne l'inquiète pas. En effet, elle est désormais certaine que son fils s'est échappé car de tous côtés circulent des rumeurs selon lesquelles les Blancs ont réussi à s'emparer d'Alapaïevsk où étaient retenus Vladimir, Élisabeth et les Constantinovitch. En fait, la réalité est autrement plus dramatique : quelques heures après l'assassinat de la famille impériale, le soviet local d'Alapaïevsk a décidé de mettre à mort tous ses prisonniers.

Des soldats viennent les chercher, on les conduit par camion dans une clairière et ils sont précipités, vivants, les uns après les autres, dans un puits de mine très profond. Ensuite les bolcheviques y jettent des grenades qui, en explosant, font écrouler les parois du puits sur les suppliciés. Les assassins de Vladimir sont très jeunes et, en tuant avec autant de cruauté un garçon de leur âge qui pensait surtout à enchanter ses proches avec ses poèmes, ils sont l'incarnation même du fanatisme et de la barbarie inouïs qui se sont emparés d'êtres persuadés de participer à la justice révolutionnaire. Détail horrible, il semble que les victimes ne soient pas mortes sur le coup en tombant dans le puits de mine, car lorsque les Blancs occupèrent la ville, quelques jours plus tard, les paysans leur affirmèrent avoir entendu, des heures après l'exécution, des cantiques et des prières s'élever du fond du gouffre. Personne n'a pu vérifier ces affirmations, mais il est certain que, lorsque les Blancs retirèrent les cadavres du puits, ils constatèrent qu'aucun ne souffrait des blessures mortelles qu'auraient infligées des balles. Il est plausible que les assassins aient tiré hâtivement, sur certaines de leurs victimes, sans prendre le temps de leur donner le coup de grâce, et en sachant qu'ils n'auraient de toute manière aucune chance de survivre après leur chute.

Après la macabre découverte, les Blancs sortent les cadavres du puits et les déposent dans des cercueils afin de leur donner une sépulture décente. Mais les aléas de la guerre civile les obligent à quitter brusquement Alapaïevsk, et, de peur que les dépouilles des victimes ne soient profanées par les bolcheviques, les armées blanches emmènent les cercueils avec elles, à travers toute la Sibérie. Après de multiples tribulations, ils finissent leur périple à Pékin, dans une petite église russe de la capitale chinoise. Quelques années plus tard des Russes blancs informent en Angleterre la marquise de Mildford Haven, la dernière sœur d'Alexandra et d'Élisabeth, de la présence des cercueils dans la petite église russe. Le nom d'Élisabeth est inscrit sur l'un d'entre eux. On peut imaginer quelles furent les difficultés, dans le désordre de la Chine de cette époque partagée entre les seigneurs de la guerre et dans un climat de violence où nul ne savait qui contrôlait qui, pour faire reconnaître et ramener les cercueils. Finalement, au milieu des années 20, la marquise de Mildford Haven parvient à faire revenir le seul cercueil d'Élisabeth. Il se trouve aujourd'hui à Jérusalem, au sein d'une communauté orthodoxe où la tombe d'Élisabeth est devenue un lieu de pèlerinage, après qu'elle eut été reconnue comme sainte par une partie du clergé orthodoxe. En revanche, des incompréhensions dans les instructions qui circulèrent entre Londres et Pékin interdirent de retrouver le cercueil de Vladimir. Il n'est pas impossible qu'on le découvre, un jour, au fond d'un petit cimetière orthodoxe d'une ville chinoise, puisque le romanesque suit les Romanov jusqu'au bout de leur vie et parfois dans le périple hallucinant de leurs dépouilles mortelles...

La mort du grand-duc Paul

À Petrograd, pour la princesse Paley, survient le jour tant redouté : comme chaque matin depuis des mois, elle s'est rendue à la forteresse Pierre-et-Paul pour porter à son mari le linge et la nourriture qu'elle a de plus en plus de mal à se procurer. Et ce matin de janvier 1919, on lui a répondu qu'« à présent le grand-duc n'a plus besoin de linge »... Ainsi, le grand-duc Paul aura été fusillé parmi les derniers des prisonniers Romanov, avec quatre autres membres de la famille. Les soldats racontèrent que Paul fut calme et courageux jusqu'à la fin, préférant affronter le froid terrible de l'hiver, en s'alignant torse nu devant le peloton d'exécution, plutôt que de laisser des balles russes trouer son uniforme.

Lorsque la princesse Paley comprend que l'homme qu'elle aime est mort, toute sa force de vivre s'effondre et son seul désir est de rejoindre au plus vite ses deux filles à Helsinki, en attendant d'y retrouver Vladimir car elle croit plus que jamais au retour de son fils, alors qu'il a été exécuté six mois plus tôt. Mais il n'est plus possible à présent de sortir du pays comme l'ont fait ses filles. Les bolcheviques ont renforcé les contrôles, augmenté le nombre des gardes. Olga vend des bijoux au plus bas prix pour se procurer des faux papiers et parvient à quitter le pays en prenant des trains de marchandises, puis elle traverse des champs de neige avant le jour, dans le froid et la peur. Finalement, elle arrive épuisée à Helsinki, retrouve Irène et Natalie et toutes les trois commencent à guetter le retour de Vladimir. Elles apprendront sa mort par les journaux qui publient les rapports émanant des armées blanches. Dans ses Mémoires, Olga raconte comment, dans cette ville d'Helsinki cernée par la guerre civile, infestée d'agents bolcheviques, austère et sourdement hostile aux réfugiés russes, elle crut alors sombrer dans un désespoir mortel. Si la mort du grand-duc Paul est une tragédie pour Olga, la disparition de son fils tant aimé est un coup fatal dont elle ne se remettra jamais.

Mais il faut s'occuper d'Irène et de Natalie si gravement éprouvées par tout ce qu'elles ont subi. La princesse Paley décide alors de regagner la France et la maison de Boulogne, dernier refuge des bonheurs perdus de leurs vies fracassées. Lorsqu'elle arrive à Paris, Olga se sent si épuisée qu'elle consulte un médecin et apprend qu'elle souffre d'un cancer. Cette femme, qui sept ans plus tôt était une reine de la vie parisienne, est maintenant méconnaissable. Elle a énormément grossi, la maladie qui l'emportera commence à la tenailler et, plus que tout, la mort de son mari et de son fils a eu raison de ses forces. Olga découvre aussi très vite que l'asile bienveillant que devait lui réserver la France recèle bien des déconvenues : les factures du palais de Tsarskoïe Selo n'ont pas toutes été réglées et les entrepreneurs parisiens l'attendent de pied ferme, avec leurs créances. Ils profitent de son statut d'exilée pour réclamer des arriérés non dus. Olga leur résiste devant les tribunaux mais elle n'a finalement d'autre ressource que de vendre la magnifique propriété de Boulogne et de s'installer dans une petite maison rue de la Faisanderie. Grâce à l'argent de cette vente, elle parvient aussi à construire une petite villa à Biarritz qui permettra, peut-être, à ses filles de retrouver un peu de la douceur de la vie d'autrefois.

Près de trois cent mille Russes se sont réfugiés en France, par vagues successives ; aristocrates et monarchistes, bourgeois libéraux, intellectuels de toutes obédiences, républicains, ministres et parlementaires des gouvernements de 1917, officiers et soldats des armées blanches, l'intégralité des régiments Wrangel qui se sont embarqués dans un ordre parfait. C'est toute la Russie de l'intelligence et du courage, et, bien qu'elle soit profondément divisée, elle est si démunie et se sent tellement enracinée que des œuvres d'entraide se créent aussitôt. Elles joueront un rôle essentiel pour secourir, réconforter et maintenir cette autre Russie qui a perdu au jeu de l'Histoire mais résiste à la dissolution dans l'espoir de la revanche et du retour.

Meurtrie au plus profond de son être, la princesse Paley se lance dans un formidable travail de solidarité parmi les exilés, comme pour accomplir un devoir de piété à l'égard du souvenir déchirant de ses chers disparus. Elle y consacre d'inépuisables ressources de dévouement et d'organisation, et, bien que dépourvue de moyens, elle utilise son énergie et ses relations d'autrefois pour trouver de l'argent, des papiers, toutes les ressources de soutien possibles et en faire bénéficier les exilés qui la reconnaissent comme l'une des figures de proue de l'émigration russe. Ses bals de charité sont de plus en plus courus, ses coopératives de secours ne cessent de prendre de l'ampleur et ses appels à la bienfaisance débordent largement le cadre de l'émigration. Bien qu'elle n'ait jamais eu à gérer de problèmes matériels dans le passé, elle défend aussi très habilement ses intérêts et les maigres biens rescapés du naufrage : quelques bijoux qu'elle a retrouvés à Boulogne, quelques meubles, la petite maison de la rue de la Faisanderie et la villa de Biarritz, qui n'ont évidemment pas la valeur qu'ils auraient aujourd'hui.

Olga doit aussi se battre contre les antiquaires et les courtiers en objets d'art qui écoulent les biens saisis par les bolcheviques dans les palais impériaux et bradent le patrimoine de l'ancienne Russie sur les marchés de Londres et de Paris. Et chaque fois qu'Olga voit passer dans des ventes des objets qui lui ont appartenu, elle tente d'empêcher les transactions. À cet égard, il y eut à Londres en 1927 un procès retentissant où elle s'opposa à la vente de bijoux et de meubles de son palais de Tsarskoïe Selo, en prétendant que le pouvoir soviétique les lui avait volés. Des photos de l'époque la montrent à Londres, dans une salle des ventes, assise devant un clavecin et des œuvres d'art qui lui appartiennent, au milieu d'un public goguenard et se poussant du coude. Ses tentatives désespérées pour sauver ses biens se soldent souvent par des échecs et se retournent contre elle, les tribunaux la déboutant systématiquement de ses demandes. En effet, les pays alliés ayant depuis 1924 reconnu l'Union soviétique considèrent que l'État soviétique a toute souveraineté sur ses propres lois et peut donc vendre des biens qui lui appartiennent désormais. On aura bien compris que, dans ces ventes aux enchères, la princesse Paley essaie moins de sauver la valeur de ses objets d'art que les souvenirs de sa vie heureuse et de ceux qu'elle a aimés, comme autant de repères engloutis dans la folie de la Révolution. Cependant, malgré ses échecs devant les tribunaux, la princesse Paley est particulièrement redoutée par les auteurs et les complices du pillage, et ses actions lui valent un immense respect auprès des exilés.

Durant les années 20, Olga est redevenue une personnalité célèbre de la scène parisienne, moins dans le registre triomphant de 1910, où elle était une gloire des bals magnifiques du faubourg Saint-Germain, que dans celui du grand malheur russe qui fait vaguement honte et fascine en même temps ses anciens amis. Vieillie avant l'heure, marquée par les épreuves, Olga ne triche pas avec son infortune mais elle évite de susciter un sentiment de pitié qui détournerait les meilleures volontés. Et son énergie farouche plaide pour contribuer à l'avenir plutôt que pour faire pleurer sur le passé. En dehors des bals de charité qu'elle organise à Biarritz ou à Paris, elle passe des heures dans son bureau avec le téléphone à portée de main à envoyer des secours à tel ou tel émigré qui le lui demande, elle s'occupe interminablement des démarches des uns et des autres pour régulariser leur situation auprès de la Préfecture de police. Elle écrit ainsi continuellement aux ministres qui se seraient battus pour assister à ses réceptions dix ans auparavant et, humblement mais fermement, elle intervient pour les uns et les autres, avec un sens très affirmé du juridisme qu'on n'attendrait pas d'une femme qui a toujours vécu protégée. En marge de ces occupations, elle écrit un court livre de Mémoires, dans lequel elle décrit de façon extrêmement sensible l'amour d'une femme, la tendresse d'une mère et l'intensité de la catastrophe qui emporta la dynastie.

Le point culminant de son inlassable activité se situe à Biarritz, aux premiers jours de septembre ; Olga y donne le plus grand bal de la saison, celui qui doit lui rapporter assez d'argent pour soutenir ses exilés pendant toute une année. À cette occasion, Irène et Natalie attirent tous les regards. Irène, belle et altière, intimide un peu son entourage. Natalie, adolescente étrange, craintive comme un petit chat, visage de porcelaine au front large et aux pommettes hautes, charme par sa réserve et son mystère. Alors que la génération fauchée par la révolution russe et qui a réussi à émigrer suscite souvent une condescendance vaguement embarrassée de la part de ses anciens amis parisiens, les filles de la princesse sont fêtées et admirées. Il faut dire que la France a, elle aussi, subi une épreuve terrible avec la guerre de 1914, et qu'elle tente d'oublier cette période en s'étourdissant. Dans le contexte des années folles, le malheur russe et ceux qui en portent le témoignage sont encore plus en porte-à-faux et isolés dans leur détresse. Et c'est un paradoxe effrayant en même temps qu'une autre preuve de la remarquable intelligence d'Olga que, pour honorer ce malheur et la solidarité entre les victimes, la princesse Paley organise des bals, des fêtes, des loteries, des réjouissances où, sur des musiques de tango et de charleston, le nouveau monde enterre joyeusement une époque dont il ne veut plus entendre parler. Notamment au Bal de Biarritz où se rend l'élite de la société internationale de ce temps, milliardaires américains et latinos, hommes d'affaires français, ministres et préfets, tous ceux à qui elle adresse perpétuellement ses suppliques, et pour qui elle est une hôtesse toujours aimable et souriante qui paraît si heureuse de les recevoir, gardant secrètement par-devers elle la mémoire torturante de sa vie enfuie et crucifiée.

Irène et Natalie resteront marquées durant toute leur existence par l'exemple de leur mère opposant une force inaltérable aux coups du sort. Mais elles y répondront de manière très différente, bien que le bonheur d'autrefois et les épreuves récentes les eussent encore plus unies que pendant leur enfance. Irène s'affirmera comme une exilée qui porte partout et constamment la Russie avec elle, récitant les poèmes de Vladimir et honorant en toute occasion le souvenir du grand-duc Paul. Natalie voudra fuir au contraire les témoignages et les rappels du passé, privilégiant son appartenance à la France et à la société mondaine qui n'a qu'une idée confuse et romantique de la tragédie. Elles ne parlent d'ailleurs jamais de la Russie d'autrefois ; l'une parce qu'elle vit en elle et l'autre parce qu'elle veut tenter de s'en évader.

3

LE GRAND-DUC ALEXANDRE

> « On peut souffrir mille morts et soudain, alors qu'on s'apprête à se jeter par la fenêtre pour en finir, quelque chose d'inconnu s'éveille en nous et nous lance sur une route nouvelle dont on ne sait encore rien, en nous libérant de toute une part de nous-mêmes qu'on laisse sans regret sur les bas-côtés. »
> Grand-duc Alexandre, 1932.

Biarritz, la petite Russie des années 20

Si la princesse Paley et ses filles séjournent si régulièrement à Biarritz, et aiment tant la côte basque, c'est surtout parce que la cité balnéaire leur rappelle les souvenirs heureux des vacances d'avant la Révolution, avec Vladimir et le grand-duc Paul. Mais c'est aussi parce que, dans les années 20, Biarritz est le lieu de rendez-vous de la « cafe-society » fortunée, que la saison mondaine y est brillante et qu'Olga peut donc y lever des fonds considérables pour la communauté russe, notamment lors du fameux Bal de septembre.

Mais elles ne sont pas les seules à être revenues naturellement à Biarritz. Les Russes en exil aiment également se retrouver dans cette ville où ils furent aimés et admirés du temps de leur splendeur, et ils vivent à présent dans des petites villas achetées, comme par jeu, avant la Révolution et auxquelles ils se raccrochent désormais comme à des planches de salut. Lorsqu'ils venaient en villégiature à Biarritz au début du siècle, les grands aristocrates russes y vivaient d'ailleurs de façon confortable mais simple, sans se faire remarquer, comme pour se soulager du fardeau faramineux des trains de maison et des obligations mondaines de Saint-Pétersbourg. Même si les villas ne manquaient pas de précepteurs et de gouvernantes pour les enfants, elles n'étaient pas dans leur apparence les plus belles de la côte basque. Seule l'impératrice douairière voyageait encore avec son train privé et s'installait à l'hôtel du Palais accompagnée d'une centaine de personnes.

La Révolution oblige à présent ces exilés à toujours plus de modestie. La plupart d'entre eux ayant perdu tous leurs avoirs, ils se réunissent souvent sous le même toit pour se soutenir moralement mais aussi pour partager les frais de leur existence. C'est ainsi que le grand-duc Alexandre, de retour à Biarritz après la guerre et la Révolution, arrive très naturellement dans la maison de la princesse Paley. Les relations d'Alexandre et d'Olga étaient courtoises mais sans conséquences avant la Révolution. Elles se transforment en une profonde amitié, renforcée par la volonté commune de survivre.

Le beau Sandro

Le grand-duc Alexandre, que les proches appellent Sandro, descend des Mihaïlovitch, une des branches des Romanov issues du tsar Nicolas Ier, arrière-grand-père du dernier tsar, qui a défini le premier les droits à l'attribution du titre de grand-duc. Il est ainsi le cousin au deuxième degré de Nicolas II. Les Mihaïlovitch n'ont jamais été en odeur de sainteté avec le reste de la famille à cause de leur réputation d'intellectuels libéraux, de personnalités aventureuses et cultivées, sensibles aux idées de l'Occident progressiste. Effectivement, durant tout le XIXe siècle, ils ont donné à la Russie des savants, des historiens et des explorateurs de renom.

Alexandre, dont le père est vice-roi du Caucase, grandit à l'abri du conformisme de la cour et développe une curiosité et un sens de la liberté qui tranchent avec les préjugés de l'aristocratie impériale. Il est doté d'une importante fratrie, mais pendant la Révolution deux de ses frères seront fusillés avec le grand-duc Paul, dans la forteresse Pierre-et-Paul après que le troisième eut péri dans le puits de mine d'Alapaïevsk avec Vladimir et Élisabeth. Les Mihaïlovitch sont de fervents patriotes, et leur fidélité à un régime qu'ils ont pourtant largement critiqué explique qu'ils tombent sous les coups des bolcheviques. On peut les admirer, ou ne pas les comprendre, mais le fait est qu'ils n'ont pas fui la Russie au moment où éclatait la Révolution, sont restés auprès de la famille impériale, ont protégé leurs proches et tenté de défendre leurs idées, même s'ils ont aussi très vite compris que cette attitude risquait de se payer du sacrifice de leurs vies. Alexandre offre l'exemple même de cette liberté de pensée et de cette loyauté foncière qui caractérisent les Mihaïlovitch.

Alexandre a longtemps été très proche de Nicolas II. Ils appartiennent à la même génération et se ressemblent beaucoup physiquement, même si l'un est grand et de fière allure alors que Nicolas est plus petit et plus ramassé. Nicolas subit profondément l'ascendant de son cousin et envie sa forte personnalité extravertie : Alexandre est brillant, mène les conversations, a des idées sur tout. Il est romanesque, intéressé par le monde qui l'environne, professe des idées très modernes, se passionne pour les sciences, les techniques et les affaires, et se montre toujours très informé des difficultés de l'empire ; Nicolas, gauche et timide, l'écoute avec passion. Durant leur adolescence, les deux cousins sont inséparables. En cultivant l'amitié d'Alexandre, Nicolas a l'impression de vivre une délicieuse transgression, de s'imprégner de la réputation sulfureuse des Mihaïlovitch et de gagner en personnalité. Tout cela restant bien entendu très raisonnable, car si Nicolas aime et admire Alexandre, il redoute surtout son père et tremble de ne pouvoir suivre son exemple.

Lorsque Nicolas, encore tsarévitch, fait son grand voyage autour du monde — où un Japonais faillit le tuer, ce qui eut des conséquences si funestes —, Alexandre l'accompagne. C'est lui qui l'emmène avec le prince de Grèce, qui avait pourtant d'autres penchants, dans les mauvais lieux des ports où leur bateau accoste, les lupanars du Caire ou les maisons de thé de Tokyo. Pour Nicolas, Alexandre est un merveilleux affranchi. Les relations se resserrent encore plus lorsque Alexandre épouse la grande-duchesse Xénia, la sœur de Nicolas. Xénia est l'ange des Romanov, avec des yeux immenses, fragile comme une porcelaine fine ; douce et bienveillante, elle possède le même charme poétique que Nicolas.

Le mariage d'Alexandre et de Xénia est un véritable mariage d'amour. Encore aura-t-il fallu convaincre les diverses branches des Romanov qui souhaitaient vraisemblablement allier leurs enfants à d'autres familles royales. Et si Nicolas était heureux à l'idée d'avoir son cher cousin comme beau-frère, Alexandre III et Maria Feodorovna redoutaient de voir son influence pénétrer le cercle suprême du pouvoir impérial. Mariage arraché de haute lutte, mariage heureux ; enfin, durant les premières années où ils auront ensemble sept enfants, six garçons et une fille, dont certains seront d'une telle beauté qu'ils deviendront les modèles de cette élégance et de cette grâce Romanov qui traverseront, intactes, les années d'exil.

Des voyages et des femmes

Alexandre et Xénia forment un couple rayonnant à la cour de Saint-Pétersbourg. Mais Alexandre étouffe en Russie, et bientôt il court les océans en faisant carrière dans la marine. Il contribue à moderniser la flotte, lance de grandes affaires qui en font l'un des hommes les plus riches de Russie. Mais il continue à s'évader dans ses voyages au long cours. Il sait que la Russie est mal gouvernée, il ne supporte plus de voir son cher cousin devenu tsar le regarder les yeux pleins de mélancolie, en feignant d'écouter ses conseils, tout en persistant à n'en faire qu'à sa tête et à mener le pays à la catastrophe. Alexandre n'est pourtant pas un partisan de la démocratie parlementaire à l'occidentale, et il ne veut pas d'un changement radical en Russie. Mais il croit au progrès économique et à la nécessité d'associer au gouvernement les nouvelles classes qui sont en train de naître en Russie. Il ressemble en cela aux grands ministres qu'a eus Nicolas II, le comte Witte ou Stolypine, et il enrage de voir que la leçon de la révolution de 1905 n'a pas été retenue, que Witte est disgracié et que Stolypine meurt assassiné faute d'avoir été suffisamment protégé. Si Alexandre prend si souvent le large, au propre comme au figuré, c'est autant par découragement que pour découvrir d'autres horizons.

Alexandre étouffe aussi car l'amour qui le liait à Xénia s'est peu à peu transformé en ce sentiment de tendresse qu'un homme peut éprouver pour sa sœur, confidente attentionnée et indulgente, plus qu'amante toujours désirée. Or Alexandre aime les femmes, il a des aventures et parfois de véritables liaisons amoureuses. Il aime les étrangères, les Anglaises, les Américaines, et mène loin de Saint-Pétersbourg de discrètes et multiples vies parallèles. L'attirance qu'il éprouve pour les femmes occidentales est le reflet fidèle de sa curiosité pour l'Europe et l'Amérique. Alexandre est d'ailleurs le premier et le seul grand-duc à comprendre la rivalité inévitable entre l'Amérique et la Russie. Au cours de ses voyages, il visite à plusieurs reprises le continent américain. Il se lie avec des grands chefs d'entreprise, étudie les mécanismes du capitalisme, observe attentivement le fonctionnement des institutions, rencontre des membres du Congrès, devient l'ami du président Theodore Roosevelt ; et chaque fois qu'il retourne à Saint-Pétersbourg, il a l'impression que la vie et l'avenir sont ailleurs et que son pays s'enfonce à la fois dans l'immobilisme et la menace du chaos.

D'un de ses voyages en Amérique, Sandro revient persuadé de l'avenir considérable de l'aviation qui lui paraît être la meilleure solution au problème des transports dans un pays immense comme la Russie. Il se lance alors à corps perdu dans la création de l'aviation russe. Aviation civile mais aussi aviation militaire puisque, en tant qu'amiral de la Flotte, il appartient aux cercles les plus restreints du commandement militaire. Dans ce domaine à sa mesure, il se révèle un homme d'affaires et un meneur d'hommes redoutablement efficace. Cet admirateur de l'Amérique est aussi un véritable capitaine d'industrie qui affronte avec une grande pugnacité le ministre de la Guerre, Soukhoulmikov, qui traite l'aviation comme une plaisanterie et dont la suite des événements révélera qu'il était aussi prévaricateur qu'incapable. Et, une fois n'est pas coutume, le tsar qui est sensible aux démonstrations techniques de son cousin se prend au jeu et le soutient. Alexandre crée donc en un temps record cette aviation russe qui tout au long de la guerre devancera nettement toutes les autres, y compris la terrible aéronautique allemande. C'est lui qui découvre par exemple Sikorsky, le futur inventeur de l'hélicoptère, mal vu de la police comme Polonais et d'opinions libérales, dont il fait le chef des pilotes d'essai et dont il finance largement les réalisations d'ingénieur surdoué. Très vite, Alexandre devient un interlocuteur privilégié pour les patrons d'industrie occidentaux et apparaît comme un homme d'influence incontournable pour les ambassadeurs étrangers.

Malgré ses multiples infidélités amoureuses et ses absences, Sandro est très aimé par sa famille. Son indépendance d'esprit est telle qu'il donne à ses enfants une éducation libre et poétique, ne les contraint en rien, respecte leurs désirs, leur autonomie, sans leur imposer cet esprit de compétition où il excelle pourtant personnellement. Contrairement aux autres membres de la famille impériale, il n'élève pas ses fils dans le respect du rigorisme militaire et admet parfaitement leur penchant pour les arts. De fait, ce père dont on murmure qu'il a peut-être d'autres familles secrètes — ce qui se révélera faux — maintient parmi les siens une atmosphère aimante et chaleureuse. Cependant, peu avant la guerre, une de ses liaisons étrangères l'attache tellement qu'il propose à Xénia de divorcer et envisage d'aller se retirer en Australie avec la nouvelle femme de sa vie. Mais la raison et les défis de la construction aéronautique comme la douceur de sa femme et l'amour de ses enfants l'en dissuadent et il tente de mieux maîtriser ses foucades sentimentales. On le revoit alors beaucoup dans les cérémonies officielles, même s'il continue à disparaître mystérieusement de temps à autre. De surcroît, en sentant monter les périls, Alexandre a décidé d'essayer de raisonner son cousin le tsar. Mais c'est une tâche impossible car Raspoutine est désormais installé au sein de la famille impériale et Alexandre s'attire la réprobation hargneuse de la tsarine. Et s'il peut parler à Nicolas comme avant, ses conseils demeurent plus que jamais sans écho. La démonstration éclatante de ses mérites durant la guerre où l'aviation sauve plusieurs fois la mise aux armées russes ébranle parfois les convictions aveugles du tsar, mais Raspoutine et la tsarine reprennent finalement toujours l'avantage.

Après l'assassinat de Raspoutine, Alexandre tente de fléchir une dernière fois Nicolas II. La confiance d'Alexandre pour son cousin est morte, leur amitié s'est usée au fil des déceptions vécues par l'un, et du sentiment de vague trahison ressenti par l'autre sous le coup des conseils et des critiques. Mais l'affection de l'enfance demeure. Avec l'énergie du désespoir, Alexandre explique au tsar, lors d'un ultime entretien, que le dernier quart d'heure de la monarchie a sonné, mais qu'il peut encore, s'il le désire, reprendre l'initiative en promulguant une Constitution et en travaillant avec la Douma. La discussion se déroule dans la chambre même de la tsarine qui est alitée et qui ponctue les arguments d'Alexandre de dénégations furieuses pendant que Nicolas le soutient faiblement en tirant sur sa moustache comme chaque fois qu'il éprouve une hésitation extrême. Mais il semble qu'à présent rien ne puisse plus arrêter le couple impérial dans sa marche à la catastrophe. Finalement, Alexandre et Nicolas en viennent à se heurter violemment quand ils abordent l'assassinat de Raspoutine. On sait combien le crime a rendu la tsarine folle de rage et comme Nicolas, tiraillé entre sa femme et sa famille, a eu du mal à sauver la tête des deux assassins, Felix Youssoupov et Dimitri. Or, il se trouve que Felix, le plus coupable aux yeux de la tsarine, a épousé Irina, la fille unique d'Alexandre. Pour le couple impérial, tout est clair : le grand-duc est moralement complice des assassins et, s'il prend la défense de son gendre, c'est une autre manière de s'affirmer dans le camp ennemi. Finalement Nicolas se rallie aux avis de sa femme, et les deux cousins se séparent froidement, comme s'ils étaient devenus des étrangers. Ils ne se reverront jamais.

Plus tard, lorsqu'il dressera le funeste bilan de toutes les erreurs du tsar, Alexandre y rangera aussi son abdication aux premières heures de la Révolution, et regrettera de ne pas avoir tenté lui-même un coup d'État dès la conclusion de leur désastreuse dernière conversation, pour l'obliger à rester à Saint-Pétersbourg et à éloigner la tsarine en Crimée.

Fuite d'Alexandre et des siens en Crimée

Alors que la menace des bolcheviques se précise, Alexandre n'a d'autre souci que de mettre à l'abri sa femme et ses enfants. Or, l'impératrice mère s'est retirée à Kiev, la capitale de l'Ukraine, depuis le début de la guerre et l'immense province du sud de l'empire s'est détachée de la Russie à la faveur de la Révolution pour proclamer son indépendance. L'Ukraine offre donc un refuge provisoire et Sandro emmène les siens auprès de Maria Feodorovna. Olga, la plus jeune sœur du tsar, et son nouveau mari Koulikovski, épousé discrètement dans l'atmosphère de naufrage général, ainsi que les Youssoupov bannis sur leur domaine d'Ukraine depuis l'assassinat de Raspoutine, rejoignent à leur tour l'impératrice mère à Kiev. Mais l'indépendance toute relative de l'Ukraine ne la met pas à l'abri de la guerre civile ; le désordre est bientôt tel que les Romanov courent le risque d'être kidnappés pour servir de monnaie d'échange entre clans rivaux, ou d'être simplement livrés aux bolcheviques menaçant Kiev. Alexandre conçoit alors le plan hardi de s'emparer d'un train, grâce aux complicités qu'il a tissées parmi les cheminots, et de transférer toute sa famille en Crimée où elle dispose encore du chapelet de palais et de villas qui avaient été édifiés au temps heureux de l'empire. Comme on ne résiste pas à Alexandre, Maria Feodorovna se laisse convaincre et donne le signal du départ, au moment où les bolcheviques triomphent à Petrograd. On rouvre les demeures d'autrefois qui sont intactes, notamment la somptueuse villa d'Aïn Todor, l'ancienne maison d'Alexandre, dont le vaste parc descend jusqu'à la mer.

La Crimée, paradis d'illusions...

À Aïn Todor, les Romanov vont vivre comme si la Révolution n'avait pas éclaté. Il fait beau, la côte est magnifique et chaque instant de ces délicieuses journées où il suffit d'ouvrir les fenêtres pour respirer l'air de la mer, et le parfum des fleurs donne l'illusion que rien n'a changé. Mais bientôt les bolcheviques étendent leur pouvoir et les soviets d'Odessa et de Sébastopol prennent le contrôle de la Crimée. Le refuge des Romanov devient une prison et ils sont pris au piège sans avoir le temps d'organiser une nouvelle fuite. Ils sont alors soumis à la garde d'un groupe de bolcheviques qui ne cachent pas leur intention de les massacrer dès qu'ils en auront reçu l'ordre. Mais l'ordre de qui ? Du soviet d'Odessa, de ceux de Sébastopol, de Yalta ou de Moscou ? La confusion générale n'épargne pas les rangs des bolcheviques et les instructions se court-circuitent dans la rivalité de chefs autoproclamés et de subalternes qui vivent dans la terreur d'être fusillés pour avoir commis une erreur. Les Romanov d'Aïn Todor sont condamnés, mais Alexandre utilise toutes les ressources de sursis que procure le désordre. Petit à petit s'installe dans la maison une atmosphère à la fois dramatique et bouffonne ; Alexandre exerce un ascendant grandissant sur les gardes bolcheviques et notamment sur le chef d'entre eux, un marin qui garde une admiration secrète pour l'ex-amiral de la Flotte. Une relation étrange s'instaure entre les deux hommes qui échangent de longues conversations : le chef des bolcheviques affirme à Sandro qu'il peut fusiller toute la maisonnée à chaque instant et qu'il n'hésitera pas à le faire quand il en aura reçu l'ordre certifié dans les formes et il lui demande en même temps de l'aider à écrire des lettres à sa femme ou de jouer aux échecs avec lui. Alexandre lui apprend même à conduire !

Si les journées se passent de façon relativement tranquille, avec le sentiment d'être enfermés dans une cage aux fauves où chaque signe de panique peut conduire à un massacre brutal, les Romanov sont aussi soumis aux attaques des délégués du soviet de Sébastopol, bien plus féroces que ceux de Yalta dont dépend la villa d'Aïn Todor. Ces groupes maximalistes fustigent l'affaiblissement progressif de la ferveur révolutionnaire des gardes au contact des Romanov et menacent de les faire fusiller s'ils persistent à traiter leurs prisonniers comme des invités. Pendant ces coups de main, où la tension monte brusquement, la famille essuie des insultes, des actes de brutalité et de pillage. La tsarine mère voit débarquer dans sa chambre où elle est alitée des soldats mutinés qui fouillent dans ses commodes, à la recherche d'armes, de bijoux ou de tracts antirévolutionnaires, malgré les reproches furieux qu'elle leur adresse au mépris du danger. Ils lui dérobent en particulier une petite bible qu'elle retrouvera, Dieu sait comment, chez des brocanteurs, au Danemark, dix ans plus tard ! Heureusement, la tsarine a pris soin de cacher ses plus beaux bijoux là où personne n'ira les chercher : dans un petit coffret, sur son bureau, le plus en vue des objets de sa chambre...

Pendant toute cette période, de l'automne 1917 à l'hiver 1918, Alexandre est l'organisateur de la vie de la maisonnée prisonnière, le soutien de la famille et l'âme de la résistance. Mais en 1918, après six mois d'occupation bolchevique, le traité de Brest-Litovsk entre Allemands et Russes abandonne la Crimée et l'Ukraine aux Allemands. Les révolutionnaires s'enfuient et sont remplacés par les soldats du Kaiser, accueillis comme des libérateurs par la population de Yalta. Quelle n'est pas la surprise des officiers allemands, lorsqu'ils arrivent à Aïn Todor, de se heurter au refus obstiné de l'impératrice mère de les recevoir parce qu'ils sont toujours pour elle des ennemis de son pays ! Le chef de l'état-major allemand se présente alors en grande tenue à Maria Feodorovna pour assurer la vieille dame qu'il est désormais le garant de sa sécurité, mais il est soumis au même traitement et doit rebrousser chemin. Alexandre, en sous-main, rattrape la situation : les Allemands se feront discrets mais fourniront armes et vivres au grand-duc. Alors qu'ils s'apprêtent à justicier le chef des gardes bolcheviques repris dans sa fuite, Alexandre intervient en sa faveur et demande que l'on épargne l'ancien marin qui s'était montré si curieusement formaliste en reculant sans cesse l'exécution de ses détenus. On ne saura jamais à quel jeu étrange s'est livré le gardien des Romanov : l'ordre de les mettre à mort lui était parvenu à plusieurs reprises, mais il avait chaque fois prétexté de la nécessité de le faire contresigner par tel ou tel autre soviet censé avoir plus de responsabilités légales. Alexandre a bien compris que, pour des raisons inconnues, cet homme leur a finalement sauvé la vie en faisant traîner les choses, et il considère que ce n'est que justice d'essayer à son tour de le faire échapper à la mort. Mais, malgré son insistance, Alexandre ne parviendra pas à le sauver du peloton des Allemands, éberlués par ses démarches. Il évoque cet incident malheureux dans ses Mémoires avec une mélancolie qui en dit long sur l'affection qu'il en était venu à éprouver pour son ennemi si fraternel.

Durant la période de l'occupation allemande en été 1918, les Romanov de Crimée retrouvent l'atmosphère et le charme des vacances d'autrefois, alors que tant d'autres membres de la famille tombent sous les balles des bolcheviques à Petrograd et en Sibérie. Cependant les conditions de vie sont devenues précaires : il faut jardiner pour se nourrir, les domestiques sont partis, il n'y a plus de voiture, tout devient matériellement beaucoup plus difficile. Mais l'inconscience familiale est telle que chacun, à l'exception d'Alexandre, s'accommode de la situation en attendant que le pouvoir bolchevique s'effondre et que l'on puisse rentrer à Petrograd comme après la fin d'un mauvais rêve. À la décharge de cette inconscience, il faut dire qu'aucun écho n'arrive jusqu'à eux concernant ce sort tragique de la famille impériale ; ils vivent en toute ignorance de ce qui peut se passer dans le reste du pays, isolés dans leur bulle ensoleillée où la terre abondante et le soleil radieux incitent à l'optimisme. En attendant que tout s'arrange, les Romanov font des promenades et des pique-nique, montent des pièces de théâtre en bricolant costumes et décors, reçoivent modestement mais joyeusement les quelques rescapés de l'aristocratie qui se sont, eux aussi, repliés en Crimée et réamorcent ainsi un semblant de vie mondaine. Tout cela dans des maisons immenses comme des palais, dont une partie des étages est fermée et où, le soir, quand il fait un peu frais, faute d'électricité, les habitants se regroupent dans une seule pièce pour y faire du feu et ne pas utiliser trop de bois. La douceur tchékhovienne et faussement rassurante de cette vie artificiellement préservée n'a pas fait oublier les réalités à Alexandre qui s'inquiète du total black-out sur les nouvelles de Russie. Il a lu les articles d'une partie de la presse allemande rapportant la rumeur de l'exécution de Nicolas II et de sa famille et, contrairement à Maria Feodorovna, il est persuadé que le tsar, la tsarine et leurs enfants sont morts. Lors de l'occupation d'Aïn Todor et des incursions du soviet de Sébastopol, il a mesuré la haine des bolcheviques ; il sait que l'ancien monde est irrémédiablement condamné et qu'il y a de fortes chances pour que les vainqueurs d'aujourd'hui restent au pouvoir. Et le silence qui recouvre la Russie, entrecoupé d'échos invérifiables, lui paraît de très mauvais augure.

L'effondrement de l'Allemagne en novembre 1918 entraîne le remplacement des occupants allemands par les Alliés, et notamment par des soldats français. Pour Alexandre, c'est un appel d'air inespéré. Il peut enfin s'informer de ce qui se passe précisément dans son pays et il prend conscience brutalement de l'extrême danger qu'ils courent tous en restant en Crimée. En fait, si le sud de la Russie échappe complètement aux bolcheviques qui ont perdu l'Ukraine et une grande partie de la Sibérie, reconquises par les différentes armées blanches, Alexandre réalise immédiatement que les Alliés ne soutiendront jamais suffisamment les contre-révolutionnaires, séparés les uns des autres par d'énormes distances et manquant cruellement d'armes et de munitions. Et ce n'est pas Wrangel, le plus valeureux des généraux, qui pourra tout seul rassembler les forces éparses des Russes blancs. Alexandre est aussi frappé par la tiédeur des Français qui ont pourtant été accueillis comme des alliés de toujours et des sauveurs. Ils restent sur leur réserve, et traitent les Romanov avec distance, comme si le sacrifice fait par la Russie pendant la guerre ne comptait plus et qu'ils réservaient leur sympathie intime au mouvement révolutionnaire. Effectivement, pour soutenir les Russes blancs, les Alliés n'envoient que de maigres renforts tandis que toutes sortes de sympathisants progressistes venus de Londres et de Paris nouent des contacts avec les bolcheviques. Alexandre, de plus en plus désolé et inquiet, devant une stratégie qui confirme ses pires craintes sur l'issue de la Révolution et la fin prévisible de sa famille, décide alors de se rendre à Paris et d'alerter les amis qui le courtisaient autrefois et doivent être au zénith du pouvoir, puisqu'ils ont gagné la guerre, et de tenter d'obtenir de l'aide pour les siens et pour cette Russie blanche qui se bat avec l'énergie du désespoir et où il n'a pas renoncé à jouer un rôle.

Lorsqu'il annonce sa décision, Alexandre se heurte à l'incompréhension de sa famille, toute à la joie de cette victoire des Alliés qui préfigure un retour à l'ordre ancien, alors que c'est précisément le contraire qui s'annonce. Face à cette frivolité que seule sa fille Irina ne partage pas, et dont elle comprend tout le danger, Alexandre précipite son départ. Il réussit à s'embarquer sur un navire anglais en direction de la France. Alexandre sait que le front de Wrangel, qui protège la Crimée contre les bolcheviques, peut tenir quelques mois, le temps pour lui de faire l'aller-retour.

Mais il ne faut pas tarder en chemin car les Français ont commencé à rapatrier les Russes faits prisonniers par les Allemands, et ils les font rentrer par les ports d'Odessa et de Crimée, où ils sont immédiatement pris en charge et mobilisés par des bolcheviques infiltrés qui se cachent de moins en moins. Partis sous la bannière de Nicolas II, les anciens prisonniers déracinés sont particulièrement perméables à la propagande révolutionnaire. Et tous les jours, de nouveaux bateaux arrivent et de nouveaux contingents de prisonniers libérés sont débarqués sur la côte de Crimée, hommes hagards et dépossédés de leur histoire qui se fondent en quelques instants dans le foyer bolchevique qui couve sous la cendre friable de l'ancienne Russie.

Le voyage du grand-duc

Sur le bateau qui l'emmène en France, Alexandre respire un peu mieux. Mais la vision des côtes de Russie qui s'éloignent peu à peu le plonge dans une mélancolie profonde et, à travers ce départ forcé, il mesure l'immensité de tout ce qu'il a perdu. Il était amiral de la flotte russe, il se retrouve passager presque ordinaire sur un bateau anglais, hôte d'un capitaine qui, en d'autres temps, lui aurait rendu des honneurs les plus démonstratifs. Et ce n'est pas son arrivée à Paris qui va lui remonter le moral...

Son premier réflexe est de se rendre à l'hôtel Ritz, où il avait l'habitude de descendre à chaque séjour parisien. Mais, à la réception, un doute l'assaille. Pour la première fois, il se pose la question de savoir comment il va payer sa note. Prudemment, il demande au concierge de ne pas lui donner la suite habituelle, mais une chambre modeste. Devant la personne qui s'était pressée pour l'accueillir et dont les sourires se figent, il se voit dégringoler dans la considération que lui portait toute l'humanité hôtelière accoutumée à ses additions et à ses pourboires fastueux. Même les garçons d'étage et le personnel du service le dévisagent avec un effarement qui cède bientôt la place à une sorte de commisération ironique et désinvolte. En quelques instants, dans le regard de tous ces gens qui lui font face, Alexandre lit la perte de l'identité sociale fabuleuse qui était la sienne jusqu'alors et ne voit plus que le soupçon, le dédain et l'ennui. Dans ses Mémoires, il raconte qu'on finit par l'installer dans une petite chambre de courrier, au-dessus du restaurant de l'hôtel, d'où il entendra, tous les soirs, les allées et venues du service, et plus tard les battements sourds du dancing, les cris et les rires rythmant les premiers airs de jazz américain.

Soudain perdu dans ce Paris de l'immédiat après-guerre, qui s'amuse avec frénésie en profitant de la présence des soldats et des officiers alliés pour oublier la guerre et la grippe espagnole, Alexandre tente d'entrer en contact avec les personnalités influentes qu'il côtoyait régulièrement avant la catastrophe.

Les pourparlers concernant les divers traités de paix devraient susciter une atmosphère favorable à ses démarches avec tous les diplomates et hommes politiques qui sont précisément en ville à ce moment. Alexandre essaie évidemment de joindre le maître de l'heure, le président Wilson, mais le colonel redouté qui fait écran à l'inspirateur de la paix lui fait sèchement répondre qu'il ne figure pas sur l'emploi du temps de son patron et lui conseille d'envoyer une note qu'on fera suivre. Clemenceau se montre plus aimable : il ajoute un mot de sa main à la lettre de refus qu'adresse un de ses secrétaires en prenant prétexte des occupations trop nombreuses du président du Conseil. Quant au ministre anglais des Affaires étrangères, il manque d'être saisi par surprise ; Alexandre se présente devant sa chambre d'hôtel en ayant eu soin de ne pas se faire annoncer, mais le concierge a appelé discrètement pour prévenir, et le grand-duc aperçoit le digne homme d'État s'enfuyant, le col de sa chemise encore ouvert, par l'escalier de service. Ainsi, les hommes influents qui, deux ans plus tôt, se pressaient pour le rencontrer et le cajoler lui tournent tous le dos sans même prendre le temps de donner les vraies raisons de leur attitude.

Autre désappointement : lors de ses séjours à Paris, quand il ne descendait pas au Ritz, Alexandre occupait un bel appartement qu'il louait à l'année dans un quartier élégant. Quand il va voir le propriétaire, celui-ci fond en larmes de reconnaissance devant la mansuétude de la Providence qui a épargné son cher grand-duc, mais, une fois passé ces émouvants transports, Alexandre s'aperçoit que les meubles de l'appartement ont été vendus, qu'un nouveau locataire occupe les lieux, et que, de surcroît, le propriétaire lui réclame tous les loyers qu'il n'a pu payer pendant la Révolution. Bien évidemment, la banque dans laquelle il avait remisé des fonds considérables avant la guerre, et qu'il avait rapatriés au moment du conflit, ne le connaît plus et ne veut pas l'aider. Tout est ainsi. Alexandre ne se heurte qu'à des portes closes sur des abîmes de trahison. Mais le pire est pour bientôt.

Un matin de février 1919, alors qu'il pénètre dans la salle à manger du Ritz pour le petit déjeuner, Alexandre se demande pourquoi on ne lui présente pas le journal comme chaque jour. Excuses embarrassées du personnel : des clients ont dû emporter par mégarde les quotidiens dans leur chambre. Il s'assoit à sa table et sent sur lui les regards de toutes les personnes présentes qui répondent à ses inclinaisons de la tête par des saluts étranglés. Enfin, dans un silence de mort, on lui apporte le journal et il comprend. On y confirme en première page que deux de ses frères viennent d'être fusillés avec le grand-duc Paul à la forteresse Pierre-et-Paul. Il raconte dans ses Mémoires que le choc est tellement violent et la douleur qu'il éprouve si foudroyante qu'il hésite un long moment avant de relever la tête pour affronter l'assemblée des vautours qui ont les yeux rivés sur lui et choisit, finalement, en concentrant toute son énergie, de refermer le journal et de passer la commande au maître d'hôtel de son breakfast à l'anglaise comme si de rien n'était...

La situation parisienne étant sans espoir, le grand-duc décide de partir pour l'Angleterre et de rejoindre sa tante, la reine Alexandra. Il s'en ouvre donc à l'ambassadeur d'Angleterre, l'un de ses meilleurs amis d'avant-guerre, mais il s'entend répondre après nombre de précautions de langage qu'aucun visa ne lui sera délivré. Alexandre comprend que son sort n'aura rien d'exceptionnel : les Romanov ne seront reçus nulle part, personne ne voudra les entendre, et même leur propre famille les traitera comme des pestiférés ! Il essaie bien de fléchir l'ambassadeur britannique en lui rappelant leur amitié passée, les services qu'il a rendus à l'Angleterre, mais il voit dans le regard du diplomate qu'il est inutile d'insister. En fait c'est Lloyd George et le Foreign Office qui refusent le visa et Alexandre songe un moment à alerter les Windsor directement. Mais l'ambassadeur a lu dans ses pensées et lui fait observer que Leurs Majestés se seraient déjà manifestées si elles avaient souhaité le voir, sa présence à Paris ayant été largement signalée. La roue de l'Histoire est bel et bien passée. La situation financière d'Alexandre s'avère de plus en plus catastrophique. Personne ne veut des marks ukrainiens grands comme des feuilles de journaux qu'Irina a réussi à lui faire parvenir, le directeur du Ritz s'impatiente en parfait homme du monde, évoquant « la petite note, hélas, en souffrance », et il n'a d'autre ressource que de brûler sa dernière cartouche. Avant la guerre, et pendant des années, Alexandre a constitué une collection numismatique très importante de pièces anciennes rapportées de ses multiples voyages sur la mer Noire. Ce petit trésor est resté à Paris chez son ancien propriétaire. À force de bassesses et de cajoleries, Alexandre arrive à récupérer sa collection ; mais les courtiers en numismatique ne la lui reprennent qu'au dixième de sa valeur. Qu'importe, Alexandre n'a plus le choix et cela représente tout de même une somme appréciable.

Le 14 juillet 1919 lui réserve d'autres émotions douloureuses. Lorsqu'il contemple les armées alliées qui descendent les Champs-Élysées pour le défilé de la victoire, sans l'ombre d'un soldat ou d'un drapeau russes, il constate amèrement que les millions de Russes qui ont combattu aux côtés des Alliés sont morts pour rien. La paix de Lénine a effacé le sacrifice des armées du tsar qui ont sauvé à plusieurs reprises les Alliés au prix de pertes énormes. Alexandre arpente de long en large l'avenue et, tandis que la fête de la victoire se prolonge toute la nuit, il voit dans les petites rues adjacentes des groupes de Russes blancs qui s'étreignent et qui pleurent en silence et à qui personne ne parle. Et pendant que les bals du 14 Juillet font danser tout Paris, et valser les jolies Françaises au bras des officiers américains, anglais, italiens et même brésiliens, Alexandre passe sa nuit à consoler ceux à qui on n'accorde aucune place aux réjouissances du retour à la vie.

Mais Alexandre n'a pas vraiment le temps de s'appesantir sur de telles déceptions, il lui faut parer au plus pressé et il fait le siège des ambassades et des ministères afin que sa famille soit évacuée d'urgence de Crimée. L'ambassadeur qui lui a refusé son visa pour l'Angleterre, finissant par comprendre que l'ingratitude a des limites, intervient fermement auprès du Foreign Office qui craint de voir Alexandre à Londres mais redoute encore plus de le voir ameuter la presse française, toujours à l'affût de nouvelles désagréables pour les Anglais. Or, à force de se débattre, Alexandre a réussi à intéresser les rédacteurs des plus grands journaux. Le gouvernement anglais dépêche alors un croiseur en Crimée pour aller chercher les Romanov rescapés. Il est certain que, si Alexandre n'avait pas remué ciel et terre pour sortir sa famille des griffes de la Révolution, ils auraient péri comme le reste de leurs cousins. Paradoxe incroyable, Alexandre obtient donc l'exil en Angleterre pour sa famille mais il demeure personnellement indésirable à la cour de Saint-James. On craint trop son franc-parler et les éventuelles remontrances qu'il ferait aux Windsor. À l'étape de Malte, tous les Romanov se dispersent : Xénia, les enfants et Maria Feodorovna partent pour l'Angleterre, Felix et Irina Youssoupov décident de gagner la France en passant par l'Italie. En fait, Alexandre est trop triste et trop épuisé par ses efforts pour éprouver le désir de les revoir tout de suite, maintenant qu'il les sait sains et saufs. Il n'a plus qu'une envie : revoir le Biarritz des jours heureux d'avant la guerre et la Révolution.

Ses quelques mois à Paris et sa solitude amère ont eu tout de même quelques compensations intimes. Ils lui ont permis de renouer avec ses habitudes de séducteur impénitent et il est tombé amoureux d'une jeune Anglaise fortunée qui est précisément une habituée de la station balnéaire de la côte basque. Son arrivée à Biarritz le console des désillusions parisiennes. La joyeuse société des vacances lui fait fête comme s'il ne s'était rien passé depuis cinq ans et cette frivolité lui paraît à tout prendre préférable aux hypocrisies de la capitale. Mais sa liaison avec son amie anglaise n'est pas de tout repos : la jeune femme aime le luxe et Alexandre n'a plus les moyens de mener grand train. Il a un peu de mal à la suivre dans toutes les coûteuses distractions de Biarritz, même si la communauté des Russes blancs et des mondains insouciants lui évite les humiliations quotidiennes que lui infligeait Paris. Après quelques mois, il lui faut néanmoins se rendre à l'évidence ; la belle Anglaise ne sait lui donner l'affection et l'apaisement dont il a besoin et, comme il ne peut la rejoindre à Londres, il préfère demeurer à Biarritz où l'automne est si doux et convient si bien à ses promenades crépusculaires. On voit bientôt sa haute silhouette solitaire se rendre de plus en plus souvent à la villa de la princesse Paley. Alexandre n'a plus rien à espérer de la vie d'exil, désargentée et inutile, et l'exemple d'Olga, qui est confrontée au même malheur mais réagit avec tant d'énergie, le réconforte et lui redonne un peu de l'entrain qu'il avait perdu. L'amitié très forte et très complice qui s'établit entre ces deux rescapés de la Révolution, elle qui a perdu son fils et son mari et lui ses trois frères, est finalement plus apaisante que la perspective de retrouver les Romanov rescapés qui remuent constamment les cendres du passé et se retranchent du monde moderne. Alexandre et Olga sont comme deux splendides survivants de l'ancien monde, échoués sur la plage de Biarritz, mais ils ne savent pas encore que le destin va les unir définitivement, grâce au mariage de leurs enfants respectifs, Théodore et Irène.

Alexandre est un père extrêmement libéral qui ne s'occupe pas des fréquentations de ses enfants. Il refuse d'intervenir dans leur vie sentimentale et il ne se formalise pas lorsque son fils Théodore, être charmant et d'une beauté solaire, le plus poétique et le plus démuni face aux contingences de l'exil, partage l'existence de son beau-frère, le prince Felix Youssoupov, dont la réputation de séducteur tous azimuts est avérée. Felix, Irina et Théodore voyagent de concert et vivent sous le même toit, et s'il n'y a rien de répréhensible à ce qu'une jeune femme recueille son frère dans le contexte d'une famille déracinée après la Révolution, les élans passionnés que Felix peut éprouver pour des jeunes gens aussi beaux que Théodore, qui ont la fragilité et la candeur de se laisser aimer sans culpabilité inutile, suscitent quelques froncements de sourcils dans la communauté russe. Mais Alexandre ne veut pas prêter attention à la vulgarité des rumeurs. Ces enfants sont grands, ils savent ce qu'ils font, et il ne s'en mêlera pas.

Lui-même est embarqué dans d'autres aventures, à la recherche d'un emploi pour sa vie d'exil. À Monte-Carlo, alors qu'il s'évertuait encore à tenter de rattraper sa belle Anglaise, il a été abordé par un diplomate éthiopien qui lui a demandé de servir d'émissaire à Haïlé Sélassié, le futur roi des rois, afin de récupérer la propriété d'un monastère à Jérusalem. Les Éthiopiens se sont souvenus d'avoir été remarquablement reçus par Alexandre, à Saint-Pétersbourg, dix ans auparavant, et ils ont besoin de ses talents de diplomate. En tant que Russe, Alexandre est orthodoxe et le conflit oppose précisément le Négus de religion copte, et donc chrétienne et très proche de la liturgie slave, à des moines orthodoxes de Jérusalem ; le grand-duc semble être l'homme idoine pour cette délicate mission. Poussé par la curiosité et la soif d'aventure, Alexandre s'embarque donc pour l'Éthiopie où il est reçu comme un souverain en exercice, dans une cour africaine au faste médiéval qui lui rappelle, malgré l'exotisme de ses coutumes, celle de Saint-Pétersbourg. Il reste en Éthiopie pendant six mois, en profite pour organiser cette aviation éthiopienne pilotée par des Russes blancs qui donnera tant de fil à retordre aux Italiens lorsqu'ils envahiront l'Empire africain, et se refait une santé financière. Les Éthiopiens récupèrent leur monastère et proposent à Alexandre de passer le reste de ses jours dans un palais d'Addis-Abeba en compagnie d'un harem fort aimable. Il est possible qu'il ait hésité, mais, pour un grand-duc Romanov, finir loin des siens en potentat africain, c'est tout de même pousser un peu loin le goût des rêves et la magie des aventures. Alexandre remercie très chaleureusement le Négus, promet de revenir, et rentre à Biarritz. Son équipée éthiopienne lui a cependant fait beaucoup de bien ; elle lui a redonné le goût des grandes entreprises et des voyages et il est prêt désormais à retourner vers cette Amérique qu'il a toujours considérée comme le défi de la Russie et l'un des buts de sa propre existence.

Paris, fin des années 20

En attendant, Alexandre remet de l'ordre dans sa vie errante. Il n'a évidemment jamais rompu avec Xénia et ses enfants, attentif à toujours les protéger même lorsqu'il se trouvait au loin, mais, le Foreign Office lui ayant enfin accordé un visa, il les rejoint désormais régulièrement dans la petite maison que Xénia occupe dans le parc de Windsor, modeste miette de secours accordée par la famille royale au prix de compensations que Alexandre n'a pu prévenir. Xénia, comme toujours douce et tendre, se réjouit de ces retours et ne fait aucun reproche lorsque Alexandre s'absente à nouveau. Le grand-duc a du mal à rester longtemps auprès des siens ; ses occupations familiales ne lui suffisent pas et il se sent mieux à Biarritz où l'atmosphère de la villa Paley est plus stimulante. Suivant l'exemple d'Olga, il écrit ses Mémoires à bâtons rompus et en plusieurs volumes. Ils rencontrent beaucoup de succès. Alexandre manie admirablement la dérision et l'humour, dans un style très libre totalement dénué d'amertume ou d'esprit de revanche. Ses livres traduits en anglais fascinent le public américain par leur ton enjoué et le départ pour New York se précise.

Depuis toujours, Alexandre s'est intéressé aux multiples formes de spiritualité et, ayant développé ses propres conceptions, il publie aussi des ouvrages sur ces thèmes, mais ils n'ont cette fois que peu d'impact. Les idées sur la spiritualité indienne ou l'œcuménisme des religions sont alors furieusement à la mode. On parle beaucoup de Rabindranath Tagore, des médecins philosophes, comme le trouble Alexis Carrel, et du célèbre gourou Gurdjieff qui rassemble autour de lui de nombreux disciples. La réticence des lecteurs, qui avaient pourtant fait si bon accueil à ses souvenirs, à le suivre dans ces domaines ésotériques lui fournit enfin le prétexte pour se rendre aux États-Unis : on lui commande en effet une tournée de conférences qui doit lui faire traverser tout le continent américain. Après avoir retrouvé quelques anciennes fiancées à New York et hanté les demeures colossales des milliardaires de Long Island où il a désormais du mal à se sentir à l'aise, Alexandre commence son périple de causeur spiritualiste en ayant de plus en plus nettement l'impression d'être un vieil éléphant de chez Barnum qui accomplit son dernier tour de piste. En effet, la tournée se déroule dans des théâtres et des cabarets, lieux appropriés, comme chacun sait, pour des causeries à caractère religieux. Alexandre se soumet à un rythme fou pendant six mois en changeant de ville chaque jour. Parfois, le public est averti et de qualité, mais parfois Alexandre se retrouve dans des cirques perdus où l'on annonce sa venue comme une attraction entre la femme à barbe et le dresseur d'otaries. En fait, les Américains viennent plutôt voir un grand-duc « en chair et en os » raconter la Russie des tsars, et les dames du Middle West demandent des autographes et essaient de le toucher comme s'il était Nicolas II...

Lorsqu'il revient enfin à New York, Alexandre se sent épuisé et amer. Les conférences se sont perdues dans les mornes mondanités de l'Amérique profonde et ses amis fortunés paraissent nerveux et agités. Ils n'ont plus de temps à lui consacrer, la crise économique de 1929 vient de se déclarer. Alexandre voit le beau rêve américain auquel il croyait encore se défaire devant ses yeux.

Sandro requiem

Après ces mois d'un « show » peu valorisant, Sandro rentre des États-Unis, en se repliant sur lui-même ; il décide de s'installer au calme, dans une petite maison très modeste près de Roquebrune-Cap-Martin, loin de Biarritz, loin de tous les Romanov, loin de Xénia et de l'Angleterre, afin d'achever d'écrire ses souvenirs. C'est sans doute parce que Alexandre sent que le temps s'accélère pour lui qu'il écrit le plus amusant, le plus enlevé, le plus grinçant des volumes de ses Mémoires. En effet, depuis son retour de voyage, il souffre du dos et le médecin diagnostique un cancer déjà très développé contre lequel toute thérapie serait vaine. Alexandre soigne d'autant plus l'écriture de ce qu'il sait être son dernier livre, dans des souffrances cruelles dont même un lecteur avisé ne pourrait déceler la marque dans le récit. Pour le grand-duc Alexandre, la douleur est affaire de pudeur.

Au début de l'hiver 1934, alors qu'il vient d'achever la rédaction de son livre, Alexandre demande à Xénia et à Irina de venir le rejoindre. Lorsqu'elles arrivent, elles sont frappées par l'altération de ses traits. Alexandre a utilisé toute son énergie et, maintenant que le livre est terminé, il peut partir tranquille entouré des deux femmes qu'il a finalement le plus aimées. Pourtant, Alexandre mourra seul ; Xénia et Irina le trouveront inanimé, au retour d'une soirée de charité, où elles avaient hésité à se rendre avant de se laisser convaincre par ses protestations énergiques. La mort d'Alexandre est à l'image de sa vie, à la fois entourée et solitaire, fière et pudique ; travail accompli et terre étrangère.

L'enterrement du grand-duc Alexandre a lieu dans la petite église de Roquebrune, au cœur d'un paysage d'hiver triste et désolé ; quelques voitures montent lentement jusqu'à la place du village avec, à leur bord, le préfet des Alpes-Maritimes, le roi du Danemark, qui était en villégiature à Cannes et n'a pu faire moins que de se déplacer, Xénia, les Youssoupov, Théodore, Irina et les autres enfants. Peu de monde, pas de grand deuil, aucun décorum, rien qui rappelle la majesté des Romanov. Les badauds, les enfants du village regardent ces inconnus avec curiosité, tentent de mettre des noms sur cet équipage si incongru à cet endroit, interrogent les visages fermés des officiels qui ont l'air d'accomplir une obligation bien ennuyeuse et semblent pressés qu'on en finisse. Mais pour les membres de la famille Romanov, qui aimaient tant le grand-duc et s'appuyaient sur lui, les obsèques d'Alexandre n'expriment pas seulement l'intensité de leur chagrin, elles soulignent aussi l'abandon, la dispersion, la détresse des exilés et le dédain dans lequel le monde tient désormais les derniers représentants de la famille impériale russe.

4

MARIA FEODOROVNA
La tsarine mère et les sœurs de Nicolas II,
Xénia et Olga, les grandes-duchesses

> « Ah ! Quand donc enfin tout ceci finira-t-il chez nous et quand donc pourrons-nous vivre tranquillement ! Il est presque humiliant de voir comme on vit tranquillement et bien ici, chacun sait ce qu'il doit faire, accomplit son devoir consciencieusement et ne joue pas de mauvais tours aux autres. »
> Maria Feodorovna à Hividore.

Le premier réflexe de la tsarine mère, Maria Feodorovna, après avoir quitté la Crimée grâce à l'intervention du grand-duc Alexandre, est d'aller rejoindre en Angleterre sa sœur bien-aimée, la reine Alexandra. Les deux sœurs, qui ne se ressemblent pas physiquement mais que l'on prend parfois l'une pour l'autre car elles se vêtent, se déplacent et s'expriment de manière identique, ont toujours été très proches l'une de l'autre. Chaque année, avant la Révolution, elles se ménageaient de longues plages de temps pour se retrouver dans la villa d'Hividore, près de Copenhague, et pour y recevoir ensemble leurs enfants et leurs petits-enfants. En grandissant, ces derniers regretteront toujours l'ambiance un peu compassée et joyeuse à la fois, dans la villa baignée par la lumière blanche des longues soirées des étés du Nord, où les deux femmes toujours en noir présidaient les repas à chaque extrémité de la table, alors que les enfants, heureux de se retrouver, chahutaient dans le dos de leurs précepteurs, tour à tour enjoués et sévères. Et rien n'a jamais pu troubler l'harmonie qui a toujours existé entre les deux princesses danoises mariées aux deux plus beaux partis d'Europe, et contraintes de vivre éloignées, l'une en Angleterre avec un mari délicieux mais volage, et l'autre en Russie avec un mari affectueux mais despotique ; les folles inquiétudes réciproques apportées par la guerre, la Révolution, l'absence de nouvelles ont encore augmenté le désir de se revoir.

Dans ces conditions, il est assez naturel que Maria Feodorovna s'imagine arriver dans une famille accueillante et un pays allié, où elle pourra surmonter le chagrin d'une nouvelle vie en exil. En fait, Maria Feodorovna ignore tout de l'attitude froide et indifférente qu'ont eue son neveu George V et la reine Mary à l'égard de la famille impériale quand le gouvernement provisoire et Kerenski envisageaient de lui permettre de s'exiler en Angleterre.

Dès son arrivée, Maria Feodorovna va prendre la mesure de la déconvenue qui l'attendait. Elle n'est pas la bienvenue ; loin s'en faut. Si la presse respecte sa douleur et ne s'acharne pas sur la mère infortunée de Nicolas II, en revanche les commentaires acerbes concernant les Romanov, la fin inéluctable du tsarisme et les habitudes despotiques des autocrates fleurissent dans les journaux. De plus, les nouvelles de la Révolution russe éveillent dans un large secteur de l'opinion une sympathie et une compréhension qui ne peuvent qu'horrifier l'impératrice douairière. Au cours de ces années 1919-1920, l'Angleterre connaît également de grandes grèves insurrectionnelles qui rappellent les mouvements révolutionnaires en Russie, et s'en réclament d'ailleurs avec vigueur. Pour le gouvernement anglais, la présence de la tsarine mère ne fait qu'envenimer le climat, comme une provocation, et Lloyd George qui n'a jamais porté les Romanov dans son cœur n'hésite pas à saisir l'exemple de Maria Feodorovna pour montrer à George V tous les risques qu'elle fait encourir par sa présence qui excite les syndicalistes révolutionnaires. C'est bien sûr un point de vue très exagéré et de mauvaise foi mais bien dans l'esprit de ces temps troublés, si durs à ceux qui n'appartiennent plus au camp des vainqueurs. Quoi qu'il en soit, Maria Feodorovna, qui ne comprend pas grand-chose à ces stratégies perverses, se trouve prise en otage sur l'échiquier de la politique anglaise, ce qui restreint sa liberté et la contraint à se faire oublier. Ce « profil bas » lui est comme une rigueur supplémentaire pesant sur son sort.

Mais là n'est pas le plus grave. Pour la première fois de son existence, Maria Feodorovna est déçue par l'atmosphère des retrouvailles avec sa sœur, alors même qu'elle avait rêvé de ces instants aux pires moments de la Révolution sans être assurée de pouvoir jamais les vivre. Quand Maria Feodorovna s'installe chez Alexandra, la routine, les habitudes, une promiscuité relative étouffent le cours de leurs pensées affectueuses et de leurs souvenirs émouvants. Malgré toute sa bonne volonté, la reine mère d'Angleterre ne peut imaginer ce qu'a signifié la Révolution pour sa sœur, et celle-ci souffre d'être inévitablement incomprise. Au-delà des propos de circonstance, elles se retrouvent de part et d'autre d'un malentendu fondamental, auquel ni leur éducation, ni leur pudeur et encore moins leur affection mutuelle n'offrent le remède des explications franches et qui vont sans barguigner au fond des choses. Ce sont aussi maintenant deux vieilles dames qui n'ont pas grand-chose à faire, encore qu'Alexandra réponde à un certain nombre d'engagements officiels pour lesquels les messieurs de Downing Street insistent sur la nécessité qu'elle s'y rende seule, avec ses dames d'honneur mais sans sa sœur.

Incompréhension majeure et petits froissements quotidiens aigrissent subtilement l'atmosphère : Maria Feodorovna souffre de devoir sans cesse répéter les choses à Alexandra parce qu'elle est sourde, et de l'attendre constamment car elle est en retard et délicieusement désordonnée. Quand à Alexandra, elle s'irrite des mines chagrines de sa sœur, de ses rappels à l'ordre et de l'évocation récurrente de ses souvenirs russes. Le mariage du duc d'York, le deuxième fils de George V, avec Élisabeth Bowes-Lyon, les parents de l'actuelle reine Élisabeth, augmente le décalage et le malaise. Devant l'enthousiasme populaire qui entoure les mariés et le cérémonial d'une monarchie revigorée par la victoire contre l'Allemagne, Maria Feodorovna ne peut s'empêcher de se rappeler les célébrations du tricentenaire des Romanov, sept ans plus tôt, qui furent un tel triomphe pour la dynastie qu'on crut le spectre de la Révolution définitivement écarté. La comparaison, déjà douloureuse pour la tsarine mère, l'est encore plus dès lors que la famille royale anglaise ne sait comment assumer correctement sa présence : elle est placée au premier rang d'honneur par le protocole, mais George V et Mary évitent le plus possible de se faire filmer ou photographier avec elle et les ministres du « gouvernement de Sa Majesté » passent devant elle en affectant de ne pas la remarquer pour ne pas avoir à la saluer. Expérience triste et amère qui serre le cœur des deux sœurs de nouveau solidaires devant la sournoise intensité de l'humiliation.

Retour à Hividore

Maria Feodorovna possède un sens très aigu de sa dignité et elle décide alors de quitter cette Angleterre inhospitalière et de retourner dans son Danemark natal, à la villa d'Hividore. La tsarine mère, qui ne supporte pas de vivre seule, emmène ses deux filles avec elle : Olga avec Koulikovski et leurs deux fils, Xénia qui doit se partager entre le Danemark et Windsor pour ses enfants. C'est une existence monotone où l'on ne roule pas sur l'or, avec une absence totale de perspectives et un passé omniprésent fait de souvenirs cruels. De plus, Maria Feodorovna se heurte sans cesse à son neveu, le roi du Danemark, qui lui accorde l'hospitalité mais lui reproche ses dépenses et son train de vie pourtant modeste. S'ensuivent des discussions sordides et interminables sur les problèmes domestiques, les factures de chauffage et d'électricité, le roi menaçant de couper le courant alors que Maria Feodorovna allume toutes les lampes de la villa, nuit et jour, et pousse les radiateurs jusqu'à des températures tropicales pour le défier et l'agacer.

Olga prend évidemment le parti de sa mère, mais l'atmosphère n'en est pas moins pesante. Heureusement, les visites sont fréquentes à Hividore. Xénia vient régulièrement avec certains de ses enfants ; la princesse royale Thyra de Hanovre, la troisième sœur de Maria Feodorovna, et leur frère Valdemar de Danemark y font également de longs séjours. Mais la tsarine mère déploie plus d'amabilité pour ceux qui passent que pour ceux qui restent, comme il arrive souvent chez les personnalités fortes que l'âge incline à l'égoïsme.

Olga, la fille cadette de Maria Feodorovna, est une personne sensible, déterminée et aux manières très simples. Autrefois mariée à un cousin éloigné, selon les critères de la cour impériale et les vœux de sa mère, elle s'était retrouvée prisonnière d'un ménage impossible, avec un homme qui jouait, ne s'intéressait pas aux femmes, et ne manquait pas une occasion de l'humilier. Olga avait envisagé de divorcer, mais son mari s'y était refusé et l'avait fait chanter en menaçant de dénoncer sa prétendue inconduite au tsar. De fait, comme beaucoup de Romanov, elle avait fait preuve, pour sa vie privée, d'une certaine détermination et le carcan infernal de cette union ne l'avait pas empêchée d'aimer un autre homme, entretenant une liaison discrète mais connue de tous avec l'officier Koulikovski qu'elle était parvenue à faire engager comme aide de camp de son mari et qui vivait de ce fait dans une autre aile de son palais de Saint-Pétersbourg. Ainsi les amants avaient-ils pu vivre de manière quasi conjugale sans que le mari, que cette situation arrangeait vraisemblablement, s'en offusquât. En 1916, dans le désordre général de la guerre, Olga avait enfin obtenu de pouvoir divorcer et d'épouser Koulikovski. Il la suit dès lors en Crimée puis en exil au Danemark auprès de sa mère, avec les deux enfants qui sont nés tardivement de cette union si longtemps différée.

Dans un premier temps, la tsarine mère réagit violemment contre ce mariage, si contraire au code de famille, mais, à partir du moment où elle peut récupérer sa fille et exercer son influence sur elle, rien ne s'oppose plus à la présence sous son toit de son nouveau gendre à la docilité à toute épreuve. La vie à la villa d'Hividore n'est cependant pas des plus joyeuses pour le couple. Xénia devant s'occuper de ses nombreux enfants en Angleterre, il est inéluctable pour Olga qu'elle se charge du fardeau maternel, et Maria Feodorovna, tout attachante qu'elle soit, exerce son pouvoir de façon autoritaire et impatiente. De plus, avec son refus obstiné d'admettre que son fils le tsar et la famille impériale ont été tués par les révolutionnaires, elle alimente en permanence l'idée que tout le monde se retrouvera bientôt. Elle installe ainsi dans la villa d'Hividore une atmosphère étrange où elle règne comme une impératrice d'autrefois qui convoque les morts à sa table et parle sans cesse de leur retour, ainsi qu'une vieille étoile de cinéma préparant un come-back auquel personne ne croit sans se risquer à l'avouer. Affirmer que le tsar est toujours vivant, caché avec les siens quelque part en Sibérie dans les parages de la mer Blanche, a d'autres conséquences : Maria Feodorovna qui devrait jouer naturellement le rôle de chef de famille des Romanov s'y refuse et il ne saurait y avoir de prétendant à la succession dynastique. Tout est bloqué et, comme il est certain pour tout le monde, à l'exception de la tsarine mère, que Nicolas II ne reviendra jamais, cette situation favorise dissensions et disputes parmi les Romanov.

Jusqu'à la fin de ses jours, Maria Feodorovna s'interdit de jouer un rôle quelconque dans l'émigration qui lui ferait assumer des reponsabilités relevant de l'autorité du tsar. Elle ne sort de son silence que lorsque le grand-duc Cyrille se proclame gardien du trône et ensuite tsar en exil. En apprenant la nouvelle, le sang de Maria Feodorovna ne fait qu'un tour et elle lui écrit pour lui reprocher violemment son inconséquence. Comment quelqu'un pourrait-il se présenter comme le successeur du tsar puisqu'il est toujours vivant ! Cette condamnation sans appel du prétendant, transmise au grand-duc Nicolas Nicolaïevitch, considéré en raison de ses états de service comme le sage de la famille impériale, causera beaucoup de tort à Cyrille et sera à l'origine de la grande discorde parmi les Romanov, qui dure encore. En voulant préserver l'unité de la famille basée sur une illusion, Maria Feodorovna précipite au contraire le schisme qui la sépare en deux clans hostiles et va encore l'affaiblir. Mais on peut comprendre que la vieille dame qui avait tout perdu se fût raccrochée aux contrevérités qui lui permettaient de surmonter sa détresse.

Xénia et sa vie en Angleterre

La grande-duchesse Xénia n'a pas eu les mêmes problèmes que sa mère pour s'installer en Angleterre. George V et la reine Mary, sans doute pris de remords après avoir ignominieusement ignoré les appels de détresse de la famille impériale russe, l'ont bien accueillie et lui ont accordé la jouissance d'une maison agréable, suffisamment vaste pour qu'elle puisse y loger ses fils.

Petite et menue, un visage fin comme mangé par d'immenses yeux noirs qui paraissent perpétuellement étonnés, l'aînée des filles Romanov est la douceur et la gentillesse même. Toute sa vie, cette inépuisable bonté la rendra incapable de révolte, et elle acceptera sans la moindre critique l'autorité de son père et celle de sa mère, le magistère exercé sur la famille par son frère, le tsar Nicolas II, ainsi que les multiples infidélités de son mari au cours de l'existence libre qu'il entendait mener. Si Xénia s'est accommodée de cette vie à éclipses avec Alexandre, rien ne dit qu'elle ait totalement accepté cette situation dans son for intérieur. Dans ses Mémoires, Alexandre évoque leurs multiples discussions à ce sujet, en répétant cette litanie des hommes volages selon laquelle sa femme est un ange qui admet et comprend tout ; mais il n'empêche que toute sa vie elle refusera de lui accorder le divorce. En fait, Xénia aime ce mari aventureux dont la puissante personnalité détonne tant parmi la famille impériale ; elle l'admire pour la manière dont il les a tous sortis de l'affreux piège de Crimée ; elle s'amuse comme une jeune fille devant son humour désenchanté et ses mots d'esprit sarcastiques. En s'opposant à l'idée de divorce de toutes ses forces et avec une fermeté qu'on ne lui soupçonnait pas, pour des raisons religieuses et dynastiques, elle exprime en fait un amour inextinguible et son refus de se séparer de lui. Alexandre, pour sa part, n'insiste pas beaucoup. Ses expériences amoureuses ont certes été capiteuses, mais ne lui ont jamais permis de rencontrer un être aussi délicieux et aussi fidèle.

De tous les Romanov, Xénia est sans doute celle qui s'est le mieux adaptée à la vie en exil. Sa tranquille existence se partage entre le cottage de Hampton Court et la villa d'Hividore où elle vit une partie de l'année avec son inflexible mère. Sa maison, ses toilettes, son train de vie sont modestes, aucun excès n'est possible de toute façon, et malgré tout elle semble à peu près sereine. Quand on compare avec le luxe inouï du palais qu'elle possédait avec Alexandre à Saint-Pétersbourg et de leur fastueuse existence de satellites de la famille impériale, il est manifeste que Xénia possède une faculté singulière de désintéressement et de détachement. Ainsi refuse-t-elle d'utiliser une voiture avec chauffeur pour se rendre à Londres, préférant prendre le train ou l'autobus, flanquée d'une de ses domestiques et d'un des cosaques barbus qui lui sont restés fidèles envers et contre tout. L'étrange équipage ne manque pas d'attirer les regards des Londoniens, mais Xénia considère qu'elle doit se comporter avec humilité, alors que tant d'exilés vivent dans la misère, et cette attitude est tout à son honneur. En d'autres circonstances, lorsqu'elle rend par exemple visite à ses œuvres d'entraide russe ou à ses cousins royaux, Xénia doit se faire violence pour confier le volant d'une limousine cahotante au cosaque-chauffeur qui, bien plus snob que sa maîtresse, se montre ravi de cette aubaine et de ce fugitif rappel d'un statut social plus majestueux.

En fait, depuis la tragédie, Xénia s'intéresse surtout à la vie de ses enfants, comme si tous les drames de la Russie tels que les Romanov les ont subis l'incitaient à se replier encore plus sur sa famille. Xénia et Alexandre sont les seuls Romanov à avoir fui la Révolution en sauvant tous leurs enfants, et les regarder vivre en leur donnant tout son amour est la meilleure façon pour cette mère tendre et indulgente de remercier la Providence. Ses six fils la payent de retour : en maintenant autour d'eux l'atmosphère d'une Russie immuable et en les protégeant du monde extérieur alors qu'ils entrent dans l'âge adulte, Xénia obtient qu'ils soient proches les uns des autres au point de ne pouvoir s'éloigner de son ombre protectrice. Ce qui n'est peut-être pas, d'ailleurs, un service à leur rendre...

La fin d'un matriarcat

Pendant que s'écoulent les années de l'exil, la tsarine Maria Feodorovna reste aux yeux du monde, et comme un défi au temps qui passe, la veuve d'Alexandre III, la mère de Nicolas II, la matriarche des Romanov en exil. Malgré ses relations distantes avec les familles royales, la déception de son séjour en Angleterre, ses démêlés avec le roi de Danemark, elle jouit d'une grande considération en raison de son malheur et de la dignité qu'elle manifeste en lui faisant face. Auprès des Russes exilés, elle demeure l'incarnation du monde perdu, et même les républicains lui vouent un respect teinté de nostalgie. Lorsqu'elle sort de sa réserve pour condamner l'attitude du grand-duc Cyrille, l'infortuné prétendant prend conscience de la force de ce prestige intact : la plupart des Romanov lui tournent le dos, les exilés l'ignorent et il lui faudra attendre la mort de celle qui l'a si vertement tancé pour pouvoir peu à peu remonter la pente.

Cependant la mort de sa sœur Alexandra en 1925 porte à la tsarine mère un coup fatal. Les deux sœurs avaient retrouvé la ferveur de leurs relations d'antan avec l'éloignement, et Maria Feodorovna s'enfonce un peu plus dans la contemplation du passé au souvenir de celle qui avait été la meilleure amie des années heureuses. Bientôt, à l'instar de son attitude à l'égard de ses fils, elle évoque sa sœur comme si elle était partie en voyage et passe de pièce en pièce à Hividore en rappelant que tel objet, tel meuble appartient à Alexandra et qu'il ne faut rien toucher pour qu'elle retrouve tout en place.

Sa mort en 1928 donne lieu à l'une des dernières grandes cérémonies de la maison Romanov. Des obsèques solennelles ont été voulues par le roi du Danemark, souhaitant faire taire les rumeurs sur sa mésentente avec la défunte. Le cortège des princes derrière le cercueil, les soldats de l'armée qui rendent les honneurs, le service religieux dans la cathédrale où officient des popes orthodoxes, les casques emplumés, les officiers portant leurs décorations, les femmes en grand deuil, respectent scrupuleusement un protocole mi-russe mi-danois sur cette terre d'exil. Plusieurs représentants des maisons royales européennes sont venus, car les morts sont moins embarrassants que les vivants, et notamment le prince de Galles, ambassadeur innocent des ingratitudes des Windsor ; presque tous les Romanov sont présents, le grand-duc Alexandre, le grand-duc

Dimitri et même le grand-duc Cyrille, que les circonstances funèbres installent soudain dans ce statut si convoité de chef de la maison impériale qu'il avait du mal à faire reconnaître. Pourtant, malgré le décorum impressionnant, les funérailles manquent curieusement de solennité et de recueillement. Le cortège se montre distrait, dissipé, comme derrière une noce plutôt qu'un enterrement ; certains échangent des sourires et des rires comme s'ils étaient heureux de l'occasion qui leur permet de se revoir. Ils se déplacent bientôt sans plus respecter le protocole, et les rangs s'effilochent derrière le cercueil au gré des conversations et des contacts qui se renouent. Les Romanov ne sont pas indifférents à la perte de la tsarine mère. La plupart éprouvent un chagrin sincère, mais le poids de l'exil et de la dispersion est déjà trop lourd pour qu'ils ne saisissent pas cette chance pathétique de se retrouver avant que leurs chemins ne se séparent à nouveau.

En revanche, la presse ne laisse filtrer que des échos insignifiants des obsèques, ce qui prouve une fois de plus à quel point, dix ans après la Révolution, l'Occident ne veut plus entendre parler de la tragédie russe et de ses conséquences. Toujours cette volonté d'oubli cynique de la Russie, pays allié jusqu'en 1917, dont on se débarrasse pour ne plus avoir à y penser, et cette volonté d'amnésie des opinions, auxquelles s'ajoute la politique d'ingratitude des gouvernements.

Néanmoins, Maria Feodorovna ne sombrera pas tout à fait dans l'oubli. On sait combien la splendeur des Romanov inspira les metteurs en scène, et dans le film *Anastasia* d'Anatole Litvak, réalisé en 1956 d'après un scénario original très astucieux de Marcelle Maurette, on confia le rôle de l'impératrice à une comédienne américaine célèbre, Helen Hayes, qui avait, disait-on, les larmes les plus photogéniques de Hollywood... Helen Hayes donne une très grande crédibilité au rôle de Maria Feodorovna, en exprimant autant moralement que physiquement sa volonté, son autorité mais aussi sa bienveillance et son courage.

Le grand-duc Nicolas Nicolaïevitch dépose les armes...

Les dernières années du grand-duc Nicolas Nicolaïevitch, chef d'état-major des armées du tsar Nicolas II, dont la vie et la carrière furent brisées par la Révolution bolchevique, sont à l'image du destin et de l'exil de tous les proches parents de la famille impériale qui parviennent à s'échapper. Jusqu'à cette tombe de l'église russe de Cannes où il repose depuis 1929 et devant laquelle nul ne vient plus s'incliner...

Descendant direct du tsar Nicolas Ier, Nicolas Nicolaïevitch est extrêmement populaire, grâce à son allure noble, sa haute stature, la sympathie que suscitent ses manières brusques et franches. Les Français l'apprécient particulièrement depuis les grandes manœuvres de l'avant-guerre, et des républicains aussi farouches que Millerand, Viviani ou Clemenceau ne jurent que par ce grand-duc aux vertus si exotiquement russes. Ils auront tout loisir de s'en féliciter quand, à l'été 1914, les armées françaises plieront sous le déferlement allemand et que Nicolas Nicolaïevitch sera l'autre vainqueur, lointain et vite oublié, de la bataille de la Marne, en jetant les forces russes sur le front de l'Est, obligeant l'état-major du Kaiser à dégarnir en hâte les effectifs qui fonçaient sur Paris. Chef des armées du tsar qui apprécie son autorité et son charisme, il se heurte cependant à l'animosité et à la morgue de Raspoutine qui intervient auprès de la tsarine afin que Nicolas II le démette de ses fonctions. Les deux hommes se détestent copieusement depuis que le prédicateur illuminé a pris à partie Nicolas Nicolaïevitch en lui déclarant, très sûr de lui : « Je viendrai te voir sur le front pour inspecter », et que le grand-duc lui a répondu, du tac au tac : « Viens, et je te ferai pendre », ce qui ne manque pas de panache quand on sait l'influence qu'exerce alors Raspoutine sur la tsarine et donc sur le tsar. Finalement, à force d'intrigues, Raspoutine parvient à avoir la peau du chef des armées qui est obligé de démissionner. Mais, en forçant Nicolas Nicolaïevitch à quitter le front, l'envoûteur le sauve sans le savoir de la menace bolchevique et d'une mort certaine. Et l'on sait ce qu'il adviendra en revanche de Raspoutine...

Après avoir quitté son commandement, Nicolas Nicolaïevitch est nommé vice-roi du Caucase et il lance des offensives très bien coordonnées et victorieuses sur le front de Turquie. On a oublié aujourd'hui que, lors de la guerre 1914-1918, les Russes sont entrés très profondément à l'intérieur du territoire turc, atteignant Trébizonde sur la mer Noire et ravageant l'Anatolie, cœur même de l'Empire ottoman. En abdiquant, vraisemblablement pris de remords, le tsar Nicolas II accomplit le seul acte sensé de son naufrage en nommant à nouveau le grand-duc à la tête des forces armées. Mais, quand Nicolas Nicolaïevitch s'apprête à reprendre son commandement, le gouvernement provisoire, qui ne veut plus voir un Romanov aux affaires, le lui refuse et Nicolas Nicolaïevitch n'a d'autre issue que de se retirer sur ses terres de Crimée. C'est ainsi qu'il se retrouve dans la bulle de paix et de tranquillité toute relative qu'est la Crimée en 1918 et 1919, malgré les périodes d'occupation bolchevique et allemande. En 1919, alors que les Romanov sont dispersés de toutes parts, il embarque sur le dernier bateau des émigrés en même temps que Maria Feodorovna et les siens, et, tout naturellement, choisit la France pour terre d'asile.

Contrairement à beaucoup d'émigrés qui écoulent leurs derniers bijoux pour subsister ou font des petits métiers, le grand-duc Nicolas Nicolaïevitch a gardé des biens en France. Il possède un château dans la région parisienne et une vaste villa au cap d'Antibes. Dans ses propriétés, Nicolas Nicolaïevitch vit avec son frère, le grand-duc Pierre ainsi que leurs épouses, Anastasie et Militza, les deux filles du roi Nicolas de Monténégro. Les deux sœurs, qui avaient d'ailleurs été les premières à introduire Raspoutine à la cour et le regrettèrent amèrement ensuite, sont des personnalités farouches et implacables qui vivent dans le souvenir de leur Monténégro natal et pour qui la perte de leur royaume avalé par la Serbie en 1918 est encore plus amère que la disparition de toute la Russie. Elles sont comme deux caricatures de fortes femmes corses, attachantes mais vindicatives et passionnées, avec sans doute un grand charme romanesque puisque le petit-fils de Pierre, le prince Nicolas Romanov, garde un souvenir très tendre de sa grand-mère Militza. On imagine l'ambiance de la maisonnée, les deux grands-ducs, réputés énergiques et redoutables, courbant l'échine comme des petits enfants devant ces deux intrépides viragos qui fulminent contre la terre entière et contre les traîtrises des temps modernes tout en soupirant pour leur Monténégro chéri, royaume enchanté de toutes les vertus perdues !

Sa position de patriarche de la famille Romanov, son courage pendant la guerre et le fait de descendre en droite ligne du tsar Nicolas Ier, « le tsar de fer », donnent à Nicolas Nicolaïevitch une légitimité particulière et lui confèrent une primauté indiscutée dans l'émigration. Son prestige et ses relations avec les hommes politiques français l'autorisent à intervenir pour les exilés auprès du gouvernement français et il parvient à régler de nombreux cas douloureux pour ceux des émigrés qui ont tout perdu, et notamment leurs papiers, comme ce fut le cas pour bien des soldats de Wrangel, mais, à l'instar de Maria Feodorovna, le grand-duc se refuse à tout commentaire politique concernant la France ou la Russie. Son unique intervention officielle porte sur l'attitude du grand-duc Cyrille et il s'aligne sur l'indignation de Maria Feodorovna, en condamnant haut et fort les initiatives du prétendant au trône. Face à Cyrille, Nicolas apparaît comme la conscience des Romanov en exil, la meilleure incarnation de ce qui méritait d'être sauvé dans l'ancien régime, et, à cet égard, il est même légitimé par la tsarine douairière. Mais, après la reconnaissance des soviets par le gouvernement français, ces tiraillements et polémiques n'ont plus grande importance, le désastre de la Révolution les submerge tous de toute façon et Nicolas Nicolaïevitch n'est plus qu'un vieil homme sans influence, si ce n'est sur une poignée d'émigrés russes monarchistes...

Après une vie d'exil calme et retirée du monde, le grand-duc Nicolas Nicolaïevitch meurt en 1929. Ses obsèques, sous un pâle soleil d'hiver, dans sa villa du cap d'Antibes sont très émouvantes : Nicolas Nicolaïevitch demeure une figure dans la mémoire encore fraîche des anciens combattants ; le préfet des Alpes-Maritimes a organisé une cérémonie digne et recueillie, un détachement de chasseurs alpins rend les honneurs, le maréchal Pétain et le maréchal italien Caviglia représentent leurs gouvernements respectifs, des cosaques, plusieurs membres de la famille et nombre d'exilés viennent saluer la dépouille de leur grand-duc. Nicolas Nicolaïevitch meurt douze ans seulement après la Révolution. S'il y a foule dans le parc de la villa, entre les sœurs monténégrines en noir, les vieux officiers supérieurs fatigués, et les cosaques aux uniformes défraîchis, ce sont des fantômes qui en conduisent un autre à sa dernière demeure. Aujourd'hui, même le film de la cérémonie qui avait été tourné par plusieurs maisons d'actualité a été perdu et reste introuvable...

Xénia, Olga, au feu déclinant des diamants...

À la mort de Maria Feodorovna, Xénia hérite de la moitié de ces bijoux qu'elle avait sauvés des perquisitions bolcheviques en Crimée, et dont la valeur équivaut à une petite fortune. Immédiatement, George V et la reine Mary délèguent auprès de Xénia un chargé d'affaires pour estimer leur prix, afin, disent-ils, qu'elle ne soit pas abusée par des marchands internationaux rodés à ce genre d'opérations, et qui spéculent à la baisse compte tenu de l'afflux de joyaux en provenance de Russie sur le marché. La grande-duchesse est également contactée par un courtier qui lui propose une somme nettement inférieure à la véritable valeur des bijoux, mais le chargé d'affaires explique à Xénia qu'il faut accepter car il ne se présentera pas de meilleure offre. La fragile et timide Xénia s'exécute, persuadée de la bonne foi du chargé d'affaires chaudement recommandé par ses chers cousins, le roi et la reine d'Angleterre. Elle vend les bijoux. Quelle ne sera pas sa surprise de les voir réapparaître peu à peu, au long des années... dans le trésor de la famille royale ! Ainsi le fameux diadème russe que la reine Élisabeth porte à certaines cérémonies officielles appartient-il à ce fonds des joyaux Romanov. En somme, les Windsor se sont approprié les bijoux au plus bas prix, par homme de paille interposé, en se gardant bien de le dire. Xénia ne s'est jamais plainte de cette inconduite. Elle était toujours la dernière à s'offusquer de ce genre de trahison et de toute façon ne supportait pas que l'on dise le moindre mal de « cousin George et de cousine Mary » qui étaient si bons pour elle et lui laissaient disposer de son cottage. La reine Mary, sans doute vaguement troublée par le caractère plutôt indélicat de la transaction, expliqua plus tard à ses enfants qu'il fallait bien trouver un moyen indolore pour que Xénia et sa famille payent le loyer de l'hospitalité qui leur était ainsi consentie. Mais à filou, filou et demi. Dans sa bohème poétique, Xénia a oublié de signaler plusieurs parures ; Alexandre, qui, absent, n'avait pu empêcher la manœuvre des Windsor, met le reliquat du trésor à l'abri de la sollicitude des cousins trop empressés. Après sa mort, ses fils prendront le relais et négocieront les derniers bijoux à bon prix, assurant à Xénia des moyens de subsistance, certes modestes mais qui ne cesseront d'étonner les « bienfaiteurs » britanniques...

Les photos des années 20 et 30 montrent Xénia affairée et souriante au milieu de ses enfants ; les garçons sont beaux et élégants ; Irina, sa fille unique, longiligne, raffinée, et le regard intense comme son père. La manière d'être de Xénia, soumise et doucement crédule, n'a certes pas développé une grande pugnacité chez ses enfants. Ce qui explique sans doute la réputation qu'ils auront plus tard d'être paresseux, inadaptés à la vie moderne, juste bons à vivre aux basques de leur mère ou de leurs femmes. La vérité semble plus subtile. Inadaptés, ils le sont certainement, mais veules et paresseux, rien n'est moins sûr. Les enfants Romanov manifestent en fait des dispositions très nettes, chacun dans un domaine particulier, mais leurs inclinations vont essentiellement à des activités artistiques, peu rémunératrices et qui ne contribuent pas à les intégrer dans la société. Leur désintéressement, la solidarité qui les unit, leur stupéfiante capacité à se contenter de ce dont ils disposent et leur absence de snobisme et d'aptitude à la frivolité mondaine contribuent à les isoler un peu plus et à laisser se répandre des commentaires désobligeants à leur égard. Pourtant, le charme et la grâce ne s'expliquent pas et n'ont guère de valeur marchande dans le monde moderne. Ainsi, Théodore dessine admirablement, écrit des poèmes, réalise des maquettes, avec une habileté et une dextérité remarquables. Mais que faire, dans une époque saisie par la fièvre des affaires, d'un prince poète, beau comme un astre, qui excelle dans la conception de bandes dessinées et la construction de jouets d'enfant ?

Chaque année, au retour des beaux jours, Xénia quitte son cottage anglais pour rendre visite à Irina, Felix et leur fille à Paris, et retrouver Théodore, Irène et leur fils à Biarritz. De la même manière qu'elle n'émet pas la moindre critique à l'encontre des Windsor si généreux, elle ne se plaint jamais de la précarité de son existence. Ses voyages ne sont pas si fréquents qu'elle ne puisse s'offrir de temps en temps un hôtel élégant, mais elle préfère descendre dans un petit hôtel de la rue Masseran, dont les propriétaires sont chaque fois stupéfaits autant que flattés de recevoir la sœur du tsar Nicolas II. En revanche, certains soirs, elle va dîner chez Kornilov, le grand restaurant russe de Paris, et le personnel lui rend alors les honneurs et la traite pour quelques heures en grande-duchesse de Russie. Xénia est fidèle à l'image qu'on peut avoir des émigrés russes, humbles et discrets le jour, glorieux et magnifiques quand ils se retrouvent entre eux la nuit. Dans son attitude et sa façon de vivre, elle entend être au diapason des autres Russes de l'émigration, pauvres et modestes, mais riches de leurs souvenirs et de leurs songes.
Sa vie se déroule ainsi, simplement, dans sa petite maison anglaise, entrecoupée jusqu'à la guerre de visites régulières en France. Jamais elle n'intervient dans la politique de son pays d'accueil ni ne se mêle aux incessantes polémiques qui agitent et divisent la communauté des exilés, son absence de tout sens critique lui interdisant de donner un avis et l'incitant à la prudence. Après la mort d'Alexandre et la Seconde Guerre mondiale, elle ne quitte quasiment plus son cottage mais elle continue de s'intéresser au monde extérieur et de se préoccuper de très près de sa famille et

de ses petits-enfants. Lorsque Michel Romanov, le fils de Théodore et d'Irène, vient la voir et lui raconte qu'il fait du cinéma et qu'il travaille comme assistant sur le film *Anastasia*, elle l'écoute, très intéressée et secrètement stupéfaite qu'on puisse faire un film sur ce qu'elle sait être une imposture. Elle lui donne des conseils, précise des détails sur la vie de Maria Feodorovna en exil. Mais elle ne va pas voir le film et explique à Michel, pour ne pas lui faire de peine, que c'est parce que sa vue est devenue trop mauvaise... George V, George VI, Élisabeth, les règnes se succèdent en Angleterre et la petite-fille des souverains au comportement si ambigu se montre vraiment bienveillante et affectueuse avec sa tante ; cependant les liens entre les Windsor et les Romanov de l'exil se distendent inévitablement, les fils et les petits-fils de Xénia n'apparaissent que de loin en loin aux cérémonies officielles, cousins pauvres dont les cartons s'égarent dans les labyrinthes du protocole de la cour. On surprendrait sans doute le prince Charles aujourd'hui, alors qu'il pratique très fidèlement les relations de famille, en lui dressant la liste exacte de tous les parents Romanov qui se sont à nouveau enracinés par mariage et descendance dans des familles aristocratiques anglaises.

La grande-duchesse Xénia s'éteint en 1960, sans avoir jamais revu la Russie ; les cosaques sont morts, mais il reste une nonne très âgée, la sœur Marfa, pour veiller sur elle jusqu'au dernier instant ; ses fils et Irina l'accompagneront jusqu'au petit cimetière de Roquebrune où elle repose auprès du grand-duc Alexandre.

Après la mort de Maria Feodorovna, Olga quitte la villa d'Hividore et s'installe avec Koulikovski dans une grande ferme près de Copenhague. Ayant eu sa part des bijoux de la tsarine mère, elle investit dans l'aménagement de la ferme et fait de l'élevage. Ses deux fils, nés pendant la Révolution et transbahutés sur les routes de l'exil, ont intégré une école danoise d'officiers ; contrairement aux enfants de Xénia, ce sont des garçons plutôt simples qui s'adaptent à la vie militaire. Olga et Koulikovski assistent à l'invasion et à l'occupation du Danemark par les Allemands et ce sont de pénibles souvenirs qui ressuscitent : ceux de la Crimée, de la protection germanique humiliante contre le danger bolchevique. Quand la guerre s'achève, un étrange réflexe les incite à vouloir s'éloigner, comme si le reflux des Allemands signifiait l'inévitable arrivée des Soviétiques et leur mainmise sur l'Europe.

Après que leurs enfants ont terminé leurs études d'officier, Olga et son mari décident de s'installer au Canada. Olga fait de la peinture, Koulikovski s'occupe d'agriculture, mais leurs modestes avoirs ont été laminés par la guerre et l'inflation et ils achèvent de se ruiner en aidant généreusement la communauté des exilés qui s'est réfugiée au Canada. Au milieu des années 50, Koulikovski meurt et Olga s'installe chez un couple de Russes de Toronto, dans un studio, au-dessus de leur drugstore-station-service. Olga n'a pratiquement plus d'argent, elle porte des robes élimées et elle est obligée de s'en remettre à la gentillesse de ses protecteurs qui la traitent avec beaucoup de dévouement. Un journaliste grec, envoyé par une maison d'édition, vient la voir pour lui proposer d'écrire un livre de Mémoires et il est stupéfait par l'extrême dénuement d'Olga, comme par le détachement et la sérénité dont elle fait preuve dans son modeste studio où elle continue à peindre des tableaux de fleurs au milieu de ses icônes et de ses photos de famille. Seul un superbe samovar en argent massif, qu'elle a transporté durant toutes ses errances, trône au milieu de la pièce comme un ultime souvenir de la splendeur de Saint-Pétersbourg. Lorsque la reine Élisabeth se rend au Canada, elle invite Olga sur le yacht *Britannia*, et le journaliste grec qui l'a prise en affection et qui l'accompagne partout est gêné pour elle de la pauvreté de sa robe et de ses souliers. Mais la réalité est là : Olga est la cousine de la reine d'Angleterre et tant pis si elle n'a même pas assez d'argent pour s'acheter une robe correcte en son honneur... Comme sa sœur Xénia, Olga accepte les coups du destin puisque leur sort est celui de tous les émigrés russes. Elle ne réclame rien, elle ne se plaint pas, elle ne crie jamais vengeance. L'important n'est pas là et, jusque dans la gêne la plus grande, Olga ne rompt pas les relations sociales qui l'unissent aux exilés et à leurs œuvres charitables au Canada. Ce sont même les seules sorties qu'elle s'autorise désormais, avec la joie simple de monter dans la voiture décapotable du journaliste grec qui conduit aussi vite que Nicolas II au temps heureux des vacances d'autrefois en Crimée. Olga termine sa vie en 1960 également, quelques semaines après Xénia, toujours entourée de l'affection du couple d'amis russes et de la fidélité du journaliste grec qui fera publier le volume de Mémoires après sa mort, passionnant et émouvant témoignage sur les dernières années de la vie à la cour. Il semble que ses fils eurent eux aussi bien du mal à gagner leur vie car ils furent contraints de vendre aux enchères la plupart des tableaux qu'elle avait peints au long de sa vie d'exil. Une petite-fille, seule descendante d'Olga et de Koulikovski, vit encore à Toronto.

5

VICTORIA-MÉLITA, LA TSARINE DE L'EXIL

> « Elle a besoin d'aide et pourtant personne n'est plus difficile qu'elle à aider sur cette terre. Tout en elle est désormais amertume et détresse. C'est une personnalité remarquable malgré ses erreurs, la plus loyale qu'il m'ait été donné de connaître, et c'est celle que j'aime le plus au monde, mais je crains qu'elle ne puisse plus se libérer des tourments qui torturent son existence. »
>
> Marie de Roumanie, lettre à propos de sa sœur Victoria-Mélita, 1933.

Victoria-Mélita est certainement l'une des plus intelligentes, cultivées et audacieuses parmi les princesses de sa génération. Par la puissance de son caractère, par sa liberté intellectuelle et par le destin qu'elle se forgea, elle fut un inépuisable motif de conversations et de rumeurs, dans le monde très fermé des royautés des premières décennies du siècle. Victoria-Mélita ne fut pas la seule de sa famille à fasciner l'opinion : Marie, sa sœur aînée, plus fantasque et plus théâtrale, devint reine de Roumanie et captiva les médias de l'entre-deux-guerres. Elle fut une force politique agissante sur la scène internationale et reconnue comme la personne la plus charismatique de ce jeune royaume, après le roi Carol Ier, un Hohenzollern sévère et méthodique, qui jeta les bases d'un État moderne dans un pays jusqu'alors reculé et à demi sauvage. Si les destins de Marie et Victoria-Mélita les entraînèrent vers des existences très différentes, voire opposées, elles furent, de l'enfance jusqu'à la mort, des sœurs amies inséparables, liées l'une à l'autre d'une manière fervente et profondément humaine.

Victoria-Mélita est la fille d'Alfred, duc d'Édimbourg, et de Marie de Russie, la sœur du tsar Alexandre III ; par son père, elle est donc une petite-fille de la reine Victoria. Le duc d'Édimbourg n'est pas la plus forte personnalité des enfants de la redoutable souveraine anglaise. C'est un marin, qui connaîtra les années les plus heureuses de sa vie comme amiral de la Navy. Il aime la solitude, le whisky, et préfère la compagnie des hommes de la mer à celle de la société des cours, et les longues traversées aux réalités de la terre ferme. Son union avec une grande-duchesse Romanov est une surprise à la tombola des mariages royaux arrangés. Victoria méprise les Romanov et l'aversion est réciproque, mais, comme ces enfants croient s'aimer et ne sont pas des aînés de famille, on laisse faire de part et d'autre. C'est un petit sparadrap sur la plaie de la guerre de Crimée encore fraîche. En Angleterre, Marie fera des étincelles avec son étalage de fortune jugé affreusement nouveau riche par Victoria. Mais la belle-mère et la bru finiront par traiter de puissance à puissance, dans une relative harmonie.

Le mariage avec Alfred, en revanche, ne tient pas ses promesses : Alfred retourne à ses navires, sa femme se replie sur les enfants qu'il lui fait ponctuellement quand il revient en escale. Rien d'original dans le climat de l'époque. Victoria-Mélita et Marie, son aînée de quelques mois, sont pour leur part heureuses de suivre les affectations de leur père. Elles garderont toute leur vie un souvenir embaumé et particulièrement heureux de leur enfance à Malte où leur père commandait la base. Nostalgie du soleil et de la douce atmosphère de l'île, de la vie sans contraintes sur ces rivages perdus où elles faisaient d'interminables balades à cheval. Et la personnalité des deux sœurs s'imprégnera du mélange complexe de ces deux mondes : celui de l'Olympe royal inaccessible au commun des mortels, et celui des promenades à cheval et du vin blanc de Malte que l'on boit en cachette après avoir semé sa gouvernante. Un frère aîné et deux sœurs plus jeunes n'y pourront rien changer : Marie et Victoria-Mélita sont à tout jamais unies par des souvenirs de bonheur qui n'appartiennent qu'à elles.

La grande-duchesse Marie de Russie

Leur mère est une femme au tempérament très marqué, despotique et généreuse, brutale et sensible. Les relations entre mère et filles sont tumultueuses et tendres, avec des principes d'éducation rigoureux et un style de vie où ressort souvent le côté bohème des Romanov. Marie et Victoria-Mélita, que la reine Victoria appelle respectivement Missy et Ducky, reçoivent un enseignement très moderne pour leur époque. Non seulement elles parlent plusieurs langues, l'anglais, l'allemand, le russe et le français, mais elles étudient les sciences politiques et ont un niveau de culture artistique bien supérieur à celui des princesses de leur génération. De la même manière, elles sont très au fait des problèmes politiques, même si leur mère est une autocrate russe dans la plus pure tradition.

En 1893, un événement curieux pour notre vision contemporaine de la politique bouleverse la vie de la famille. En tant que deuxième fils de la reine Victoria, et selon les règles dynastiques qui demanderaient un entraînement olympique pour être comprises, le duc d'Édimbourg hérite du duché de Cobourg en Allemagne, petit État souverain dont il devient le prince régnant. Bien qu'il s'agisse d'un confetti en comparaison de la Russie, Marie est ravie de se retrouver tsarine à l'allemande. Mais, pour Alfred, adieu les virées en mer et les rudes défis des tempêtes : il s'ennuie bientôt à mourir dans son petit État, s'enferme des heures dans son bureau au milieu de ses maquettes de bateaux, et force sur le whisky. Il mourra alcoolique en 1900.

À Cobourg, Missy et Ducky épousent la satisfaction de leur mère. Princesses royales de leur État d'opérette, elles sont aussi des jeunes filles modernes, intrépides, éprises de liberté, et la façon qu'elles ont de tout vivre avec appétit augure de tempéraments amoureux et sensuels qui détonnent dans l'univers passablement pudibond des familles royales. Il semble d'ailleurs que les débordements des filles soient partagés par leur frère, appelé Alfred comme son père, et qui avait été envoyé à Cobourg dès l'âge de huit ans pour se préparer à la succession. Enfance malheureuse, adolescence fiévreuse, de « mauvaises femmes » jettent leur dévolu sur le blanc-bec princier qui tente en vain d'imposer l'une d'entre elles à ses parents horrifiés ; il disparaît alors dans les bordels berlinois, attrape une de ces maladies qui n'étaient honteuses que pour les temps victoriens, se tire une balle et se rate, meurt à vingt-quatre ans, pleuré par une grisette qui était bien la seule personne à l'avoir aimé. Alfred était très beau et très porté sur la chair : vite, il faut caser Missy et Ducky avant qu'elles ne suivent son exemple ! En fait, cette victime du dressage aristocratique marquera beaucoup les deux sœurs qui, sans aller jusqu'à critiquer leur mère indifférente au désarroi de son fils, donneront une éducation beaucoup plus souple à leurs enfants.

Afin que ce drame ne se renouvelle pas avec Marie qui est en âge de se marier, et avant qu'elle ne tombe amoureuse d'un dresseur d'ours ou d'un limonadier, la reine Victoria propose à la jeune fille d'épouser Ferdinand de Hohenzollern, prince héritier de Roumanie et jeune homme que ses oreilles décollées comme les voiles d'un navire et son adoption par son oncle le roi de Roumanie ont rendu d'une timidité pathologique. Même si elle est d'un naturel soumis avec sa grand-mère, Marie oppose une certaine résistance à se marier avec ce prince à la gaucherie légendaire. Il faut dire que son entourage n'aide pas Ferdinand à renforcer sa personnalité et à s'affirmer devant son oncle le roi Carol Ier qui le terrorise et qui brisa, dans le passé, sa liaison avec l'écrivain Hélène Vacaresco. Finalement, les deux jeunes gens se rencontrent, Ferdinand tombe éperdument amoureux de Marie qui accepte de l'épouser. À sa grande surprise, elle découvrira, le soir de la nuit de noces, un Ferdinand impétueux et passionné qui, par ses élans, assurera à ce mariage improbable un rythme de croisière plutôt agréable.

Le doux Ferdinand succombe aussi immédiatement devant la forte personnalité de Marie. Ils se complètent ainsi très bien et resteront toute leur vie très liés l'un à l'autre, même si l'épouse au tempérament de feu eut de multiples amants, ce dont Ferdinand aura le bon goût de ne pas trop se formaliser.

Il reste à régler le problème du mariage de Victoria-Mélita. La reine Victoria puise cette fois dans le vivier de ses innombrables petits-enfants, et son choix s'arrête sur le propre cousin germain de la jeune fille : le prince Ernst-Ludwig de Hesse. Beau, jeune et gai, c'est un mari idéal, enfin, selon les critères royaux qui ne sont pas ceux du cœur et n'ont pas encore été soumis aux analyses du docteur Freud.

Ernst-Ludwig, le faux homme de sa femme et la vraie femme de tous les hommes...

Tout au long du XIXe siècle, les principautés allemandes furent un véritable réservoir de princesses à épouser ou de rois à désigner par la stratégie des grandes puissances. C'est ainsi que, par le jeu du casino des mariages germaniques, des familles princières ou royales d'États minuscules eurent accès à la vie de grandes dynasties de pays nettement plus importants, et qu'un petit prince allemand a pu se retrouver roi de Bulgarie ou de Roumanie.

À cet égard, l'exemple du grand-duché de Hesse est particulièrement éloquent. La deuxième fille de la reine Victoria épousa le grand-duc de Hesse et, parmi les enfants survivants, eut quatre filles et un garçon : deux des filles partirent pour la Russie, l'une devenant la grande-duchesse Élisabeth, l'autre la tsarine Alexandra, une troisième épousa le frère du Kaiser et la dernière le marquis de Milford Haven, en Angleterre. Le trône revenant au seul garçon de la famille, à la mort de son père Ernst-Ludwig devint prince de Hesse alors qu'il n'avait pas vingt-quatre ans.

Ernst-Ludwig est un personnage très attachant dans la vaste ménagerie des familles royales ; il a un charme ensorcelant et une grande intelligence. Sa beauté, cet aplomb que donne à certains jeunes gens l'aisance matérielle sans en faire pour autant des enfants gâtés, son statut de garçon unique lui confèrent un rayonnement singulier dont il use et abuse avec l'impétuosité de son âge. Ernst-Ludwig a été d'autant plus idolâtré et couvé par toute sa famille que son frère aîné, hémophile, a trouvé la mort en tombant d'une fenêtre. La fin de son frère l'a beaucoup marqué et, sous ses dehors tempétueux et spirituels, Ernst-Ludwig garde un fond de gravité, comme s'il éprouvait la culpabilité d'avoir pris une place qui ne lui était pas destinée au départ.

C'est un merveilleux cadeau que d'hériter si jeune de ce grand-duché prospère où le respect atavique du souverain l'autorise à faire tout ce que bon lui semble. Son effervescente popularité et cette liberté vertigineuse vont permettre à Ernst-Ludwig de mener une vie sentimentale débridée et d'apporter une contribution artistique extraordinaire à la vie culturelle de l'Allemagne.

Si Ernst-Ludwig de Hesse peut sembler un parti magnifique à une jeune princesse ambitieuse, les penchants naturels du bel héritier s'avèrent un redoutable obstacle. En effet, Ernst-Ludwig aime les garçons et il ne s'en cache qu'à peine. Or, si la reine Victoria décide de la moitié des mariages européens, elle n'a évidemment pas la moindre idée des égarements de son séduisant petit-fils et des problèmes qu'ils vont occasionner à sa future épouse. A priori, Ernst-Ludwig et Victoria-Mélita semblent d'ailleurs faits pour s'entendre car ils se connaissent depuis l'enfance et s'apprécient. Le mariage a donc lieu en grande pompe à Cobourg et les premiers temps de leur union paraissent heureux. À vrai dire, pendant toute cette période, ils vivent dans un tourbillon de fêtes et ne sont jamais seuls.

Mais très vite, alors que les effets de la fête sont à peine dissipés, la relation entre Ernst-Ludwig et Victoria-Mélita se dégrade. Le prince délaisse son épouse et s'intéresse essentiellement aux arts, et plus particulièrement aux artistes et à ceux qui gravitent autour d'eux, surtout quand ils sont jeunes et beaux gosses. Il est lui-même le héros de la fête uranienne et sa virilité ambiguë comme sa sensualité frénétique apparaissent très franchement sur les tableaux pour lesquels il pose. Sur l'un des plus célèbres, il exprime à la fois la puissance et la féminité, avec son regard dominateur et sa main couverte de bagues étreignant négligemment sa hanche. Victoria-Mélita ne s'offusque d'ailleurs pas outre mesure des penchants de son mari, mais elle souffre de rester seule pendant des journées entières. Plus tard, dans une lettre à sa sœur Marie, elle racontera combien il lui est pénible de croiser un bel homme dans la ville de Darmstadt en pensant qu'il est peut-être l'amant de son mari... Mais, si Ernst-Ludwig mène une vie licencieuse, il respecte aussi scrupuleusement ses obligations de grand-duc régnant, tandis que Victoria-Mélita répugne à toutes les servitudes de cette cour provinciale où elle a le sentiment de ne rencontrer que des femmes frigides et des amants de son mari. Au début du siècle, l'homosexualité était un sujet dont on parlait difficilement dans les milieux ordinaires ; mais, parmi les familles royales, c'était un tabou absolu. Ainsi les deux sœurs d'Ernst-Ludwig, Élisabeth et Alexandra, refusent-elles de voir la réalité, alors qu'elles sont fines et intelligentes ; elles mettent les rumeurs sur le compte de la perfidie de Victoria-Mélita.

Les jeunes époux Hesse sont alors frappés par un drame qui va achever de les séparer : leur petite fille meurt d'une méningite foudroyante. Plus rien ne les unit désormais d'autant que leur grand-mère, la reine Victoria, n'est plus de ce monde pour leur faire la leçon. Victoria-Mélita, qui s'est éprise d'un autre cousin germain, du côté maternel cette fois, le grand-duc Cyrille, prend alors la décision inouïe pour l'époque et pour son milieu de divorcer d'Ernst-Ludwig. Cependant, malgré l'énorme scandale que suscite le divorce, les critiques à son encontre se calmeront très vite, quand elle révélera à sa sœur les véritables raisons de leur mésentente. Confidences sous le sceau du secret qui feront le tour des familles royales stupéfaites et les inciteront à pratiquer sur toute l'affaire cette loi du silence qui ensevelit pour plusieurs générations les secrets de famille les plus troublants. Après son divorce, Victoria-Mélita épouse Cyrille et oublie son premier mari. Mais celui-ci ne cessera pas pour autant de jouer un grand rôle dans le destin de plusieurs familles royales et notamment des Romanov durant leurs années d'exil.

L'effroi que soulève le comportement de leur prince auprès de sa parenté ne trouble guère les habitants de Hesse, et Ernst-Ludwig ne perd pas une once de sa popularité. Il faut dire qu'il a l'homosexualité rigolarde et généreuse ; plus d'un jeune homme a priori sans avenir y trouvera des avantages pour sa carrière et les moyens de fonder bourgeoisement un foyer où les péchés de jeunesse ne seront plus que des souvenirs qu'une maison et un petit jardin auront rendus bien tangibles. Jamais la bonne population de Hesse n'aurait voulu d'un prince comme Louis II de Bavière, mystérieux et sombre, prenant des poses affectées et dépensant les deniers de l'État pour construire des palais de la démesure et faire vivre somptueusement son musicien adoré. Mais, dans cet État totalement provincial de Hesse où l'on ne parle pas de la vie privée des princes, le fait qu'Ernst-Ludwig soit toujours de bonne humeur et ne se complaise pas dans des attitudes neurasthéniques contribue à ce qu'un voile recouvre sa vie sentimentale agitée. En somme, tant que le prince est content, tout va bien.
Et puis Ernst-Ludwig devient une personnalité internationale par son extraordinaire aptitude artistique. En effet, dès le début de son règne, il crée dans la capitale de Darmstadt, petite ville jusqu'alors endormie, une sorte d'Athènes intellectuelle dont le rayonnement s'est aujourd'hui perdu mais qui fut avant la Première Guerre mondiale absolument exceptionnel. Avec la foi et l'énergie de la jeunesse, mais aussi avec un goût à la fois très sûr et d'avant-garde, il fait édifier une cité des arts, des musées, des halls d'exposition, des ateliers, des parcs et des sculptures monumentales, d'une architec-

ture admirable dans la mesure où elle préfigure l'Art nouveau. Remarquablement bien construite, la cité rassemble des peintres, des sculpteurs, des architectes, des ébénistes et autres artistes dont les travaux inspireront une grande partie du style et du design de notre siècle, avant que le Bauhaus ne s'en empare.

Lorsque l'on se rend aujourd'hui à Darmstadt, si une partie du charme s'en est allée avec l'arrivée des galeries marchandes, sur la colline qui surplombe la ville la cité des arts impressionne les visiteurs par sa dimension et par la qualité remarquable de sa conception. Si les habitants du grand-duché de Hesse ne comprenaient pas très bien ce que faisait leur prince bien-aimé, leurs descendants sont extrêmement fiers de ce magnifique patrimoine. À côté du site se dresse aussi une église russe, héritage des mariages orthodoxes de la famille de Hesse, que le prince fit embellir et redécorer par Alexandre Benois.

Ernst-Ludwig sera toujours passionné par l'amélioration et l'embellissement de son chef-d'œuvre d'urbanisme. Ainsi, après l'échec de son premier mariage, il décide de se remarier, d'une part pour faire taire les rumeurs un peu trop insistantes, mais surtout parce que la principauté a besoin d'un héritier. Son choix s'avérera fort judicieux puisque sa nouvelle épouse, Éléonore, une princesse allemande douce et naïve, lui donnera deux fils et l'idolâtrera toute sa vie en refusant de jeter le moindre regard sur les bas-côtés du chemin enchanté de la vie auprès d'un homme si attachant et spirituel. En son honneur, le prince fera construire une tour Art déco qui surplombe toute la ville, « la tour des mariés », où d'immenses fresques en céramique représentent le couple en amoureux éperdus, nus et vaporeux, tels des héros antiques, et qui feront beaucoup rire certains de ses amis...

Survient la guerre de 1914-1918. Les habitants du grand-duché de Hesse n'ont aucune sympathie pour les Prussiens qu'ils soupçonnent de volonté hégémonique, et Ernst-Ludwig déteste le Kaiser qu'il trouve matamore, insupportable et tyrannique. Antipathie qui ne va pas sans créer quelques tensions familiales puisque Guillaume II et Ernst-Ludwig sont parents, le frère de l'un ayant épousé la sœur de l'autre... Tout oppose les deux hommes : contrairement à Guillaume qui se pavane en seigneur de la guerre germanique, Ernst-Ludwig continue à tenir des discours pacifiques, il considère qu'un conflit entre l'Allemagne et la Russie est une tragédie et, s'il est abondamment photographié en uniforme, il refuse de porter les armes. D'ailleurs, sa participation au combat pendant la guerre est dérisoire, car il préfère rester à l'arrière pour soigner les soldats dans les hôpitaux militaires ou dans ses palais de Darmstadt qu'il ouvre tout grands aux nombreux blessés.

En 1918, lorsque la Révolution déferle sur l'Allemagne, le trône sur lequel il est assis est emporté comme tous les autres. Mais, avec Ernst-Ludwig, les événements se passent dans le plus grand calme ; fuyant toute forme de conflit ouvert, il se contente de remettre une lettre d'abdication aux socialistes qui lui demandent bien poliment de se retirer. En fait, jusqu'à l'arrivée de Hitler, rien ne change vraiment pour lui : il garde certaines de ses propriétés et, même s'il abandonne à l'État sa chère cité des arts, il continue à résider à Darmstadt, à inaugurer expositions et monuments, et, lorsqu'il se rend à l'Opéra, il occupe toujours la loge royale, tandis que l'auditoire applaudit ses apparitions. Cette situation est si irréelle et il est encore tellement populaire auprès des Hessois qu'Ernst-Ludwig rêve de retrouver la plénitude de son statut de prince régnant d'avant-guerre pour pouvoir reprendre ses constructions et enrichir les collections de la cité des arts. Les raisons qu'ont les anciens souverains d'espérer récupérer leurs trônes ne sont pas alors utopiques car, même si l'Allemagne est devenue une République, la nostalgie des temps heureux et prospères d'autrefois est particulièrement vive dans les anciens petits États à taille humaine où les familles régnantes vivaient très proches des habitants, tandis que le regret de l'empire habite nombre d'hommes politiques, de la droite au centre gauche.

Ernst-Ludwig et les fantômes de Darmstadt

Ernst-Ludwig a toujours entretenu des liens très forts avec les Romanov, la tradition des mariages entre les Hesse et la famille impériale russe ayant connu son apogée avec ses deux sœurs, Élisabeth et Alexandra. Flots de correspondance réciproques, vacances croisées chez les uns et chez les autres, excellentes relations personnelles entre Ernst-Ludwig et Nicolas II bien qu'ils fussent diamétralement différents : les Romanov passent plusieurs étés à Darmstadt dont le calme provincial les change agréablement de la tension russe ; on fait des pique-niques, on va à la foire, les enfants se promènent dans les rues, on reçoit beaucoup de visites des autres familles royales qui d'ordinaire ne se risquent pas en Russie. Ces moments heureux sont immortalisés par des monceaux de photos, d'albums, de présents luxueux ou émouvants de modestie. Or, après la Révolution, Ernst-Ludwig occulte volontairement tous ces souvenirs. Maria Pavlovna, qui lui rendit visite au début des années 30, raconte l'extrême étrangeté d'une conversation par ailleurs chaleureuse où Ernst-Ludwig refuse de parler des Romanov et de la guerre, alors que ses deux sœurs qu'il aimait infiniment ont été victimes de la Révolution. La grande-duchesse met cette réticence sur le compte du chagrin et il est probable que cette raison ait contribué à renforcer celles dont elle ne pouvait percer le secret. Mais la raison principale de son comportement est la persistance d'une rumeur le concernant, et qui veut qu'il se soit rendu en Russie en 1916, d'une manière clandestine, afin de faire aboutir un plan de paix entre le Kaiser et le tsar. Rumeur fondée sur une hypothèse dont il n'existe aucune preuve tangible, mais tant de papiers furent brûlés par la tsarine dans les jours qui suivirent l'abdication de Nicolas II qu'on peut se demander s'il n'y avait pas là une trace de cette visite forcément ultrasecrète.

Pour les Allemands terriblement meurtris par la défaite et par les conditions de paix auxquelles ils ont dû souscrire, le fait qu'un prince allemand aurait pu aller pendant la guerre dans le camp ennemi pour tenter de négocier un accord de paix passerait, s'il était avéré, pour la pire des traîtrises. Voilà pourquoi Ernst-Ludwig ne veut pas que l'on parle de son passé Romanov et que des esprits curieux en profitent pour se pencher sur certains trous de son emploi du temps durant l'année 1916. On ne saura vraisemblablement jamais s'il se rendit ou non auprès du tsar, mais il est certain que son comportement à cette époque fut extrêmement énigmatique. C'est sans doute aussi pour cela qu'il fut l'un des adversaires les plus résolus de la fausse Anastasia qui prétendait l'avoir vu parmi la famille impériale, en Russie, en 1916...

Depuis son abdication, Ernst-Ludwig réside le plus souvent dans l'ancienne propriété de famille, le château de Wolfsgarten, à vingt-cinq kilomètres de Darmstadt. Le « jardin des loups », l'un des plus beaux domaines privés d'Allemagne, se trouve au cœur d'une forêt profonde ; un parc planté de marronniers et d'acacias, avec une magnifique tonnelle, y est entouré de bâtiments rustiques et élégants fermés par un petit château fin XVIIIe, recouvert de fleurs. L'ensemble, merveilleusement ordonnancé, est à la fois simple et très raffiné, et, bien que d'un style ancien et campagnard, il porte l'empreinte du goût exquis d'Ernst-Ludwig. C'est là que les Romanov passaient les heures les plus intimes de leurs vacances allemandes d'avant-guerre, car Élisabeth et Alexandra y avaient vécu le meilleur de leur propre enfance avec leur frère. Aujourd'hui, malheureusement, deux aéroports encadrent la forêt, et les oiseaux de ce site enchanteur ont bien du mal à recouvrir de leurs chants le vacarme des long-courriers...

Ernst-Ludwig, toujours anxieux de ne pas réveiller les fantômes Romanov, protège jalousement l'accès de Wolfsgarten, et fait déplacer les archives, les albums de photos, les lettres, les souvenirs des Romanov dans les greniers du château. Et cet endroit devient le cœur du cœur de la principauté de Hesse, le trésor mystérieux d'une partie de sa mémoire occultée. Aujourd'hui encore, sur les murs, inscrites au crayon, on peut voir les toises des enfants, la petite Alix, future tsarine, Élisabeth, sa sœur aimée, les grandes-duchesses et le tsarévitch, avec les dates tout au long des années. Sur les fenêtres, coutume que l'on pratique aussi au Danemark, au palais royal d'Amalienborg, les invités de la demeure princière ont gravé leur signature avec un diamant spécialement taillé à cet effet. Ainsi, sur toutes les fenêtres côté jardin, on peut lire, reflétés dans les rayons du soleil, les noms du tsar et de la tsarine, de tous les princes allemands et européens, mais aussi des invités célèbres qui sont venus à Wolfsgarten, pour certains d'entre eux bien après la mort d'Ernst-Ludwig et la Deuxième Guerre mondiale. Nicolas II côtoie Benjamin Britten ou Thomas Mann, le tsar Alexandre III et Mick Jagger...

Les années passent, Ernst-Ludwig abandonne peu à peu ses rêves de restauration et se fond dans le paysage de Wolfsgarten, loin du monde, loin de tout sans plus faire parler de lui. Ses épanchements virils se sont fait plus discrets, il est entouré et choyé par Éléonore et il songe maintenant à l'avenir de ses deux fils.

Avec l'arrivée des nazis au pouvoir, aucun espoir d'une quelconque restauration n'est plus de mise, et Ernst-Ludwig, âgé et fatigué, profite maintenant des bonheurs de la vie familiale sans se poser apparemment d'autres questions. Il a grossi, il est un peu couperosé et ressemble à un vieux gentleman campagnard allemand, mais le raffinement de ses manières rappelle qu'il fut aussi le flamboyant esthète aux bonnes fortunes ambiguës de la Belle Époque...

Malédictions en chaîne autour d'un trésor enfoui...

Ernst-Ludwig s'éteint en 1937, alors qu'il n'a pas soixante-dix ans. Les excès de sa vie sentimentale débridée, la perte de ses illusions personnelle et l'inquiétude quant à l'avenir de l'Allemagne l'ont prématurément vieilli. Son fils aîné, Georges-Donatus, lui succède comme chef de famille. Georges-Donatus et son jeune frère Ludwig ont hérité du charme de leur père, ils sont prévenants, aimables et cultivés, et l'on ne trouve rien en eux de la morgue et de la sombre vision du monde des nazis. Mais il n'en est pas de même pour certains de leurs proches cousins.

Grâce à son tempérament énergique et son pacifisme contagieux, Ernst-Ludwig était toujours parvenu à maintenir un certain équilibre entre les deux branches de la famille de Hesse. Au Sud, les Hesse-Darmstadt bénéficient du titre de princes du Rhin, mais ils n'ont pas beaucoup d'argent. En dehors des propriétés et des collections d'art constituées par Ernst-Ludwig et qui ont été en partie récupérées par la République, la fortune qu'il lègue à ses deux garçons ne représente pas grand-chose, à l'exception d'un superbe Holbein que la famille se lègue de génération en génération. Au Nord, les Hesse-Cassel ont potentiellement moins d'importance mais plus d'argent et ils envient traditionnellement leurs cousins de Darmstadt.

Tant qu'Ernst-Ludwig était là, personne ne lui contestait son statut de chef de famille et son refus absolu de s'aligner sur Hitler. Lorsqu'il meurt, la rivalité ancienne qui sommeillait entre les deux branches de la famille se ranime. Et le landgrave Philippe de Hesse-Cassel, homme énergique et entreprenant, qui a fait un mariage brillant en épousant Mafalda, la fille du roi d'Italie, affiche fortement ses convictions nazies et son soutien au Führer. Le balancier de la puissance s'incline vers Philippe l'opportuniste, au détriment des jeunes fils d'Ernst-Ludwig qui refusent de pactiser avec les mœurs sinistres du temps. Dans de telles conditions de rivalité familiale de moins en moins feutrée, il y a des occupations plus pressantes que d'ouvrir les greniers où dorment les inépuisables souvenirs des Romanov...

Georges-Donatus a épousé, conformément aux usages dynastiques, une princesse de Grèce qu'il aime et qui lui donne trois enfants qu'Ernst-Ludwig a le temps de tenir dans ses bras avant de mourir. Compte tenu du mariage royal de son frère aîné, Ludwig, n'étant pas prince héritier, peut choisir une épouse avec plus de souplesse et appartenant, s'il le désire, à un milieu différent du sien. Son choix se porte sur Margaret Gaddes, une jeune fille de la petite aristocratie anglaise dont le père fut ambassadeur. Margaret est une personnalité singulière : elle possède des manières parfaites, mais elle a vu beaucoup de pays en suivant son père, a vécu aux États-Unis et a été visiteuse de prison. Elle a cette force des Anglaises romanesques qui maîtrisent un sens aigu du bien et du mal. Elle va en avoir besoin beaucoup plus rapidement que prévu et notamment dans le contexte morbide de l'Allemagne nazie.

Le mariage de Margaret et Ludwig est prévu en Angleterre, à l'automne 1937, une fois passé la période du deuil après la mort de Ernst-Ludwig. Sa veuve, Éléonore, Georges-Donatus, sa femme et deux de leurs enfants, le plus petit restant à Darmstadt, prennent donc l'avion pour se rendre à Londres. Mais le temps est horriblement perturbé et l'appareil se perd dans le brouillard. Alors qu'il survole Ostende, le pilote ne voit pas une cheminée d'usine et l'avion s'écrase sur la ville en tuant tous ses occupants.

À Londres, les futurs mariés attendent leur famille et leurs invités, mais c'est un messager de Scotland Yard en deuil qui vient leur apporter l'horrible nouvelle. Margaret et Ludwig prennent alors la décision courageuse de se marier comme prévu, mais en annulant toutes les festivités auxquelles devaient participer plusieurs familles royales ainsi que les Windsor. Les quelques images du mariage montrent une petite assemblée prostrée, les jeunes époux en larmes ; tout le monde est vêtu de noir, et la pauvre Margaret a l'air totalement accablée. L'atmosphère est tellement lourde, tellement triste, qu'à un moment le prince Christophe de Grèce s'approche de Margaret, sort un clip en diamants de sa poche et l'accroche sur sa robe en lui demandant de porter un peu de blanc sur elle, comme une tache d'espoir dans toute cette noirceur. Le lendemain, le couple rentre à Darmstadt pour assister aux funérailles des victimes de l'accident. Margaret entre dans la ville dont son mari est désormais le prince, derrière les cercueils de sa belle-mère, de son beau-frère, de sa belle-sœur et de deux petits enfants. Obligeamment, le cousin Philippe de Hesse a veillé au service d'ordre : la foule découvre sa nouvelle princesse inconnue, en deuil, derrière un cordon de SS qui font le salut hitlérien. Quelques jours plus tard, alors qu'elle essaie de secouer le manteau de désespoir qui pèse sur elle en visitant les pièces désertées de Wolfsgarten,

Margaret découvre d'étranges malles scellées aux armes des Romanov...

Victoria-Mélita et le grand-duc Cyrille

Dès son mariage avec Ernst-Ludwig en 1894, Victoria-Mélita revoit donc l'un de ses cousins germains, le grand-duc Cyrille de Russie, et comme dans les comédies américaines où l'on s'aperçoit que quelqu'un dans l'assistance vous plaît plus que votre futur époux, elle se sent attirée par lui. Cyrille est grand, athlétique, très viril, et il est considéré à la cour de Russie comme l'un des plus séduisants parmi les Romanov. Il est encore très jeune, son caractère n'est pas très affirmé, et il se laisse immédiatement envoûter par la beauté, la majesté et la forte personnalité de Victoria-Mélita. Il est vraisemblable que, dès les premiers temps de son mariage, Victoria-Mélita ait éprouvé des sentiments amoureux pour Cyrille, et qu'ils soient devenus amants à l'occasion des visites régulières que Cyrille faisait à la cour de Hesse.

Les deux cousins n'avaient pas de raisons trop contraignantes de se sentir coupables, compte tenu des « occupations » d'Ernst-Ludwig, et c'est naturellement que Victoria-Mélita rejoint Cyrille, après que son mariage en Hesse se fut achevé par la perte de sa petite fille.

Cyrille est le fils aîné du grand-duc Vladimir, figure imposante de la famille impériale et frère d'Alexandre III. La mère de Cyrille est une princesse allemande dont le grand genre flamboyant éclipse les tsarines Maria Feodorovna et Alexandra. Si protocolairement elle arrive immédiatement après l'épouse et la mère de Nicolas II, mondainement et sur le plan de la popularité personnelle, elle est la première de toutes. On peut comprendre que, coiffé par ces deux personnalités écrasantes, le jeune Cyrille ait eu du mal à trouver sa place.

Ainsi qu'on l'exigeait des garçons de la famille impériale, Cyrille embrasse une carrière militaire et s'oriente vers la marine. En 1905, lors de la guerre russo-japonaise, il prend part à la fameuse bataille de Tsushima où les Japonais envoient la quasi-totalité de la flotte russe par le fond. Le cuirassé que commande Cyrille est également coulé et, parmi son équipage décimé, le grand-duc réussit miraculeusement à s'accrocher à une planche et parvient à se faire secourir après avoir dérivé pendant plusieurs heures. On peut imaginer la panique de ce jeune homme qui n'a connu jusque-là qu'une vie militaire bien ordonnée et se retrouve dans l'enfer d'une bataille navale où, en une heure et demie, la flotte russe est engloutie et la plupart de ses camarades sont tués sous un déluge de feu et de canonnades. De cette apocalypse, Cyrille va rester traumatisé à vie. Bien qu'accueilli en héros à Saint-Pétersbourg et considéré comme l'un des espoirs de la marine pour être revenu de ce combat sain et sauf, il souffre d'une névrose telle que la vue de la mer ou d'un bateau déclenche en lui des crises d'abattement ou de dépression frisant la folie. Ce qui fait beaucoup rire la cruelle aristocratie de Saint-Pétersbourg qui rappelle finement que Cyrille a trop fréquenté l'Aquarium, le cabaret le plus célèbre de la ville, et qu'à présent il ne sait plus nager. Ces moqueries le blessent et c'est pour lui une humiliation insupportable que de passer désormais pour un peureux et un lâche, alors qu'en tant que cousin germain du tsar et aîné de ses frères il se doit de donner l'exemple.

Heureusement, Cyrille sait qu'il peut compter sur Victoria-Mélita qui vient d'administrer la preuve de sa détermination en divorçant et en bravant tout le code des familles royales. Il la retrouve à Cobourg où elle s'est retirée et a informé sa mère de son intention de l'épouser. Curieusement, l'inflexible grande-duchesse n'a pas fait d'objection : elle est encore sous le coup des révélations concernant Ernst-Ludwig, et le retour de sa fille dans la famille Romanov avec un second mari si rassurant dans le domaine des penchants amoureux ne peut que l'inciter à l'indulgence. Le mariage est célébré discrètement, dans une demeure privée près de Cobourg. Mais les mains du pope tremblent à la pensée de la réaction du tsar.

En effet, l'annonce de l'incroyable mariage provoque un sursaut d'indignation de la part de la famille impériale russe, et surtout de la tsarine. L'animosité d'Alexandra à l'égard de son ex-belle-sœur est immense. Elle défend l'honneur de son frère et n'a pas de mots assez durs pour celle qui est aussi deux fois sa cousine germaine et dont elle jalousait sans doute inconsciemment depuis longtemps la personnalité et le rayonnement. Pour le tsar, garant de la foi russe, en se mariant Victoria-Mélita et Cyrille passent outre aux interdits de la religion orthodoxe et de la famille Romanov concernant les mariages entre cousins germains. Nicolas II applique alors les sanctions habituelles : il décharge Cyrille de tous ses commandements et de ses privilèges et lui interdit de rentrer en Russie. Nicolas commence à connaître le mode d'emploi : il passe un temps et une énergie considérables à bannir et à exiler des membres de sa famille à cause de leurs amours scandaleuses ou de leurs mariages morganatiques !

Victoria-Mélita et Cyrille vont vivre les premières années de leur mariage en Allemagne et en France, sans regrets ni remords. « Ducky » est possessive, dominatrice et organisée ; elle aime jouer les Pygmalions avec son mari passablement ébranlé par le naufrage de sa jeunesse. Elle est à la fois la mère, la confidente, la femme et la maîtresse de Cyrille, et leur relation sensuelle contribue à cimenter leur union. Cyrille prend des notes sur de petits carnets qu'il tient quotidiennement, avec ses rencontres, toutes sortes de réflexions, et aussi de petits signes cabalistiques pour les moments les plus tendres et les plus intimes. Les pages soigneusement noircies témoignent effectivement des agréments très nombreux de la vie du ménage en exil...

Selon sa pratique de punir les membres de sa famille puis de leur pardonner, le tsar Nicolas II rappelle Cyrille en Russie après la mort de son père Vladimir ; le grand-duc, Victoria-Mélita et leurs deux filles nées en exil, Maria et Kira, se réinstallent à Saint-Pétersbourg. Bien qu'ils subissent l'animosité plus ou moins réfrénée de la tsarine, ils profitent totalement des avantages de leur statut dans la famille impériale. Victoria-Mélita est très populaire auprès des ambassadeurs étrangers et de la société aristocratique, et son intelligence fait des étincelles au sein de l'autre cour qu'elle anime à Saint-Pétersbourg. Il faut dire qu'entre la tsarine que personne ne voit, qui est profondément dépressive et en proie à toutes sortes de souffrances plus ou moins névrotiques, et Victoria-Mélita pleine de dynamisme, qui reçoit largement et qui s'intéresse à tout, la comparaison tourne facilement en faveur de la seconde. C'est elle que les visiteurs de marque ont envie de rencontrer, c'est elle qu'ils informent le plus exactement et qui comprend le mieux leurs préoccupations, c'est aussi elle qui les amuse avec ses mots d'esprit caustiques et ses arrivées en patins à roulettes, car c'est ainsi qu'elle se déplace fréquemment le long des interminables couloirs de son palais.

Alors que la Russie connaît une expansion industrielle et technique considérable, Victoria-Mélita est souvent la marraine d'inventions modernes, prouvant ainsi son intérêt pour la modernisation de son pays et son désir d'y exercer des responsabilités. Il est clair qu'elle possède l'intelligence, la carrure et le charisme d'une reine ou d'une femme de chef d'État, tant elle impressionne par sa puissance de pénétration et son enthousiasme. Et, dans sa vie privée, elle tient Cyrille à bras-le-corps et parvient à faire oublier peu à peu ses manques, ses faiblesses et la mauvaise réputation qu'il s'est forgée après son retour de la guerre russo-japonaise. Elle est le véritable moteur du couple alors que Cyrille paraît toujours un peu en retrait.

La faute de Cyrille

La guerre est une épreuve pénible et une véritable leçon pour Victoria-Mélita qui, comme la plupart des femmes de la famille Romanov, s'occupe très efficacement d'un hôpital de campagne. Au contact des soldats, des médecins et infirmiers de l'hôpital de guerre, elle prend conscience de l'irréalité dans laquelle vit la cour impériale, et de l'imminence de la Révolution. Évidemment, elle redoute la façon dont Cyrille va affronter les difficultés qui s'annoncent. La guerre est grosse d'un cataclysme qui risque de tout emporter. On peut imaginer qu'ils en ont beaucoup parlé, qu'elle a contribué à renforcer sa volonté pour qu'il exerce une influence dans le cadre des événements indéchiffrables qui s'annoncent, d'autant plus que Cyrille doit montrer de quels actes de bravoure il est capable après le désenchantement qu'il a suscité au retour de la guerre contre le Japon.

Lorsque la Révolution éclate, le grand-duc Cyrille commande à Petrograd un régiment de gardes-marins dont la mission est de protéger la famille impériale dans son palais de Tsarskoïe Selo. Un désordre indescriptible règne dans la ville, et Cyrille va s'illustrer, à ce moment-là, par une action totalement imprévisible et qui va aggraver les soupçons et les critiques dont il est déjà l'objet. En effet, alors que le tsar n'a pas encore abdiqué, Cyrille se rend à la Douma, à la tête de ses gardes-marins qui arborent une cocarde rouge, et remet le commandement de son corps d'armée à la disposition du gouvernement provisoire. C'est une équipée lourde de conséquences car elle laisse la famille impériale sans protection, en l'absence du tsar, et manifeste la défection d'un Romanov de premier plan dans le camp des émeutiers. Rodzianko, le président de la Douma, est totalement sidéré par l'offre de service du grand-duc. Il règne un tel climat de folie à l'intérieur du bâtiment qu'il repousse l'initiative de Cyrille qui ne fait que compliquer la situation. Après cette rebuffade, Cyrille quitte la Douma, mais il est trop tard : tout le monde a compris qu'un grand-duc voulait entraîner ses soldats du côté du gouvernement provisoire et que le pouvoir des Romanov est à l'agonie.

Pour Nicolas II, la tsarine et la famille impériale, l'action intempestive de Cyrille est une véritable trahison. Il aura beau tenter d'expliquer qu'il voulait canaliser le mouvement, que ses soldats et officiers lui avaient échappé, que le drame était déjà consommé et qu'il espérait ainsi ramener ses hommes à l'ordre, aux yeux des Romanov il n'aurait jamais dû arborer cette cocarde rouge et tenter de se rapprocher des révolutionnaires. En somme, Cyrille s'est comporté, durant la Révolution russe, comme Philippe Égalité durant la Révolution française.

Il y a toutes sortes de raisons à cette faute qui le poursuivra tout le reste de son existence, en plus d'une erreur de jugement politique. Il est probable qu'en provoquant un coup d'éclat, dont il pensait sortir en triomphateur, Cyrille espérait récupérer un peu de son prestige perdu en croyant pouvoir jouer les médiateurs entre la Révolution et le régime tsariste. Il est certain aussi qu'il a tenté de protéger sa famille, d'autant que Victoria-Mélita attendait alors un troisième enfant à quarante ans et qu'elle ne devait prendre aucun risque. Quoi qu'il en soit, une chose est sûre : ce n'est pas Victoria-Mélita qui a poussé son mari à ce geste opportuniste qui s'est retourné contre lui. Si elle ne ménageait pas ses critiques à l'égard de Nicolas II avant la Révolution, si elle était hostile à la manière dont il réagissait devant la dégradation accélérée de la situation, Victoria-Mélita qui était la loyauté même n'aurait pas été capable de le trahir d'une manière ou d'une autre et se serait au contraire tenue à ses côtés sans faiblir s'il avait été alors à Petrograd. Fidèle à elle-même, Victoria-Mélita n'abandonnera pas non plus son mari dans l'épreuve, elle l'aidera au contraire à sortir du piège dans lequel il s'est fourvoyé.

Pendant les premiers mois de la Révolution, Cyrille et Victoria-Mélita restent à Petrograd, dans leur palais vide, la plupart des domestiques se sont enfuis. La famille impériale est emprisonnée et tous les Romanov dispersés ; Victoria-Mélita sent que la Révolution va se radicaliser et qu'il leur faut fuir tant qu'il en est encore temps. Elle veut aussi retrouver sa mère et sa sœur dont elle n'a aucune nouvelle depuis que les Allemands ont envahi la Roumanie, aggravant le déchirement d'une famille où la mère et ses filles se retrouvent dans des camps ennemis.

Victoria-Mélita pousse Cyrille à émigrer dès le début de la Révolution et elle obtient de Kerenski les sauf-conduits qui leur permettront de gagner la Finlande. C'est ainsi que, pendant l'été 1917, dans des conditions tout à fait légales, Victoria-Mélita, Cyrille et leurs deux filles émigrent en Finlande. Ce qui frappe dans ce départ pour l'exil, c'est la rapidité des décisions et de leur exécution. Victoria-Mélita a compris avant tout le monde le danger qui les guette et, contrairement au grand-duc Michel et Natascha qui gaspillent un temps précieux, elle ne perd pas une minute. Ce départ, au vu de tous, dans un train normal, avec leurs bagages et leurs derniers domestiques, est le premier départ des Romanov pour l'exil.

À peine sont-ils arrivés en Finlande que la guerre civile les rattrape. Le pays est déchiré par les combats sans pitié que se livrent les Blancs et les Rouges, et le chaos économique est tel que l'argent dont ils disposent n'a plus aucune valeur. La seule ressource qui leur reste serait de vendre certains de leurs bijoux, mais aucune transaction n'est possible en Finlande, et Victoria-Mélita est maintenant immobilisée à cause de son accouchement imminent. À la fin de l'été 1917, elle donne le jour à un petit garçon, prénommé Vladimir ; la famille impériale vient d'être déportée en Sibérie, mais nul ne peut imaginer que l'enfant sera bientôt le nouvel héritier légitime de la dynastie décimée.

Les conditions de vie des exilés s'avèrent extrêmement précaires. Le pays manque de tout, les enfants sont sous-alimentés, Victoria-Mélita écrit en Angleterre à George V, son cousin germain, pour demander de l'aide, et à Lloyd George pour expliquer la réalité de la Révolution bolchevique, mais ses lettres restent pratiquement sans réponse. Elle reçoit seulement un peu d'argent des Windsor, avec un message affectueux de circonstance qui n'offre aucune promesse de secours pour l'avenir, comme si on voulait faire sentir aux exilés qu'à présent ils ont basculé du côté de ceux qui n'ont plus ni pouvoir ni responsabilités.

Cependant, consolation inespérée, après dix-huit mois, Marie donne enfin signe de vie directement, et les nouvelles de Roumanie sont à proprement parler stupéfiantes. La situation s'est entièrement retournée : le pays, qui avait signé un armistice catastrophique avec l'Allemagne au début 1918, relève la tête quelques mois plus tard et reprend les hostilités aux côtés des Alliés. Grâce à l'extraordinaire énergie de Marie, qui galvanise l'esprit de résistance, et à la manière dont elle manipule les hommes politiques français à qui elle arrive à faire oublier que son mari est tout de même lui aussi un Hohenzollern, la Roumanie double son territoire et sa population aux conférences de la paix sur les débris de l'Autriche-Hongrie et de la Russie. Elle devient l'État fort des Balkans, dotée aux yeux du monde d'une bonne santé économique et démocratique dont les Alliés s'exagèrent d'ailleurs la solidité. Ferdinand, qui avait promis une réforme agraire, l'accomplit sans revenir sur sa parole ; une nouvelle Constitution est promulguée et ce formidable espoir connaît son zénith avec le couronnement de Ferdinand et de Marie comme roi et reine de la grande Roumanie. La cérémonie a lieu à Alba Julia en Transylvanie, province récupérée sur la Hongrie, selon un rite crypto-byzantin impressionnant, qui satisfait à la fois le goût du théâtre et l'imaginaire romanesque de Marie. Cependant, même au plus fort de sa gloire, Marie est taraudée d'inquiétude pour sa sœur. Inquiétude amplement justifiée, puisqu'en Finlande la guerre civile perdure, et que les exilés sont confrontés à la menace des Rouges, sans disposer des ressources matérielles qui leur permettraient de s'enfuir. De plus, Cyrille est de nouveau en proie à de sérieux troubles dépressifs, et Victoria-Mélita, qui ne peut compter que sur elle-même, envoie vainement des messages de détresse tous azimuts, qui ne trouvent d'écho qu'à Bucarest, auprès d'une Marie toujours aussi compatissante et secourable.

Au bout de quelques mois, la situation s'arrange et la guerre civile est gagnée par le général Mannerheim, un de ces Allemands russifiés sous le règne de la Grande Catherine et qui, installés sur les rivages de la Baltique, furent des serviteurs émérites du tsarisme. Mannerheim, qui devint le grand homme de la Finlande indépendante, avait été aide de camp de Nicolas II... Le pays ouvre alors ses frontières et Victoria-Mélita peut partir avec sa famille pour l'Allemagne où l'attendent sa mère et Marie. Les frères et la sœur de Cyrille ont également réussi à fuir la Russie et les retrouvailles sont ferventes. En revanche, Victoria-Mélita, qui n'a pas vu sa mère depuis six ans, est frappée par le changement qui s'est opéré en elle. L'ancienne grande-duchesse russe et souveraine de Cobourg, impérieuse et fastueuse, a traversé les années de guerre en soutenant les Allemands, par rancune à l'égard des Anglais, et elle se retrouve détrônée, à demi ruinée, défaite, dans une Allemagne où la Révolution a éclaté et où le nom de Romanov ne signifie plus rien. Elle a le plus grand mal à s'adapter aux temps nouveaux et Victoria-Mélita la voit s'évanouir de saisissement après avoir reçu une lettre qui lui est adressée sous le nom de « Frau

Cobourg ». Incident anodin et symbolique qui, en une seconde, lui fait mesurer l'effondrement complet de sa situation sociale.

Victoria-Mélita, Cyrille et les trois enfants s'installent dans une maison attenant au château de Cobourg et, bien que l'Allemagne soit devenue une République, ils ont l'impression de revivre comme par le passé. Ils disposent de très peu d'argent liquide, mais leurs dépenses sont minimes et les habitants de Cobourg se montrent aimables et compréhensifs avec Victoria-Mélita qu'ils considèrent comme une enfant du pays. Hantée par la chute de la Russie, Victoria-Mélita continue d'écrire aux chefs d'État étrangers pour les supplier d'intervenir auprès des armées blanches. Mais la situation en Allemagne même ne laisse pas de l'inquiéter. La misère et l'inflation galopent et on sent, à travers les soubresauts des spartakistes, poindre la menace d'une autre Révolution bolchevique.

Est-ce l'angoisse de revivre une révolution « à la russe », dans un pays où elle estimait être en sécurité ? Victoria-Mélita, d'ordinaire fine analyste politique, commet l'erreur de croire que les nationalistes allemands peuvent sauver l'Allemagne comme ils pourraient sauver la Russie. Elle niera ensuite avoir donné son aval aux militants nazis, qui ne sont pour l'instant qu'un groupuscule, mais il semble qu'elle ait vendu des bijoux personnels pour leur confier à plusieurs reprises des sommes d'argent. Les biographes qui se sont penchés sur sa vie affirment qu'elle soutint les nazis dans les années 1922-1923 ; il était certes difficile de discerner alors ce qui les différenciait des autres mouvements de la droite radicale qui envoyaient des corps francs se battre contre les Rouges dans les pays Baltes, et Victoria-Mélita n'avait certainement qu'une idée très imprécise du délire macabre de ses « protégés ». De fait, elle émit bientôt des réserves et des critiques de plus en plus sévères à l'égard du mouvement nazi, jusqu'à s'en séparer complètement après ses deux années de séjour à Cobourg. Mais ce dérapage ponctuel est symptomatique de l'état d'esprit d'une partie de l'émigration russe qui n'hésitera pas à soutenir les Allemands contre les soviets en 1941.

De toute manière, Victoria-Mélita souhaite quitter l'Allemagne : la situation y est si volatile, la spirale de l'inflation est porteuse de telles désillusions sociales, qu'elle redoute, comme elle l'avait senti en Russie, que la situation ne tourne au désastre. Il viendra, mais plus tard. De surcroît, la santé de Cyrille se détériore, les crises de dépression se multiplient, et Victoria-Mélita est parfois obligée de s'en occuper comme d'un enfant malade. Le choix de Victoria-Mélita se porte sur la France. Bien que cette République semble étrangère à leur manière d'être, les Romanov ont toujours eu une sympathie culturelle à son égard, quels que soient les régimes politiques qui l'ont gouvernée. La France est accueillante aux émigrés et peut leur offrir un cadre de vie paisible et stable. De plus, sa sœur Marie y est admirée et respectée, et elle pourra beaucoup mieux y venir en aide à Victoria-Mélita et à sa famille qu'en Allemagne. S'installer en France, c'est se mettre sous la protection de Marie dont l'aile court de Bucarest jusqu'à Paris.

Victoria-Mélita et Cyrille cherchent alors une résidence qui pourrait les accueillir. Cyrille a besoin d'un climat apaisant afin qu'il puisse se reconstituer moralement. Comme il joue beaucoup au golf, et qu'il connaît bien celui de Dinard, l'un des plus beaux d'Europe, ils s'orientent vers la Bretagne et achètent à Saint-Briac une petite capitainerie, moitié villa moitié manoir, comme il y en a beaucoup dans cette région. La côte est d'une très grande beauté, très verte, très découpée, et, dans les années 20, Saint-Briac est un lieu de retraite modestement bourgeois pour Anglais ayant fait carrière aux Indes ou dans l'empire colonial britannique, un univers tranquille et de bon ton d'aristocrates sans grands moyens et de familles de militaires comme dans les romans d'Agatha Christie. À Saint-Briac, on est très loin de la vie mondaine, très loin des réceptions, très loin de la diaspora et des polémiques incessantes. La société mélangée et la nostalgie de Biarritz sont ainsi épargnées aux nerfs fragiles de Cyrille.

Après la disparition du grand-duc Michel, du tsar Nicolas II et du tsarévitch, et lorsque la mort de la famille impériale se confirme, Cyrille devient ipso facto celui sur qui pèse le poids de la maison Romanov avec ses responsabilités, ses obligations et ses devoirs rendus infiniment plus ingrats par l'exil. Et même s'il est considéré par beaucoup de Romanov comme ayant abandonné la famille au pire moment, le grand-duc Cyrille est le successeur légitime du tsar. C'est aussi pour cette raison que Victoria-Mélita a eu le souci d'installer Cyrille dans le manoir de Saint-Briac où il pourra travailler calmement à rétablir sa réputation compromise et sa situation de prétendant. Victoria-Mélita elle-même a besoin de repos après avoir tenu toute sa famille à bout de bras depuis la Révolution à travers des difficultés que sa vie fastueuse ne lui avait pas permis d'imaginer. Les critiques adressées à son mari, la chute de la maison Russie, l'éloignement de Marie et la mort de sa mère, les questions qu'elle se pose concernant son mari et son aptitude à s'imposer ont eu raison de son énergie et elle arbore à présent un visage grave et mélancolique qui est l'exact reflet de son état d'esprit inquiet et malheureux.

Malgré les oppositions violentes qui se dressent contre lui, Cyrille persiste à se réclamer de sa légitimité historique et à se comporter en chef de la maison impériale ; ni le désaveu de Maria Feodorovna, que Nicolas Nicolaïevitch a largement répercuté auprès des monarchistes, ni les critiques des autres Romanov et la bizarrerie d'un cercle impérial réduit à une agréable maison de cité balnéaire ne le découragent dans son entreprise.

À Saint-Briac, Cyrille règne sur une petite chancellerie qui entretient une volumineuse correspondance avec des exilés dispersés dans le monde entier. Certains réclament la reconnaissance de titres ou de grades emportés par la Révolution, d'autres se plaignent de compatriotes soupçonnés d'être des espions bolcheviques ; une veuve de colonel devenue chanteuse de cabaret à Shanghai, un restaurateur de Vancouver qui a été jardinier à Tsarskoïe Selo, un ancien juge promu précepteur des enfants du Bey de Tunisie, des chauffeurs de taxi, des ouvriers de Renault, des popes qui ont sombré dans la misère, lui écrivent pour lui demander une décoration, une lettre de recommandation, un petit secours. Il y a des illuminés, de braves gens, de petits escrocs, des fidèles sincères et dévoués. Cyrille passe de longues heures à leur répondre, et au fil des années cela fait finalement beaucoup de monde pour lui reconnaître au moins nominalement son statut de tsar en exil. Victoria-Mélita le soutient dans ce travail prométhéen qui lui a rendu son équilibre moral et lui a redonné une raison de vivre. La reine Marie qui se rend régulièrement à Saint-Briac, causant un grand émoi parmi les habitants, n'a pas le cœur de lui dire ce qu'elle en pense. Elle aime trop sa sœur et préfère l'aider matériellement ; elle confie pourtant à son Journal le déchirement que lui inspirent cette énergie et ces espérances pathétiques. Victoria-Mélita mesure cependant parfaitement que Lénine et bientôt Staline tiennent solidement la Russie et que ce ne sont pas les sacs postaux qui partent de Saint-Briac qui risquent de leur causer un soupçon d'inquiétude...

En 1925, Victoria-Mélita est invitée aux États-Unis afin d'y donner une série de conférences et pour remercier une milliardaire américaine qui aide considérablement les exilés russes. Son voyage est un très grand succès, on l'accueille à New York comme une souveraine, et durant les deux mois de son voyage elle a le sentiment que sa situation et celle de Cyrille sont enfin prises en considération, même si le président des États-Unis refuse de le recevoir et si l'enthousiasme se déploie surtout dans les salons de grands hôtels loués par des hôtesses ravies de pouvoir rencontrer la tsarine de l'exil.

Après la mort de Maria Feodorovna et de Nicolas Nicolaïevitch, la situation de Cyrille dans la communauté des émigrés russes s'améliore progressivement. La dignité de sa vie retirée, la fermeté de Victoria-Mélita, cette manière d'être en deuil de la Russie tout en maintenant les valeurs de l'ancien régime forcent le respect. Peu à peu les supporters de Cyrille prennent l'habitude de se rendre à Saint-Briac comme en pèlerinage, à l'occasion des grandes fêtes traditionnelles de la dynastie. L'étrange Russie du charmant village breton, avec ses popes, ses scouts, ses saluts au drapeau, acquiert une sorte de réalité diaphane dont les images sont reprises dans la prose de l'émigration et se retrouvent parmi les foyers d'exil dispersés dans le monde entier. Un tsarisme des catacombes sous le pâle soleil des Côtes-d'Armor qui possède la fragile mais tenace permanence d'une idée que plusieurs dizaines milliers de fidèles n'oublient pas et chérissent même. Les familles royales prennent acte de cette réalité : elles considèrent effectivement Cyrille et Victoria-Mélita comme des souverains en exil et les traitent en conséquence. Ils sont systématiquement invités aux mariages et aux célébrations officielles. Les Windsor y sont particulièrement attentifs, comme pour mieux tourner la page d'un chapitre qui ne leur est pas vraiment favorable...

Cette lente mais régulière remontée à la surface est le fruit des efforts et de l'attitude de Victoria-Mélita qui, malgré épreuves et désarroi, ne s'est jamais découragée. Toute sa vie, elle se sera dévouée corps et âme à Cyrille. Elle l'a soutenu, aidé, soigné, accompagné, et elle s'est littéralement sacrifiée pour l'aider à retrouver son rôle et ses responsabilités. Mais cela ne va pas empêcher Cyrille de lui infliger inconsidérément un coup fatal dont elle ne se remettra jamais. En effet, alors qu'elle a toujours placé la confiance réciproque au centre de leur union, elle apprend soudain qu'il entretient une liaison avec une autre femme depuis plusieurs années. Jamais Victoria-Mélita ne révélera ni les circonstances dans lesquelles ce secret lui a été dévoilé ni le nom de l'autre femme, mais la blessure est telle qu'elle ne peut dissimuler son désespoir à sa sœur Marie. Elle est comme touchée à mort, tout s'effondre en elle et elle vieillit d'une manière foudroyante. Désormais, Victoria-Mélita n'a plus la force de tenir l'attelage d'un mariage que Cyrille a massacré et, tout en préservant les apparences, elle va se détacher de son mari d'une manière radicale et définitive, fidèle à son caractère qui ne supporte pas le mensonge et la tromperie. Cyrille ne comprendra pas tout de suite l'étendue du désastre qu'il a provoqué, la vie continuant exactement comme à l'ordinaire, puis il sentira peu à peu que quelque chose d'essentiel s'est brisé entre sa femme et lui et qu'elle ne pardonnera jamais. Commence alors sous les yeux de Marie bouleversée la descente aux enfers muette et pathétique de la tsarine de l'exil dont les espoirs en un empire irréel se sont évanouis pour ne plus laisser place qu'au désir de rejoindre le royaume des morts et de l'au-delà.

6

MARIA PAVLOVNA ET DIMITRI,
mon frère, mon amour

> « Ceux qui habitaient en sûreté un monde cultivé et voyaient notre situation de loin exprimaient souvent des opinions superficielles. Ils oubliaient que nous étions les acteurs de la plus grande tragédie que l'Histoire eût, jusque-là, enregistrée, que nos familles avaient été, pour ainsi dire, effacées du monde humain et que nous-mêmes avions eu grand-peine à sauver nos vies. Sans intention délibérée de blesser, leur manque de tact était néanmoins cruel. »
> Maria Pavlovna, Mémoires, 1932.

Quand, après des années d'exil, le grand-duc Paul et Olga obtiennent le pardon du tsar et peuvent rentrer en Russie, ils retrouvent donc Maria Pavlovna et Dimitri Pavlovitch, les deux enfants du premier mariage du grand-duc. L'un comme l'autre ont adulé le souvenir de leur père, même si Élisabeth et le grand-duc Serge à qui ils étaient confiés, comme la tsarine et Nicolas II ont donné du grand-duc Paul une vision généralement défavorable. Livrés à eux-mêmes et à leur imagination, les deux enfants se sont construit un monde à la Cocteau, où ils étaient l'un et l'autre face à l'adversité, dressés contre toutes les règles de la vie sociale en vigueur. Très naturellement, ils ont pris le contre-pied en idéalisant ce père chéri, exilé à l'étranger avec une femme qu'on leur a toujours présentée comme une aventurière. Ce qui explique la divine surprise pour Maria Pavlovna lorsqu'elle rencontre Olga pour la première fois à Paris, en 1910, et qu'elle découvre combien sa belle-mère est charmante et compréhensive, et comme elle rend son père heureux. À partir de ce moment-là, elle n'aura de cesse de se rapprocher de son père et de sa belle-mère, de les comprendre et de les aimer. Durant toutes ces années de séparation, Dimitri, lui, n'a pu voir son père. Sa position de grand-duc l'oblige à un certain nombre de devoirs officiels et militaires, et il est très attentivement suivi par Nicolas II qui lui témoigne une grande affection.

À sa majorité, il reçoit en partage le patrimoine de son père, comme si Paul était mort pour la Russie, et se retrouve à la tête d'une fortune considérable. Dans son immense palais de Saint-Pétersbourg, sa solitude n'en est que plus oppressante en l'absence de Maria Pavlovna qui se morfond alors de son côté à Stockholm.

Maria Pavlovna, la rebelle

L'enfance de Maria Pavlovna auprès de ses parents adoptifs n'a pas été de tout repos. Si le grand-duc Serge fut un beau-père curieusement tendre et attentionné malgré toutes ses névroses secrètes, Élisabeth n'a pas été la belle-mère parfaite que pouvait laisser espérer sa réputation de profonde charité. Dans ses Mémoires, Maria Pavlovna raconte comment Élisabeth refusait toute marque d'affection de sa part et se cantonnait essentiellement dans un rôle d'éducatrice impeccable mais froide et réservée. La petite Maria était éperdue d'admiration devant la beauté et le rayonnement de sa tante, mais il semble que la grande-duchesse ait enregistré tellement de frustrations dans son mariage blanc avec Serge qu'elle ne pouvait supporter la présence d'une enfant grandissant et devenant femme à ses côtés.

Maria Pavlovna n'était pourtant pas très jolie. Son visage large aux traits un peu rudes, ses yeux enfoncés et ses pommettes hautes faisaient penser à une de ces poupées russes qui s'emboîtent les unes dans les autres. Elle manquait de charme, mais son intelligence et sa capacité de jugement n'en étaient que plus impressionnantes. Élisabeth a certainement eu peur de ne pouvoir la soumettre à son autorité et elle a tout fait pour éloigner sa pupille une fois qu'elle fut devenue adolescente.

Après l'assassinat de son mari, Élisabeth s'empresse de se dégager de ses obligations de tutrice en cherchant, sans la consulter, un époux pour Maria Pavlovna. Son choix se porte sur le frère du prince héritier Gustav-Adolf de Suède, Guillaume Bernadotte, jeune homme timide et gauche, mais à qui l'impatiente Élisabeth trouve au moins deux qualités. Il lui permet d'une part de se débarrasser de Maria Pavlovna et, d'autre part, de sceller avec la bénédiction du tsar une réconciliation symbolique de la Russie avec la Suède, les deux nations s'étant livré d'interminables guerres durant tout le XVIIIe siècle et vivant depuis dans un état de rivalité soupçonneuse.

Quoi qu'il en soit des intrigues d'Élisabeth ou des ambitions de politique étrangère de Nicolas II, le sort de Maria Pavlovna en est jeté et il n'y a pas à discuter. Elle obtient quand même la faveur de retarder l'échéance du mariage jusqu'à sa majorité tant elle est peu pressée d'épouser ce prince dont elle ne connaît le visage qu'à travers des photographies peu engageantes.

Guillaume de Suède est un grand garçon maigre et timide, qui n'a pas une très grande expérience de la vie et encore moins des relations amoureuses. L'avenir montre qu'il deviendra un homme cultivé et fin, un artiste à la personnalité très attachante, sans réelle ambition politique. Il existe, dans la famille Bernadotte, toute une tradition d'artistes et Guillaume, qui écrit des contes et des poèmes, est certainement l'un des plus talentueux de sa génération. Il est vraisemblable qu'il n'a pas plus que Maria Pavlovna l'envie de se marier mais il obéit à des volontés plus fortes que lui, en l'occurrence celles de son père, le roi Gustav V, de sa mère et du gourou de la famille, le docteur Axel Munthe, médecin-écrivain célèbre et ambitieux.

Le docteur Axel Munthe a une emprise considérable sur la famille royale suédoise. Tout le public littéraire du début du siècle s'est entiché de son *Livre de San Michele*, œuvre romanesque dont l'intrigue se situe à Capri, où il entraîne régulièrement la reine pour lui faire suivre des régimes miracles. Non seulement ce singulier médecin a séduit la reine, mais il est probable qu'il fait aussi chanter le roi de Suède à propos des amours inavouables qu'il aurait entretenues avec des pêcheurs de l'île ! Avec un personnage aussi trouble et étouffant qu'Axel Munthe qui régente la vie des Bernadotte, le jeune Guillaume n'a pas la force de se révolter et de refuser un mariage qui est vivement recommandé par le maître spirituel.

La cérémonie a donc lieu en grande pompe en 1908 et Maria Pavlovna s'installe à la cour de Suède. Dès les premiers mois, elle réalise qu'elle n'aime pas son mari, qu'ils ne pourront jamais s'entendre et que la vie en Suède lui est très pénible. Maria a pris l'habitude d'un certain train de vie à Saint-Pétersbourg et elle continue à porter ses bijoux et ses parures somptueuses au grand dam de l'austère monarchie suédoise. Les relations s'aigrissent définitivement quand, après une période d'observation mutuelle courtoise avec Axel Munthe, Maria Pavlovna refuse de rentrer dans le système ésotérique et les obligations que le gourou impose à la famille. Ce conflit aggrave considérablement la mésentente du jeune couple.

À cet égard, les photos de l'époque sont trompeuses qui montrent les jeunes mariés en pleine félicité, souriant à l'objectif, alors que dans les coulisses le couple se déchire. Maria Pavlovna a donné naissance à un fils, Lennart, qui lui est aussitôt soustrait pour être élevé selon les traditions de la cour suédoise. Sur les clichés officiels pris à l'occasion de la naissance de l'enfant, Maria se penche avec attendrissement au-dessus du berceau, joue avec son mari à la comédie de l'émerveillement. Mais, quand on regarde les photos de près, on voit qu'en présentant l'enfant à l'objectif de la caméra Maria tend en même temps un petit médaillon avec le portrait de sa mère disparue. Étrange cérémonial, comme une rébellion silencieuse ; sans doute une manière pour elle de montrer son indépendance jusque dans le carcan très serré des obligations familiales.

En dehors des célébrations officielles et des heures précises où on lui porte son fils comme un présent pour le lui retirer au bout de quelques minutes, Maria Pavlovna ne voit jamais son enfant. L'arrivée du petit Lennart aurait pu être l'occasion d'un rapprochement entre Maria et les membres de la famille impériale suédoise ; malheureusement, la jeune femme qui est déjà dans un état de rébellion larvée s'aperçoit qu'elle n'a aucun penchant pour les jeux maternels, qu'elle ne ressent aucun amour pour son enfant et qu'elle n'a pas la moindre envie de s'en occuper. Et cette attitude crispe encore un peu plus les difficiles relations de Maria Pavlovna avec son mari. Elle le dira souvent dans ses Mémoires, elle n'a jamais aimé les bébés et les petits enfants, et son fils ne retrouvera grâce à ses yeux qu'au moment de l'adolescence.

Peu à peu, Maria s'éloigne inexorablement de Guillaume et manifeste son indépendance d'une manière de plus en plus brutale à l'égard de la famille royale. Seul le roi de Suède semble l'apprécier et lui témoigne de l'attachement. Le roi Gustav V, qu'elle appelle affectueusement « papa », demande à ce qu'on la traite avec indulgence, comme s'il y avait entre eux une solidarité de victimes, elle incomprise de tous et lui trop bon et affaibli par l'emprise trouble d'Axel Munthe. Malgré l'effroyable scandale que sera le divorce de Maria Pavlovna, événement inimaginable à cette époque, il lui gardera toujours une immense tendresse. Sans doute fut-il ému des efforts qu'elle fit pour s'acclimater à la Suède dès son arrivée, en apprenant et en parlant parfaitement la langue du pays, et par la bonne volonté avec laquelle elle remplit toutes les fonctions officielles qui lui furent confiées, sans être payée de retour par la gratitude de la cour.

Les années passent et Maria Pavlovna n'en peut plus de sa morne existence à Stockholm. En 1913, elle multiplie les voyages en Russie sous toutes sortes de prétextes mais elle refuse catégoriquement d'accompagner la famille royale dans la villa de Capri. Il semble que c'est à Paris, lors d'un séjour où elle retrouve son père le grand-duc Paul et la princesse Paley, qu'elle prend fermement la décision de divorcer. On peut imaginer que Maria Pavlovna se soit confiée à Olga et qu'elle ait trouvé dans les paroles réconfortantes de sa belle-mère le courage de prendre sa vie en main. Quoi qu'il en soit, lorsque Maria Pavlovna rentre en Suède, sa décision est ferme. Elle demande le divorce et s'enfuit sans plus attendre à Saint-Pétersbourg.

Retour de Maria Pavlovna en Russie

Malgré la honte et le scandale que provoque son attitude, Nicolas II, pourtant si sévère en ce domaine, soutient Maria Pavlovna dans son intention de divorcer. Elle récupère sa situation de grande-duchesse Romanov, ses biens, une position sociale prestigieuse, avec l'avantage de ne plus être assujettie à la tutelle d'une famille et d'être complètement libre de ses décisions et de ses mouvements. Et même la grande-duchesse Élisabeth, qui se reproche vraisemblablement son attitude par trop cruelle, accueille Maria Pavlovna avec beaucoup d'affection. Cependant, au scandale de son divorce, Maria Pavlovna ajoute celui de l'abandon de son petit garçon de quatre ans. L'enfant sera élevé par sa grand-mère et par des nurses, dans l'oubli absolu de sa mère dont jamais personne ne lui parle.

L'une des raisons à l'origine de la mésentente initiale et sans cesse grandissante entre Maria Pavlovna et sa belle-famille suédoise relève aussi des visites de Dimitri, jugées trop fréquentes. En effet, Maria Pavlovna n'a cessé d'inviter son frère à la rejoindre. Et pour les Bernadotte il est apparu que la revêche princesse, l'épouse professionnelle et indifférente, et la mère de façade, se transformait dès qu'elle était avec son frère en une créature enjouée et charmante. Il est certain que cette omniprésence de Dimitri a dû beaucoup troubler et agacer son mari, d'autant que le jeune grand-duc jouait un peu le rôle du fils dans ce couple, alors que le fils réel ne suscitait aucune attention de la part de sa mère. Et c'est donc sans l'ombre d'un remords que Maria laisse Guillaume et Lennart derrière elle, reproduisant en quelque sorte ce que son père lui fit subir en l'abandonnant avec son frère, et c'est encore plus gaiement qu'elle revient vers Dimitri, lui-même enchanté de ne plus avoir à faire face à la solitude dans son palais sinistre.

Les photos de cette époque montrent Maria Pavlovna et Dimitri, le grand-duc Paul et Olga, Irène, Natalie et Vladimir, manifestement très heureux d'être enfin réunis et de reconstituer une cellule familiale après toutes ces vicissitudes. Cependant, la guerre sépare provisoirement le frère et la sœur, et Maria Pavlovna se jette, avec l'efficacité qu'elle a prouvée en Suède, dans l'organisation d'un hôpital militaire. Elle récolte de l'argent, trouve des ambulances et travaille tout près du front des combats dans des circonstances particulièrement dangereuses. De surcroît, elle est sur le terrain, elle côtoie des médecins et des infirmiers et elle découvre, alors qu'elle n'en avait qu'une très vague idée, une autre Russie, la Russie véritable. Ces médecins, juifs pour certains, progressistes, voire républicains, ne portent pas le régime impérial dans leur cœur et ils le disent. Ils en parlent ouvertement à Maria Pavlovna dans une grande complicité, avec tout le respect qu'ils doivent non à une grande-duchesse mais à une femme qui se montre aussi courageuse qu'eux.

Dans ses Mémoires, Maria Pavlovna insiste sur cette période de la guerre et explique comment elle s'éveille alors à une manière de voir le monde qu'elle ne soupçonnait pas. Curieusement, cette prise de conscience développe en elle une sorte de schizophrénie. D'un côté, elle comprend parfaitement que les choses doivent changer, que le monde est exactement le contraire de tout ce qu'on lui a enseigné, et, de l'autre, elle réagit en Romanov. Elle reste une autocrate qui refuse de plier devant la nouvelle réalité. C'est ainsi qu'elle luttera contre la Révolution, en continuant à se comporter avec une énergie vindicative tout en mesurant parfaitement à quel point le rapport de force a changé. Maria Pavlovna est une battante qui dans la première partie de sa vie n'a eu que la volonté d'une enfant gâtée et s'est transformée ensuite en militante courageuse de causes qu'elle savait désespérées.

Lorsque la situation se dégrade, Maria Pavlovna regagne Petrograd pour protéger son père et sa famille. Depuis plusieurs mois, le comportement des soldats qu'elle soigne s'est modifié. Les blessés qui *remerciaient son Altesse Impériale de bien vouloir daigner se pencher sur leurs malheurs dans le respect de la Sainte Russie* ont changé de discours, ils ne lui manifestent plus la moindre gratitude, certains refusent d'être soignés par elle, d'autres maugréent des insultes à son égard ; tous appellent de leurs vœux le renversement de ce régime impérial dont ils maudissent désormais l'existence.

Tandis que Maria Pavlovna se débat devant l'orage qui s'avance, Dimitri, qui a été affecté à l'armée mais demeure à Petrograd, est à nouveau confronté à sa solitude et à son mal d'affection. Dans ses errances, il tombe inévitablement sous la coupe de Felix Youssoupov, le prince magnifique et ambigu qui règne alors sur la vie débridée de Petrograd et qui en fait son protégé, son ami de cœur et son disciple dévoué.

Felix insiste beaucoup dans ses souvenirs sur l'état de vulnérabilité de Dimitri, son instabilité affective, ses accès d'anxiété dans son palais et devant cette fortune considérable dont il dispose et qui l'isole plus qu'elle ne le libère. Felix joue de sa séduction pour assouvir son plaisir d'exercer une emprise sur un être beau et fragile. On connaît le dénouement de cette amitié exaltée : le meurtre de Raspoutine avec Dimitri dans le rôle du guetteur et Felix dans celui de l'assassin, la fin brutale de leur relation puisqu'ils ne se reverront pratiquement plus après l'assassinat, et leur bannissement respectif, alors que pour l'Histoire leurs noms sont liés à perpétuité.

Occupée en permanence par le fonctionnement de son hôpital et ses va-et-vient du front à Petrograd, Maria Pavlovna n'a pu contrôler la vie de son frère, le rassurer et éviter qu'il ne soit entraîné dans cette malheureuse aventure. Elle ne peut non plus empêcher son éloignement sur le front de Perse, sans imaginer que la Révolution les tiendra séparés par des milliers de kilomètres et par l'entrechoquement infranchissable de plusieurs mondes. Néanmoins, dans sa peine d'être séparée de ce frère qu'elle adore, elle se réconforte en se disant que l'exil le protège des fureurs révolutionnaires. De fait, le bannissement imposé par Nicolas II aux deux assassins de Raspoutine leur épargne les massacres bolcheviques.

Ignorante des graves péripéties du sort de Dimitri, Maria Pavlovna va pouvoir se consacrer à la sauvegarde de ceux qui lui sont proches. C'est ainsi qu'elle aidera efficacement la princesse Paley dans ses démarches pour sortir ses filles de Russie, avant de s'enfuir à son tour pour retrouver son frère.

Poutiatine, le premier amour de Maria Pavlovna

La Révolution est propice aux passions amoureuses inespérées. Le désordre, le danger, la défaite des anciennes valeurs incitent à vivre plus intensément des existences plus menacées ; Maria Pavlovna rencontre ainsi son véritable premier amour. Le prince Poutiatine est jeune et beau, et de plus c'est un héros de la guerre ; gai et insouciant, il vit cette période troublée comme une grande aventure où sa bravoure et son endurance seront mises à l'épreuve. Poutiatine est le complice parfait pour vivre courageusement cette période périlleuse et imaginer des plans de fuite à l'étranger. Ils se marient très rapidement, durant l'année 1917, lors d'une petite cérémonie privée à laquelle le grand-duc Paul et la princesse Paley assistent. Au cours de l'année 1918, Maria, qui vient d'accoucher d'un enfant, et son époux se sauvent de Petrograd et, au terme d'un périple invraisemblable à travers l'Ukraine dont ils franchissent la frontière sans papiers, se retrouvent en Roumanie. Elle a confié l'enfant à ses beaux-parents, mais, dans le tourbillon, le bébé tombe malade et meurt. Ce qui en dit long sur la persistance des capacités maternelles de Maria qui prend tout le monde en charge mais est incapable de protéger la vie de son enfant. Dans ses Mémoires, elle évoque son immense chagrin en apprenant la nouvelle, mais on sent bien que le sort de Dimitri est ce qui la préoccupe avant tout. Et elle est désormais très inquiète à son sujet, car aucune information ne lui parvient de Perse.

Dimitri perdu... et retrouvé

Elle ignore que Dimitri a été à deux doigts de la mort. Lorsqu'il est arrivé en Perse, au mois de janvier 1917, la nouvelle de l'assassinat de Raspoutine l'ayant précédé, il a été accueilli par les officiers russes comme un héros. Pour eux, il s'agit là d'un acte de pur héroïsme. Deux mois plus tard, en Perse comme sur toute l'étendue du territoire et du front russe, la Révolution se manifeste par la débandade générale de l'armée. La majorité des officiers rentrent en Russie où un sort tragique les attend : massacrés par leurs soldats ou passés à la tête des armées blanches, la plupart seront tués. En fait, Dimitri voulait lui aussi regagner Petrograd dès l'abdication de l'empereur. Mais, son devoir impliquant qu'il quitte le front en dernier, les mutineries dans l'armée et le chaos l'en empêchèrent. Il fut, en somme, sauvé de la Révolution par la Révolution elle-même.

Dimitri tombe très dangereusement malade d'une typhoïde aggravée par l'hygiène désastreuse et la sous-alimentation et se retrouve à Téhéran sans nouvelles, sans amis, sans contact et à l'article de la mort, dans un petit hôtel dont il ne peut même pas payer la chambre. Son sort serait désespéré si un Anglais, le ministre de la légation britannique, n'était ému par son malheur et ne le prenait sous sa protection.

Les sauveteurs de Dimitri sont un couple de diplomates anglais qui n'ont pas le statut d'ambassadeurs — à cette époque, la Perse ne méritait pas qu'on y installât une ambassade selon ces messieurs du Foreign Office — et que le sort misérable de Dimitri attendrit immédiatement. Ils l'installent dans leur légation, le soignent, le nourrissent, s'en occupent comme de leur propre fils. Et là, comme dans sa relation avec sa sœur ou avec Felix Youssoupov, Dimitri s'attache profondément à ses bienfaiteurs. Il n'a que vingt-cinq ans et ce couple d'Anglais sympathiques et bienveillants lui redonne la santé et le désir de vivre qu'il avait perdus. En revanche, le diplomate sera bien peu récompensé d'avoir enfreint, par charité, les consignes britanniques qui consistaient à fuir les Romanov comme des pestiférés afin de ne pas s'attirer d'ennuis avec l'opinion progressiste anglaise. Pour avoir ignoré les notes comminatoires du Foreign Office l'incitant à laisser Dimitri à son sort, le couple est littéralement ostracisé par l'administration britannique et le diplomate verra sa carrière brisée. Il ne deviendra jamais ambassadeur et sera contraint de prendre sa retraite. Dimitri gagne avec eux l'Angleterre et habitera leur maison, le temps de se rétablir tout à fait. Le jeune grand-duc, qui n'oublie jamais ceux qui l'ont aidé et qui a un sens exceptionnel de la fidélité, leur restera attaché tout au long de son existence.

Maria Pavlovna qui a fini par obtenir des bribes de nouvelles sur ce séjour en Perse, au fil de son périple qui l'a conduite en Ukraine, en Crimée et en Roumanie avec Poutiatine, accourt à Londres pour revoir celui à qui elle n'a jamais cessé de penser. Les retrouvailles sont émouvantes entre le frère et la sœur qui ne se sont pas vus depuis plus de deux ans et ils s'installent avec Poutiatine dans une petite maison londonienne. Dans la tempête de la Révolution,

MARIA PAVLOVNA ET DIMITRI

Maria Pavlovna a réussi à sauver elle aussi quelques bijoux et, comme tous les exilés du clan Romanov, elle paie les premières factures en les bradant aux bijoutiers au dixième de leur valeur. Elle parvient ainsi à faire vivre sa petite maisonnée, mais très vite l'attitude de son frère et de son mari devient insupportable. Braves et résistants dans le tumulte des évasions et de la Révolution, Dimitri et Poutiatine sont incapables de s'adapter aux contraintes matérielles de leur vie d'exil, où il leur faudrait travailler et mener une existence disciplinée. Ils manifestent un dangereux détachement, à l'opposé des farouches capacités d'organisation de Maria Pavlovna. Pendant qu'elle s'escrime à trouver un peu d'argent, les deux hommes jouent aux cartes à longueur de journée, se promènent et fréquentent assidûment les pubs de la ville en dépensant les derniers sous que Maria leur a donnés. Dimitri étant un véritable objet de vénération, le pauvre Poutiatine essuie les foudres de sa femme, se fait traiter de mauvais génie et expulser de la maison. Sur sa lancée, Maria Pavlovna fait ses valises et quitte Londres pour Paris, avec dans son sillage Dimitri repentant mais toujours aussi peu doué pour les occupations professionnelles. Paris est une ville douce à son cœur, elle n'a pas oublié les visites qu'elle faisait à son père le grand-duc Paul et à la princesse Paley qu'il lui tarde maintenant de retrouver.

On pourrait penser que Maria perd son temps et sa vie à se consacrer ainsi à son frère tant il paraît velléitaire, et incapable de travailler. Dimitri, autrefois le chéri de Nicolas II et d'Alexandra, le protégé de Felix Youssoupov et le fils adoptif du couple britannique, est toujours pris en charge par sa sœur. Cependant tous ceux qui le connurent disent qu'il était irrésistible, tendre et gentil, qu'il fascinait immédiatement par sa séduction, sa façon d'être et de se déplacer, son raffinement. Dimitri fait peu de chose de sa vie mais il ne réclame rien. Il a besoin qu'on l'aime, mais il n'attend rien de plus. Il aime le luxe mais il accepte incroyablement vite et sans une plainte la dégringolade de son statut. Cette extraordinaire indifférence aux rigueurs quotidiennes de l'existence qui le trouvent dispendieux et désintéressé lorsqu'il en a les moyens, et modeste lorsqu'il est démuni de tout, le rend très attachant. Si l'on ajoute à cela qu'il a des relations affectives très fortes avec ceux qui s'occupent de lui et qu'il leur voue une fidélité animale sans jamais les trahir, on comprend qu'on puisse aimer sans réserve cet être à la fois inadapté et poétique.

Maria Pavlovna s'installe donc à Paris avec son frère, « le handicapé sublime », dont le charme va leur ouvrir les portes des prestigieux salons parisiens. En effet, son caractère brutal, ses allures masculines et ses colères vindicatives valent à Maria Pavlovna beaucoup d'inimitiés. Au contraire, avec le séduisant Dimitri qui témoigne d'une si bonne éducation, les invitations affluent. Néanmoins, au bout de quelques mois de cette vie sociale reconstituée sur un petit pied tant l'argent manque pour tout, Maria Pavlovna comprend qu'elle doit trouver d'urgence un travail. La princesse Paley a repris Maria Pavlovna et Dimitri sous sa protection et les deux femmes peuvent une fois de plus mesurer la solide affection qui les unit, mais cette aide ne suffit pas. Bien évidemment, Maria Pavlovna n'a aucune formation professionnelle et il est difficile d'appliquer à la vie civile le sens de l'organisation qu'elle a développé lorsqu'elle dirigeait l'hôpital de guerre. En cherchant bien, elle se souvient que pendant les années de son éducation de grande-duchesse elle a pris quelques leçons de couture et qu'elle brodait joliment ; naturellement, l'idée de monter un atelier de couture s'impose à elle.

Lorsqu'ils se retrouvèrent en France, les émigrés russes qui avaient tout perdu n'eurent pas beaucoup de possibilités de se reconvertir. Ils s'efforcèrent en général de trouver une occupation en rapport avec leurs loisirs d'autrefois. Les soldats, les officiers habitués à la vie de cantonnement savaient faire un peu de cuisine. Ils ouvrirent donc des restaurants russes en se souvenant de quelques recettes de cuisine apprises avec leur mère ou leur grand-mère. De jeunes aristocrates ou de grands bourgeois fortunés, qui avaient eu leur permis de conduire avant tout le monde et conduisaient de superbes voitures à Moscou, devinrent chauffeurs de taxi. D'élégantes aristocrates, qui possédaient des toilettes somptueuses et savaient recevoir, s'engagèrent dans le monde de la mode. Ainsi, cahin-caha, se créèrent toutes sortes de maisons russes souvent très modestes mais qui permirent à beaucoup de ces émigrés de ne pas sombrer dans la misère. De la même manière, nombre d'artistes trouvèrent à s'employer en suivant la voie ouverte avant la guerre par Diaghilev et les Ballets russes ; danse, théâtre, métiers du cinéma eurent recours aux immenses talents jetés sur les chemins de l'exil.

Le projet de Maria Pavlovna est plus ambitieux et plus original : elle veut créer des modèles de couture avec des broderies russes. Pour cela, elle décide de parfaire les quelques rudiments qu'elle connaît de cet art, en suivant des cours dans une école de broderie de la capitale ; la grande-duchesse se retrouve bientôt au milieu des petites ouvrières de Paris, qui ont dix ans de moins qu'elle et à qui elle se garde bien de révéler son identité. À l'issue de l'année, Maria Pavlovna, qui s'est acheté une machine Singer à crédit en bredouillant devant le marchand faute de savoir comment honorer les traites, obtient un diplôme de broderie vestimentaire qui lui permet de faire ses premiers pas dans le métier et d'attendre les commandes. Par cet étrange mélange de réalisme et d'orgueil qui la caractérise, Maria Pavlovna a refusé de mettre à profit ses flatteuses relations pour monter une de ces maisons de couture en appartement qui vend ses modèles exclusivement à un petit groupe d'émigrés fortunés. Elle veut toucher un public plus large, avec l'idée de fabriquer des pull-overs inspirés des sweaters américains et rebrodés de motifs et d'ornements empruntés au folklore russe. Et pour vendre ses produits, elle sollicite elle-même la grande maison de couture dont tout le monde parle, la prestigieuse maison de mademoiselle Chanel.

Maria Pavlovna, mademoiselle Chanel, et Dimitri

Les deux femmes ne se sont jamais rencontrées, et Maria Pavlovna ignore même que la grande demoiselle s'intéresse aux émigrés russes. En effet, une partie du personnel féminin de la maison Chanel est issue de la haute société russe exilée et elle engage régulièrement comme modèles de jeunes aristocrates russes dont la classe naturelle attire la clientèle. Au-delà de son talent, la personnalité de Maria Pavlovna éveille chez Chanel quelque chose de beaucoup plus fort que le simple intérêt qu'elle porte aux aristocrates russes. Elle la séduit par son caractère entier, son opiniâtreté, son intransigeance, et elle se reconnaît en elle. La grande-duchesse pour sa part tombe immédiatement sous le charme de Chanel. Elles sont bientôt inséparables et leur rencontre s'avère extrêmement fructueuse pour leur travail. Le fief de Maria Pavlovna, la maison « Kitmir », devient en quelques mois l'un des endroits les plus courus de la capitale. De son côté, Chanel achète des pull-overs ornementés en quantités considérables et elle commande des broderies pour ses propres modèles. Les deux femmes travaillent ainsi comme de véritables partenaires pendant plusieurs années, nourrissant un sentiment d'admiration mutuelle où ne manquent même pas de violentes disputes passionnées qui terrorisent tout le personnel de la maison Chanel. La reconnaissance du public pour Maria Pavlovna est totale quand, à sa grande stupéfaction, elle reçoit, en 1925, la médaille d'or pour ses créations de broderie, lors de l'exposition des Arts décoratifs. La jeune aristocrate russe adopte rapidement la manière de vivre et de s'habiller de Chanel et toute sa vie elle portera les modèles de la célèbre maison. Dans ses Mémoires, elle raconte que Chanel la rejoignit un jour dans sa chambre et, l'ayant fait asseoir, empoigna la masse épaisse de ses cheveux et les lui coupa très court, la libérant, dit-elle, d'un véritable carcan. « Vos cheveux vous donnent l'air d'une exilée, c'est très bien pour faire pitié mais pas pour réussir », rugissait Chanel en brandissant ses ciseaux.

Les deux femmes ne se quittant plus, il était inévitable que tôt ou tard Chanel et Dimitri se rencontrent. Pourtant, Chanel ne va jamais chez Maria Pavlovna, car Chanel ne va jamais chez personne, elle est comme une reine à qui on rend visite mais qui ne se déplace pas. Et ce comportement d'impératrice insoumise qui s'exprime avec des mots bien à elle fascine d'ailleurs Maria Pavlovna qui retrouve les attitudes propres aux cours royales de sa jeunesse. Dans l'intelligence de Chanel, ses reparties, sa manière de parler, d'envisager le monde, son sens des affaires, son génie artistique et sa manière de l'imposer, Maria Pavlovna a l'impression de voir une réincarnation de la grande Catherine.

C'est donc Dimitri qui vient à elle. Chanel a quelques années de plus que lui mais elle est extrêmement attirante et elle a aussitôt envie de le séduire. Elle qui a la réputation de préférer les femmes, a un faible pour les jeunes gens du grand monde, comme ceux qui l'aidèrent à ses débuts quand elle n'était encore qu'une femme entretenue. Il faut qu'ils soient doux, cultivés, amusants, raffinés, presque féminins. Dimitri est tout cela en plus d'être le frère de Maria Pavlovna. Avec sa candeur inimitable et son incroyable capacité à se laisser aimer, il devient très vite son amant. Coup de foudre réciproque : Dimitri prend une importance considérable dans la vie de Chanel et influence même ses créations de couturière. Chanel avait révolutionné la mode en imposant le chic dans le naturel et la simplicité, mais elle n'avait pas vraiment jusqu'alors le sens du faste et de la magnificence. Paysanne française très préoccupée par les rentrées d'argent, les bilans, la comptabilité, elle n'acceptait pas de dépenses inconsidérées s'il n'y avait pas de retour assuré. Dimitri, qui jette par les fenêtres un argent qu'il n'a pas, va lui révéler la valeur de la somptuosité et de la futilité, et lui montrer involontairement qu'on peut aussi tirer profit du gaspillage pourvu qu'il soit fait avec style. Chanel bientôt ne s'appartient plus, elle se laisse griser par cette aventure ; avec Dimitri, elle apprend à dépenser autant qu'elle aime, c'est-à-dire follement. Pendant l'année que dure leur liaison, elle en vient même à négliger ses affaires, elle est sans cesse sur les routes avec son jeune amant, à Biarritz ou sur la Côte d'Azur, pendant que Maria Pavlovna à Paris gère d'une main de maître les maisons Chanel et Kitmir.

Lorsque Chanel réalise qu'elle ne peut continuer à sacrifier son travail à un être aussi évanescent et poétique que Dimitri, elle retrouve sa maison de couture, mais garde Dimitri dans ses meubles comme un bel animal de luxe. Dimitri, de toute manière, ne lui est pas inutile. En plus de son goût du faste, il lui fournit de nombreux motifs d'inspiration. Il lui laissera ainsi le plus beau des cadeaux, le dessin du flacon de parfum Chanel N° 5. Alors qu'elle lui demandait de décrire les uniformes des officiers russes dont le style simple et seyant la fascinait, Dimitri avait dessiné la bouteille d'alcool dont disposaient les militaires dans leur paquetage. Chanel, conquise par cette forme si pure, décida de l'immortaliser. Amusant clin d'œil du destin à un homme incapable de créer quoi que ce soit de vraiment utile mais dont l'amour pour une femme engendra un objet promis à une immense postérité.

Chanel ne dira jamais de mal de lui, même après leur séparation. Toute sa vie, elle reconnaîtra ce qu'il lui a apporté et ce dont elle a pris conscience grâce à lui. Néanmoins, le rythme de croisière de l'étrange ménage à trois des Romanov et de la grande couturière va mettre en péril la réussite professionnelle de Maria Pavlovna, qui commet une erreur fatale : son affaire de broderie employant une centaine d'employés marche tellement bien qu'elle vend certains de ses produits à d'autres maisons de couture, et Chanel s'en montre furieuse. Maria Pavlovna, qui n'est pas une gestionnaire hors pair et qui ne rencontre pas avec les autres couturiers la même sûreté d'engagement qu'avec Chanel, commence à avoir quelques problèmes d'argent. Peut-être la passion de la couture est-elle passée chez cette enfant Romanov trop gâtée, et il est probable que la charge de travail de l'entreprise Kitmir lui pèse. Peut-être a-t-elle aussi envie de relever d'autres défis, dans d'autres domaines, sur de nouveaux territoires. Mais, plus que toute autre raison, Maria Pavlovna est en fait jalouse de voir les deux êtres qu'elle aime le plus s'aimer désormais sans elle et elle est décidée à récupérer Dimitri quoi qu'il en coûte.

Le mariage de Dimitri

Malgré le tourbillon Chanel, Dimitri est retombé à Paris dans son oisiveté et il profite des loisirs que lui laissent son amante et sa sœur trop occupées à travailler, à se déchirer et à se réconcilier jour après jour pour fréquenter des artistes et des viveurs du grand monde qui passent leurs nuits à sortir et manifestent un certain faible pour les pipes d'opium. Cocteau donne le « la » de cette vie artistique et mondaine, et Maria Pavlovna voit avec épouvante le moment où Dimitri achèvera de se perdre dans cette petite bande qui vit pleinement la gaieté des années folles. Amant de Chanel, passe encore, mais pilier du *Bœuf sur le toit* en proie à des sollicitations incontrôlables, c'est plus qu'elle ne peut admettre. Comme une maman qui s'inquiéterait de voir son grand rejeton saisi par la débauche, et pour raffermir son contrôle et satisfaire son besoin de possession, Maria Pavlovna lui cherche alors l'épouse idéale. Son choix se fixe sur Audrey Emery, qui est non seulement ravissante mais immensément riche. La jeune fille appartient à la haute société américaine dont la jeunesse multimilliardaire hanta les palaces d'Europe dans les années 20 où, contrairement aux États-Unis, la prohibition ne sévissait pas. L'époque est aux mariages des princes et des bergères : Pola Negri épouse le prince Midvani, Gloria Swanson le marquis de La Falaise, et la perspective d'épouser le grand-duc Dimitri représente pour Miss Audrey Emery un remarquable accomplissement social. L'intrigue est simple à mener : Audrey tombe immédiatement amoureuse de Dimitri dont la capacité de séduction est décidément sans limites, et le grand-duc, toujours délicieusement flottant, se persuade de pouvoir garder Chanel avec sa nouvelle conquête. Grave faute d'appréciation : Chanel est folle de rage en prenant conscience de la trahison de Dimitri et de Maria Pavlovna. Elle rompt brutalement avec ces « Romanov vampires qui ont abusé de sa bonté » et cesse toute commande à la maison Kitmir. Les broderies russes et les sweaters ornementés disparaissent des collections. Maria Pavlovna s'attendait de toute manière à ce que la facture soit douloureuse. Elle liquide Kitmir dans des conditions inespérées, car son atelier est encore prestigieux, et précipite les préparatifs du mariage qui lui ramène son frère chéri. Plus tard, elle se réconciliera avec Chanel, mais ce ne sera jamais plus comme avant.

Le mariage est somptueux à l'église russe de Biarritz, et il suscite à l'époque un engouement et un intérêt extraordinaires dans les magazines en vogue. Le couple vit tout de suite dans le luxe et dans le faste, et Dimitri, comme à son habitude, ne faisant pas réellement la différence entre son ancienne et sa nouvelle situation, reprend son train de vie à la russe comme si rien n'était advenu depuis dix ans. Audrey en est d'ailleurs enchantée : c'est une existence infiniment plus amusante que celle que lui promettaient de jeunes soiffards du Ritz, condamnés à retourner au Texas pour surveiller leurs puits de pétrole. Maria Pavlovna a obtenu ce qu'elle voulait et elle a la prudence et l'orgueil de ne pas se reposer sur l'immense fortune des Emery ; comme toujours, elle se refuse à ce genre de calcul mesquin et elle préfère s'en sortir seule. Après l'épisode Chanel, il lui importait avant tout de mettre son frère à l'abri du besoin tout en le gardant dans son angle de vue. Audrey semble pouvoir les rendre tous heureux, car elle est généreuse avec Dimitri et profondément affectueuse avec sa sœur. Maria Pavlovna va enfin pouvoir s'occuper d'elle... Et ce ne sont pas les projets qui lui manquent.

7

IRÈNE ET NATALIE PALEY
avant 1930

> « Notre enfance fut merveilleuse, car nos parents formaient un couple exceptionnellement uni. Quant à mon frère, il nous lisait des extraits de Rabindranath Tagore, écrivait de petites pièces pour nous et nous jouait au piano des œuvres de sa composition. Lui et mon père "partis", ce fut la fin de l'enfance. Du jour au lendemain, je me suis sentie adulte. Le bonheur s'était désormais évanoui. Il fallait faire face à la dure réalité. »
>
> Irène, princesse Théodore de Russie.

Dans la haute société française des années 20, le statut d'Irène et de Natalie Paley, filles du grand-duc Paul et de la princesse Olga Paley, exerce une fascination intense autour d'elles. Elles sont à la fois princesses Romanov nées d'un mariage morganatique, exilées russes, orphelines rescapées de la Révolution, et tous ces éléments romanesques les entourent d'un halo romantique qui ajoute à leur charme et à leur étrangeté. Chacune à sa manière se sent l'héritière d'une histoire affreusement lourde à porter mais dont aucune des deux ne cherche vraiment à s'échapper. Les photos d'Irène et de Natalie au début des années 20 les montrent souvent mélancoliques et graves. Si Natalie adopte une attitude plus enjouée, elle semble un peu étrangère à ce qui se passe autour d'elle. Irène, manifestement moins absente, paraît en proie à une tristesse complètement existentielle. C'est d'autant plus frappant qu'Irène est très belle, avec un visage merveilleusement fin et gracieux, tandis que Natalie, d'une beauté moins classique, a un côté naturellement *glamour* très surprenant par sa modernité. Elles sont aussi très isolées, trop marquées par leur passé récent pour se lier facilement.

Depuis qu'elles sont installées en France, Irène et Natalie n'ont pas approché les milieux de la haute aristocratie française où elles n'ont que de vagues relations. Le monde auquel elles appartiennent est celui des anciens amis russes d'avant-guerre, des figures proustiennes vieillissantes, mais aussi des nouveaux riches qui vivent entre Paris et Biarritz à qui leur mère soutire gracieusement des subsides pour venir en aide à la communauté russe. Or, le monde a changé et la *cafe society* à l'américaine a remplacé la société de l'ancienne Russie et celle du faubourg Saint-Germain. Célèbres et observées, Irène et Natalie ne sortent guère du petit univers à la fois cosmopolite et provincial qui les protège, ce qui ne fait qu'augmenter la curiosité qu'elles suscitent.

Irène et Natalie ne vivent pas leur appartenance à la France de la même manière. La France est liée pour elles aux souvenirs les plus heureux de leur vie, le temps de la petite enfance dans la maison de Boulogne, où leur père et Vladimir étaient encore avec elles. Elles se sentent autant russes que françaises et elles parlent parfaitement les deux langues, mais Irène est à la fois beaucoup plus fidèle à la Russie et mieux adaptée à la France des années 20. Fidèle à la Russie parce qu'une fois pour toutes sa vie s'est arrêtée avec la perte du grand-duc Paul et de Vladimir, et qu'elle passe son temps à perpétuer leur souvenir. Mais elle a aussi hérité du tempérament organisé et énergique de sa mère et elle s'adapte très bien au fonctionnement de la société française, pour avoir assisté de nombreuses fois sa mère dans ses démarches afin de trouver de l'argent ou des aides pour la communauté russe. Et puis, Vladimir a écrit l'essentiel de ses poèmes en français. Et le souvenir du tendre Vladimir, le désir de vouloir qu'il ne meure jamais passent par le français et la lecture de ses poèmes qu'Irène connaît par cœur et se récite, quand si souvent la nostalgie la tenaille.

Natalie, elle, est subtilement ailleurs et, bien que la fuite, les brutalités et le sang hantent ses souvenirs, elle n'évoque quasiment jamais la Russie. Elle manifeste d'ailleurs très peu d'intérêt apparent pour la communauté russe émigrée, comme si cela ne la concernait pas vraiment, ce qui est évidemment faux, mais relève de sa manière de se protéger. Natalie se saisit de l'identité française comme d'un masque et elle se définit comme totalement française. Or elle n'entretient pas avec la France de véritable relation d'échange mais s'en sert comme d'un subterfuge.

La manière de vivre des jeunes filles est évidemment coiffée par la présence de leur mère, la princesse Paley, qu'elles adorent l'une et l'autre et qui est le repère, le lien qui les unit à leur passé russe. Et ce n'est qu'après sa mort qu'elles prendront leur envol, qu'elles affirmeront réellement leurs personnalités au point de s'éloigner définitivement l'une de l'autre, elles que les épreuves de la Révolution avaient rendues inséparables.

Il est certain que le courage et la pugnacité de la princesse Paley ont beaucoup marqué ses filles, en particulier Irène qui devint à son tour la gardienne de la pensée et de la culture russes évanouies. Natalie, bien qu'étant très respectueuse du travail de sa mère, adopta la position inverse en tournant le dos à son enfance. Dans un refus total d'apitoiement sur elle-même, Natalie, à la fois délicieuse et sauvage, aborda le monde moderne sans aucune référence à ce passé qui lui faisait horreur parce qu'il avait anéanti la vie des siens.

Théodore, le Romanov de rêve...

La princesse Paley et le grand-duc Alexandre ont pris l'habitude de se retrouver à Paris ou à Biarritz, et ils aiment passer leurs soirées, l'un près de l'autre, à parler de la Russie et à rêver à voix haute. Tout pourrait continuer ainsi sur le mode de la tendre complicité, si la jeune Irène ne s'attachait peu à peu à son cousin Théodore, le plus beau des fils d'Alexandre. Irène a maintenant vingt ans. Elle vit dans le souvenir de son père disparu ; elle parle de Vladimir comme s'il était encore vivant, son frère habite ses pensées et elle recopie ses poèmes sur des cahiers qu'elle offre autour d'elle. Or, pendant les vacances qui réunissent à Biarritz Olga et ses filles, Alexandre et leurs enfants, Irène et Théodore se rencontrent régulièrement. En voyant Théodore, sa folle beauté, son charme, sa grâce, elle a l'impression de retrouver à la fois son père et Vladimir. Dans la tête de la jeune fille, tout va très vite : aimer Théodore, avoir un prince Romanov dans sa vie, c'est une manière pour elle de se réapproprier un peu de son frère et de son père.

Il est certain que, par sa naissance et son extraordinaire pouvoir de séduction, Théodore s'inscrit exactement dans la lignée du grand-duc Paul et de Vladimir. En épousant Théodore, Irène conjure le traumatisme des années de Révolution et de tous les massacres. Elle affirme ainsi que le lien historique et familial n'a pas été rompu et elle redevient doublement Romanov en se rapprochant de ses origines russes.

Pour la petite société des émigrés de Biarritz, le mariage d'Irène et de Théodore serait une suite logique puisque le grand-duc Alexandre et la princesse Paley forment un couple d'amis inséparables. Si cette relation se prolonge à travers leurs enfants ce serait idéal. La princesse Paley se pose tout de même quelques questions. Les jeunes gens sont-ils vraiment amoureux l'un de l'autre ou bien Irène obéit-elle à un déterminisme familial renforcé par la mémoire ? Peut-on aller contre le désir de deux enfants déracinés par le malheur et qui veulent souder définitivement leur destin ?

Quant à Théodore, si doux, si hors du monde, il est ébloui par Irène, cette cousine si déterminée et si intelligente. Théodore, ce mélange de héros tchékhovien, orphelin d'un bonheur perdu qu'il ne sait pas nommer, et de héros dostoïevskien, homme bon qui ne voit pas le mal du monde autour de lui, ne peut qu'aimer celle qui choisit de le prendre comme époux. C'est ainsi que Théodore épouse une jeune fille qu'il a toujours connue et pour qui il ne peut éprouver qu'une immense tendresse, tandis qu'Irène se fond avec lui dans le souvenir exact du père et du frère adorés.

Le mariage d'Irène et de Théodore, en mai 1923, à l'église russe de la rue Daru est vécu comme le premier grand mariage Romanov depuis la catastrophe de la Révolution. Toute l'émigration russe blanche et le faubourg Saint-Germain y assistent. Dans la cour de l'église envahie d'invités, où se pressent les anciens amis de la princesse Paley, par cette journée de grand soleil, on sent comme un défi au destin, une revanche après tous les drames de ces dernières années. Xénia et Sandro sont là, ainsi que Maria Pavlovna et Dimitri, les premiers enfants du grand-duc Paul, et l'évanescente Natalie. Théodore rit, très à l'aise, et plaisante avec tout le monde ; Irène est grave et concentrée, comme recueillie.

De tous les fils de Xénia et du grand-duc Alexandre, Théodore est le plus incroyablement beau. De son père il a hérité le courage physique, la prestance — il est encore plus grand que lui — mais tandis qu'Alexandre arbore fièrement une barbe « ancien régime », Théodore a le physique de Gary Cooper. Dès son adolescence, sa taille haute et élancée l'a mis à part de la compagnie des pages impériaux à laquelle il appartenait. Si l'on ajoute à cela qu'il a autant hérité le caractère délicat de sa mère que les aspects rêveurs de la personnalité de son père, on comprend que ce géant si rayonnant, si candide et lui aussi si détaché du monde, a pu susciter toutes sortes d'attachements éperdus.

Au cours de son adolescence et pendant les années de guerre, sa sœur Irina et son beau-frère Felix Youssoupov ont représenté pour Théodore le couple solaire par excellence. Après la Révolution, Théodore a recommencé à fréquenter le jeune couple, attiré par leur singularité, leur charme et leur univers romanesque, et il s'est installé avec eux dans une relation triangulaire où les sentiments les plus intenses ne s'expriment qu'à travers la douce légèreté d'une vie de voyages, de lectures, de conversations apparemment frivoles. On peut imaginer que Felix, qui est encore très jeune, n'a pas abandonné ses anciennes pulsions et porte à Théodore des sentiments passionnés, oscillant comme toujours entre le désir et la sublimation. C'est ainsi qu'au début des années 20 ils passent des mois entiers sans se quitter, menant une vie de grand tourisme, à la fois chic et bohème, dans des lieux de rêve, en Italie, à Capri et dans le golfe de Naples, en Corse ou en Angleterre. Et le jeune Théodore est de tous les voyages. Des photos montrent le lumineux trio se promenant le long de l'océan, en pantalon de lin et chemise de toile blanche, Irina portant un turban ivoire dans les cheveux, tous les trois éclatants de beauté et d'insolence sous le soleil, comme sortis d'un film de Luchino Visconti.

Les premières années de mariage de Théodore et d'Irène

Durant les années 20, Théodore et Irène séjournent tout l'été à Biarritz auprès de la princesse Paley, dans la maison où les rejoint le grand-duc Alexandre. Ils passent leurs journées à la plage, lui athlétique et bronzé, coiffé d'un béret noir, elle en foulard et costume de bain strict, comme toujours d'une simplicité élégantissime. Théodore a une manière extraordinaire de porter les vêtements les plus simples avec un chic étourdissant. Les Romanov sont, sans le vouloir, les inventeurs d'un style « aristo-fauché », avec leurs pantalons froissés et très larges tombant sur des espadrilles beige délavé, leurs chapeaux cabossés couleur sable, et leurs immenses imperméables qu'ils ceinturent très serré. Le tout porté avec une allure furieusement moderne et une classe folle. Théodore et Irène exprime la quintessence de ce style. L'aptitude exceptionnelle d'Irène et Théodore à se contenter de ce qu'ils ont et à faire de tenues modestes en apparence ce qu'il y a de plus élégant, ce mélange de grâce innée et de naturel leur confèrent une modernité incroyable. Ils sont beaux car hors du temps, beaux car éternels. Ils sont jeunes aussi, et leur désir de revivre est alors immense ; lorsque l'on voit les premières photos de leur couple, même s'ils ne manifestent pas extérieurement de gestes de tendresse, il semble régner entre eux un climat d'entente fondamentale. Et c'est ainsi que leur relation évoluera : de multiples désaccords de détail dans une entente profonde jamais remise en cause.

Très vite, et il semble qu'Irène ait toujours cherché cela, leur relation devient plus fraternelle qu'amoureuse. À cet égard, pour illustrer leur nuit conjugale, Théodore fit un dessin très étrange où l'on voit Irène tout petite et perdue dans le lit, et son mari rampant en dessous, comme s'il faisait l'aveu de ce qu'il ne pouvait pas lui donner vraiment et qu'elle ne lui réclamait pas spécialement.

L'arrivée du petit Michel, en 1924, est une grande joie pour Théodore et Irène mais aussi un événement important pour la famille puisqu'il est le premier enfant, deux fois Romanov, né en exil après la Révolution. Ainsi que le veut l'usage dans les grandes familles russes, la princesse Paley doit trouver une « niania » pour son petit-fils. Les nianias russes sont bien plus que de simples nourrices, elles sont les véritables anges gardiens de la maison et leur rôle est aussi de perpétuer la tradition. Il se trouve que la niania de Michel est une femme exceptionnelle, « un cadeau du ciel », dira-t-il toute sa vie. Personne ne sait comment elle a fui la Révolution, elle est illettrée, parle à peine le français mais elle gère admirablement l'économie familiale. C'est elle qui assure la continuité populaire russe, entre la cuisine, les courses, la vie quotidienne, et qui materne véritablement Théodore, Irène et Michel.

En dehors de son travail auprès du comité de soutien des réfugiés russes, Irène s'occupe de l'éducation de Michel. Elle remplit le rôle de pédagogue qui, en ce temps-là, était dévolu au père et elle l'entoure d'une tendresse attentive, sans trop le câliner. Théodore préfère jouer avec Michel, l'enfant est pour lui un véritable compagnon d'escapades dans l'imaginaire. Mieux que personne, Théodore invente des maquettes, fabrique des villages avec des boîtes d'allumettes, réalise des bandes dessinées et raconte des contes délicieux. Il court à perdre haleine avec Michel sur le sable de Biarritz, mais il sait aussi le protéger des violences des vagues et des bobos de la plage. Michel, qui a hérité la grâce ensorcelante de ses parents et qui est un enfant délicieux d'intelligence et de drôlerie, a le physique d'un petit prince nordique, avec les yeux bleu très clair et les cheveux blonds de son père ; il vit dans une sorte de paradis d'innocence réinventé chaque jour autour de lui par ses parents, pour le préserver de toutes les souffrances du monde adulte.

Natalie, Mme Lucien Lelong

De son côté, Natalie mène une existence fondamentalement différente. Elle veut être autonome et elle a réussi à persuader sa mère qu'il lui faut gagner une part de son argent de poche en mettant à profit les relations qu'elle a pu nouer durant les étés à Biarritz où les grandes maisons de couture organisent des défilés pour la clientèle fortunée. La princesse Paley ne s'émeut pas outre mesure que sa fille ait envie d'entrer dans le monde de la mode ; Maria Pavlovna, sa belle-fille, n'a-t-elle pas montré l'exemple ? L'image de splendeur de la Russie prérévolutionnaire et la légende des Romanov cadre bien avec ce milieu ; très vite Natalie est engagée comme mannequin par le couturier Lucien Lelong.

Lucien Lelong n'est pas un couturier exceptionnellement inspiré et novateur, et, aujourd'hui, on a un peu oublié son nom. Lorsque l'on voit ce que proposent Poiret, Patou, Jeanne Lanvin, Madeleine Vionnet et Chanel à la même époque, on a le sentiment d'assister à une révolution artistique dont il n'est pas véritablement partie prenante. Néanmoins, Lucien Lelong a un goût très fin, un sens de l'observation, une habileté et un savoir-faire qui lui permettent de se tenir en tête du bataillon des couturiers importants, car il possède surtout une vision économique et industrielle de la couture, que ne possèdent pas toujours les autres ; c'est ainsi que sa maison de couture se classe dans les premières de Paris par sa prospérité et son rayonnement économique.

Lucien Lelong a des accords particuliers avec des distributeurs américains, une formidable inventivité sur le plan industriel, et une maîtrise de la publicité telle qu'il est le premier à populariser l'idée des parfums portant le nom de la maison de couture. Pour lancer ses parfums, il réalise d'admirables campagnes de publicité, en faisant dessiner des encarts magnifiques dans toutes les revues de mode. À quarante ans, il est à la tête d'une fortune considérable, et sa réputation de héros — il a obtenu la croix de guerre — lui ouvre les salons les plus fermés du faubourg Saint-Germain. En prenant Natalie comme mannequin-vedette, Lucien Lelong réalise une remarquable opération de relations publiques car sa maison va bénéficier du prestige qui s'attache à la princesse ; et il a tout de suite compris le parti qu'il peut tirer de l'histoire et de l'étrange personnalité de Natalie.

Mais Lucien Lelong se met bientôt en tête d'épouser la jeune fille. Étrange association en vérité que celle du couturier qui a la réputation de préférer les hommes et de Natalie à qui on n'a jamais connu aucun flirt... Et Lucien Lelong que rien n'arrête demande à la princesse Paley la main de sa fille. La princesse Paley se montre d'abord réticente devant celui qui n'est pour elle qu'un « fournisseur » ; quels que soient les coups du sort, elle avait rêvé mieux pour sa petite Natalie... Elle ne le dit pas et ne le fait pas sentir à Lucien Lelong, mais elle résiste à la perspective de ce mariage inégal. Elle espérait que Natalie épouserait Dimitri, le frère de Théodore, un jeune prince doté du charme de famille et qui ne se serait pas fait prier pour accepter. Mais elle a négligé une chose essentielle : Natalie n'a pas du tout envie de redevenir une Romanov, elle ne veut pas revenir sur ses pas. Pour elle, l'histoire est finie, elle veut en vivre une autre, selon ses propres règles, une histoire qu'elle conduira comme elle veut, sans drame et sans douleur.

Natalie a toutes les raisons de vouloir épouser Lucien Lelong. Lucien lui offre cette autre identité qu'elle cherche, il est riche, il la fera vivre dans le luxe dont elle a besoin, il va la protéger. Sans doute exista-t-il un pacte entre eux, puisqu'ils restèrent mariés pendant des années sans avoir de relations intimes. Aussi étonnant que cela puisse paraître, la ravissante, la mystérieuse Natalie n'eut aucune relation physique avec Lucien Lelong ni avec aucun autre homme durant sa vie, préférant la compagnie de ceux qui étaient les amis des femmes sans être leurs amants...

Les résistances de la princesse Paley s'estompent devant l'insistance de Lucien Lelong. De plus, Olga se sait malade depuis des années, et le cancer qu'elle a tenu comme en lisière de sa vie la rattrape peu à peu. Il n'est pas impossible qu'elle sente à ce moment-là qu'elle va mourir bientôt et que ce mariage avec Lucien Lelong, qui est tout de même un couturier de réputation mondiale, puisse être pour Natalie une solution acceptable. D'autant que Lucien est adorable avec sa future belle-mère ; il l'aide dans ses démarches administratives et l'accompagne fréquemment dans ses éternels procès avec les vendeurs d'objets d'art. La princesse Paley a beaucoup changé ces dernières années, elle n'apporte plus aucun soin à sa toilette et se promène en larges pantoufles comme une vieille babouchka. Ses dernières pauvres forces vont à ses œuvres dont elle s'occupera jusqu'à son dernier souffle. Son petit-fils Michel Romanov raconte qu'il garde en mémoire l'image de sa grand-mère penchée sur son bureau, tard dans la nuit, écrivant des lettres et remplissant des chèques, le téléphone toujours à portée de main. Dans ces conditions l'appui de Lucien Lelong est particulièrement bienvenu.

Comme il se doit, le mariage en août 1927 de Natalie et de Lucien a lieu rue Daru. Tous les Romanov sont là, l'émigration russe, mais aussi le Tout-Paris de la mode, Juan-les-Pins et la Côte d'Azur plutôt que la côte basque, le 16e arrondissement plus que le faubourg Saint-Germain, et toute l'avenue Montaigne. C'est un mariage brillant que la presse relate comme : « Un mariage des temps modernes : une princesse russe épouse un créateur de mode. » Natalie paraît heureuse, presque soulagée, aérienne. Et Lucien va tenir toutes ses promesses. Elle pose en couverture des magazines avec les modèles de sa maison, et déjà se dessine l'univers qui va désormais être le sien : celui de la fête et de la nuit, avec des photographes célèbres comme le jeune et insolent Horst, son protecteur pygmalion Hoyningen-Huene, Marie-Laure de Noailles et Jean Cocteau. Natalie ne supporte pas d'être seule, elle se déplace avec ses affidés, elle sort tous les soirs et souvent sans Lucien qui travaille. Et Lucien paie pour tout le monde, les voyages dans des trains de luxe, les suites dans des palaces... Mais en même temps une réelle harmonie règne sur ce ménage si étrange et une sincère affection mutuelle unit cette association d'intérêts, à tel point qu'ils éprouvent un plaisir véritable à se retrouver lorsqu'ils vivent ensemble, durant la période des collections, la saison parisienne et les vacances.

La mort de la princesse Paley

La mort de la princesse Paley scelle la rupture du lien physique avec la Russie et avec tout un système de valeurs. La disparition de leur mère replonge Irène et Natalie dans la solitude qu'elles ont éprouvée pendant la Révolution, et va les amener à se forger un autre destin pour conjurer cette peur de l'abandon. Irène choisira un homme sur qui s'appuyer plus sûrement que sur Théodore et Natalie cherchera un lieu d'exil qui la tienne encore plus éloignée des souvenirs qu'elle veut fuir. Pas tout de suite cependant, car le deuil sera long, pénible et douloureux.

IRÈNE ET NATALIE PALEY

Irène et Natalie connaissent la maladie de leur mère depuis longtemps mais, par peur d'affronter la réalité, elles se laissent surprendre par l'aggravation du mal. Lorsqu'elle sent que ses dernières forces l'abandonnent, la princesse Paley se réfugie chez des amis pour que le petit Michel n'assiste pas à sa fin. Irène part la retrouver et prévient Natalie, mais il est trop tard : la princesse est déjà à l'agonie et elle meurt en murmurant les noms de Paul et Vladimir.

Contrairement à tout ce que l'on pouvait imaginer et surtout à tout ce qui a été dit, la princesse Paley n'a jamais vécu grâce à l'argent que Lucien Lelong lui aurait donné pour épouser Natalie. Les langues les plus perfides dirent même que la mère avait « vendu » sa fille pour de l'argent. Bien au contraire, on s'aperçut plus tard que Lucien Lelong, quoique « financier génial », vivait en fait dangereusement, que son talent pour monter des affaires nécessitait des mises de fonds et des acrobaties de trésorerie considérables et que la princesse Paley l'avait beaucoup aidé en lui confiant ce qui restait de ses bijoux. En fait, Olga avait très bien su s'organiser après les années si dures qui suivirent l'arrivée en France. Elle avait su décourager ses fournisseurs, se sortir du maquis de ses procès, vendre intelligemment ses propriétés, et placer son argent avantageusement. Ainsi avait-elle reconstitué une petite fortune qu'elle destinait à ses deux filles et qui servit à Lucien Lelong alors que la rumeur prétendait le contraire.

8
LES SORTILÈGES D'ONCLE FELIX

Avec leur douce fantaisie, leur charme, leur capacité à ne jamais se plaindre et à vivre une bohème élégante et détachée, le prince Felix Youssoupov et son épouse Irina Alexandrovna incarnent tout le romantisme noble et mélancolique de l'émigration.

Dans sa jeunesse, Felix aura été l'un des hommes les plus riches de Russie et sans doute était-il même plus riche que le tsar. Il est le seul héritier de son illustre famille depuis que son frère aîné a été tué dans un duel, un combat au petit jour pour une femme, à la manière d'un scénario de film pour Max Ophuls. Les terres des Youssoupov, réparties sur l'immense territoire de la Russie, représentent un nombre de propriétés tellement considérable que Felix ignore ce qu'il possède exactement. La vie du jeune homme se passe somptueusement entre la propriété d'Arkhangelskoïe, petit Versailles russe regorgeant d'œuvres d'art admirables, les palais de Saint-Pétersbourg, et celui de Moscou qui semble sortir d'un décor d'Ivan le Terrible avec ses murs peints à fresques, et les merveilleuses propriétés en Ukraine et en Crimée.

Ce prince béni des dieux et chéri par sa mère après la perte du frère aîné porte en lui les plus belles qualités de la culture russe, l'amour de la littérature et de la musique ; il joue admirablement de la balalaïka, chante et danse à la perfection. Et puis il y a un autre Felix, plus sombre, qui aime les expériences extrêmes, qui court les nuits de Saint-Pétersbourg habillé en femme en s'amusant à allumer les officiers de la garde et qui a fait du jeune Dimitri son disciple dévoué. Felix aura été dans sa jeunesse le diable de la famille impériale, aussi insupportable qu'adorable... et il est probable qu'il n'a pas vraiment remédié au spleen et à la vulnérabilité de Dimitri, alors solitaire et éperdu de tendresse ; au contraire, en le séduisant, Felix l'a entraîné dans cette folie et ces excès qu'il savait très bien maîtriser pour lui-même. La beauté dangereusement angélique de Felix a d'ailleurs été célébrée par le peintre Serov dans un portrait célèbre qui a fait ressortir le côté éthéré de son visage, l'éclat de son regard ensorceleur. Felix est la version russe de Dorian Gray et, dans cette période où Huysmans et Oscar Wilde troublent les milieux littéraires, le jeune homme se conforme à cette image décadente avec une sorte de frénésie voluptueuse.

En 1913, à la stupéfaction de la cour impériale, Felix épouse Irina, nièce du tsar et fille du grand-duc Alexandre. Un mariage qui enthousiasme tous les Romanov pour qui les excès de comportement, s'ils ne provoquent pas de véritable scandale, sont finalement rapidement oubliés. Si Felix séduit par son charme ambigü, Irina est d'une beauté lumineuse. Elle correspond exactement à l'idée que l'on peut se faire d'une princesse russe : un visage de madone au teint transparent, une délicatesse de traits exquise, un cou fin et gracieux ; Irina est la plus belle des princesses Romanov. Quand on la voit, si mince, si élancée, on comprend ce que Chanel et les grands couturiers recherchaient chez les modèles russes : le physique aristocratique et la distinction à l'état pur. Aujourd'hui l'arrière-petite-fille d'Irina lui ressemble d'ailleurs d'une manière hallucinante, comme si cette perfection physique avait été fixée une fois pour toutes par la providence et se reproduisait de génération en génération.

La famille pouvait craindre quelques tensions entre deux personnes aussi dissemblables mais, au contraire, les jeunes gens s'accordent parfaitement et semblent très heureux. Irina-la-timide s'amuse beaucoup avec Felix-le-tentateur, il la séduit et l'étonne en permanence, elle aime sa fantaisie, sa poésie, ses folies, et tous les hommes à côté lui semblent fades. Et lui se comporte avec elle comme un frère amoureux, affectueux et protecteur. Pour Felix, Irina est la femme idéale. Elle est légère comme une plume, toujours gaie, elle ne lui fait jamais de reproche et elle se contente de ce que la vie lui offre. Leur entente ne se démentira pas et jamais ils ne se sépareront. Ils vivent comme deux « enfants terribles » retirés dans leur monde et n'entretiennent avec les adultes et la réalité que des rapports lointains.

La mort de Raspoutine, cette première flaque de sang dans laquelle les Romanov vont glisser jusqu'à l'océan de malheur de la Révolution, va marquer Felix d'un stigmate indélébile. Aux yeux du monde, il est l'homme qui a assassiné Raspoutine, au cœur d'une conspiration ourdie dans le cercle même de la cour impériale. C'est lui qui a manœuvré et entraîné ce pauvre Dimitri et toutes sortes de rumeurs circulent selon lesquelles il se serait aussi servi de la douce Irina pour attirer Raspoutine dans le piège. Rumeurs totalement fausses, puisqu'il sera formellement prouvé qu'Irina se trouvait en Crimée loin du palais de Petrograd à l'heure du meurtre.

La marque du crime, tour à tour fascinante et effrayante, va suivre Felix toute sa vie, mais jamais il ne lèvera totalement le voile sur ce qui s'est passé ce soir-là. Dans ses Mémoires qui seront un énorme succès de l'entre-deux-guerres, il consacre des pages passionnantes à la description de l'atmosphère de Petrograd dans les semaines qui précédèrent le meurtre, sur fond de frivolité et de décadence, et l'on ne sait jamais si l'on a affaire à un ange ou à un démon, les deux à la fois sans doute. Felix s'exprime de façon directe et sans détour pour raconter la soirée dramatique, mais laisse des zones d'ombre où la curieuse relation d'attirance et de répugnance qui le lie à sa victime demeure mystérieuse. Il considère cependant que ce livre est une mise au point définitive sur son rôle dans l'affaire Raspoutine. De ce fait, il renvoie toujours ceux qui lui reparlent du crime à la lecture de ses Mémoires comme une manière de fixer à jamais une étape de sa vie pour pouvoir mieux s'en détacher.

Felix et Irina en exil à Paris

Felix et Irina ont fui la Russie sur le même bateau que Maria Feodorovna, et sont arrivés à Paris après avoir traversé une Italie paralysée par les grèves et les manifestations, qui leur ont rappelé douloureusement les premières heures de la Révolution russe. Contrairement à la plupart des émigrés russes, ils subsistent sans trop de difficultés. Dans la panique du départ, Felix a réussi à sauver des bijoux et des toiles de maîtres et ils vivent dans leur hôtel particulier de Boulogne, modestement mais sans manquer de rien. Ce qui ne les empêche pas d'être extrêmement généreux avec la communauté russe qu'ils aident autant qu'ils le peuvent. À cet égard, il va y avoir dans la vie de Felix en exil une recherche constante de rédemption et un vrai désir de se racheter aux yeux des autres.

Plus tard, comme bien des émigrés russes, Felix et Irina se lancent dans la mode en ouvrant la maison de couture, *IRFE* — des premières lettres de leurs prénoms — qui connaît un grand succès auprès des élégantes du Tout-Paris, frissonnantes de plaisir à l'idée que le créateur de leurs modèles n'est autre que l'assassin de Raspoutine. Mais Felix n'est pas un gestionnaire et il met rapidement la clef sous la porte. Peu versé dans les affaires, mais excellent procédurier — sans doute retrouve-t-il l'excitation du jeu —, il négocie parfaitement ses avoirs. En quittant la Russie, il a réussi à sortir notamment deux très beaux tableaux, un Rembrandt et un Van Dyck qu'il vend extrêmement bien. Il fera de même avec les bijoux d'Irina lorsqu'ils n'auront plus d'argent. Il se déplace avec aisance dans la société moderne en faisant intervenir sa curiosité, son goût des intrigues et son désir de gagner ; et lui qui n'a jamais fait de droit se débrouille royalement dans les arcanes juridiques.

Dans les années 30, il a l'occasion de mettre ses talents à l'épreuve lors du procès qui l'oppose à la puissante société de production de films, la Metro-Goldwyn-Mayer. En effet, Irving Thalberg a décidé de produire un film sur Raspoutine dont le scénario laisse supposer qu'Irina était la maîtresse du prédicateur diabolique. Pour l'honneur de sa femme, Felix attaque le monstre du cinéma dans un combat « pot de terre contre pot de fer » qui passionne les médias. Il parvient à prouver que Raspoutine et Irina ne se sont jamais rencontrés, et il gagne le procès... et le gros lot ! En effet, la MGM se voit contrainte de verser au couple Youssoupov l'équivalent de deux millions de dollars actuels, qui leur permettront de vivre convenablement jusqu'à la fin de leurs jours. Quelques années plus tard, Felix va prouver ses talents dans un autre procès : au XIXe siècle, la famille Youssoupov possédait un immense manoir en Bretagne, le manoir de Keriolet, qu'elle avait offert à la commune en stipulant dans un contrat qu'il devait être maintenu en l'état. Or, Felix apprend que tous les meubles ont été vendus et il décide illico de faire un procès aux domaines, estimant que cette entorse annule la clause de donation. Et encore une fois il le gagne. Il récupère le manoir, le revend immédiatement et empoche en passant les dividendes de l'opération.

Au fil des années, Felix retrouve tout son prestige auprès de l'émigration, par son aptitude à la survie et sa générosité sans défaut. La vie dans l'hôtel particulier de Boulogne se déroule sous le signe du raffinement et de la fantaisie ; une armée de pique-assiettes vient en permanence trouver réconfort moral et matériel chez les Youssoupov. Felix donne des pièces de théâtre, et la cour et la ville parisiennes se précipitent à ces représentations où Irina et quelques amis jouent les principaux rôles. Théâtre d'amateur mais qui nécessite quand même des moyens, des costumes, des accessoires, des décors, et même si Felix dessine tout lui-même, ces distractions coûtent beaucoup d'argent. De plus, les domestiques livrés à eux-mêmes participent joyeusement à l'euphorie générale et la vie quotidienne, si elle est très gaie, n'est gérée par personne. On voyage aussi énormément avec tous ceux qui veulent suivre, et cela fait bien du monde.

Malgré cette vie d'artiste fantasque et ces dépenses irrationnelles, Felix et Irina vivent à l'abri du besoin. Or, de plus en plus, Felix s'occupe des œuvres russes et des hôpitaux où il passe un temps considérable à veiller et à réconforter les grands malades. Et l'apparition de cette silhouette mince et gracieuse sur le seuil des immenses salles de souffrance a de quoi surprendre. Comme si le Felix qui s'entretenait autrefois de spiritualité avec la grande-duchesse Élisabeth remplaçait peu à peu le Felix des nuits de débauche de Petrograd.

9

ZITA, OTTO ET L'EMPIRE DISPARU

> « C'était une femme forte comme on les décrit dans les Saintes Écritures. »
> Otto de Habsbourg.

Lorsque Charles meurt à Madère en avril 1922, Zita se retrouve seule, enceinte de son huitième enfant, et elle va devoir faire preuve d'une combativité étonnante pour ne pas sombrer et subvenir aux besoins de sa famille et de la petite cour qui l'accompagnent dans son exil. Il faut imaginer ce qu'a été la vie de cette frêle jeune femme qui, en l'espace de quatre ans, est passée du statut glorieux d'impératrice d'Autriche, reine de Hongrie, à celui de veuve et d'exilée proscrite par le monde entier et qui n'a d'autre ressource que sa détermination.

On a souvent reproché à Charles d'être un peu en retrait par rapport à son épouse, mais il faut dire que Zita a une énergie hors du commun. Il semble, en fait, que cette capacité à ne jamais baisser les bras vienne de ses origines familiales : la dynastie des Bourbon-Parme qui est certainement l'une des plus singulières de tout le gotha européen. Singulière parce qu'elle est d'un catholicisme farouche, qu'elle a beaucoup d'enfants et qu'elle entretient une relation de familiarité constante avec Dieu. La famille de Zita est légitimiste jusqu'au bout des ongles : elle est à la fois sur les genoux et à droite du Seigneur. En fait, tous vivent dans un autre siècle et relèvent de la théologie et de la spiritualité du Moyen Âge, du temps des royaumes chrétiens des croisades, de Saint Louis, de ce système de valeurs qui avait sa logique et ses qualités, mais qui au XXe siècle paraît plutôt anachronique.

Politiquement associés à leur conception de la légitimité, ayant une idée sacrée de ce que doit être un roi, les Bourbon-Parme sont, par ailleurs, très bien adaptés au fonctionnement de la société. Un peu comme les catholiques les plus fervents d'aujourd'hui, qui veulent instaurer le royaume de Dieu sur terre et qui, par ailleurs, utilisent tous les avantages de la modernité. Ils sont aussi d'une grande cohésion, ce qui permet à ceux qui pourraient défaillir dans le groupe de se ressaisir, et restent attachés à une utopie non formulée qui consiste à voir tous les événements politiques à travers une grille dont les références principales sont leur catholicisme militant, la légitimité royale et un sens de l'honneur chevaleresque.

Cette attitude et ces concepts engendrent des affrontements multiples et toutes sortes d'exaltations, un déni de la réalité et, en même temps, une grande énergie positive et une capacité à ne jamais se décourager. Après tout, puisqu'ils attendent depuis plusieurs siècles d'avoir raison, quelques dizaines d'années de plus, quelle importance ! Et ces Bourbon-Parme que l'on classerait volontiers parmi les fanatiques sont en fait sympathiques, chaleureux et poétiques, et particulièrement attachants dans leur façon de voir le monde à travers le prisme de leur éducation. Ils sont, pour la plupart, détachés des choses matérielles et de l'argent, ils peuvent vivre très modestement et leur énergie chaleureuse rend les rapports simples et directs. Les Bourbon-Parme sont comme des moines et des moniales-soldats, venus de la nuit des temps, porteurs d'une image d'un monde englouti dont ils entretiennent leurs contemporains avec enthousiasme et ferveur. Leurs détracteurs prétendent qu'ils n'aiment personne d'autre qu'eux-mêmes, et il est probable que leur bienveillance cache chez certains une formidable capacité d'orgueil. Mais elle est lumineuse, entraînante et joyeuse.

Dans l'éventail de sa famille, Zita se situe à la fois parmi les simples et les orgueilleux. Elle a toujours mené sa vie comme un combat. Lorsqu'elle était impératrice d'Autriche et reine de Hongrie, elle livrait aux côtés de son mari, le doux et tendre Charles, une croisade pacifique pour en finir avec la guerre, secondée par ses frères Sixte et Xavier. L'abdication de Charles fut aussi l'occasion pour Zita de manifester la force de son caractère. Elle refusa catégoriquement, jusqu'au bout, que son époux, beaucoup moins opiniâtre qu'elle, signe l'acte d'abandon de ses prérogatives.

L'exil

À Madère, avec ses sept enfants et celui qu'elle attend, dans cette maison humide et glaciale, où se bouscule une petite cour d'aides de camp, de dames d'honneur de l'aristocratie hongroise, de vieux officiers de l'armée autrichienne et de vénérables rescapés de l'ancien empire, avec des lits de camp pour dormir et des pommes de terre pour tout repas, le tempérament de Zita peut donner toute sa mesure. Elle s'efforce de rappeler à tous que ces malheurs sont la volonté de Dieu et, comme le dialogue avec lui n'est jamais interrompu, il suffit de montrer que l'on a compris le message, qu'on accepte les épreuves et qu'on les surmonte. Zita a beau être dans une situation dramatique, elle garde un moral d'acier, soutenue par sa mère, véritable force en marche, et par ses enfants qui se glissent dans leur sillage. Les sept frères et sœurs avancent « comme un seul homme » sous la baguette de Zita qui leur enseigne et leur martèle la fraternité de la tribu : lorsque l'un est dans le besoin, les autres ne doivent pas lui manquer. Otto, son fils aîné, est l'héritier de l'Autriche-Hongrie, toujours présente sur la carte du monde de Zita, et il n'est pas question d'abandonner le projet de remettre en place une structure qui a existé pendant mille ans et que le Seigneur bénissait. Et Otto montre l'exemple. À dix ans, cet enfant est un roc d'intelligence, de bonne éducation, de sagesse et de détermination, déjà parfaitement installé dans son statut d'empereur-roi, que Zita veille à faire appeler « Majesté » malgré l'exil.

Aujourd'hui encore, lorsque l'on parle avec les archiducs Otto et Rodolphe, ses fils, leur constance et leur gaieté forcent l'admiration. Il y a chez eux un entrain contagieux et une manière de prendre la vie simplement qui fait que rien ne semble impossible à qui veut vraiment atteindre son but.

Dès la mort de Charles, Zita décide de quitter Madère ; elle n'en peut plus de cette maison où plane le triste souvenir de l'agonie de Charles terrassé par une pneumonie. Personne ne répond à ses appels au secours, sauf le roi d'Espagne, Alphonse XIII, qui lui envoie un bateau et lui propose de l'accueillir en Espagne avec sa petite cour. Ils s'installent donc sur la côte basque, à Lequeitio, charmant village proche de Saint-Sébastien où des Espagnols et de riches Austro-Hongrois ont acquis une maison pour les y loger. La maison est agréable et vaste, elle donne sur la mer avec une vue imprenable. Le choix de l'Espagne, pays catholique et proche de la

France, convient parfaitement à Zita, en attendant que la situation politique s'améliore en Autriche. Durant toute cette période, elle lit et étudie des ouvrages sur le socialisme et le syndicalisme, elle s'instruit sur le fonctionnement des sociétés modernes, sur la crise de la pensée européenne et sur les philosophes de son époque. Déjà, par ces lectures, elle se prépare à épauler son fils Otto en vue de leur retour car l'exil est une parenthèse dans laquelle il n'est pas question de s'installer. L'exil est une épreuve imposée par le ciel ; l'exil est un combat pour les valeurs de la famille et de l'Autriche-Hongrie. Zita élève ses enfants dans cette idée. Tous pour Otto, et lui pour tous, et cette règle ne souffre aucune exception.

Dans la maison de Lequeitio où résident plus de trente personnes, l'atmosphère est au travail, à la rigueur et à la foi. La famille assiste à la messe tous les jours, chante en chœur à l'église, prie ensemble à tous les repas et vit dans un climat de religiosité intense. Zita est extrêmement stricte avec ses enfants qui du matin au soir étudient avec les prêtres-précepteurs, s'occupent de la maison, cultivent le jardin et visitent les pauvres du village. Elle les dresse d'une main de fer, n'hésitant pas à les battre parfois, ce dont les villageois informés par les ragots de certains domestiques se plaignent au maire qui lève les bras avec impuissance. Il faut dire que Zita est le capitaine d'un bateau difficile à diriger, que tous se reposent sur elle, lui soumettent leurs tristesses et leurs rancœurs, que l'argent manque souvent et que, si elle ne marchandait pas avec les fournisseurs, ils ne pourraient pas s'en sortir car le combat passe aussi par l'intendance. Soumis à cette éducation implacable, les enfants ne se rebellent pas mais, au contraire, participent pleinement de cette vision du monde et encouragent l'énergie farouche de leur mère dans la défense des intérêts, de l'image, de la réputation de la maison Habsbourg dont Zita est devenue l'unique gardienne.

Malgré l'austérité de leur rythme de vie, les photos de Lequeitio n'expriment aucune tristesse, même si Zita est vêtue de noir de la tête aux pieds, ayant décidé de porter le deuil jusqu'à la fin de ses jours. La maison est construite au-dessus du village et le site se prête à toutes les excursions. Pendant leurs maigres heures de loisir, les enfants se promènent, vont à la pêche, jouent sur la plage et font de la bicyclette. Aujourd'hui encore, Otto se souvient avec éblouissement du jour où la famille est allée à Bayonne voir passer le Tour de France ! Mais, dans le catalogue des austères réjouissances familiales, il n'a pas oublié non plus le pèlerinage qu'ils firent tous à Lourdes afin d'assister à la bénédiction de la grotte miraculeuse par Mgr Pacelli, le futur Pie XII ; tous recueillis et pénétrés de l'importance de l'événement, quand bien même Otto s'efforce de réprimer quelques bâillements... Ainsi passent huit années pour la famille de l'héritier de l'Autriche-Hongrie, dans ce petit village d'Espagne, huit années dont les enfants gardent un souvenir souriant, à quelques kilomètres des émigrés Romanov, mais dans un tout autre genre, comme si la côte basque appelait à elle les exilés de toutes les monarchies.

Dans son combat, Zita s'appuie beaucoup sur ses frères Bourbon-Parme, et notamment sur Sixte, le plus actif et le plus charismatique de la famille. Sixte, qui était au cœur des tentatives et des négociations de paix pendant la guerre de 14-18, s'est marié en grande pompe à Paris avec une La Rochefoucauld et continue à entretenir un halo de grandeur qui est bien dans la ligne des Bourbon-Parme. Il a espéré pendant un temps être élu roi de Pologne, on lui a aussi proposé le trône d'Albanie, mais la difficulté de la tâche l'a refroidi. Sixte est une figure célèbre de la scène parisienne, et ses expéditions à travers l'Afrique sont largement reproduites dans la presse. Curieux et attachant personnage que ce perpétuel rêveur éveillé, qui songeait peut-être à un Empire africain après ses déceptions européennes, à une époque où *L'Atlantide* de Pierre Benoit et le romanesque colonial émerveillaient les âmes intrépides avides d'aventures.

Le bannissement des Habsbourg

L'obstination de Zita à maintenir une Autriche supranationale est évidemment insupportable à ceux qui rêvent de s'unir à l'Allemagne. Tant pour les pangermanistes, favorables à l'Anschluss, que pour la nouvelle classe politique qui redoute le prestige des Habsbourg, il convient d'écarter les survivants de la dynastie. Ce qui n'ira pas sans poser de problèmes car les Habsbourg ont été moins chassés par une révolution que par une implosion et l'Autriche reste majoritairement monarchiste. Quoi qu'il en soit et pour les neutraliser avant de les éliminer, la République autrichienne vote des lois de bannissement saisissant tous les biens de la famille, jusqu'aux biens privés, et interdit aux Habsbourg de rentrer dans leur pays, à moins qu'ils n'abandonnent tous leurs droits séculaires.

L'Autriche est une réalité extraordinairement abstraite. Ainsi que le disait Clemenceau, après l'effondrement de l'Empire austro-hongrois, « l'Autriche, c'est ce qui reste », formule effrayante, mais qui résume bien le malheur d'être autrichien à cette époque. « Ce qui reste », c'est ce qui n'est pas parti avec les Hongrois, les Tchèques et les Slovaques, les Slovènes et les Croates, avec les Roumains ou les Italiens..., un bloc de sept millions d'Allemands qui, à peine la paix revenue, réclament majoritairement leur rattachement à l'Allemagne. Cette Autriche de 1918 où refluent des milliers de soldats désarmés, où l'économie s'est effondrée, où les gens sont épuisés par les privations, n'a même pas d'identité nationale. Elle existait comme pays phare de l'Empire austro-hongrois, donc elle n'existe plus. Les groupes nationalistes, les pangermanistes, les socialistes souhaitent le rattachement à l'Allemagne et l'un des chefs socialistes, le docteur Rainer qui assiste à toutes les négociations du congrès de paix, réclame pour l'Autriche le droit de faire l'Anschluss. De moins en moins d'Autrichiens croient à l'Autriche, alors qu'ils pensent être des Allemands d'Autriche appelés à rejoindre l'Allemagne.

Paradoxe de cette situation et de ce peuple contradictoire : le bannissement des Habsbourg exalte la ferveur et le soutien de leurs très nombreux partisans. Pendant toute cette période, les Autrichiens les plus réticents à leur égard leur expriment autant du ressentiment pour le déclenchement de la guerre qu'une certaine reconnaissance pour la dignité de leur attitude. Dans cette République autrichienne qui se cherche une identité, les Habsbourg occupent, par une sorte de refoulé psychanalytique, l'inconscient collectif comme un souvenir de temps glorieux très proches et la promesse d'une autre solution, mais avant tout comme la certitude enfouie que l'Autriche existe aussi quand même. Et Zita, qui a une grande conscience de cet état de fait, joue la carte de l'identité autrichienne protégée par les Habsbourg. Évidemment, elle s'attire les foudres de tous ses adversaires et non des moindres : Hitler l'appellera « l'araignée » et tentera de la faire assassiner à plusieurs reprises, comme il tentera de supprimer Otto. De fait l'alternative est simple : ou le rattachement à l'Allemagne ou le retour des Habsbourg.

La Belgique, nouvel exil

À la fin des années 20, Zita est obligée de chercher un autre point de chute afin de permettre aux aînés des enfants de poursuivre leurs études supérieures. Peut-être, à force d'étudier les moindres soubresauts politiques européens, a-t-elle senti les drames qui vont s'abattre sur l'Espagne ? Le fait est qu'elle demande, par l'entremise de Felix de Bourbon-Parme, au roi des Belges qu'il les accueille dans son pays dont le conformisme catholique n'est pas pour lui déplaire. Le monarque accepte de les recevoir dans un manoir près de Bruxelles et toute la famille gagne la Belgique.

La première vision du manoir de Steenokkerzeel glace le sang des enfants : un véritable petit château des Carpates pour vampires ! Donjon massif encadré de tours d'angle et encerclé de douves, le manoir est particulièrement sinistre au fond de son parc sombre et clôturé. Zita n'étant pas du genre à se laisser impressionner par les fantômes, sa petite cour prend ses quartiers dans cette demeure peu aimable et s'installe le mieux possible. Dans ses Mémoires, la comtesse de Paris raconte la visite qu'elle fit à Zita avec son mari et le fou rire nerveux qu'elle eut en sortant, après des heures de tension pour assumer dignement le protocole compassé de l'entrevue. L'apparition de Zita vêtue de voiles noirs, son air impressionnant et vaguement illuminé, le thé froid et les petits gâteaux secs que personne n'ose prendre, les domestiques droits et solennels, la difficulté de la conversation ligotée par l'angoisse de commettre un impair donnaient à cette scène un côté lugubre et curieusement burlesque.

Des nouvelles d'Autriche et de Hongrie

Pendant ce temps, l'Autriche continue à naviguer entre trois groupes qui se battent pour le pouvoir : celui des pangermanistes qui réclament leur rattachement à l'Allemagne ; celui des catholiques emmenés par un curé de choc, Mgr Ignaz Seipel, ce chancelier si persuasif qu'il arrive à obtenir des prêts des pays occidentaux et à rétablir l'économie ; et puis les socialistes, très proches de l'idéologie révolutionnaire des classes prolétariennes qui ont le plus grand mal à se remettre des souffrances de la guerre. Et c'est face à cette société mal à l'aise et vacillante que Zita se présente. Il est certain que sa dignité d'impératrice en exil et en deuil impressionne et sert de repère aux uns et aux autres, comme elle en impose aux familles royales.

La situation est différente en Hongrie. Les Habsbourg sont également bannis mais ils ont pu récupérer leurs biens privés et c'est ce qui assure d'ailleurs la survie de Zita et des enfants. En revanche, la situation politique est bloquée par le régent Horthy qui accapare tous les pouvoirs et s'adjuge la légitimité. Les Hongrois ont voulu leur indépendance et, après la série de catastrophes qu'ils ont endurées après la guerre, ils ne se plaignent pas du régime que Horthy leur impose, même si une partie de l'aristocratie, elle-même légitimiste, refuse de serrer la main au régent qui a trahi son serment en refusant de laisser revenir le roi. Mais Zita et ses enfants n'ont pas le sentiment d'être à l'écart de l'ancien empire : sans cesse des visiteurs apportent des nouvelles ; articles de journaux et correspondances privées maintiennent une infinité de liens. Zita par exemple entretient des relations épistolaires avec les paysans tyroliens qui, chaque année, lui envoient des sapins de Noël et qui ont proposé aux huit enfants d'être citoyens d'honneur de nombreux villages du Tyrol. Des rapports tendres et chaleureux qui réconfortent Zita quand elle se sent un peu trop isolée. Il est vrai qu'elle refuse de fréquenter la cour de Bruxelles et les aristocrates belges, elle ne veut pas d'une vie mondaine dans ce pays où elle n'est que de passage. Les seules sorties qu'elle s'autorise avec ses enfants sont les spectacles de marionnettes de Salzbourg et le concert des petits chanteurs de Vienne à Bruxelles, ce qui ne témoigne pas d'une fantaisie forcenée !

10
L'AUTRICHE SANS LES HABSBOURG

> « Comme le héros de Joseph Roth, mon père passait parfois un long moment dans la crypte des Capucins. En ressortant, il me disait : "Je reviens d'Autriche-Hongrie." Mais il n'est jamais entré au palais du Belvédère où il avait passé son enfance ; nous longions la façade devant les volets clos et il regardait de l'autre côté de la rue. Le seul passé qu'il évoquait devant nous était celui des Habsbourg ; le sien n'était que malheur et tragédie et il en souffrait encore. »
> Le duc de Hohenberg,
> à propos de son père Max.

Lorsque Zita et Otto voient la manière dont l'Autriche évolue en leur absence, ils ont légitimement le droit de se demander comment le pays est passé, en 1914, d'un régime où les Habsbourg étaient très populaires à une république si hargneuse à leur égard qu'elle a voté quatre ans plus tard leur bannissement et la saisie de tous leurs biens...

Une Autriche en mal d'identité

La perte de l'empire et les souffrances de la guerre ont provoqué chez les Autrichiens un tel sentiment d'apocalypse qu'il leur semble ne jamais pouvoir redevenir le peuple gai et insouciant d'autrefois. Un travail mental est en train de se faire, et peut-être les Autrichiens doivent-ils, pour renaître, tuer symboliquement leurs parents, à savoir les Habsbourg, qui les auraient maintenus dans le mensonge de l'enfance. Ils ont grandi dans l'idée que l'Autriche dominait le monde (AEIOU, « Austria Est Imperare Orbi Ultima ») et aujourd'hui elle n'est plus rien. Pour beaucoup d'entre eux, l'Autriche se réduit à présent à la ville de Vienne, capitale macrocéphale d'un corps débile. D'où la tentation, ressentie dans toutes les classes de la société, du rattachement à l'Allemagne et la persistance d'une révolution sociale larvée opposant les socialistes aux forces conservatrices.

Il faut dire qu'au désespoir lancinant de la perte de l'empire s'ajoute pour l'Autriche la ruine de sa classe moyenne qui a été l'un des piliers du régime impérial. L'inflation, la faillite générale de l'économie, l'effondrement des grandes banques plongent cette classe dans l'inquiétude, la précarité et la pauvreté, avec tous les dangers que cela suppose pour la société. En effet, lorsqu'une classe entière se sent menacée et entraînée à la prolétarisation, elle se détourne d'un État auquel elle ne fait plus confiance et devient facilement manipulable, avec le risque de s'abandonner à toutes les tentations totalitaires. C'est ce qui se passera après 1930, avec la rechute et l'accélération de la crise.

L'incertitude des temps nouveaux constitue aussi une menace pour la communauté juive de Vienne, qui subit de plein fouet les conséquences tragiques de l'effondrement de l'ancien monde, prélude à son martyre lorsque après l'Anschluss Hitler reviendra dans la capitale. La communauté juive, fidèle aux Habsbourg qui ont toujours protégé les minorités, fut comme le ciment de l'Autriche-Hongrie. Des ghettos de Galicie aux grands hôtels particuliers sur le Ring, cette communauté exerce dans l'empire un rôle fécondant, moderne et supranational qui correspond au rôle que veulent jouer les Habsbourg. Et la puissance de cette communauté, ses fonctions essentielles dans l'empire entraînent à Vienne depuis la fin du XIXe siècle un courant antisémite très actif. En 1914, le bourgmestre de Vienne, Lueger, est un antisémite notoire et convaincu, que François-Joseph se refusait à voir devenir maire avant de s'y résigner. Et même si Lueger tempéra nettement son discours et son action, quand on sait que Hitler traînait dans Vienne, avant guerre, dans une fascination haineuse du monde des riches et des puissants, qui lui faisait détester tous les symboles de l'ancien état de choses, à savoir les Habsbourg et les Juifs, on se dit que Lueger a dû passablement contribuer à l'antisémitisme de l'agitateur famélique qui prendra un jour le pouvoir.

Curieusement, ceux qui résistent à l'idée du pangermanisme et de la réunion avec l'Allemagne sont répartis d'une manière transversale et se retrouvent dans tous les milieux sociaux. On les compte notamment parmi les artistes et les intellectuels comme Stefan Zweig — ce qui explique l'émotion que fait naître un livre comme Le Monde d'hier —, ou l'écrivain juif Joseph Roth. À travers ses romans, dans un style magnifique, Joseph Roth apporte avec une puissance admirable son témoignage nostalgique de la période impériale et affirme jusqu'à sa mort sa fidélité aux Habsbourg. Otto de Habsbourg se souvient très bien de sa rencontre déchirante avec l'écrivain à la fin des années 30. Alors qu'il est à Paris, Otto est informé de la présence de Roth dans un petit hôtel de la rue de Tournon. Il a sombré totalement dans l'alcool, et il est en train de se tuer en buvant jour et nuit. Otto se rend immédiatement à l'hôtel, demande à voir Joseph Roth, et on le conduit dans une petite chambre où l'écrivain le reconnaît instantanément. Il se lève en titubant, se met au garde-à-vous militaire et salue Otto. Celui-ci a l'inspiration de lui dire qu'en tant que fils du dernier empereur il lui ordonne de cesser de boire. Et Joseph Roth répond, en s'inclinant : « Il en sera comme Votre Majesté me l'ordonne. » Du jour au lendemain, il arrête de boire, mais il est trop tard. Son organisme est tellement délabré qu'il meurt quelques semaines plus tard.

Le désespoir de Joseph Roth est un témoignage symbolique de la détresse de ceux pour qui tout s'est arrêté avec la fin de l'empire, et un signe émouvant du prestige qui pouvait être attaché au simple nom des Habsbourg. Mais tous les intellectuels n'étaient pas comme Joseph Roth et certains vivaient les temps nouveaux sans nostalgie, le meilleur exemple étant Sigmund Freud qui ne regrettait nullement cette période, après l'accumulation d'erreurs collectives dont les Habsbourg étaient en partie responsables puisqu'ils avaient laissé la clique militaro-diplomatique les entraîner à déclencher la guerre.

Cependant, pour les fidèles, les tièdes ou les adversaires, les Habsbourg restent comme une puissance muette derrière le paravent de la République autrichienne, mémoire à la fois enfouie et toute fraîche d'une collectivité qui pratique l'amnésie volontaire mais ne peut néanmoins se détacher du souvenir d'un passé plus heureux.

La rancune de Prague

En Tchécoslovaquie, la république poursuit la logique qui l'a fait naître du côté des Alliés pendant la guerre, et qui la conduit à vouloir l'éradication absolue des Habsbourg. Le choc de la guerre a totalement redistribué les cartes et ce pays se modèle comme une république « à la française ». Le nouvel État n'éprouve pas le problème d'identité dont souffre l'Autriche : il peut se définir comme un État à double nationalité, tchèque et slovaque, en exaltant d'autant mieux son sentiment national qu'il a comme repoussoir sur son propre territoire une minorité de trois millions d'Allemands dans la région des Sudètes. Cette république bicéphale est présidée par le professeur Masaryk, ancien avocat, marié à une Américaine, qui donne de lui l'image d'un intellectuel chenu et vénérable. Masaryk n'est pas entièrement hostile aux Habsbourg. Il est vraisemblable que, si les velléités du gouvernement de François-Joseph et de Charles pour constituer une entité tchèque autonome dans l'empire s'étaient matérialisées, Masaryk n'aurait pas poussé au démantèlement de l'empire. Mais il est trop tard à présent, la guerre a imposé des situations irréversibles et des options irrémédiables.

Curieusement, dans cette République tchèque, Masaryk hérite de certains des attributs symboliques de François-Joseph. On érige des statues en son honneur, on frappe des timbres à son effigie, il parcourt les manifestations officielles dans une tenue semi-militaire sur son cheval blanc, comme s'il voulait récupérer une apparence et un prestige légendaires. Cependant, dans l'ombre de Masaryk, travaille le jeune Édouard Beneš qui est beaucoup plus résolu que lui à édifier un nouveau monde. Les démocraties de l'entre-deux-guerres jugèrent Beneš très favorablement, comme un authentique républicain exprimant la modernité contre tout le fatras du passé. Cet homme efficace, professeur de droit, travailleur et organisé, fut surtout un redoutable nationaliste qui n'hésita pas à chasser toute la population allemande des Sudètes en 1945, dans des conditions qui anticipaient les purifications ethniques auxquelles on assiste malheureusement aujourd'hui. Et Beneš poursuit les Habsbourg d'une acrimonie fanatique et ne leur laisse aucun espoir de récupérer leurs terres en Tchécoslovaquie, puisque tout est immédiatement saisi et nationalisé.

L'émergence de la République tchécoslovaque et des autres États érigés sur les ruines de l'Autriche-Hongrie s'accompagne de nombreux traumatismes pour les fidèles de l'ancien empire supranational portant sur la vie au quotidien, tels que l'obligation d'avoir un passeport, une nouvelle monnaie, de nouvelles administrations, de nouvelles langues. Les frontières s'érigent, il faut choisir sa nationalité à l'exclusion de toute autre ; ces multiples changements contribuent à créer en Europe centrale un climat de menace latente, et tout se fait dans une accumulation de ressentiments individuels pris au piège d'un grand naufrage collectif.

Les Habsbourg de Vienne

Dans la Vienne des années 20 subsistent les principaux protagonistes de la période précédente qui, même s'ils ont été balayés par l'Histoire avec leur fortune et leur prestige, continuent à se fréquenter dans les quelques propriétés qu'ils ont réussi à sauver de la catastrophe. La république oblige les Habsbourg qui n'ont pas quitté Vienne, et qui sont très nombreux entre les multiples branches italiennes, hongroises, tchèques et autrichiennes, à signer un serment d'allégeance s'ils veulent garder leurs biens, et la plupart d'entre eux se rallient au nouveau régime pour protéger ce dont ils disposent encore. Mais ils sont contraints d'adopter un profil bas sous peine d'être expulsés à chaque instant. Paradoxe d'autant plus grand qu'en Autriche le sentiment monarchiste est très fort et qu'une importante partie de la population continue à les considérer d'une manière favorable.

La joie de vivre et la légèreté furent pour les Habsbourg un instrument de gouvernement. Tant que les Viennois s'amusaient dans les petites maisons de vins, dansaient et allaient à l'Opéra, ils ne pensaient pas à la politique. La vie intellectuelle et artistique, l'omniprésence de la nostalgie sous une forme frivole comme une fuite en avant, le tournoiement sur soi-même de la valse viennoise, les mots d'esprit et les chansons à la tendresse subtilement mélancolique masquaient l'injustice sociale et repoussaient la solution des problèmes. Et si la musique de Strauss et de Mahler résonnait comme une pénétrante réflexion esthétique marquée du sceau de la décadence de l'empire et de sa fin inéluctable, ce message sublimait aussi la douceur de vivre, la richesse culturelle de la capitale, le désir inconscient d'arrêter le temps pour que rien ne change.

Mahler, juif et novateur, n'avait-il pas été nommé par François-Joseph lui-même à la tête de l'Opéra ? Pendant les années 20, Franz Lehár continue à écrire des opérettes que le monde entier reprend et, de la même manière, le culte de Sissi est omniprésent. Autant d'échos d'un monde qui n'en finit pas de disparaître.

Quand l'apocalypse joyeuse cède le pas à un sentiment de sombre désastre collectif, la propriété de Bad Ischl est le seul souvenir tangible des Habsbourg qui échappe, pour des raisons juridiques obscures, à la liquidation générale. La fameuse Kaiser Villa où François-Joseph apprit la mort de Sissi et d'où il commanda à tous les prodromes de la guerre de 1914, le symbole le plus aimable et le plus romanesque des Habsbourg, par un extraordinaire mélange de hasard et de chance reste dans la famille, au cœur de cette province du Salzkamergut, la province de *L'Auberge du Cheval Blanc* qui vit toujours au rythme de l'empire.

L'Autriche des années 20 est un empilement de situations sociales différentes qui se jaugent et se considèrent sur fond de valses, d'opérettes viennoises et d'inquiétude fondamentale. L'un des témoins les plus fascinants de cette période étant sans doute Mme Schratt, la dernière compagne de l'empereur François-Joseph, qui vit à Vienne dans son grand appartement près de l'Opéra, en refusant obstinément les demandes d'interviews des journalistes étrangers qui l'assiègent de leurs micros, comme tous les innombrables fantômes à la fois présents et muets d'un temps qui ne passe pas. Certains Habsbourg sombrent toutefois dans la misère et le pathétique. Pour survivre, l'archiduc Léopold de Toscane règle ses comptes avec la famille impériale en vendant ses souvenirs aux actualités filmées américaines. Un reporter lui fait prendre des poses grotesques comme le professeur Unrath dans *L'Ange bleu*, l'obligeant à saluer ainsi que doit le faire un archiduc, en s'y reprenant à plusieurs fois pour obtenir la meilleure prise. Même si Léopold n'a jamais été considéré comme un individu particulièrement reluisant, cette façon dérisoire de faire le pitre devant les caméras remplit d'effroi tous ceux des Habsbourg qui tentent de vivre sans attirer l'attention sur eux.

L'archiduchesse rouge

Parmi la vaste constellation Habsbourg, Élisabeth-Marie, la fille de l'archiduc héritier Rodolphe, « le suicidé de Mayerling », tranche singulièrement. On sait à quel point l'union entre Rodolphe, intelligent mais passablement affaibli par sa vie dispersée et trop intense, et sa jeune épouse Stéphanie, trop rose, trop enfantine, et si peu instruite des choses de la vie, fut une catastrophe dont l'épilogue sanglant et mystérieux de Mayerling fit résonner le premier craquement sinistre de la maison Habsbourg. Rodolphe fit endurer bien des chagrins à Stéphanie en tentant de la mêler intimement à ses perversités, et en faisant couler bien des larmes d'affolement chez la jeune femme devant son enfant, mais cela n'a pas empêché la petite Élisabeth-Marie d'aduler le souvenir de son père après sa mort. C'est ainsi qu'elle va s'approprier, en quelque sorte, le patrimoine intellectuel de Rodolphe. Et tandis que Stéphanie s'occupe avec dévouement de son enfant, elle ne reçoit pas en retour de signe d'affection véritable. Tout est pour le père absent et, quand Stéphanie se remarie avec un comte hongrois, les relations se distendent jusqu'à la rupture définitive. Élisabeth-Marie va devenir libérale, de gauche, reprenant toutes les idées de Rodolphe qui voulait réformer l'empire en se rapprochant des éléments progressistes, afin de sublimer son message politique. Dans le paysage mental un peu simpliste de la jeune fille, Rodolphe représente le modèle suprême et l'exemple à suivre alors que sa mère symbolise l'ancien monde étroit et conservateur.

Élisabeth-Marie est la petite-fille préférée de l'empereur François-Joseph. Elle est très belle, très grande pour une jeune fille de cette époque, mince, blonde et diaphane. Son allure à la Henry James revue par Hofmannsthal attire les plus beaux partis des familles royales, mais elle tombe amoureuse d'un prince Windichs-Graetz qui n'appartient pas au cercle du sang bleu. Il faut croire que l'empereur François-Joseph l'aime au-delà du raisonnable, car lui qui n'a jamais accepté les mariages inégaux autorise Élisabeth-Marie à épouser le prince.

Surviennent la guerre, la mort de François-Joseph et la Révolution. Élisabeth-Marie, qui a eu plusieurs enfants du prince Windichs-Graetz, ne s'est pas illustrée pendant ces années par une fidélité à toute épreuve. Les aventures se sont succédé, au début pour se venger de son mari qui la trompait abondamment et, plus tard, parce qu'elle éprouve des passions enflammées pour des intellectuels ou des artistes. Quand la révolution éclate, le couple est en instance de divorce et, si sa vie sentimentale bascule sans trop l'affecter, un autre monde s'écroule pour Élisabeth-Marie. Un certain nombre de ses propriétés se trouvent désormais au-delà des frontières de l'Autriche et elle a beau avoir professé des idées progressistes, elle n'a aucune idée de la vie qui s'annonce. Elle ne sait pas comment remplir un formulaire administratif, elle ne sait pas faire des courses seule dans un magasin, elle ignore comment on prend l'autobus et le monde de l'immédiate après-révolution est une jungle pour elle. Jamais elle n'aurait dû rencontrer le militant socialiste Léopold Pedznek, instituteur de son métier et issu d'un milieu modeste, mais il est à la tête d'un bureau où elle échoue totalement perdue et il se montre bienveillant en l'aidant pour ses démarches. Il se trouve que Pedznek est l'un des socialistes parmi les plus influents et cette femme belle et désemparée qui s'adresse à lui avec cette politesse raffinée des gens de l'ancienne cour le touche infiniment. Et ce qui ne devait pas arriver se produit : Pedznek débrouille les problèmes d'Élisabeth-Marie, elle s'attache à lui, ils deviennent amants et ils décident de vivre ensemble. Puis, son divorce prononcé, Élisabeth-Marie épouse Pedznek.

Avec Pedznek, et dans une erreur de casting romanesque qu'elle assume triomphalement, Élisabeth-Marie va pouvoir vivre pleinement le songe de Rodolphe. Elle devient républicaine et socialiste, et, à l'effarement de tous les autres membres de la famille, la presse de Vienne la surnomme désormais « l'archiduchesse rouge ». Elle n'hésite pas, à côté de Pedznek, à donner des interviews dans les journaux socialistes où elle salue l'avènement de la république. Elle veut transformer sa propriété de Schönhau en école, elle y installe d'ailleurs des camps de vacances et elle participe durant les années 20 et 30 à de nombreux meetings dans Vienne la rouge où les socialistes exercent l'essentiel du pouvoir. Elle devient ainsi un personnage renégat à sa classe mais très populaire, d'autant que parmi les militants socialistes beaucoup ont une attitude très ambivalente à l'égard de la monarchie. Il est vraisemblable que, dix ans plus tôt, la plupart d'entre eux auraient donné leur vie pour l'empereur François-Joseph...

« Erszi », comme on appelle Élisabeth-Marie, arrive très bien à faire le lien entre son grand-père l'empereur, son père Rodolphe, et les socialistes de la Vienne des années 30, alors que François-Joseph se retournerait dans sa tombe s'il savait le nom de son nouveau mari et à quelles activités sa petite-fille se livre. Sans doute faut-il reconnaître dans l'attitude d'Erszi l'héritage Wittelsbach exalté de sa grand-mère Sissi ; Élisabeth-Marie manifestant avec les socialistes rappelle étrangement Sissi appelant à l'établissement de la république universelle... et demandant à son mari comme cadeau d'anniversaire un asile de fous en état de marche ! Ce qui ne l'empêche nullement de vivre sur un pied très ancien régime dans son château près de Vienne où elle essaie de persuader ses visiteurs et ses domestiques effarés du bien-fondé du socialisme et de la république, tout en défendant en même temps le souvenir de François-Joseph et de son père Rodolphe. En somme, Élisabeth-Marie représente l'une des variantes de ces vies en exil : tout en restant en Autriche, elle émigre du sein des Habsbourg et se réfugie auprès de leurs adversaires officiels, les sociaux-démocrates...

Pedznek est extraordinairement doux et gentil, et il s'occupe d'Élisabeth-Marie avec une dévotion admirable, prisonnier volontaire d'une fascination ambivalente pour une Habsbourg superlative et une militante aussi fervente que surprenante. Ce qui n'empêche pas Erszi d'être dictatoriale en l'obligeant à vivre dans un décor habsbourgeois encombré de tableaux géants de l'impératrice Marie-Thérèse et de la famille impériale, de meubles surchargés d'armoiries et de tout ce qu'elle a pu récupérer après la Révolution. Plus tard son humeur et ses bizarreries s'aggravant, Erszi fait le vide autour d'elle. Les Habsbourg ne veulent plus entendre parler de « l'archiduchesse rouge », et elle se fâche définitivement avec sa mère. Son fils aîné qu'elle adorait, mais qu'elle n'a cessé de tourmenter, se rallie au nazisme autrichien en 1938 et, quelque temps plus tard, se tue dans un accident de moto. À partir de ce moment-là, Élisabeth-Marie se replie complètement sur elle-même, elle s'entoure d'énormes et féroces molosses qui font fuir son voisinage et l'isolent davantage. Pedznek l'aime toujours et endure ses caprices avec une bonté que rien ne fait défaillir.

En fait, la folie de son rêve exalté qui consistait à faire le lien entre François-Joseph, Rodolphe et le socialisme contre sa mère et toute la vision fantasmatique d'un ancien monde conservateur ne résistent pas à la réalité. Et Erszi s'en rend compte. La fuite est sa seule parade et elle n'a d'autre recours que de se réfugier dans une vie de recluse avec le réconfort du fidèle Pedznek qui fait office de garde-malade tout en continuant à exercer ses importantes responsabilités politiques ; ministre rouge le jour et infirmier Habsbourg la nuit, dimanche et fêtes ! Avec la guerre et l'arrivée des Russes puis des Français, elle perd les derniers biens qu'elle possédait et se retrouve dans un petit appartement misérable à Vienne. L'hiver qui suit la fin des hostilités est si rude qu'elle manque de mourir de froid et de faim. Pedznek passe ses journées à chercher un peu de nourriture que les molosses, qui tournent en rond de façon de plus en plus inquiétante, engloutissent en quelques secondes. Au début des années 50, elle récupère enfin sa propriété et s'y enferme définitivement, passant son temps à lire des romans policiers, à étudier la parapsychologie et à s'occuper de ses chiens qui envahissent l'espace comme s'ils étaient chez eux. Et puis un jour, sentant sa dernière heure arriver, elle profite d'un moment d'inattention de ses domestiques pour tuer tous les chiens et meurt à son tour quelques heures plus tard, entourée de leurs cadavres éparpillés dans sa chambre.

Folle et grandiose, hallucinée et généreuse, Élisabeth-Marie aura finalement joué le rôle que Sissi et Rodolphe n'avaient pu tenir sous l'empire, en ayant trouvé avec la république la scène idéale de Vienne la rouge et la complicité inespérée d'un socialiste au cœur compatissant et fidèle.

11

LES ENFANTS HOHENBERG

> « L'amour que se portaient leurs parents, l'archiduc François-Ferdinand et la duchesse de Hohenberg, était si fort, si généreux et si rayonnant qu'ils héritèrent de toutes ces qualités et en retirèrent une énergie que d'autres n'ont pas eue. Et pourtant leurs existences ne furent qu'une longue suite d'épreuves. »
> Princesse Anita Hohenberg.

Pour Sophie, Maximilien et Ernest Hohenberg, les trois petits orphelins de l'archiduc François-Ferdinand et de Sophie Chotek, duchesse de Hohenberg, son épouse morganatique, la fin de l'Autriche-Hongrie est l'annonce de nouvelles épreuves. Durant les deux dernières années du règne de François-Joseph, ils ont été rejetés et volontairement oubliés dans le château de Konopitsé en Bohême. Le château est une immense bâtisse médiévale, aménagée à grands frais par François-Ferdinand, sertie dans un décor grandiose de forêts et d'étangs, un lieu sauvage et puissant à l'image du caractère de l'archiduc assassiné à Sarajevo. Les couloirs de la demeure, recouverts de bois de cerfs et autres trophées de chasse rassemblés par François-Ferdinand qui pratiquait la traque au gros gibier d'une manière forcenée, impressionnent les visiteurs, mais les tableaux raffinés, les tapis, les canapés profonds confèrent aux appartements privés beaucoup de confort et de chaleur.

Après Sarajevo et pendant deux ans, les enfants Hohenberg, qui juridiquement n'appartiennent pas à la dynastie des Habsbourg et à peine à leur famille, n'ont eu aucun signe de compassion de la cour impériale. Bien au contraire, quelques jours après l'attentat, on arrache sans ménagement de leurs bagages les armoiries des Habsbourg pour les remplacer par celles des Hohenberg, comme s'ils ne pouvaient pas garder le nom de leur père une heure de plus. On vide les armoires immenses de la garde-robe de leurs parents pour la donner à des cousines ou des oncles, comme on le faisait à l'époque, dans ce système qui allie la magnificence et la pingrerie. Ernest, le plus jeune des enfants, qui a tant de mal à faire le deuil de sa mère souffre horriblement de voir ses robes portées par d'autres femmes, et personne n'a l'air de comprendre les raisons de ses pleurs et de ses colères. À la mort de François-Joseph, l'empereur Charles, ému par l'abandon moral dans lequel ils se trouvent, se rapproche d'eux et leur manifeste une grande affection. Si les trois enfants ont été oubliés par les Habsbourg, ils sont élevés et choyés par leurs tantes du côté maternel et par l'archiduchesse Maria-Térésa, la belle-mère de François-Ferdinand qui défend leurs intérêts. C'est elle qui a eu l'idée d'écrire à l'empereur Guillaume pour suggérer, dans le cas où l'Allemagne gagnerait la guerre, ce dont elle ne doute pas, que l'on donne à chacun des garçons la couronne d'un des États qui seraient érigés sur les ruines de la Russie et de la France. Il faut dire que, dans l'euphorie de la victoire à l'Est, Guillaume II a déjà proposé le royaume de Finlande à un prince de Hesse et pourquoi pas la Lituanie ou l'Alsace et la Lorraine aux enfants Hohenberg ! L'Allemagne est décidée à germaniser les pays Baltes après l'effondrement de la Russie, en mettant des princes allemands à la tête de ces États, ce qui donne lieu à des compétitions féroces entre les petits princes ambitieux qui se sentent à l'étroit dans leur mouchoir de poche de Thuringe. Or, la France qui vacille sous le choc des grandes offensives de 1918 offre aussi des proies intéressantes.

Mais, isolés et reclus dans leur immense château, les enfants Hohenberg sont indifférents à toutes les excitations sentimentales ou politiques qu'ils suscitent. Ils se remettent à peine du terrible traumatisme de l'assassinat de leurs parents à Sarajevo. Dans la même journée, ils ont perdu leur père et leur mère, puis le statut dans lequel leurs parents les faisaient vivre... et un mois plus tard le monde se retrouve en guerre à cause de cet assassinat. Enveloppés dans un tel manteau de chagrin et de sang, ils ne savent plus s'ils sont coupables ou victimes, et à la détresse ressentie par la perte de leurs parents s'ajoute la sensation d'être pris dans une histoire terrible qui les dépasse, sans rien comprendre de ses origines mais en subissant les plus fortes déflagrations.

En état de choc à l'annonce de l'attentat contre leurs parents, les trois enfants réagissent différemment. L'aînée, Sophie, est presque une jeune fille au moment de l'assassinat et elle semble assez structurée pour supporter cette terrible épreuve. Toute sa vie elle sera une femme douce, gaie, assez effacée, qui s'appuiera sur sa foi au moment des tourments, comme elle le faisait enfant. Maximilien, le fils aîné, a douze ans quand ses parents meurent. Il a hérité le caractère énergique de son père et la douceur de sa mère. Il semble qu'il soit aussi très mûr pour son âge car il supporte le fardeau de l'attentat avec fermeté bien qu'on puisse lire sur les photographies un immense désarroi dans son regard. Il n'en est pas de même pour Ernest, le benjamin, plus introverti, avec une physionomie lumineuse et charmante. Sur toutes les photos de sa petite enfance, il a un regard angélique, un sourire délicieux d'intelligence, et il semble particulièrement sensible et fragile. Si François-Ferdinand imaginait Maximilien faire de la politique ou diriger une grosse entreprise, il était plus hésitant sur l'avenir du délicat et charmant Ernest. Évidemment, le benjamin est celui qui souffre le plus de la disparition de ses parents. Il semble inconsolable, tout le touche et le blesse.

Le drame qui frappe les enfants et l'isolement de la maison ont soudé les Hohenberg et, sur des photos prises vers la fin de la guerre, ils sont inséparables et semblent très bien s'entendre. En 1917, un film les montre sur la terrasse de Konopitsé avec leurs tantes, leurs précepteurs, leurs gouvernantes, les chiens qui s'amusent et le petit Ernest qui sourit à la caméra. Ils montent à cheval dans les bois alentour et se promènent en canot sur l'immense lac qui s'étend face au château ; ils semblent heureux ou du moins apaisés, presque habitués à leur condition d'orphelins, comme si la guerre n'existait pas ou, du moins, comme si elle les avait oubliés.

Beneš, lui, ne les a pas oubliés, qui poursuit les Habsbourg de sa haine et continue à les traquer. Et bien que les Hohenberg n'appartiennent pas à la famille impériale, ils subissent toutes les humiliations et brutalités qui leur sont destinées. Le château de Konopitsé est brusquement nationalisé et, un matin de 1920, les enfants apprennent qu'ils doivent partir dans l'heure en emportant une petite valise chacun. Ils montent dans l'express Prague-Vienne, en laissant derrière eux la maison de leur enfance et en abandonnant tous leurs souvenirs, si ce n'est une photo de leurs parents glissée à la hâte entre deux vêtements. Les garçons ne reverront jamais

Konopitsé, mais Sophie, qui épousera quelques années plus tard un aristocrate tchèque, obtiendra l'autorisation de revenir dans la maison pour une unique visite et pourra récupérer quelques photos et de menus objets personnels qu'elle serrera contre elle en repartant comme s'il s'agissait d'inestimables trésors.

Après la seconde guerre, les communistes s'emparent du château qu'ils font visiter comme le symbole de l'arriération et de la tyrannie des Habsbourg et de leurs cousins, montrant les trophées de chasse pour insister sur le caractère cruel de François-Ferdinand. En fait, Konopitsé et ses fabuleuses collections d'objets d'art n'ont jamais été affectés à qui que ce soit, Beneš puis les communistes préférant probablement qu'il serve de musée repoussoir à l'encontre des Habsbourg.

La nationalisation des biens de François-Ferdinand et la faillite des banques pendant la guerre ont englouti la majeure partie de la fortune des enfants, qui se retrouvent à Vienne sans argent. Heureusement, il leur reste un bel immeuble au centre de la ville dont ils peuvent louer les appartements, une propriété en Styrie et le château d'Artstetten à une heure de Vienne que François-Ferdinand adorait. Le château est situé sur une colline un peu en retrait du Danube, environné de beaux jardins et d'arbres immenses, et cette magnifique propriété va devenir la nouvelle demeure des enfants Hohenberg. Ils y sont d'autant plus attachés que François-Ferdinand et Sophie sont enterrés dans une crypte de la chapelle, l'archiduc ayant eu la prémonition de sa fin brutale et s'étant organisé pour que Sophie fût ensevelie près de lui, la crypte des capucins étant interdite à une épouse morganatique. À Artstetten, ils vont pouvoir continuer à vivre une vie d'aristocrates autrichiens, à l'écart des troubles incessants de Vienne, et recevoir assidûment les cousins Habsbourg qui demeurent aussi dans les environs de Vienne, le long du Danube. Et curieusement, eux qui furent exclus par François-Joseph seront, durant les années 30, les garants les plus légitimes du système impérial à l'intérieur de l'Autriche républicaine.

Sophie vit heureuse en Bohême auprès du comte de Nostitz-Rieneck, Maximilien épouse une aristocrate allemande et gère les affaires de famille, tandis que le petit Ernest reste seul. Ernest s'étiole comme une fleur trop délicate, il perd sa beauté et ses boucles blondes, il semble que la détresse de sa petite enfance ne puisse pas le quitter. Il a encore du charme, mais la grâce de l'adolescence est partie à jamais. Sa vie est mystérieuse. Il passe son temps à s'occuper des forêts de la propriété de Styrie, dans la nature, comme s'il craignait la compagnie des hommes. Et s'il se marie finalement sur le tard, c'est avec une jeune femme qui est sourde et muette, comme pour rejoindre le silence où il a enfermé son chagrin. Cependant, l'affection que se portent les deux frères, leur éducation et leur pudeur leur font parfois donner le change. Ils se retrouvent régulièrement à Vienne et se rendent dans les petites auberges à vins de la forêt viennoise où ils chantent d'une voix mélodieuse les ravissantes et tristes chansons du Salzkamergut. Mais petit à petit tout le monde oublie les enfants de l'héritier de l'empire dont la mort a précipité l'Europe dans un cataclysme.

12

LA HONGRIE SANS LES HABSBOURG

> « Horthy était comme ce héros de Shakespeare qui tente constamment d'effacer une tache de sang qu'il a sur les mains. Il passait son temps à s'excuser de tout. Mais la vérité était que cet homme intelligent, actif et patriote entendait conserver le pouvoir coûte que coûte. Je ne croyais pas à ses regrets. »
> Otto de Habsbourg.

Confrontés à l'éclatement et au démantèlement de l'Autriche-Hongrie, Zita et Otto ne pensent pas uniquement à la situation en Autriche et à la nécessité de la protéger des tentations d'une union avec l'Allemagne, mais à l'empire tout entier. De ce fait, Otto et sa mère se posent en prétendants légitimes pour les Croates, les Slovaques, les Tchèques, les Slovènes et tous les peuples qui le composaient, avec un crédit plus ou moins fort selon que ces nationalités sont devenues partie intégrante d'autres pays ou qu'elles sont indépendantes. Il est difficile, néanmoins, de mesurer dans quelle mesure cette légitimité que les Habsbourg revendiquent est, ou non, reconnue par les anciennes nationalités. En effet, il existe, selon les États, un divorce très grand entre l'opinion publique et les gouvernements.

LA HONGRIE SANS LES HABSBOURG

L'amiral Horthy : usurpateur ou régent ?

Le gouvernement tchécoslovaque organise une véritable résistance contre la dynastie impériale et repousse toutes tentatives de restauration dans les autres pays. Benes menace constamment l'Autriche d'une intervention militaire au cas où elle aurait l'intention de restaurer les Habsbourg. Les Croates, pour leur part, sont maintenant suffisamment absorbés par leur rivalité à l'égard des Serbes, dans le cadre du royaume de Yougoslavie dominé par Belgrade, pour songer aux Habsbourg. En revanche, si les Roumains, les Polonais n'entretiennent aucune nostalgie de la famille impériale, en Hongrie les Habsbourg sont bien présents dans les mémoires et les cœurs. Ce qui explique que, dans un pays où les notions chevaleresques d'honneur et de fidélité ont une importance particulière, le serment mutuel d'allégeance que les Hongrois et Charles se sont fait en 1916 demeure toujours valable aux yeux d'une grande partie de l'opinion publique.

Depuis que Charles a échoué deux fois dans sa tentative de restauration en Hongrie, une loi a été votée par le Parlement de Budapest qui écarte définitivement les Habsbourg du trône. Mais Zita ne faiblit pas sur les principes de légitimité et elle considère qu'Otto est le roi de Hongrie, comme il est empereur d'Autriche. La petite cour de l'exil comprend d'ailleurs autant de Hongrois que d'Autrichiens et Otto manie à la perfection la langue magyare pourtant réputée si difficile.

Le projet de rentrer en Hongrie est au cœur des préoccupations politiques de Zita ; il nourrit l'imaginaire des enfants mais aussi leurs convictions et leur travail quotidien. Les leçons d'histoire de la Hongrie sont menées de façon intensive et Zita qui oblige les enfants à s'exprimer chaque jour dans une langue différente — et malheur à celui qui resterait muet lorsqu'il s'agit de maîtriser une langue ardue ! — a encore plus insisté pour qu'ils sachent s'exprimer en hongrois. Le lien personnel entre la Hongrie, Zita et Otto a été renforcé durant l'entre-deux-guerres par la présence de prêtres salésiens d'origine magyare devenus précepteurs des enfants. Zita se tient en permanence informée de la vie du pays en recevant des Hongrois et elle invite régulièrement des visiteurs magyars pour confronter leurs avis à propos des changements politiques et sociaux qui interviennent à Budapest.

Les Hongrois sont les héritiers de tribus d'Asie centrale, établies depuis l'Antiquité dans ces grandes plaines danubiennes où elles ont développé une culture et une civilisation originales. La tradition hongroise veut que le roi soit le serviteur de la couronne de saint Étienne qui a converti le pays au Moyen Âge, et qui est le symbole même de l'existence de la Hongrie dont le peuple, non slave, ne ressemble à aucun autre. Tout souverain n'est que le gardien de cette couronne, que l'on célèbre chaque année à grand renfort de cérémonial dans les rues de Buda, la ville haute, et de ce fait on peut très bien accepter l'idée qu'il y ait un royaume sans roi, si la couronne de saint Étienne est toujours là. Le symbole de cette couronne est tellement fort que même les communistes après la guerre n'ont pas osé le retirer des armoiries de la Hongrie alors que la couronne s'était retrouvée aux États-Unis après d'invraisemblables tribulations, avant de revenir à Budapest dès la chute du communisme.

C'est dans ce contexte très particulier que l'habile amiral Horthy, devenu régent du royaume de Hongrie, manœuvre en affirmant qu'il garde le symbole essentiel bien à l'abri et que, le jour venu, il désignera le roi qui lui succédera. Toute l'ambiguïté de la situation se trouve dans ce concept politique d'un royaume sans roi, quand une partie du peuple hongrois attend le retour d'Otto qui est le souverain légitime et n'a pas le droit de rentrer dans son pays. Avec le temps, le régent Horthy en vient même naturellement à se considérer comme le roi de Hongrie, alors qu'il n'est qu'un brillant usurpateur qui catalyse sur sa personne le prestige en déshérence des Habsbourg. Situation particulière à la Hongrie et que l'on ne retrouve nulle part ailleurs, celle où un inconnu revêt les atours royaux, exerce les pouvoirs d'un souverain et occupe la place pendant près d'un quart de siècle.

La jeunesse de Horthy

La Hongrie du début du siècle est un pays essentiellement agraire avec, dans les campagnes, une paysannerie pauvre et, dans les villes, une société occidentalisée où apparaissent un début de bourgeoisie et une classe ouvrière très vite organisée autour de mots d'ordre socialistes.

Pour la cour de Schönbrunn, la Hongrie appartient à une trentaine de familles de magnats qui possèdent d'immenses domaines, cousinent avec l'aristocratie de l'empire, voyagent sans cesse entre leurs palais de Budapest et de Vienne et occupent des positions prestigieuses dans le gouvernement et la diplomatie des Habsbourg. Mais en fait la réalité sociale de la Hongrie est plutôt incarnée par la carte des petits propriétaires, aristocrates moins fortunés, à qui appartient la majorité des exploitations agricoles de dimensions bien plus modestes. Horthy est l'un des leurs. Cette caste courageuse et patriote forme l'épine dorsale de la Hongrie depuis qu'elle s'est libérée des Turcs au XVIe siècle. En dominant la société agraire, les petits aristocrates quadrillent tout le territoire et constituent la classe influente et agissante du pays. Ils vivent au contact de la nature et de la population et représentent l'âme du pays. Conservateurs, nationalistes, profondément patriotes, ils prennent de plein fouet la défaite de 14-18, parce que l'effondrement de l'économie et des monnaies les ruine, mais surtout parce qu'ils perdent confiance dans toutes les formes d'États précédentes et qu'ils éprouvent un insurmontable sentiment d'injustice à l'égard de leur pays.

Né dans la propriété familiale de Kenderes, Horthy, intelligent et cultivé, se comporte comme un représentant exemplaire de cette classe. Comme tous les enfants de son milieu, il est élevé dans les traditions et les usages, le code de l'honneur de l'ancien régime, le respect de la tradition militaire, le patriotisme et la fidélité farouche aux Habsbourg. Et ce jeune officier de marine, qui n'a pas le sou mais qui est pénétré de la noblesse de sa classe, est un admirateur éperdu du système austro-hongrois, bien décidé à faire une grande carrière dans le cadre de l'empire. À cette fin, il se tourne vers le meilleur des modèles à observer et des exemples à suivre, en devenant l'aide de camp de François-Joseph, qu'il va accompagner comme son ombre, une ombre droite, grise et disciplinée ainsi que les affectionne le vieil empereur. Son mariage avec la superbe héritière d'une lignée de magnats, qui le poussera dans ses ambitions, atteste alors de la réussite de son ascension parmi l'élite de l'Autriche-Hongrie.

Les premiers faits d'armes qui le font remarquer ont lieu pendant la guerre, alors qu'il est l'un des officiers les plus dévoués de l'empereur Charles. Ce dernier, qui attache beaucoup d'attention à la marine, lui demande d'assurer la liberté de la circulation de la flotte austro-hongroise sur l'Adriatique. Horthy parvient à entamer le blocus des Anglais qui ont fermé le détroit entre le sud de l'Italie et l'Albanie. Cette réussite lui donne la réputation d'un fin stratège et d'un homme très courageux, mais Horthy a le triomphe modeste, il veille à ne pas attirer l'attention sur lui, il sait que le temps travaille pour son destin et il attend son heure. C'est pour cette raison que, lorsqu'il devient commandant en chef de la flotte austro-hongroise en 1918, peu de Hongrois le connaissent alors qu'il occupe depuis longtemps des postes très importants. À ce moment, il est encore un défenseur farouche de la dynastie et ne voit de perspectives à son ambition que dans le cadre austro-hongrois.

Lors de l'effondrement et du démantèlement de l'empire, la Hongrie, qui a toujours traité ses minorités de manière peu conciliante, se voit amputée de la Croatie, la Ruthénie, la Pologne de Cracovie, la Slovaquie et la Transylvanie roumaine, c'est-à-dire les deux tiers de son territoire, sans compter la perte de la côte Adriatique. Horthy est maintenant un amiral sans flotte, ce qui pour un commandant en chef de la flotte impériale est symbolique du sentiment de dépossession ressenti par tous les Hongrois. Il existe à ce propos une anecdote célèbre selon laquelle, lorsque la Hongrie entra en guerre contre les États-Unis en 1944, la Maison-Blanche, apprenant qu'un amiral était à la tête du pays, déclara qu'il suffirait de couler sa flotte... Mais, en dehors de quelques bateaux de pêche sur le romantique lac Balaton, il n'y avait alors plus de flotte en Hongrie...

Si Horthy voulait le pouvoir, son calcul de départ n'était pas cynique et il se serait très bien accommodé de terminer sa carrière comme ministre ou ambassadeur dans le cadre de l'ancien empire. Mais les événements lui ont montré qu'il pouvait être l'homme d'un destin plus ambitieux. En fait, il arrive à Horthy ce qui arrivera à beaucoup d'anciens communistes de Yougoslavie qui travaillaient avec Tito au bon fonctionnement du pays et qui, aux premiers soubresauts, changèrent leur fusil d'épaule pour satisfaire leur ambition personnelle, à savoir devenir le président d'un des nouveaux États de la fédération détruite. Horthy n'a rien fait d'autre que ce qu'ont fait récemment Milosevic en Serbie ou Tudjman en Croatie, en se mettant à la tête des États dont ils étaient originaires.

La guerre civile 1918-1920

Le comte Károlyi, dernier Premier ministre de Charles, devenu le chef du gouvernement provisoire en novembre 1918, ayant échoué à obtenir des Alliés un traitement préférentiel pour la Hongrie, la révolution se radicalise et les communistes prennent le pou-

Michel, le dernier tsar. Nicolas II a abdiqué en sa faveur après avoir renoncé à se séparer du petit tsarévitch Alexis. Michel hésite une journée à accepter la couronne puis s'en remet à la décision de la future Assemblée constituante.

Vers 1910. Le grand-duc Michel et Natascha Wulfert aux premiers temps de leur liaison. Elle a déjà été mariée deux fois et il est le frère du tsar. À l'arrière-plan, sa plus jeune sœur Olga avec l'officier Koulikovski qui deviendra son mari. La Cour sait très bien à quoi s'en tenir au sujet des amours des uns et des autres, mais les apparences sont sauves.

1917. Le grand-duc Michel et sa femme Natascha, comtesse Brassova, au début de la Révolution. Ils hésitent entre se retirer en Crimée et émigrer en Angleterre. Quelques semaines plus tard, Natascha parviendra à forcer la porte de Lénine mais sa démarche restera vaine.

1918. Le citoyen Michel Romanov et son secrétaire Johnson, déportés en Sibérie. Michel se laisse pousser la barbe en attendant sa libération. Au lieu de quoi, il sera le premier des Romanov à être exécuté par les bolcheviques.

Vers 1908. Le grand-duc Paul et la princesse Paley, dans le jardin de la maison de Boulogne où ils vivent en semi-exil après que le tsar se fut opposé à leur mariage. Ils appartiennent au grand monde proustien et reçoivent les hommes politiques de la République en travaillant pour l'alliance franco-russe.

1916. Le grand-duc Paul, la princesse Paley et leurs enfants, Vladimir, Irène et Natalie à Tsarskoïe Selo peu après le retour de France. C'est une famille profondément unie, cultivée et qui perçoit parfaitement la menace de la Révolution. Malgré ses tentatives auprès du tsar pour sauver le régime, le grand-duc Paul n'envisage pas de repartir et scelle son destin tragique.

1916. Le beau Vladimir, fils aîné du grand-duc Paul et de la princesse Paley. Poète infiniment doué, Vladimir est promis à un grand avenir. Arrêté par les bolcheviques, il refuse de se désolidariser de la famille impériale, et meurt dans des conditions atroces. Sa mère croira longtemps les rumeurs affirmant qu'il se serait échappé.

1916. Le grand-duc Paul et les enfants de son premier mariage, Dimitri Pavlovitch et Maria Pavlovna. Il les a retrouvés à son retour en Russie. Mais Dimitri est déjà compromis dans la conjuration contre Raspoutine, et Maria, divorcée de Guillaume de Suède, développe une nature rebelle que son père a du mal à comprendre.

1918. La princesse Paley au moment de la Révolution. Elle se débat auprès des bolcheviques pour sauver son mari et son fils et organise la fuite de ses filles en Finlande. Elle n'a d'autres ressources que sa formidable énergie, mais la violence de la Révolution aura raison de ses efforts.

Le mariage d'Irène Paley et de Théodore de Russie à Paris en 1923. *De gauche à droite* : Dimitri, Xénia, Théodore, Irène, Alexandre, la princesse Paley, Maria Pavlovna. Natalie est absente. Le souvenir de Vladimir et du grand-duc Paul plane sur le premier grand mariage Romanov de l'exil, véritable sursaut familial contre les séquelles de la tragédie.

1924. La tsarine-mère, Maria Feodorovna, en exil au Danemark, avec son frère Valdemar et sa sœur Thyra de Hanovre. Elle refuse que l'on évoque la mort de la famille impériale devant elle et se comporte comme si Nicolas II devait venir la rejoindre.

1925. La grande-duchesse Xénia, sœur du dernier tsar, en exil en Angleterre avec ses six garçons et sa fille Irina, épouse du prince Youssoupov. Son mari, Sandro, ne passe que de loin en loin et Xénia se console en protégeant ses fils des compétitions de la vie moderne. Théodore, le plus beau et le plus artiste, époux d'Irène Paley, est accoudé au canapé fleuri.

1916. Felix et Irina Youssoupov en Crimée peu avant la Révolution. L'éphèbe richissime et la nièce du tsar forment un couple apparemment peu accordé, mais le charme envoûtant de Felix et la douceur d'Irina les attacheront si fort l'un à l'autre qu'ils traverseront les pires scénarii sans jamais se quitter un instant.

1923. La princesse Irina Youssoupov, unique fille de Xénia et de Sandro et épouse du beau Felix qui est passé à la postérité pour avoir assassiné Raspoutine. Timide et poétique, Irina aimera sa vie durant son mari, mi-ange mi-diable.

1922. Anastasia, enfin la fausse, qui eut tant de génie dans l'imposture qu'elle restera dans l'Histoire avec l'identité usurpée de la dernière fille du tsar. Paysanne polonaise surgie dans le Berlin expressionniste de la misère et de l'inflation, elle tint en haleine le monde entier. Les tests ADN l'ont finalement démasquée après sa mort.

1926. Le grand-duc Alexandre, « Sandro », en exil. Profondément déçu par l'indifférence des anciens alliés de la Russie et par l'attitude des familles royales qui ont abandonné les Romanov à leur sort, cet homme remarquable, autrefois tout-puissant, brosse un tableau sarcastique de l'infortune des siens à travers ses Mémoires.

1929. Le prince Théodore de Russie, le grand-duc Alexandre et le petit prince Michel sur la plage de Biarritz. Théodore dessine et fabrique des jouets pour son fils, le grand-duc trompe son ennui en voyageant et en écrivant des livres, Michel est heureux comme un petit Français en vacances. Arrière-petit-fils de deux tsars, il ignore encore le passé de sa famille.

1929. M. et Mme Lucien Lelong, arbitres des élégances parisiennes durant les Années folles. La princesse Natalie Paley a suscité un grand émoi dans la presse en épousant le célèbre couturier, mais le public ignore qu'il s'agit d'un mariage blanc qui n'exclut ni l'estime ni la tendresse.

1928. Natalie Paley et Serge Lifar au Lido de Venise. Natalie a définitivement troqué son ascendance impériale contre son statut d'icône du monde de la fortune et des arts. Mais elle s'ennuie et rêve d'une existence encore plus différente.

Vers 1935. La princesse Natalie Paley est devenue vedette de cinéma ! Lancée par Marcel Lherbier, Natalie fascine le public par sa beauté et son destin légendaire. Ses films obtiennent un réel succès et lui valent des offres d'Hollywood.

Divorcée de Lucien Lelong, Natalie a épousé le producteur de Broadway Jack C. Wilson, qui préfère les garçons mais la traite avec infiniment de gentillesse. Cette union très heureuse résiste aux tensions de la vie du spectacle à New York et à l'alcool qui aide à les affronter. Noel Coward, Cecil Beaton et Cole Porter font partie des intimes.

Ci-dessus : vers 1925. Maria Pavlovna à Paris, au temps de son amitié avec Chanel. Elle a fondé la maison Kitmir qui fournit des broderies russes à la haute couture et a remporté une médaille d'or aux Arts décoratifs.

Ci-dessus : vers 1925. Maria Pavlovna retrouve son fils Lennart Bernadotte qu'elle avait abandonné avant la guerre à la famille royale suédoise. Elle découvre un enfant attachant, et bien que l'instinct maternel ne soit pas son fort, elle va le revoir de temps à autre.

À droite : 1936. Maria Pavlovna, photographe pour de grands magazines en Amérique, est renommée pour ses reportages d'actualité et ses portraits de l'aristocratie. Elle quitte les États-Unis au moment de l'alliance avec l'Union soviétique et se retrouve confrontée à une vie difficile en Argentine.

Ci-dessous : Vers 1925. Coco Chanel et le grand-duc Dimitri au temps de leur liaison qui restera longtemps secrète. L'aventure durera le temps que Maria Pavlovna sente le danger de perdre son frère et le récupère en se brouillant avec Chanel qui confiera : « Il m'a donné le goût du faste ! »

1928. Audrey Emery, la belle et douce milliardaire américaine que Dimitri épouse à l'instigation de sa sœur, après sa rupture avec Chanel.

1937. Le grand-duc Dimitri et son fils Paul peu avant le divorce d'avec Audrey qui emmènera l'enfant avec elle aux États-Unis. Paul deviendra le premier Romanov américain ; marine, héros de la guerre de Corée, et actuellement maire de Palm Beach, en Floride…

Le grand-duc Dimitri, à Davos en 1942. Seul, épuisé par la tuberculose, pratiquement sans ressources, celui qui avait la réputation d'avoir été le plus bel homme de la Russie impériale n'est plus que l'ombre de son passé romantique. Toujours élégant, il donne une fête d'adieu à ses infirmières, la veille de sa mort…

Le grand-duc Cyrille et Victoria-Mélita qui a divorcé pour lui de Ernest-Ludwig de Hesse en suscitant une commotion parmi les familles royales.

Cyrille et Victoria-Mélita en exil en Finlande avec leurs filles Maria et Kira, et le petit Vladimir dont la naissance inespérée assure la descendance des Romanov. Venu au monde quelques mois avant l'assassinat de la famille impériale, Vladimir mourra quelques mois après la chute du communisme.

1924. La reine Marie de Roumanie est venue retrouver sa sœur chérie Victoria-Mélita qui s'est réfugiée avec Cyrille en Allemagne. Elle l'incite à s'installer définitivement en France où la situation est plus calme et où réside la majorité des exilés russes.

Vers 1932. Le tsar et la tsarine de l'exil dans leur manoir de Saint-Briac. Bien qu'ils soient en butte à l'hostilité d'une partie des Romanov, et que nombre d'exilés se montrent très critiques à l'égard de Cyrille, la dignité de leur vie et la forte personnalité de Victoria-Mélita font reconnaître leur statut à la tête de la maison impériale.

La grande-duchesse Léonida, peu après son mariage avec Vladimir. Née princesse Bagration de l'antique famille royale de Géorgie, cette femme solide et chaleureuse apporte un indéfectible appui à Vladimir. Ayant quitté l'URSS dans les années trente, elle porte un jugement réaliste sur le régime communiste, renoue le contact dès les années Gorbatchev et devient l'amie d'Eltsine. Cette attitude lui vaut l'hostilité persistante et injuste de certains Romanov.

1939. Le grand-duc Vladimir à Saint-Briac, après la mort de ses parents. Il est désormais le chef de la maison impériale et le prétendant légitime, ce qui n'a pas l'air d'impressionner beaucoup les soviétiques ! La guerre va le mettre dans une situation difficile, une partie des exilés penchant pour l'Allemagne contre les communistes ; mais il saura s'en tirer avec honneur.

Décembre 1916. Otto de Habsbourg, prince héritier des multiples couronnes de l'empire austro-hongrois, lors du sacre de ses parents, Charles et Zita, à Budapest. Chant du cygne des Habsbourg, l'événement laissera un souvenir ineffaçable à Otto qui se considérera toujours autant hongrois qu'autrichien. Quatre-vingts ans plus tard il demeure l'une des personnalités les plus populaires de Hongrie.

1923. Otto, après la mort de son père. L'enfant, surdoué et délicieux, prend très au sérieux ses responsabilités, et la petite Cour en exil qui assure son éducation le traite comme s'il régnait réellement.

Vers 1926. Zita et ses enfants en exil en Espagne. L'impératrice-reine paraît encore bien jeune, mais affronte avec une poigne de fer la gêne matérielle, le déracinement, l'éducation des enfants.

Vers 1928. Les enfants Habsbourg en exil en Belgique. Les petits sont en blanc – pureté de l'enfance –, les plus grands en sombre – âge de raison et fin de l'innocence –, Otto en complet d'homme. Cette graduation est symbolique de l'éducation catholique dispensée par leur mère.

Otto et son frère l'archiduc Felix à leur arrivée à New York en 1940. Tous les enfants Habsbourg participent à l'action de leur aîné ; ils sont parvenus à échapper aux nazis avec Zita et vont jouer un rôle important dans la résistance de l'Autriche.

1930. Otto de Habsbourg est majeur. L'opinion autrichienne et hongroise lui est très favorable et il poursuit sa formation à Berlin tout en entretenant des liens étroits avec ses fidèles répartis dans l'ancien empire. Il a hâte de se jeter dans le combat contre les idées totalitaires dont il constate la progression en Europe centrale et en Allemagne.

Vers 1910. Les enfants Hohenberg : Ernest, Sophie et Max. Après l'assassinat de leurs parents, l'archiduc François-Ferdinand et la duchesse de Hohenberg, à Sarajevo en 1914, ils vont connaître une vie singulièrement cruelle, faite d'exils, de spoliations et de déportations, qu'ils affronteront avec une loyauté remarquable à l'égard de leurs cousins Habsbourg.

Zita lors d'un de ses premiers retours en Autriche au début des années 80. L'indomptable veuve du dernier empereur-roi incarne l'Europe enfuie des souverains très catholiques dont l'idéal n'aura jamais cédé aux idéologies totalitaires. Elle s'éteint presque centenaire en 1989 et Vienne lui fait des funérailles grandioses.

1922. Les « jeunes mariés » de Doorn. Guillaume II n'est pas resté veuf longtemps et Hermine de Reuss réalise un de ses rêves de jeune fille en épousant « cet homme exceptionnel ».
Les Hohenzollern sont moins enthousiastes…

1924. Le beau Sigurd von Ilsemann. Ce sympathique et dévoué officier d'ordonnance du Kaiser en exil est indispensable au vieil empereur qui lui voue une affection exaltée.

1927. La princesse Victoria de Prusse, sœur du Kaiser, et son mari Alexandre Zoubkhov, qui se présente comme un aristocrate russe exilé. Ils ont trente-cinq ans de différence et le gigolo aura raison de la fortune et de l'ardent crépuscule de son épouse aveuglée par l'amour.

Vers 1925. Le Kronprinz et Cécilie devant leur célèbre manoir de Postdam, le « Cecilienhof », qui servira de cadre à la conférence des Alliés en 1945. Les monarchistes allemands peinent à reconnaître le prince comme prétendant en raison de sa vie dissipée, mais sa femme rassemble tous leurs suffrages.

Vers 1920. Le prince August-Wilhelm et son unique fils. Ayant la réputation curieuse d'être l'intellectuel de la famille du Kaiser, August-Wilhelm sera le plus fanatique des Hohenzollern nazis, à la grande confusion de son père qui tente de l'empêcher d'exécuter le salut hitlérien en sa présence.

1932. Le Kronprinz assiste aux vastes rassemblements d'anciens combattants qui se mobilisent pour une restauration.

Vers 1928. Lili Damita. Cette jeune Française d'un milieu très modeste est devenue meneuse de revue dans le Berlin des Années folles avant de faire une brillante carrière à Hollywood. Sa romance avec Louis-Ferdinand de Prusse affole les reporters et le Kaiser qui ordonne au prince charmant de rompre.

Mai 1938. Le mariage de Kira de Russie et de Louis-Ferdinand de Prusse chez le Kaiser Guillaume et la « Kaiserine » Hermine, en présence d'un fort contingent de royautés qui ont fini par pardonner à l'ancien souverain d'Allemagne et affectent d'ignorer la nazification active de certains de ses fils.

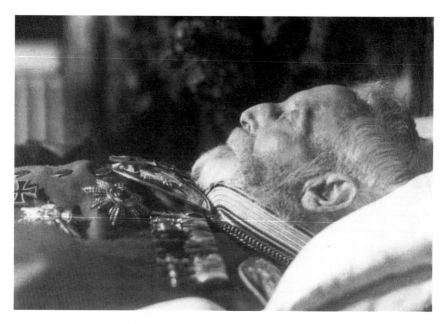

4 juin 1941. La dépouille mortelle du Kaiser repose au manoir de Doorn. Guillaume II a passé sa dernière année d'exil sous la protection de cette armée allemande qui a agressé le pays où il avait trouvé refuge. Situation inconfortable qu'il a assumée dignement, mais sans pouvoir s'empêcher d'adresser des félicitations à Hitler à la chute de Paris. Le Führer répond en envoyant une couronne pour les obsèques…

1951. Le Kronprinz à la fin de sa vie. Le désastre de l'Allemagne ayant balayé les dernières velléités de restauration Hohenzollern, le prince play-boy vit retiré avec une aimable coiffeuse, à l'écart des siens et de son épouse Cécilie.

Vers 1940. Margaret, princesse de Hesse et du Rhin. Jeune Anglaise entraînée par une série de drames à assumer la survie d'une des plus grandes familles royales d'Allemagne, celle que l'on appelait Peggy parviendra à sauver un fabuleux héritage de souvenirs malgré les nazis et les dégradations de la guerre.

Nous remercions Jacques Ferrand et Jean-Noël Liaud.

voir, avec à leur tête Béla Kun qui gouverne selon le modèle dictatorial des soviets. C'est un régime implacable de terreur rouge qui n'a rien à envier à celui de Lénine. Les petits aristocrates, décimés par Béla Kun et horrifiés par les malheurs de la Hongrie si cette dictature bolchevique s'éternisait, se regroupent alors derrière Horthy. Celui-ci parvient à fédérer la droite et l'extrême droite hongroises et lance l'armée de la contre-révolution sur les communistes avec une violence telle que la terreur blanche succède à la terreur rouge. Horthy n'a pas ordonné pareil déchaînement, mais il en assume les conséquences qui lui frayent le chemin du pouvoir. Pour leur défense, les armées de Horthy diront que la dictature de Béla Kun a été un bain de sang et qu'ils n'ont fait qu'y répondre sur le même plan. Le fait est que la contre-révolution décapite les forces progressistes et laisse plusieurs milliers de morts, occasionnant le départ de nombreux intellectuels. Les fameux frères Korda, par exemple, qui s'illustrèrent dans l'histoire du cinéma font partie de ces proscrits de la terreur blanche.

Quoi qu'il en soit, la guerre civile de 1918-1919 voit deux classes s'affronter avec une brutalité inouïe alors qu'elles poursuivent le même but, à savoir la restauration de l'ancienne Hongrie et la reconquête des deux tiers de son territoire, arrachés dans des conditions humiliantes par le traité de Saint-Germain. À cet égard, de Károlyi à Horthy en passant par Béla Kun, les Hongrois auront été continuellement humiliés par les Alliés et notamment par les Français qui recueillirent leurs premières offres de paix avec la poigne intraitable de Franchet d'Esperey.

À présent que la République bourgeoise de Karolyi et la dictature bolchevique de Béla Kun se sont effondrées, Horthy peut laisser libre cours à son ambition et saisir la chance qui lui est donnée de devenir le chef d'un État à reconstruire. C'est ainsi que le Parlement l'élit régent du « royaume de Hongrie », en lui confiant l'essentiel des pouvoirs souverains. À partir de ce moment-là, Horthy va essayer de défendre le mieux possible le peuple hongrois, dont il va rassurer le nationalisme et la fierté. À cet égard, l'amiral Horthy est le paradoxe personnifié : il éprouve une nostalgie intense de l'ancien monde et il n'a pas d'autre solution que d'incarner le nouveau. Il regrette l'exil de ceux qu'il a servis — Charles, Zita et leurs enfants — mais il l'approuve et s'en accommode. Il est vraisemblable que Horthy s'est senti investi d'une mission pour laquelle il était prêt ; il pensait réussir là où les autres échoueraient et cette certitude explique la durée extraordinaire d'un pouvoir qu'il gardera jusqu'en 1944.

On comprend que, lorsque Charles revient à deux reprises pour tenter de récupérer sa couronne, il se heurte à une fin de non-recevoir. Les serments et la fidélité personnelle de Horthy ne peuvent pas tenir face à son ambition et aux nouvelles réalités. Ainsi va-t-il profiter de l'hostilité des Alliés au retour éventuel d'un Habsbourg dans un pays d'Europe centrale, ainsi que de l'opposition déclarée des Tchèques et des Yougoslaves, pour écarter Charles, d'autant qu'il est sincèrement persuadé qu'en trahissant Charles il sauve la Hongrie.

De ce fait, il veille attentivement à lever autant que possible l'hypothèque Habsbourg. Il fait proclamer par le Parlement la déchéance de leurs droits, décision hardie de la part d'un homme dont ils ont fait la carrière, et il cristallise le système qui fait de lui le régent qui les remplace. Cette ingratitude et cette ambition se vérifient jusque dans l'organisation du protocole et d'un culte de la personnalité où lui-même, sa femme et leurs enfants ont le statut d'une véritable famille royale.

Le gouvernement de Horthy

Cet ambitieux qui attendait son heure, et qui, par la ruse et l'opiniâtreté, parvient au pouvoir à la tête d'une coalition d'extrême droite, va se montrer un fin politique pour évoluer très sagement vers le centre et échapper au parrainage de ses encombrants alliés.

Horthy a beaucoup observé, admiré et aimé François-Joseph lorsqu'il était son aide de camp. Il n'est pas un travailleur bureaucrate comme l'ancien empereur-roi, mais il s'entoure admirablement bien. Il délègue beaucoup et ses collaborateurs sont pour la plupart des aristocrates avec une vision internationale qui connaissent bien la France, l'Angleterre ou l'Allemagne. Il préfère aller à la chasse, monter à cheval dans les anciennes résidences royales avec les membres des familles de magnats qui l'ignoraient autrefois et qui maintenant le considèrent avec respect parce qu'il a fait refluer la révolution. C'est ainsi que, sans éclat mais avec prudence, Horthy mène tranquillement la Hongrie et devient peu à peu très populaire. Les Hongrois s'habituent et s'attachent à cette présence paternelle ; la longévité de son gouvernement lui donne une légitimité supplémentaire.

Et puis Horthy a toutes les qualités que l'on prête aux Hongrois : il est sympathique, il a des manières d'homme de cour parfaites, de la prestance ; il monte à cheval en choisissant toujours une monture blanche, qui le fait remarquer immédiatement, il s'intéresse aux arts, va à l'Opéra, témoigne de préoccupations sociales. Il visite des mines, rencontre des paysans dans les campagnes et comprend très vite les avantages d'une propagande simple, discrète mais efficace, qui diffuse régulièrement son image dans la presse et aux actualités. Les Hongrois sont de surcroît fiers de savoir qu'il est reconnu et estimé à l'étranger. Passé les premières années terribles de la terreur blanche, le régime de Horthy apparaît atypique : les partis d'opposition peuvent se réunir, la presse est libre, les droits de l'homme sont respectés et la marge de manœuvre politique est beaucoup plus importante que dans la plupart des États autoritaires d'Europe. Horthy se satisfait de définir les grandes orientations d'un conservatisme modéré et de représenter une image rassurante, et, là encore, le lien avec les Habsbourg et François-Joseph est évident. Horthy applique les leçons qu'il a reçues du vieil empereur ; il fait régner la stabilité dans le pays avec une sagesse tranquille qui fait ressortir les tourments qui agitent ses voisins. Mais la clef de la légitimité qu'il s'est forgée réside dans la manière dont le régent symbolise le refus général du traité de Saint-Germain dans un pays où le patriotisme et la fierté sont des vertus cardinales, et où les enfants commencent leur journée scolaire en chantant l'hymne national et en ajoutant « Jamais ! Jamais ! Jamais ! », ce qui veut dire : « Nous n'accepterons jamais les frontières qui nous ont été imposées ! »

Horthy maîtrise tout cela avec une habileté consommée. Bientôt, il n'est plus un traître sans scrupules mais plutôt un homme providentiel convaincu et talentueux. Adaptant admirablement les principes dans lesquels il a été formé, il surpasse à sa manière François-Joseph à la tête de la Hongrie, en étant un François-Joseph qui trouverait le temps de vivre, qui aurait une conscience aiguë de l'évolution du monde et raisonnerait en homme de droite ennemi des excès et des aventures. Il est d'ailleurs extrêmement déférent avec ceux des Habsbourg qui sont restés en Hongrie, l'archiduc Joseph notamment, très populaire parmi les magnats ; alors qu'il les a écartés définitivement du pouvoir, il ne manque jamais un anniversaire ou un événement familial pour envoyer un message de félicitations ou de sympathie.

Dès lors, on peut comprendre que seule la présence de Zita et d'Otto, ces statues du Commandeur, trouble la sérénité de Horthy. Il aurait préféré que les descendants de Charles soient médiocres et irresponsables, comme les enfants du Kaiser, ou modestes et déracinés, comme les Romanov. Alors que l'activité de directrice d'une sorte d'agence occulte de renseignement international et les relations influentes de Zita, ainsi que la réputation d'intelligence d'Otto, représentent pour lui un risque politique permanent.

Pour la majorité des Hongrois, Horthy et Otto défendent la même cause nationale. Ils pensent que Horthy gouverne le temps qu'Otto grandisse et que la restauration se fera naturellement. La popularité d'Otto en Hongrie est considérable, aussi grande que celle qu'il a au Tyrol. Et cela inquiète Horthy qui se méfie de ce jeune homme dont il entend sans cesse parler en termes élogieux. Ce scénario, qui n'est pas sans présager celui que suivra Franco en Espagne avec Juan Carlos, n'est pas du tout dans les intentions du régent même si l'opinion hongroise est persuadée du contraire. Horthy est si bien arrivé au pouvoir qu'il envisage de le transmettre ensuite à l'un de ses fils, personnalité d'ailleurs valable et populaire, et il obtient même du Parlement qu'il soit élu comme vice-régent. Bien qu'il s'en défende, Horthy a bel et bien confisqué la monarchie pour sa famille au détriment des Habsbourg et d'Otto.

Le vice-régent sera tué dans l'accident d'un avion trafiqué par les Allemands durant la guerre, mais à ce moment Otto et Horthy se trouveront dans deux camps hostiles ; l'archiduc auprès des Alliés et de Roosevelt ; le régent associé-otage des puissances de l'Axe. Le prétendant et l'usurpateur ne seront jamais sortis de leurs positions antagonistes.

Signe malgré tout de la révérence quasi superstitieuse que Horthy porte aux Habsbourg : il habite le palais royal de Budapest, mais fait fermer les appartements de Charles tout en veillant à ce qu'ils soient méticuleusement entretenus. Comme si Otto, le fils de Charles, pouvait être appelé à en reprendre possession à n'importe quel instant...

Il ne faut pas oublier que le principal objectif politique du régent est de reconstituer la Hongrie d'avant 1918. Une restauration Habsbourg, suscitant l'opposition farouche des Tchécoslovaques et de la République autrichienne, rendrait cette tâche encore plus ardue. Horthy ne manque pas d'aller s'en assurer à Prague et à Vienne pour tester la résolution des adversaires d'Otto. Il s'offrira même le luxe de paraître désolé pour le prétendant et de visiter la Kaiser

Villa de Bad Ischl en versant des larmes de crocodile sur les souvenirs de son vieil empereur bien-aimé. En revanche, Horthy donnera des gages à Hitler pour obtenir le retour des provinces hongroises perdues en 1918 ; la Hongrie pourra participer ainsi au dépeçage de la Tchécoslovaquie et au rabaissement de la Roumanie en récupérant Ruthénie et Transylvanie.

Pourtant ce jeu avec le diable se terminera très mal, même s'il vaut à Horthy une cote de popularité exceptionnelle. Le but du Führer est d'entraîner la Hongrie dans la guerre qu'il prépare contre la Russie ; celui de Horthy est d'éviter d'aller plus loin et de se contenter de ce qu'il a récupéré. Horthy de surcroît méprise Hitler, l'idéologie nazie, la folie raciste qui vont à l'encontre de sa modération naturelle. Mais il est pris au piège : la Hongrie se retrouve en guerre contre les Russes et les Alliés. Horthy, toujours régent, tente de sauver les apparences, mais l'armée hongroise connaît des pertes effroyables sur le front de l'Est, la misère réapparaît, les nazis le poussent à adopter les premières mesures anti-juives. Pour Horthy, c'en est trop. En 1944, il annonce que la Hongrie se retire de la guerre et il prend contact avec les Alliés. Il est aussitôt convoqué en Allemagne, où on l'oblige à se rétracter et à nommer un gouvernement confié à un nazi fanatique, Salaszi ; et alors que les armées soviétiques occupent déjà un tiers du territoire hongrois, la terreur hitlérienne se déchaîne à Budapest, entraînant la disparition de la communauté juive. Le pays devient un champ de batailles, de dévastations et de souffrances infinies.

Finalement, les Allemands font prisonnier Horthy et le déportent en Allemagne. Quand il quitte son lieu de réclusion plutôt confortable en 1945, Horthy, qui a beaucoup vieilli, est traité sans indulgence par les Alliés à cause de sa politique de semi-complicité avec Hitler durant les années 40. Mais il sait se défendre habilement et il n'y aura pas de procès contre lui, même s'il se rend au procès de Nuremberg comme témoin. À la fin des années 40, il trouve enfin refuge chez Salazar au Portugal, dont le régime n'est pas sans affinité avec le sien. Les communistes n'auront aucun mal à noircir son personnage en insistant sur le désastre final. Aujourd'hui, son action et son long « règne » sont au contraire nettement réévalués en Hongrie et ses cendres ont été rapatriées, donnant lieu à d'importantes célébrations.

Otto ne cessera de revendiquer ses droits sur la couronne de Hongrie durant toutes ces années où Horthy usurpe et réinvente un pouvoir royal à sa mesure ; face à son gouvernement autoritaire mais relativement paisible et sage, Otto est le seul adversaire proposant une alternative, parce qu'il est lié à une période où la Hongrie était puissante, qu'il est capable d'assumer les fonctions suprêmes et que, dans l'esprit des Hongrois, le serment de 1916 court toujours. Les deux hommes chassent en fait sur le même terrain et c'est précisément ce que redoute Horthy.

Des années plus tard, en 1956, au moment du soulèvement hongrois, Otto et Horthy finiront par se rencontrer, près de Lisbonne où le régent vivait en exil, pour tenter de bâtir une formule consensuelle contre les communistes. L'entrevue apparemment chaleureuse, avec un Horthy débordant d'amabilité pour le prétendant à qui il avait barré la route du pouvoir, ne débouchera sur rien, sauf à laisser le loisir à Otto de ciseler un portrait assassin du vieux renard qui mourra quelques semaines plus tard. De toute manière, en 1956, le jeu a changé de dimension et de partenaires, et ni le régent ni le prétendant n'y peuvent plus grand-chose...

13

GUILLAUME II,
un vieux monsieur si tranquille

> « Sa Majesté se levait chaque matin à six heures très précises. Elle me faisait appeler quelques instants plus tard et nous évoquions le programme de la journée. Sa Majesté appréciait beaucoup ces entretiens dans la maison encore silencieuse et j'avais souvent le sentiment qu'elle prolongeait son indécision pour que nous puissions continuer à causer tranquillement tous les deux. »
> Sigurd von Ilsemann.

En novembre 1918, l'Allemagne, qui a vu le départ de Guillaume II et la chute de tous les princes allemands, se retrouve en république presque par surprise. En fait, la rancœur et le désir de paix d'un peuple épuisé ont mis à bas les hommes et le système jugés responsables de la situation tragique dans laquelle est plongé le pays. Mais rien n'indique que l'Allemagne soit soudainement devenue républicaine et, hormis une minorité de socialistes révolutionnaires qui ont toujours songé à la république, l'immense majorité des Allemands n'a pas d'idée précise du régime qu'elle souhaite établir. L'attachement aux anciennes dynasties, aux princes régionaux et à un système hiérarchisé demeure, et c'est ainsi que la république, proclamée par le député Scheideman depuis la fenêtre de son bureau à Berlin pour prendre de vitesse les communistes, et très mal admise par le nouveau chancelier socialiste Ebert, furieux de l'initiative de son collègue, naît dans l'ambiguïté, le doute et une fragilité dont elle ne se défera jamais.

La république de Weimar

La faiblesse du pouvoir né de la défaite et de la révolution et qui succède au régime impérial, comme aspiré par le vide soudain et la confusion générale à tous les échelons d'un État lui-même traditionnellement dispersé entre des particularismes très tranchés, met la nouvelle république, dont la Constitution est rédigée dans la paisible ville de Weimar symbolique de la culture allemande, aux prises avec les extrêmes. Extrême gauche des spartakistes exaltée par la Révolution russe et fortement organisée ; extrême droite des soldats revenus du front comme des vainqueurs et qui se battent contre les Polonais et les Rouges dans les mouvements des corps francs. Dans les premiers jours de 1919, la république écrase de façon sanglante les spartakistes à Berlin, lors d'assauts d'une violence terrible au cours desquels Karl Liebknecht et Rosa Luxemburg sont assassinés. Les dictatures marxistes et révolutionnaires qui se sont emparées du pouvoir en Saxe et en Bavière sont également réprimées sans pitié par le gouvernement socialiste et l'implacable ministre de l'Intérieur, Noske. C'est aussi grâce à l'armée qui vient à sa rescousse que la république de Weimar repousse ainsi les spartakistes et l'extrême gauche et qu'elle écarte également les mouvements d'extrême droite qui voudraient restaurer l'ancien système : la tentative de putsch de Kapp est brisée, comme, en 1923 à Munich, celle de Ludendorff et d'un agitateur encore inconnu qui a réussi à gagner sa confiance, Adolf Hitler. Finalement, si la jeune république fondée par des socialistes parvient à occuper le centre, elle est strictement encadrée par les conservateurs, l'armée, les nostalgiques du régime impérial, et, si elle a soumis ses ennemis les plus résolus, elle ne les a ni anéantis ni ralliés à sa cause ; elle retrouvera l'extrême droite et l'extrême gauche lors de la crise économique en 1929. Pour l'instant, elles se recomposent et elles attendent.

L'Allemagne s'est séparée de son ancien monde, mais elle n'a pas plébiscité le nouveau ; elle flotte entre toutes sortes de nostalgies et surtout celle de l'avant 1914, de la nation forte et impériale qui n'aurait pas perdu près d'un quart de son territoire et qui refuserait de se considérer comme responsable de la guerre, alors que les termes insultants du traité de Versailles lui en font porter la culpabilité. Cette Allemagne qui occupe les rêves de millions de gens défaits et ruinés est celle des Hohenzollern, prêts à récupérer leur trône, malgré l'hostilité déclarée du concert des nations à tout projet de restauration.

La rancœur des Alliés à l'égard de la dynastie prussienne est sans nuances ; elle est inscrite dans le traité de Versailles et les relations des vainqueurs avec la république de Weimar ; les Allemands en ont parfaitement conscience : certains en prennent acte et se détachent de la dynastie ; d'autres, ulcérés par les conditions qui sont faites à leur nation vaincue, y trouvent au contraire une raison supplémentaire de soutenir les Hohenzollern. Ceux-ci garderont un réel crédit dans l'Allemagne des années 20. Ce qui explique que, dans un pays où les traditions, le conservatisme et l'absence de réelle culture démocratique sont encore très répandus, on ait pu croire à leur inévitable retour. En ce qui concerne Guillaume II, il est certain que plus personne n'en veut. Sa fuite lamentable en novembre 1918 n'a pas contribué à lui rendre son prestige et tout un flot de littérature très critique à son égard se répand au début de la décennie, de la part d'intellectuels et d'historiens qui lui étaient favorables avant la guerre. Mais le Kaiser a une nombreuse famille et ses fils sont décidés à relever dès que possible le défi d'une restauration.

À la mort d'Ebert en 1925, les républicains de Weimar, qui lorgnent vers le passé et qui sont obligés de respirer en permanence une atmosphère au fort parfum d'empire, admettent le maréchal Hindenburg comme président de la République. Élu au suffrage universel à une forte majorité, le héros passablement surestimé de la guerre incarne toutes les valeurs de l'ancien régime même s'il se montre loyal avec la république sans pour autant cacher où vont ses préférences. Hindenburg, monarchiste bon teint et qui réclame que l'on reprenne les anciens drapeaux et les hymnes de la période impériale, est en fait une sorte de régent pour les monarchistes, dans l'attente du retour des Hohenzollern. Et c'est dans ce climat mouvant, dans cet équilibre instable, que s'inscrivent les rêves, les intrigues, les déclarations du Kaiser exilé qui affirme ne pas avoir renoncé, et de ses fils qui tentent de réactiver les réseaux des fidèles de la dynastie.

Le Kaiser en exil

Dans les premiers jours de novembre 1918, après un dernier ban de rodomontades théâtrales où il explique qu'il est prêt à mourir au-devant de ses troupes, Guillaume file sans demander son reste vers la frontière la plus proche. Lorsqu'il arrive en Hollande avec son train impérial et son escorte militaire, les gardes hollandais totalement abasourdis le font attendre sur le quai de la gare, pendant qu'ils échangent des télégrammes angoissés avec la reine des Pays-Bas qui, elle-même, ne sait que faire d'un hôte si encombrant. Après des heures d'attente, où l'on se rend compte que personne ne se bat pour le recevoir, la reine Wilhelmine obtient de ses ministres qu'on lui accorde l'asile politique et demande au baron Bentinck qu'il donne l'hospitalité au Kaiser dans son château d'Amerongen, au sud de la Hollande.

À peine arrivé, Guillaume, qui a sombré dans un profond abattement et tient des propos incohérents où alternent autojustifications fiévreuses et apitoiements angoissés sur son sort, se débarrasse de son escorte, à la fois pour complaire à ses hôtes et à la reine des Pays-Bas et de crainte que le coût prohibitif de son entretien ne grève le budget de son exil. Il ne garde que son aide de camp de prédilection, le jeune et séduisant Sigurd von Ilsemann, ce qui confirme une fois de plus son attirance pour les beaux officiers ou les vigoureux marins dont il aimait s'entourer autrefois. Toute sa vie, le Kaiser, qui a toujours affirmé une virilité théâtrale et qui a fait coup sur coup sept enfants à son épouse Victoria-Augusta pour illustrer son fort tempérament, a dû essuyer les rumeurs persistantes sur la réalité plus trouble de ses goûts et de ses penchants amoureux. Guillaume pratique les relations sentimentales exaltées en amour et en amitié, les manifestations d'attachement exacerbé et les effusions romanesques. On se souvient de ses équipages de matelots au physique athlétique et de l'affaire de son conseiller Eulenburg, convaincu d'homosexualité au cours d'un procès à grand spectacle, qui causa un énorme scandale au début du siècle. Cela n'a pas l'air de troubler le Kaiser, qui affiche sa paternelle affection pour le sémillant Sigurd et semble ne rien pouvoir faire sans lui ; Sigurd est d'ailleurs éminemment avenant et sympathique, et manifeste un grand dévouement à son maître, auprès de qui il se comporte avec un naturel qui frise la décontraction et l'ironie, à la fois fils, frère et complice du Kaiser à qui il apporte ses bottes, son journal ou ses lunettes, et dont il partage les promenades, les travaux de jardinage, les conversations sur l'état du monde sans jamais se départir de sa gaieté et d'une gentillesse sincère.

Cependant, le climat d'Amerongen n'est pas encore aux folâtreries avec Sigurd. Guillaume accuse le coup de la défaite, de la révolution et de sa chute. Il a de surcroît abandonné son épouse Victoria-Augusta dans la tourmente et, quand elle arrive enfin de Potsdam, ses récits de la révolution berlinoise augmentent l'inquiétude du Kaiser. Guillaume II est en effet en proie à une peur panique d'être livré aux Alliés. Il sait que Lloyd George et Clemenceau ne perdent pas une occasion d'affirmer qu'il faut l'arrêter, le juger et le pendre ; il a la hantise d'être capturé en Hollande et de se retrouver exhibé comme une bête traquée promise à une mort honteuse. Le suicide de son dernier fils, Joachim, jeune homme fragile qui avait quitté l'Allemagne pour la Suisse et trompait sa propre angoisse en flambant ses derniers marks au jeu et avec les femmes, assombrit encore un peu plus l'atmosphère et porte un coup fatal à Victoria-Augusta dont le jeune prince était le préféré. L'animosité violente de certains Allemands à son endroit, le torrent de rancœur d'une partie de l'armée et tous les commentaires critiques sur son règne et sa personnalité à longueur de journaux achèvent de lui faire perdre les derniers vestiges de la contenance glorieuse et de la superbe qu'il promenait encore quelques mois plus tôt si haut et si fort.

Son comportement pendant la guerre est analysé sous toutes les coutures et certains détails de son train de vie, racontés par le menu, suscitent la stupeur de l'opinion. Ainsi, lorsque les révolutionnaires pénètrent dans les palais de Potsdam, ils dressent l'inventaire de ce qu'ils trouvent dans les caves et les cuisines du Kaiser. Et alors que l'Allemagne est tenaillée par la faim et le froid, que les vieillards meurent d'épuisement et que les enfants souffrent de rachitisme, on compte avec effarement des centaines de poulets, des étals entiers de charcuterie, des quintaux de légumes dans les réfrigérateurs impériaux, des stères de bois pour le chauffage et des milliers de litres de carburant pour les énormes voitures. La manière dont le Kaiser a organisé sa survie en temps de guerre est sévèrement jugée et cette réprobation publique va le poursuivre longtemps.

Conscient du discrédit qui le frappe, effrayé par les intentions des Alliés à Versailles qui le désignent comme criminel de guerre, Guillaume tente de se faire oublier. Il se terre au château d'Amerongen, refuse toutes les visites et se promène avec précaution dans le parc en fuyant soigneusement les caméras des reporters. La République allemande naissante étant très légaliste, des plénipotentiaires se déplacent jusqu'à lui afin qu'il signe son acte d'abdication, ce dont il s'acquitte sans un mot de rancune ou de colère, et en traitant ses visiteurs avec une affabilité qui en dit long sur son abattement. Il semble bien loin, le seigneur de la guerre qui affirmait à qui voulait l'entendre qu'il « reviendrait mater la révolution à Berlin dans le sang et sur l'océan de cadavres des traîtres bolcheviques »...

Ceux de ses fils qui sont restés en Allemagne l'informent de l'évolution de la situation : les nouvelles sont peu encourageantes et l'écrasement du putsch de Kapp n'incite guère sa camarilla, craintive et volontairement discrète, à l'optimisme. Le fils aîné du Kaiser, le Kronprinz, se sent particulièrement misérable ; ayant également choisi de s'exiler en Hollande, il a été consigné par la reine Wilhelmine sur une île du Zuiderzee, perdue dans les brumes et battue par les vents. Le Kaiser et le Kronprinz se sont brouillés en plein naufrage et ils ont interrompu toute relation même épistolaire. Ce qui n'arrange pas le moral du Kronprinz qui tourne comme un lion en cage dans le presbytère de l'île, où il vit reclus. Il n'a plus aucun contact avec le monde et doit, lui aussi, se faire extrêmement discret. Son nom figure en tête de la liste des criminels de guerre qui circule parmi les Alliés et il redoute l'extradition autant que son père. En fait, le Kaiser et le Kronprinz peuvent dormir tranquilles : la reine de Hollande protège ses exilés, elle ne les remettra pas à leurs juges. De leur côté, les Alliés renonceront aux procès, leur principal souci étant de ne pas diviser encore plus l'Allemagne, afin qu'elle règle au plus vite les énormes réparations financières qu'ils lui ont infligées.

Quand Guillaume comprend qu'on ne l'extradera pas vers les Alliés, il décide de se chercher une demeure appropriée à sa condition d'exilé sans dépendre plus longtemps du baron Bentynck qui l'héberge depuis plusieurs mois. Guillaume a su négocier avec le gouvernement républicain et profiter du respect irrationnel qui continue à entourer les Hohenzollern pour conserver son énorme fortune. Il est le deuxième propriétaire foncier d'Allemagne et tous ses biens privés lui restent acquis. C'est ainsi qu'il peut s'offrir un agréable domaine d'une vingtaine d'hectares à Doorn, avec un manoir ravissant serti dans un parc magnifiquement arboré. À proximité d'Amerongen et à une heure de la frontière allemande, Doorn se trouve au cœur d'une région sauvage ignorée des touristes et à l'abri de la curiosité du public. Il obtient aussi de pouvoir récupérer tous les meubles et les bibelots qui occupaient les palais impériaux et ce ne sont pas moins de cinquante-sept wagons de train qui emportent vers la Hollande les caisses estampillées « effets personnels du Kaiser » ! Doorn va devenir une sorte de caverne d'Ali

Baba, un entassement d'objets luxueux et d'assez mauvais goût, de canapés, d'armoires, de miroirs, de candélabres coûteux mais lourds et surchargés, de bibliothèques bourrées de reliures de prix, de bibelots et d'albums à foison, de buffets remplis d'argenterie et de vestiaires débordants d'uniformes et de décorations. Il y a tant de choses qu'il doit faire construire un bâtiment spécial pour y entasser ce qui ne sert pas au confort immédiat de la gentilhommière douillettement aménagée. Après la mort du Kaiser en 1941, les Hohenzollern rechignant à s'acquitter des droits de succession, les Hollandais conserveront le château et le transformeront en un musée fascinant, où rien n'a changé et qui donne l'illusion que le Kaiser occupe encore les lieux et qu'il peut réapparaître à tout moment.

Les travaux d'installation de la maison sont à peine terminés que Victoria-Augusta, déjà très affaiblie lors de son arrivée, meurt juste après le quarantième anniversaire de son mariage. Là où Guillaume, protégé par son égocentrisme, a encaissé tous les coups, Victoria-Augusta s'est effondrée, et les années de guerre, la révolution et les angoisses de l'exil, le chagrin de la mort de Joachim ont eu raison de sa santé défaillante. Le Kronprinz obtient le droit de venir se recueillir au chevet de sa mère où Guillaume se réconcilie avec lui, se répand en démonstrations théâtrales, crie qu'il veut mourir également, que c'est le plus grand chagrin de sa vie, pleure noblement et reste prostré des heures durant. La dépouille mortelle de Victoria-Augusta est emmenée pour être inhumée à Potsdam, mais Guillaume et le Kronprinz restent prudemment en Hollande car l'entrée en Allemagne leur est toujours interdite.

Une foule considérable, tous les anciens princes d'Allemagne et les corps constitués de l'empire disparu assistent aux funérailles de Victoria-Augusta. Les cérémonies tournent à la manifestation légitimiste où revanchards, conservateurs et fidèles de toutes obédiences peuvent mesurer leur force et leur importance numérique. Le Kaiser exilé veut y voir une preuve de sa popularité et un gage favorable pour son retour, alors que cette impressionnante accumulation de nostalgies impériales relève plutôt de l'illusion collective d'une caste désormais dépossédée. En fait, après quelques semaines d'un deuil spectaculaire, Guillaume récupère admirablement et, à la stupéfaction générale, annonce son prochain remariage avec une jeune femme de trente-six ans qu'il installe à Doorn. Ils ont fait connaissance grâce au petit garçon d'Hermine qui écrivit au Kaiser toute son admiration fidèle après la révolution. Attendri, le vieil homme a voulu le recevoir, a rencontré sa mère et depuis ils ne se sont plus quittés.

Née dans la très ancienne maison de Reuss, et veuve d'un prince allemand mort durant la guerre, Hermine a reçu l'éducation de ces jeunes filles allemandes qui vivaient dans le culte de l'empereur. Chargée d'enfants, sans fortune et sans beauté, intelligence courte et caractère modérément avenant, la fiancée du Kaiser réalise un rêve d'enfance en épousant son empereur. Elle se montrera une épouse dévouée à son mari, plutôt revêche avec les Hohenzollern qui s'étranglent de rage de devoir l'appeler Majesté, et dangereusement brouillonne en politique. Elle déteste d'emblée Sigurd mais évite de l'affronter. Au demeurant, le ménage impérial vivra sans nuages ; Hermine et le Kaiser s'entendent parfaitement bien et l'épouse amoureuse rapporte sans gêne excessive au lendemain de leur mariage que son mari est encore très vert, malgré ses soixante-deux ans, et pourvu d'un tempérament de feu qui n'a d'égal que la vigueur de ses capacités intellectuelles.

À présent qu'il entame une deuxième jeunesse et ne se sent plus menacé, Guillaume se lance dans une opération de séduction tous azimuts en ouvrant les grilles de sa propriété aux journalistes et photographes qui filment à satiété le couple impérial dans la maison, dans le jardin, à travers toutes leurs activités. Jusqu'à sa mort, Guillaume se fera filmer en permanence, persuadé qu'il doit laisser un témoignage à l'Histoire. Conscient des reproches dont on l'accable et pour justifier son comportement auprès de l'opinion, Guillaume attend du cinéma qu'il lui permette de redorer son blason. Il fait confiance aux films pour donner de lui une image sympathique et rassurante, il en use et en abuse, et on le voit deviser agréablement avec Hermine, rire avec Sigurd ou jouer avec ses petits-enfants, nourrir ses canards, manier le râteau au printemps, couper du bois en automne. Il peaufine ainsi son nouveau personnage de parfait gentleman à l'anglaise profitant des fruits d'une paisible retraite. Cette Angleterre qu'il a tant haïe et qui ne cessera jamais de le fasciner, cette Angleterre qu'il aurait voulu assujettir et qui l'a finalement cassé, il va en devenir l'une des figures les plus symptomatiques, vêtu de pantalons de tweed et de vestes pied-de-poule, sacrifiant ses moustaches taillées en croc pour de sobres attributs de major britannique, lisant Conan Doyle et des revues de chasse et de jardin. Depuis l'arrivée de sa jeune épouse, la maison est aussi devenue beaucoup plus gaie et les couloirs résonnent des cris des enfants d'Hermine. Seule la chambre de Victoria-Augusta, tel un sanctuaire glacé, reste fermée à tous sauf à Guillaume qui s'y recueille tous les jours, déposant un bouquet de fleurs fraîches sur le lit de son ancienne épouse, qu'il n'a apparemment jamais autant aimée.

Mais cet homme intelligent et frivole, charmeur et décevant, tour à tour sympathique et odieux, capable de gestes généreux et foncièrement égoïste, parfois drôle mais jamais à son détriment, bravache et peu courageux, énergique et paresseux, reste comme toujours très doué pour la mise en scène ; il fait ainsi régner à Doorn une atmosphère de bigoterie qui lui semble servir l'image rédemptrice de sa noble situation d'exilé incompris. Il assiste tous les matins à l'office religieux, lit la Bible à ses domestiques, apprend à ses petits-enfants l'importance de la vertu et de la religion, entretient de pieuses correspondances avec ses fidèles. Guillaume lit aussi attentivement la presse internationale, répond avec ses secrétaires au courrier, reçoit des visiteurs en audience selon un protocole strict et dérisoire. Journalistes étrangers et historiens allemands maintiennent Guillaume dans l'illusion de son importance ; et si la politique se déroule maintenant sans lui, il continue à intéresser le public comme un vieil acteur qui n'en finit pas de faire ses adieux mais dispose d'un répertoire inépuisable.

Le retour du Kronprinz

La république de Weimar a trouvé son animateur le plus remarquable en la personne de Gustav Stresemann, homme politique intelligent et loyal, conservateur modéré et conformiste imaginatif, véritable machine à travailler, ancien belliciste à l'esprit ouvert qui s'est mué en pacifiste. Économiste de grande qualité, il est appelé à la rescousse pour juguler au début des années 20 le traumatisme de l'inflation. Stresemann, qui vient d'un milieu modeste, a rencontré le Kronprinz avant la guerre et a été très touché par ses bonnes manières et sa civilité à son égard. Il faut dire que le Kronprinz, qui collectionne les défauts, témoigne en toutes circonstances d'une excellente éducation et d'une grande courtoisie qui le rendent souvent sympathique. Pour asseoir un peu plus son influence et élargir les bases de son pouvoir en essayant de récupérer les monarchistes et les nostalgiques du passé, Stresemann autorise en 1923 le Kronprinz à quitter son île hollandaise et à regagner l'Allemagne. Le Kronprinz, qui a vécu son exil comme une pénitence, est persuadé d'en revenir meilleur que par le passé. Il assure notamment sa femme Cécilie de sa fidélité, après toutes les années où il l'a si abondamment trompée. Comme gage de sa bonne foi, il la suit dans leur sinistre château de Silésie où elle l'entraîne à l'abri des tentations et des questions des journalistes, sans se faire d'illusions sur le résultat final de cette mise à l'épreuve.

Prise au piège à Potsdam pendant la révolution avec sa belle-mère Victoria-Augusta, puis seule responsable des enfants durant l'exil de son mari, Cécilie a depuis longtemps perdu la grâce et la beauté qui avaient ébloui le Berlin de la Belle Époque quand elle n'était encore qu'une princesse ravissante, légère, confiante en l'avenir. La solitude et les tromperies de son mari ont eu raison de sa féminité et de sa séduction ; elle a grossi, s'habille sans plus aucune recherche et ne se soucie guère de coquetterie. Elle ne croit pas une seconde aux bonnes résolutions du Kronprinz lorsqu'il revient d'exil mais elle a choisi de faire bonne figure pour continuer à s'occuper de l'éducation de ses enfants. C'est ainsi que bien décidés à ne pas sombrer dans les désordres paternels, et portés à bout de bras par leur mère, ses deux fils aînés, les adolescents Frédéric-Guillaume et Louis-Ferdinand, font de bonnes études et s'adaptent calmement aux temps nouveaux de la république.

Durant la guerre, le Kronprinz s'est fait construire une immense villa anglo-normande dans le magnifique parc de Potsdam, bel exemple de l'inconscience du fils du Kaiser qui au milieu des privations et des souffrances du peuple allemand poursuivait ses rêves dispendieux d'enfant gâté. Lorsqu'il revient en Allemagne, oubliant très vite ses promesses de retraite en Silésie auprès de sa femme, il ne songe qu'à retrouver sa splendide demeure à laquelle il a donné le nom de *Cecilienhauf*, « la Maison de Cécilie », comme pour se faire pardonner les multiples trahisons qu'il lui inflige. (C'est d'ailleurs dans cette maison que Churchill, Truman et Staline se retrouveront pour la conférence de Potsdam.) À peine de retour à Potsdam, il recommence à hanter les courts de tennis, les cocktails et les boîtes de nuit en compagnie de jeunes actrices, de chanteuses et de grisettes de cabaret. Son donjuanisme se déchaîne comme s'il devait rattraper le temps perdu dans son île, d'autant qu'il n'a plus les responsabilités d'autrefois. Il n'est que l'ex-Kronprinz et, dans l'Allemagne des années folles qui renoue enfin avec la prospérité, Berlin offre toutes les occasions au prince en goguette de s'amuser, de rencontrer de jolies femmes et de devenir au moins le roi de la nuit.

Le Kronprinz est un personnage à la fois frivole et dérisoire, totalement prisonnier des préjugés de sa caste, mais, en même temps, il est gai, amusant, aimable et plein d'entrain, pratiquant à l'envi « cette insupportable politesse des aristocrates » que décriait Jean Cocteau, qui fait qu'il a l'air émerveillé à tout propos. Émerveillé de croiser un ouvrier, émerveillé de serrer la main à un paysan, émerveillé de rendre visite à une famille méritante. Les photos et les films de l'époque le montrent toujours béat, souriant... et muet car, s'il a l'air de vivre l'aventure humaine la plus enrichissante de sa vie, il n'a jamais rien à dire.

Le Kronprinz, qui malgré sa légèreté et ses idées politiques nébuleuses a parfois quelques éclairs de lucidité, ne croit pas du tout à une possible restauration des Hohenzollern. Il le dit haut et fort dans la presse, ce qui lui permet d'être bien vu des républicains et favorise paradoxalement une réelle popularité. Car ce prétendant légitime qui ne réclame rien est très apprécié du grand public comme le serait un acteur de cinéma ou un champion célèbre. Tout Berlin se presse à ses réceptions au Cecilienhof, les journalistes le suivent quand il passe en galante compagnie plusieurs semaines chaque année en Italie pendant la saison du jumping, on le photographie sur les plages, aux sports d'hiver, sa photo paraît en couverture des magazines, il passe pour un exemple d'élégance masculine, les soirs de gala la foule se presse pour lui faire signer des autographes et la presse est remplie des confessions de ses jolies conquêtes et de ses réconciliations épisodiques avec l'imperturbable et fidèle Cécilie. À défaut d'être empereur, le Kronprinz invente le difficile métier de play-boy et curieusement cela pourrait bien servir les ambitions qu'il n'a pas...

Louis-Ferdinand et Lili Damita

Louis-Ferdinand, deuxième fils du Kronprinz, est le plus vif et le plus aventureux des jeunes princes de Prusse. À vingt ans, il demande à son père de le laisser partir pour l'Amérique. Mais, comme le Kronprinz hésite, Louis-Ferdinand insiste et se tourne vers son grand-père, Guillaume II. Malgré ses multiples différends avec le Kronprinz, le Kaiser reste le chef de famille et, quand il décide quelque chose, on lui obéit. Or, il se trouve que Louis-Ferdinand est le petit-fils préféré de Guillaume, qui a toujours été fasciné par l'Amérique. Deux bonnes raisons pour accorder la permission...

De plus, et Dieu sait si l'orgueil du Kaiser en est flatté, il existe à l'époque en Amérique un courant d'opinion qui lui est très favorable et considère qu'il n'est pas coupable du déclenchement de la guerre. Guillaume, qui entretient de très bonnes relations avec le grand industriel Henry Ford, obtient également que son petit-fils fasse un stage aux usines Ford de Detroit. Ainsi, le jeune homme apprend le travail à la chaîne, s'initie à tous les rouages de l'efficacité américaine et aux règles du capitalisme, et se sensibilise à l'économie et aux affaires. Louis-Ferdinand, charmant et timide, découvre émerveillé les charmes de la modernité et s'adapte parfaitement à la vie à Detroit où nul n'attache d'importance à son identité.

Avant de le laisser partir en Amérique, le Kaiser, dans ses multiples directives, l'a mis en garde contre les jeunes femmes qui ne manqueront pas de l'approcher et lui a formellement interdit de se rendre à Hollywood, ville de perdition pour un jeune homme convenable. Évidemment, cette recommandation émoustille Louis-Ferdinand qui rêve de connaître ces dangereuses tentatrices dont on lui a tant parlé. Il n'aura même pas besoin de se rendre à Hollywood, le péché vient à lui sous les formes très attirantes de la jeune et vaporeuse Lili Damita. Cette actrice française élevée en Suisse, parlant parfaitement l'allemand, a succédé à Mistinguett au Casino de Paris et mené des revues à Berlin, avant de se lancer dans le cinéma. En 1928, Samuel Goldwyn lui fait signer un contrat à Hollywood où elle tournera plusieurs films à succès, qui feront d'elle l'une des étoiles les plus populaires du cinéma américain. Lili Damita est une jeune femme gaie et courageuse, sans préjugés inutiles, qui travaille depuis l'âge de quatorze ans et n'a qu'un but dans la vie : devenir une star. Lorsqu'elle arrive aux usines Ford pour une opération de promotion où elle est censée conduire la dernière limousine, visiter la chaîne de montage et rencontrer le personnel, son regard s'arrête sur Louis-Ferdinand qui tombe immédiatement amoureux d'elle. Fin du stage pour le candide et rougissant Louis-Ferdinand qui repart dans les bagages de Lili Damita, direction Hollywood.

Villas à piscine, premières de galas, Hispano décapotables, ragots de magazines, « parties » où l'alcool de la prohibition coule à flots, tennis avec Goldwyn et barbecue avec Garbo, fourrures, déshabillés de satin, lingerie fine : Louis-Ferdinand découvre la « vraie vie », bien différente de celle que lui ont enseignée sa mère et les sombres collèges berlinois. Lili est folle de son amant qui compense son absence d'occupation précise par une ardeur volcanique lorsqu'elle rentre des tournages. Mais, au fait, il est si grand, si chic, si beau, avec un sourire pareil il pourrait faire un malheur sur grand écran. Lili voit déjà le film, « Lili Damita *and* Prince Louis-Ferdinand *in Palace of Love* ». Louis-Ferdinand n'y met pas d'objection, il n'écoute plus, il est en train de la serrer contre lui...

À Doorn, on imagine la consternation et la fureur du Kaiser. Les télégrammes s'envolent fébrilement entre l'Allemagne, la Hollande et les bureaux de Henry Ford afin d'obtenir d'urgence que Louis-Ferdinand renonce à sa liaison. Finalement, l'industriel parvient à raisonner le jeune prince et obtient qu'il s'éloigne de Lili Damita pour rejoindre le bureau de Ford en Argentine. Louis-Ferdinand pleurera longtemps sa belle actrice, mais Lili, habituée sans doute à passer d'un partenaire à l'autre, oubliera plus facilement son prince prussien dans les bras d'un autre séducteur, Errol Flynn, qu'elle épousera bientôt.

Louis-Ferdinand a échappé aux griffes de Hollywood et le Kaiser peut dormir tranquille. Quand le jeune homme retrouve sa famille après son escapade américaine, le Kaiser ne lui fait aucun reproche. Au contraire, il l'accueille en disant : « Ah ! voilà mon petit Américain de retour... », et pendant des heures il écoute ses récits sur l'Amérique, attendri par l'enthousiasme et l'émerveillement de son petit-fils préféré. Au fond, le Kaiser est fier que Louis-Ferdinand soit un tombeur de jolies femmes. Il préfère ce genre d'aventures à des situations inverses comme celle de sa propre sœur, la princesse Victoria, prise dans les filets d'un gigolo qui a la moitié de son âge.

Mme Zoubkhov

Victoria est pourtant la plus douce et la plus soumise des sœurs du Kaiser et elle a toujours subi la tyrannie de son frère sans se rebeller. Jeune fille, elle était passionnément amoureuse d'Alexandre de Batenberg, devenu prince de Bulgarie à la suite de cette loterie royale où un petit prince allemand peut se retrouver à la tête d'un État qui vient de naître. Or, Guillaume, pour des raisons de politique internationale, mais surtout par pure méchanceté, empêche le mariage des deux jeunes gens et, ce faisant, brise la vie de sa sœur. Durant des mois, Victoria essaie de fléchir son frère, elle fait intervenir des membres de sa famille qui intercèdent en sa faveur, elle fait patienter son promis, lui jurant une passion éternelle ; mais rien n'y fait et Victoria renonce finalement définitivement à son mariage. Toute sa vie, elle en gardera un regret et une peine intenses et, lorsqu'elle croisera Alexandre, elle aura chaque fois le sentiment de l'amour perdu.

Alexandre de Batenberg, qui est très populaire en Bulgarie parce qu'il en a immédiatement adopté l'identité et la culture et qu'il tient la dragée haute à la Russie, se voit bientôt éjecté de son trône par ceux-là même qu'il narguait. Il rentre en Allemagne et il se marie avec une autre femme. La statue équestre d'Alexandre de Batenberg, « père de la renaissance bulgare », occupe encore aujourd'hui la place centrale de Sofia, et même les communistes n'ont pas osé la déboulonner, ce qui en dit long sur ses qualités et sa popularité.

Cependant, Alexandre de retour pourrait devenir l'amant de Victoria faute d'être son mari. Le Kaiser force alors sa sœur à épouser un obscur principicule germanique. Son choix n'est pas des plus judicieux car il apparaît très vite que le nouveau mari préfère passer son temps avec ses jeunes soldats qu'avec son épouse, mais Victoria est revenue de tout, elle s'accommode de cet époux trop pomponné qui s'intéresse de si près à la condition militaire et, à défaut d'être heureuse, elle vit bien tranquille dans leur palais de Bonn. Le prince est très riche et c'est au moins une compensation. Surviennent la guerre, la mort de son mari, la révolution, la chute des Hohenzollern. Victoria accueille cette succession de désastres avec philosophie. Son mari n'est plus là, son frère s'est enfui, elle est veuve, fortunée et... libre.

Victoria a toujours rêvé d'un homme protecteur et gentil, auprès de qui elle passerait une existence simple et discrète. Toute sa vie elle a attendu cet homme fort et aimable. Avant d'aimer Alexandre de Batenberg, elle a adoré un petit frère qu'elle parait de toutes les qualités, mais qui est mort à l'adolescence, et Victoria en a gardé une blessure que l'échec de son amour pour Batenberg a ravivée. Au soir de sa vie, parce qu'elle n'a jamais désespéré, Victoria espère toujours rencontrer son héros idéal, porteur d'une histoire et d'un romanesque qui la feraient rêver. À l'âge de soixante ans, elle commence à mener une existence inattendue pour une princesse Hohenzollern. Elle sort dans des thés dansants sans chaperon, se lie avec des inconnus, donne des dîners dans son immense palais où elle n'invite personne de sa famille. C'est ainsi qu'elle fait la connaissance d'un jeune homme de trente ans son cadet, Alexandre Zoubkhov, qui se présente comme un aristocrate russe ayant combattu héroïquement avec les armées blanches et que l'échec de la contre-révolution a contraint à émigrer. Zoubkhov est grand avec un beau visage mélancolique et les cheveux plaqués en arrière, il s'habille et se parfume avec raffinement, il parle le russe, l'allemand et le français, a d'excellentes manières, il aime sortir, danser avec l'éclat et l'entrain d'un autre Rudolph Valentino. Victoria bientôt ne quitte plus ce charmant compagnon qui se montre si passionnant et empressé. Les journaux commencent à s'intéresser à cette brûlante idylle, en la mettant sur le même plan que tous les scandales des années folles dont le gigolo est un héros emblématique avec la garçonne, le tombeur latino, la droguée mondaine, etc. Et à la stupéfaction horrifiée de la famille Hohenzollern, mais à la grande satisfaction des journaux populaires, Victoria annonce son prochain mariage avec Zoubkhov.

Les titres sur cinq colonnes lancent de palpitantes enquêtes sur le thème de l'amour moderne qui se moque des différences d'âge et de condition sociale. Gros succès parmi le lectorat féminin ; en revanche le Kaiser cesse provisoirement de lire les journaux...

Le film de leur voyage de noces les montre comme même un mélodrame n'oserait les présenter : dans le salon d'un palace et devant une rangée de loufiats penchés en deux, lui, tout sourire, prenant la pose dans un magnifique costume, faisant tournoyer son étui à cigarettes et son briquet en or massif, elle, à la fois heureuse et vaguement gênée, les yeux écarquillés, comme égarée. Dès le début, la famille a déclaré que Zoubkhov la tenait sous son emprise avec des stupéfiants, mais la présence de la coco n'a jamais été confirmée. Avantageux, sûr de lui et vigoureux, Zoubkhov avait d'autres arguments pour griser la princesse qu'aucun homme n'avait comblée avant lui.

Le véritable parcours de Zoubkhov, que de bonnes âmes ne vont pas tarder à révéler, s'avère moins reluisant que ce qu'il a fait croire à Victoria. S'il est bien russe d'origine, il n'a jamais appartenu à l'aristocratie et ne peut justifier d'aucun état de service dans les armées blanches. En fait, Zoubkhov est un joueur de casino qui a déjà fait de la prison à plusieurs reprises pour tricherie, que la justice poursuit pour escroquerie, et que les huissiers traquent pour dettes impayées. Zoubkhov n'est qu'un gigolo de la plus belle eau, un champion dans sa catégorie parmi tous ceux qui fleurissent sur le vernis soyeux des années folles, et qui a décroché le gros lot en épousant Victoria.

Après deux ans de mariage et de folle passion, Victoria se retrouve seule et ruinée ; Zoubkhov a vidé son compte en banque,

197

vendu ses actions, l'a trompée sans discontinuer et a bradé aux enchères les meubles et les tableaux pour payer ses dettes avant de se volatiliser. Victoria s'enferme dans son palais désert, attend vainement le retour de son bel amour perdu et se laisse mourir, vaincue par l'opprobre et les déceptions successives, bannie et oubliée, sans que les Hohenzollern témoignent du moindre geste de compassion à son égard. Seuls une de ses sœurs et quelques domestiques assistent à ses obsèques. Comble du pathétique et du grotesque, Zoubkhov, pour se faire encore un peu d'argent, écume les théâtres et les cinémas et raconte pendant les entractes, un porte-voix à la main, l'histoire de ses amours avec Victoria. Il ne tardera pas à disparaître, lui aussi, sans doute assassiné dans un règlement de comptes.

Victoria était une âme candide et noble car elle n'eut pas un mot pour condamner son mari. Dans ses Mémoires, publiés quelques jours avant sa mort, elle ne règle aucun compte, ni avec Guillaume qui a brisé sa vie ni avec son premier mari qui l'a ignorée, et, comble de l'aveuglement, elle persiste à voir en Zoubkhov un héros de la contre-révolution russe, injustement calomnié par des esprits envieux...

Un enterrement dans la brume...

Henri, le frère du Kaiser, a pour sa part toujours vécu dans l'ombre de Guillaume sans oser le contredire ; époux d'Irène de Hesse, troisième sœur de la tsarine, il n'a pas eu beaucoup de chance avec ses enfants : deux de ses fils sont hémophiles et il traverse toutes les angoisses paternelles qui ont torturé les Romanov.

On doit à Henri quelques traits peu glorieux. Il est le dernier membre de la famille impériale à avoir vu George V avant que ne se déclenche la guerre de 1914. Ils ont longuement parlé ensemble et Henri, avec un sens de l'intuition très personnel, en a conclu que l'Angleterre n'entrerait jamais en guerre. Puis il s'est empressé de rassurer le Kaiser sur les intentions de George V, moyennant quoi, trois jours plus tard, l'Angleterre déclarait la guerre à l'Allemagne.

Durant les dernières années de sa vie, Henri ne brille pas non plus par la justesse de ses prises de position politique. Il vit enfermé dans la nostalgie de la restauration des Hohenzollern et dans l'exécration de la république. Sa principale lecture est *Le Protocole des sages de Sion*, célèbre faux particulièrement nocif conçu par des antisémites fanatiques qui dénonce une conjuration planétaire menée par les Juifs et qui explique leurs méthodes pour s'emparer du monde. Henri n'y voit aucune malice et envoie le livre à Guillaume qui, pour une fois, sait faire la part des choses et n'en tient pas compte.

Henri meurt en 1929 et ses funérailles ressemblent à une mise en scène des films les plus noirs de Carl Dreyer. L'enterrement a lieu à la campagne, en plein hiver, le cortège traverse des champs battus par les vents et la pluie dans une grisaille désespérante. On a le sentiment d'obsèques à la sauvette, comme si les Hohenzollern ne pouvaient plus enterrer les membres de leur famille dans une grande ville de peur que les républicains ne manifestent. Henri était amiral et un défilé de marins, d'anciens militaires, de porte-drapeaux forme le cortège. Les Hohenzollern en grande tenue, les officiers, les marins, les officiels en habits noirs et les dames en voiles de deuil trébuchent sur le chemin boueux, sous une pluie battante, et l'on voit les retardataires, hagards et maculés, s'effilocher petit à petit, comme si la prestigieuse dynastie et sa cour de fantômes se diluaient dans une apocalypse météorologique, à la mesure de son déclin et de sa chute.

Le malheureux crépuscule de Victoria et d'Henri, la joyeuse fuite en avant du Kronprinz ne sont pas les seuls exemples de la décadence de la famille. Les fils du Kaiser y prêtent aussi la main avec un aveuglement sans rémission. Si Joachim, le plus fragile, s'est suicidé et si Adalbert a opté pour une prudente retraite en Suisse, Fritz-Eithel, Oscar et August-Wilhelm vont faire parler d'eux, en s'illustrant tristement par leurs choix politiques et en trahissant leur honneur pour se perdre dans de ténébreuses songeries en chemises brunes.

Fritz-Eithel, Oscar et August-Wilhelm

Fritz-Eithel, le deuxième fils de Guillaume, poursuit les jeunes garçons avec la même fougue que son frère aîné met à courir les jolies femmes. C'est un personnage sans envergure, gros et mou, que son épouse a quitté, et qui passe son temps dans des manifestations d'anciens combattants porteurs de l'utopie d'un État militaire et conservateur. Fritz-Eithel s'enivre des fortes amitiés viriles suscitées par les parades et les défilés et de ses rêves d'un retour aux affaires, alors qu'il n'en a ni les capacités ni même la volonté profonde. Il n'en reste pas moins prince de Prusse et, à ce titre, a droit aux premières pages des journaux, comme étant l'expression du soutien que les Hohenzollern apportent à la caste militaire et revancharde. Cette frange de la société composée de tous les nostalgiques de l'ancien Reich et des survivants des corps francs qui ont fait le coup de feu en Silésie et dans les États baltes bien après la fin de la guerre n'a pas pour l'instant cédé aux sirènes nazies et elle prolonge l'idée d'une Allemagne wilhelminienne et bismarckienne qui ressusciterait contre le « diktat » de Versailles et serait prête à jouer la belle d'une partie gagnée en 1870 et perdue en 1918. Alors que l'Allemagne emportée dans le torrent de plaisirs des années folles oublie la défaite, elle constitue le dernier socle d'irréductibles qui entretient le prestige militaire à coups de manifestations permanentes à travers toute l'Allemagne, de dépôts de gerbes, de défilés avec fanfares et drapeaux, de réunions à Berlin, avec la bénédiction du vieil Hindenburg. Il faut dire que, le traité de Versailles interdisant à l'Allemagne d'avoir une véritable armée, les anciens combattants se sont regroupés dans une sorte d'armée officieuse, selon une stratégie que Hitler saura fort bien utiliser ensuite pour sa conquête du pouvoir avec ses groupes paramilitaires et ses sections d'assaut.

Bien plus nettement que Fritz-Eithel, avec son physique de reître prussien, sa détermination, ses faits d'armes sur le front durant la guerre, le prince Oscar est la coqueluche de la caste revancharde Et dans l'exaltation d'une Allemagne impériale renaissante, Oscar est comme un poisson dans l'eau. Il est très proche de Ludendorff, symbole vivant d'une Allemagne qui n'admet pas avoir été vaincue, et il catalyse autour de lui la symbiose du revanchisme allemand et la nostalgie militaire pour les Hohenzollern. Or Ludendorff, qui a participé au putsch raté d'Adolf Hitler à Munich en 1923, entretient des relations suivies avec les nazis.

Le parti nazi n'est pour l'heure qu'un groupuscule d'extrême droite, sans réelle prise sur la réalité du corps politique allemand, mais Oscar s'y intéresse déjà. Il cherche à rencontrer Hitler et, si l'agitateur encore méprisé par l'opinion ne lui fait pas grande impression, Hitler voit en Oscar la possibilité d'infiltrer toute une classe de l'ancienne Allemagne dont il a besoin pour construire sa stratégie. Et si Oscar lui paraît encore hésitant à s'engager, peut-être existe-t-il un autre prince de la famille avec qui on pourrait faire affaire ? Mais pour l'instant l'Allemagne travaille et s'amuse et la période reste défavorable aux nostalgies des uns et aux ambitions perverses des autres.

Or si Oscar flaire le nazisme entre sympathie et méfiance, sa compromission n'est rien à côté de celle de son frère August-Wilhelm. Curieusement, August-Wilhelm a la réputation d'être le plus intelligent des fils du Kaiser. Sans doute est-il doué pour la conversation et a-t-il lu et étudié plus que ses frères, mais on comprend difficilement comment cet homme réputé intellectuel et artiste a pu aller aussi loin dans la folie nazie. Dès les années 20, August-Wilhelm se pose en hitlérien fanatique. Le putsch raté de Munich lui a fait une forte impression et il a pris contact avec celui qui l'a fomenté alors qu'il se trouvait encore dans la prison à vrai dire fort confortable où il rédigeait *Mein Kampf*. Hitler a tout de suite vu le parti qu'il pouvait tirer de ses offres de service et l'a accablé de flatteries en lui écrivant de longues lettres remplies de promesses et d'allusions à leur avenir politique commun. August-Wilhelm a vécu leur première rencontre comme un coup de foudre et, depuis, il ne cesse de rendre service à Hitler, lui sert de chauffeur, lui prête de l'argent, l'invite à sa table. Cette servilité qui dépasse toutes les bornes contribue à donner une apparence de respectabilité au chef nazi. Il faut se rappeler qu'à ses débuts le mouvement nazi était réduit à une poignée de fanatiques vociférants et a traversé des périodes de difficultés financières aiguës. Grâce à August-Wilhelm, Hitler pénètre enfin le milieu de l'aristocratie, de la banque et de la grande finance ; il profite à plein de ses prestigieuses relations.

August-Wilhelm est un nazi tellement extraverti qu'il commence à gêner son entourage. Il porte les uniformes nazis, se fait filmer dans toutes les manifestations et défilés, et il paraît enchanté que les caméras de cinéma le saisissent aux côtés de Hitler. Et, chaque fois, August-Wilhelm se tient près de lui non pas comme Goebbels ou Goering qui ont l'air de lieutenants du Führer, mais comme une sorte de domestique, porte-serviette servile et admirateur totalement assujetti.

C'est ainsi qu'il participe activement aux nombreuses campagnes d'entraide du parti nazi. C'est une particularité que l'on a un peu oubliée aujourd'hui mais les nazis, comme le font toujours les mouvements extrémistes, ont beaucoup joué sur la carte de la solidarité-spectacle : quêtes patriotiques, distributions de soupes et de couvertures aux déshérités, asiles pour les chômeurs, distractions pour l'enfance et les vieillards ; les nazis savent très efficacement occuper le terrain de la charité ostentatoire, là où se trouvent les faibles et les plus démunis, qu'ils manipuleront le moment venu. August-

Wilhelm se démène donc, la sébile à la main, devant les caméras d'actualités, encadré de bonnes âmes en tenue de SA, la croix gammée en brassard, et il rappelle sans cesse qu'il est bien le fils du Kaiser qui soutient la campagne du parti nazi. Dans les meetings, il lance des appels enflammés pour soutenir Hitler, avec un air totalement halluciné et des gestes d'exaltation démentielle comme s'il subissait l'emprise physique de son maître à penser. Il passe aussi son temps à l'entretenir de l'état de la haute société à l'égard du nazisme, des progrès de son influence, de l'attitude des cercles financiers qui pourraient fournir des fonds pour subvenir aux besoins du parti.

Le Kaiser, bien que chef de famille écouté et respecté, ne peut empêcher August-Wilhelm de prêter son concours au nazisme. À cet égard, il existe quelques scènes révélatrices de l'entrée du nazisme dans l'univers calfeutré de Guillaume. Quand il se rend à Doorn, August-Wilhelm, comme le personnage du *Docteur Folamour,* se présente devant son père en proclamant : « *Heil Hitler !* » et il faut lui tenir le bras, comme un levier qu'on bloque, pour qu'il arrête de saluer. Ces scènes sinistrement bouffonnes affectent beaucoup Guillaume qui tente de le raisonner, mais il est déjà trop tard car August-Wilhelm a acquis la perversité et le sadisme de ses inspirateurs. Et lorsque son père lui ordonne de quitter le parti nazi, il menace d'aller se plaindre à Goering ou à Goebbels, que le Kaiser redoute car ils sont très bien informés sur ses manquements durant la guerre, l'état de sa fortune, ses placements à l'étranger. Cette forme de chantage est extrêmement efficace sur le Kaiser, mais August-Wilhelm est aussi intimement persuadé que Hitler, lorsqu'il accédera au pouvoir, rétablira les Hohenzollern. Il joue de cette espérance, en alternant les menaces, pour faire admettre par son père son activisme outrancier que reproduisent largement la presse et les actualités.

La servilité d'August-Wilhelm arrange aussi beaucoup Hitler comme argument de propagande. Exhiber le fils du Kaiser comme s'il s'agissait de son paillasson personnel démontre au monde entier comment l'Allemagne ancienne se couche devant la nouvelle Allemagne qu'il entend faire naître.

Mais Hitler n'est pas arrivé au pouvoir, loin de là. À la fin des années 20, l'atmosphère n'est pas encore chargée des poisons qui vont emporter toute la société vers la plus grande catastrophe de son histoire ; la frivolité, l'inconscience, la soif de plaisirs s'exercent dans un désordre absolu sans laisser deviner que des mouvements collectifs infiniment plus dangereux sont déjà à l'œuvre. À cet égard, l'aristocratie allemande se montre particulièrement aveugle et flirte avec les hitlériens sans imaginer la tragédie dont ils sont porteurs. La « Kaiserine » Hermine, elle-même influencée par Fritz-Eithel, Oscar et August-Wilhelm, joue la carte de Hitler car les nazis adressent sans cesse via les trois frères des messages admiratifs pour le Kaiser et son épouse, en faisant miroiter une restauration Hohenzollern lorsqu'ils accéderont au pouvoir. Et Hermine qui n'a aucun sens politique croit aux promesses de Hitler et bourdonne activement de projets fallacieux auprès de son mari, de plus en plus silencieux.

Les raisons pour lesquelles Guillaume n'est pas hitlérien sont multiples. D'abord, il semble que la religion fasse office chez lui de garde-fou. Elle le tient à l'écart de Hitler qui a la réputation d'être athée et antichrétien. La violence, le racisme, la brutalité de l'éloquence du chef nazi lui déplaisent et l'inquiètent. Le Kaiser est aussi profondément révulsé par la vulgarité de cet agitateur révolutionnaire qui entend devenir chancelier. Guillaume voit toujours le monde d'un point de vue où la politique est affaire de cour et de cabinet entre messieurs distingués, attachés à un code de politesse et de bonne tenue. Hitler ne peut pas faire partie de cet univers. En somme, comme le résume le Kronprinz lui-même, « Hitler n'est pas un gentleman ».

Les caméras qui filment en permanence la vie du Kaiser à Doorn ont saisi une scène qui en dit long sur la manière dont les nazis s'approchent de Guillaume. On voit Sigurd se pencher vers le Kaiser durant une promenade dans le parc et lui dire quelques mots à l'oreille. Immédiatement, Guillaume et Hermine se hâtent vers la maison, puis, quelques minutes plus tard, en ressortent et s'éloignent. Et l'on aperçoit alors à l'arrière-plan, extrêmement décontracté et comme s'il était chez lui, Goering passer en portant des dossiers sous le bras. Le couple s'est donc rendu dans la maison sans rechigner à l'appel de leur singulier invité qui avait sans doute une demande à formuler, une précision à obtenir pour ses mystérieux et volumineux dossiers. On sent que le Kaiser n'apprécie pas les manières cavalières de Goering qui se déplace dans la maison en terrain conquis. Mais Goering est un héros de la Grande Guerre, un as de l'aviation qu'il a honoré lui-même avec la croix de fer et il est difficile de ne pas le recevoir. Et si Goering a les coudées franches pour investir la maison de Guillaume, c'est, d'une part, parce qu'il flatte Hermine sans vergogne en l'appelant « Majesté » comme si l'on était déjà de retour au palais de Potsdam, mais surtout parce qu'il fait chanter le Kaiser. Il est en train d'étudier les transferts de fonds entre l'Allemagne et la Hollande, et dresse un inventaire précis de la fortune impériale en faisant planer la menace de couper le robinet à finances si les nazis arrivent au pouvoir et ont à se plaindre du Kaiser. Officiellement présent pour aider Guillaume à mettre de l'ordre dans ses affaires, il achète en fait son silence dans la perspective d'une évolution favorable aux nazis. Goering sait que le Kaiser déteste Hitler mais il va faire en sorte qu'il reste muet. Le silence du Kaiser a valeur de caution pour les nazis ; c'est un appui inespéré vis-à-vis des cercles conservateurs et de la caste militaro-revancharde qui tiennent si souvent le haut du pavé dans les villes allemandes, et qui ne se sont pas encore ralliés aux hitlériens.

14

LES PAUVRES GENS
La vie des Russes en exil

> « Nous les avons tous eus et maintenant nous n'avons plus personne. Enfin, plus personne de chez eux. »
> Princesse Metcherski.

Face à la solitude morale et au déracinement ressentis par les émigrés russes, les Romanov en exil firent preuve d'une grande solidarité en adoptant un profil bas et une façon de vivre étonnamment modeste. Certes, ils avaient dû renoncer au train de vie fastueux d'avant la Révolution, mais rien ne les empêchait de profiter d'une certaine charité de luxe dispensée par des familles royales ou des milliardaires internationaux désireux de se faire une situation sociale en protégeant des réfugiés si prestigieux ; ce qu'ils ne firent pas. On a vu que, lorsqu'elle venait à Paris, la grande-duchesse Xénia descendait dans un hôtel modeste de la rue Masseran, en délaissant les meilleurs établissements de la capitale, et que, son entourage s'en étonnant, elle répondait invariablement : « Vous ne voudriez tout de même pas que l'on vive à l'abri des soucis et des contraintes matérielles alors que tous les Russes mènent des existences si difficiles. »

Cette loyauté les honore d'autant que bien des émigrés qui les avaient combattus avant la Révolution désormais souhaitent les ignorer ou les rejeter. L'émigration est une photocopie exacte de la Russie d'avant la Révolution. Rassemblant près de trois cent mille réfugiés en France et environ cinquante mille dans la région parisienne, elle recouvre tout l'éventail des pensées et des options politiques, une grande diversité de situations sociales, avec une surreprésentation des intellectuels et des artistes qui ne sont pas précisément favorables aux Romanov. Cette « autre Russie » de l'exil est donc divisée, ravagée par les rancunes et les polémiques. Mais ce qui unit les exilés est encore plus fort que ce qui les sépare ; le manque de la patrie natale, la dureté de l'exil, la précarité matérielle suscitent de magnifiques œuvres d'entraide où les Romanov jouent un grand rôle sans s'attirer dans ce domaine l'animosité de leurs adversaires politiques. L'émotion propre aux souvenirs, la spiritualité, la langue russe donnent aux diverses retrouvailles des uns et des autres une intensité sentimentale que l'on ne retrouve dans aucune autre communauté.

Ainsi, malgré les déchirements du passé, ils organisent ensemble des bals de charité, des rencontres, des sorties, ils aident les écoles et les associations. Et le nom prestigieux de la famille impériale sert plus souvent à aider un exilé russe à trouver du travail ou un logement qu'à améliorer leur confort personnel. En fait, à travers la Russie des émigrés, les Romanov en exil gardent le contact avec la Russie.

L'« autre Russie »

Dans son livre, *Les Chroniques de Billancourt*, Nina Berberova évoque la vie et le combat quotidien des émigrés russes que les usines Renault de « Billankoursk » engagèrent après la Révolution. Au nombre de ces ouvriers figurent de nombreux soldats et officiers de l'armée Wrangel, qui se retrouvent prolétarisés, affectés aux tâches les plus dures, avec des ouvriers syndiqués et votant communiste, donc face aux alliés de leurs ennemis et des bourreaux de leurs familles... Les émigrés russes sont très appréciés de « Moûssioû Renault » pour leur courage, leur ardeur au travail et leur discipline exemplaire, et attaqués dans les colonnes de *L'Humanité* qui les soupçonne d'être de potentiels briseurs de grèves. Or ils vivent repliés sur leur communauté et évitent tout risque de conflit extérieur, même lorsque sur leurs lieux de travail ils essuient des réflexions hostiles ou des moqueries. Cette émigration est à la fois matériellement misérable et d'une très grande richesse intellectuelle et spirituelle. À Billancourt par exemple, les ouvriers russes ont construit une église de leurs mains et peu à peu, dans les autres banlieues prolétariennes de Paris, ils reconstituent de petites Russies en ouvrant des épiceries, des restaurants, des librairies et des églises russes. La vie religieuse de l'émigration est particulièrement riche et, quelle que soit son appartenance politique, la religion orthodoxe cimente la petite communauté. Ce qui explique qu'il existe au moins une église orthodoxe dans presque chaque quartier de Paris, le 15e, le 19e et le 20e étant ceux où les exilés sont les plus nombreux, avec Meudon, Clamart et Levallois. Mais « Billankoursk » n'est que l'un de ces Molochs industriels qui dévorent des hommes et des femmes qui n'avaient souvent jamais travaillé de leurs mains. Les mines, la sidérurgie, les chemins de fer, tous les métiers de force dont les Français tentent de se défaire, engagent des exilés. Ils se rassemblent ainsi dans les cités les plus pauvres, les logements insalubres qu'ils russifient rapidement. Au gré de leurs propres difficultés matérielles, artistes et intellectuels quittent leurs quartiers modestes pour les rejoindre.

Dans leur manière d'affronter la nouvelle situation, les Russes blancs témoignent d'un courage extraordinaire, et pour certains d'une humilité vraiment admirable. La légende s'est justement emparée des grandes dames devenues préposées aux lavabos dans les restaurants, des officiers chauffeurs de taxi et des élégantes aristocrates arpètes dans les maisons de couture. Les jeunes gens des milieux favorisés qui pratiquaient l'aquarelle ou le piano pour se distraire en font leur métier, et ceux qui chantaient agréablement tentent leur chance au cabaret. La célèbre danseuse Kchessinskaïa, épouse du grand-duc André et premier amour du tsar Nicolas II, crée un cours de danse, dont elle se retire à quatre-vingt-seize ans... Les théâtres embauchent les peintres et les décorateurs russes, et ainsi tout un monde artistique se recrée qui, jusque dans les années 60, bénéficie d'une grande réputation de qualité. De surcroît, si les Russes sont pauvres, ils sont également très à la mode et leur présence suscite une réelle sympathie. Mais qu'ils tombent dans le prolétariat ou qu'ils se débattent aux marges d'une vie un peu moins difficile, ils sont tous habités d'une même énergie et d'un singulier mélange de fatalisme et d'insouciance qui forcent l'estime des Français. Tous ont de prodigieuses ressources intérieures et utilisent leur savoir-faire en refusant de se laisser abattre, et à cet égard le pourcentage de Russes blancs ayant sombré dans la délinquance est infime.

Leur situation juridique est souvent compliquée, beaucoup n'ont plus de papiers. C'est pour mieux remédier à cette situation que Nansen, l'explorateur et humaniste norvégien, crée les fameux « passeports Nansen » qui formalisent une identité pour les apatrides et leur permettent d'obtenir des cartes de travail et de se déplacer. Les Soviétiques sont évidemment très hostiles à ces passeports qu'ils soupçonnent de servir de couvertures à des adversaires mais qui, en fait, les empêchent de pourchasser les Blancs où qu'ils soient... Il est vrai que les émigrés russes se sentent poursuivis et observés par les fonctionnaires de l'ambassade à Paris, véritable nid d'intrigues, de complots et de coups fourrés. Toute la presse parle de deux hauts responsables de l'émigration, les généraux Koutiepov et Miller, que des agents musclés de l'ambassade soviétique ont enlevés successivement dans la rue en plein jour et expédiés manu militari dans une caisse en Russie. Et la suspicion est partout, car certains Russes blancs pratiquent le double jeu, afin de protéger leur famille restée en Russie, parce qu'ils espèrent rentrer ou parce qu'ils ont été savamment retournés par des agents soviétiques.

L'exil est aussi une plate-forme pour revenir sur l'histoire récente, refaire le parcours des erreurs qui ont entraîné la grande catastrophe et avancer des justifications pour s'expliquer et se disculper. Kerenski passe ainsi son temps à expliquer sa politique et à se défausser du sort tragique de la famille impériale qu'il a envoyée à la mort en croyant la sauver ; il écrit d'innombrables articles et propose une alternative au bolchevisme qui lui vaut une durable considération des gouvernements occidentaux mais n'éveille aucun écho sérieux parmi les exilés. Plusieurs importantes personnalités libérales ou républicaines entretiennent ce perpétuel flash-back et Milioukov, ancien patron du parti KD et républicain modéré, exerce une influence considérable à travers la presse de l'émigration toujours d'une grande tenue littéraire. Les Russes de l'émigration vivent d'ailleurs souvent en circuit fermé : des écoles russes — écoles Romanov et écoles républicaines — dispensent les cours dans la langue et trouvent du travail à leurs étudiants dans des entreprises russes ; ils peuvent être soignés dans des dispensaires et des hôpitaux russes et finir leur vie dans des maisons de retraite russes...

La ville de Sainte-Geneviève-des-Bois devient le petit Zagorsk de l'émigration avec son église décorée par Benois, son cimetière émouvant planté de bouleaux où les Russes de la région parisienne sont enterrés, et sa maison de retraite que dirige la princesse Metcherski. La princesse, qui destinait son établissement à la noblesse russe, finit par l'ouvrir à tous les exilés ; la demeure possède un charme prenant d'ancienne Russie. En effet, lorsque l'Union soviétique fut officiellement reconnue par la France en 1924, l'ambassadeur Maklakov, farouchement anticommuniste, décida, avant d'être chassé de son poste, de donner tout l'ameublement et tous les objets de l'ambassade à la princesse, qui disposa dans les salons les grands portraits de la famille impériale et d'innombrables souvenirs Romanov, reconstituant l'atmosphère d'une datcha imaginaire du parc de Tsarskoïe Selo.

En 1941, l'attaque de la Russie par les armées de Hitler déclenche une grande scission au sein de la communauté russe, entre ceux qui espèrent que le Führer va casser le communisme, comme le général Vlassov qui sera livré à Staline et pendu à Moscou après la guerre, et ceux qui refusent de voir leur pays sous la botte allemande, comme Mgr Euloge, chef de l'Église orthodoxe en France, ou Mère Marie qui mourut dans un camp de concentration pour avoir caché des enfants juifs pendant la guerre.

Les Alliés se comportent sans manifester la moindre compréhension du dilemme russe et sans compassion pour les égarés. C'est ainsi qu'en toute conscience les Anglais notamment renvoient des centaines de cosaques et de prisonniers russes avec leurs familles en Union soviétique après la chute de l'Allemagne nazie, les promettant à une mort certaine. Mais Staline n'entend pas seulement éliminer ceux qui combattirent l'Armée rouge dans les rangs allemands ou ceux qui se retrouvèrent prisonniers en Allemagne, il veut aussi décimer l'émigration. Utilisant la ruse et ses bonnes relations avec les Alliés, il promet aux exilés de leur donner la nationalité soviétique et de leur assurer un retour décent dans leur patrie. Certains d'entre eux, généralement ceux qui ont précisément résisté aux nazis, se laissent prendre au piège et s'embarquent heureux et confiants, avec la bénédiction de la presse de gauche. Ils disparaissent aussi sans donner de nouvelles. Face à Staline, Russes blancs, roses ou redevenus rouges sont tous pareils : exilés, ils ont connu un autre monde, menacent sa paranoïa et n'ont qu'un seul avenir, celui de finir dans les camps de la mort du cercle polaire.

Le peuple si divers et si riche d'humanité de l'émigration a aujourd'hui disparu. Des infinités d'anecdotes livrent encore cependant d'extraordinaires témoignages sur la confusion des situations individuelles où bien des ennemis d'antan étaient obligés de se côtoyer en remisant leurs griefs. Ainsi, Maria Pavlovna croisera le terroriste qui renonça à lancer sa bombe sur la calèche du grand-duc Serge à cause des deux enfants assis à l'arrière. Deux enfants qui étaient précisément Dimitri et Maria Pavlovna... Si, en exil, d'anciens révolutionnaires rencontrent des membres de la famille

Romanov, Dimitri fait la connaissance de la fille de Raspoutine !
En effet, Maria Raspoutine s'est exilée à Paris. La presse la photographie abondamment car elle « travaille » sa ressemblance avec son célèbre père, en se donnant un regard aigu et inquiétant. Elle écrit aussi ses Mémoires, un mince opuscule dans lequel elle décrit avec sincérité son père comme un saint homme que la méchanceté des uns et des autres aurait abusé. Ce livre contribuera beaucoup à la réputation posthume de Raspoutine, car Maria explique en détail ses dons de guérisseur, et le portrait qu'elle fait de lui rend le personnage à la fois complexe et sympathique. Puis Maria devient écuyère de cirque, danseuse et animatrice de cabaret russe, et sa nouvelle vie la met en contact avec cette aristocratie exilée comme elle, qui haïssait tant l'envoûteur de la famille impériale.

On peut comprendre que, pour l'opinion française, les stéréotypes des chauffeurs de taxi, de Raspoutine et des enlèvements perpétrés par les Soviétiques aient contribué à imposer le mythe d'une pseudo-âme slave aux langoureux accents de ballades pour cabaret. La réalité est bien plus intéressante, et ce n'est que depuis la chute du communisme qu'elle commence à être considérée à sa juste valeur. La Russie d'aujourd'hui a profondément besoin de retrouver l'admirable patrimoine culturel de cette « autre Russie » de l'émigration qui a bien failli être complètement oubliée.

Si certains artistes russes sont présents dans toutes les mémoires, comme Nabokov qui choisit de vivre à Berlin pour pouvoir continuer à écrire en russe et Mandelstam qui mourut dans un camp de concentration en Pologne, le souvenir de la majeure partie des écrivains, des poètes ou des plasticiens de l'émigration aurait pu se perdre sans un ultime retournement de l'Histoire. Et Dieu sait si elle est passionnante, la vie culturelle russe de cette époque ! Mais qui voulait savoir dans les années 70 qu'Ivan Bounine obtint le prix Nobel de littérature en 1933 ? Qui rééditait les œuvres du groupe de poètes qui entouraient Nina Berberova, et en particulier Khodassevitch, considéré comme le plus grand poète de l'émigration mais dont les œuvres disparurent longtemps, et qui mourut de misère et de désespoir ? Qui lisait les écrits de la grande poétesse Marina Tsvetaïeva, qui retourna en Union soviétique après avoir vécu à Paris et se suicida après des années d'atroce détresse ? Qui se pencha sur Zinaida Hippius, écrivain et critique littéraire, femme de Merejkovski, grand écrivain et critique lui-même ? Qui étudia la critique littéraire qui permettait à ces écrivains de survivre dans des journaux russes de grande qualité, comme *Les Dernières Nouvelles* où étaient publiés leurs billets, leurs poèmes et leurs articles ?

Plus personne à partir des années 70 où le passage du temps et des générations ainsi que la certitude que l'histoire était définitivement du côté des Soviétiques avaient emporté leur souvenir.

Jusqu'à la chute du communisme et la redécouverte de Nina Berberova, dernière porteuse du flambeau de la pensée de l'« autre Russie », intrépide et admirable nonagénaire témoignant de l'éternelle jeunesse de tout ce qui avait été si près de disparaître.

15
ANASTASIA,
imposteur de génie

> « Cette pauvre créature souffrante n'a pas la mauvaise âme que l'on dit. Bien au contraire, et s'il lui arrive de commettre des erreurs c'est dans son terrible combat contre le malheur qui nous étreint tous. Elle n'est certainement pas des nôtres, mais parfois je me dis qu'elle mériterait de l'être. »
> La grande-duchesse Olga.

Entre le mouvement de recul devant l'horreur de l'assassinat de Nicolas II et de la famille impériale, et la tradition russe particulièrement fertile en impostures de toutes sortes, il était inévitable qu'il y ait des charlatans pour se réclamer de la famille Romanov. Les luttes de succession au temps des tsars tout-puissants, avant comme après Pierre le Grand, ont toujours excité l'imagination de prétendants rebelles qui soulevaient des jacqueries paysannes pour se proclamer tsars, en se faisant passer pour tel ou tel héritier légitime. On se souvient du moujik Pougatchev qui défia la Grande Catherine en déclarant être le tsar Pierre III et souleva la paysannerie contre l'impératrice. La part d'irrationnel qui s'attache à l'amour porté aux familles royales explique aussi que les prétendants miraculeux surgissent de l'imaginaire collectif. Les Bourbons de France ont eu les leurs après la mort de Louis XVI et de Marie-Antoinette.

Parmi tous les Romanov qui ont échappé à la catastrophe de la Révolution, il faut faire une place à ces imposteurs car, d'une certaine manière, leur désir de faire partie de cette famille les associe à l'idée que l'on se fait d'elle. Il est logique que le choc qu'entraîne l'assassinat du souverain dans l'esprit de ceux qui lui obéissaient jusqu'alors soit si insupportable que l'on cherche un subterfuge pour en atténuer la violence. Si toute la famille a été tuée, l'idée que l'un des membres ait pu s'échapper, même dans des circonstances extravagantes et improbables, rend le meurtre moins définitif. D'où l'accueil parfois favorable fait aux imposteurs et la possibilité pour eux d'avoir une certaine marge d'action et d'existence. Le désir de ne pas savoir « vraiment », sur lequel se base toute imposture, fonctionne admirablement, ce qui explique que la fausse Anastasia eut des supporters fanatiques qui n'étaient pas tous des illuminés et des simples d'esprit.

À cela, il faut ajouter d'autres raisons : d'abord le refus persistant des soviets d'admettre l'assassinat de la famille impériale ; l'alternance de demi-aveux et de black-out complet imposé sur les circonstances exactes du crime par un pouvoir qui hésitait sur la stratégie à adopter. Et l'on sait que, lorsque les Blancs sont entrés à Iekaterinbourg et que Sokolov a pu faire son enquête, il n'a pas retrouvé les corps des Romanov. Il n'y avait donc aucune preuve matérielle de leur disparition. Pendant plusieurs mois, toutes sortes de rumeurs ont couru selon lesquelles la famille impériale s'était échappée ; le tsar et son fils combattaient en Sibérie avec les contre-révolutionnaires ; tous étaient réunis sur un yacht croisant au large de la mer Blanche sans jamais faire escale ; la tsarine et ses filles vivaient avec des paysans en Asie centrale ; le tsarévitch recueilli par le pape était caché dans la bibliothèque vaticane, etc.

Ainsi, la mort trop atroce des Romanov, à la fois évidente et matériellement improuvable, ouvrait un champ immense à l'imagination et, dès les années 20, les prétendants fleurirent avec leur ingéniosité et la formidable aspiration à la crédulité de ceux qui les écoutaient, alors que la stricte réalité interdisait de croire qu'ils disaient la vérité. Dans son enquête, Sokolov est catégorique et n'envisage pas une seconde que les Romanov aient pu sortir vivants de ce massacre ; Gilliard, le professeur des enfants, est retourné dans la maison de Iekaterinbourg quelques jours après le drame, il a vu la trace des coups de feu et le sang partout. Aucun doute n'est possible.

Et pourtant, aujourd'hui encore, alors que l'on a expertisé formellement les dépouilles des Romanov et que l'on a procédé à leur inhumation, la presse s'est longuement appesantie sur le cas d'Oleg Filatov qui entretient très soigneusement une vague ressemblance avec Nicolas II, et qui prétend être le fils du tsarévitch. Malgré la chaîne accablante de ses incohérences — le fait, entre autres, que le père de Filatov n'était pas hémophile — qui prouvent qu'il ne peut être qu'un imposteur, il a pu pendant la période des obsèques impériales occuper tous les écrans de télévision, se faire interviewer et, documents à l'appui, affirmer ses prétentions. S'il en est ainsi à l'aube de l'an 2000, on imagine le climat de confusion qui devait régner à ce sujet en 1920, dans le désordre et le désarroi de l'immédiat après-guerre.

C'est ainsi que des Américaines du Middle West, des mères de famille australiennes comme des aventurières surgies du néant se sont prétendues grandes-duchesses, avec un certain succès local ; mais celles qui intéressèrent la presse un peu plus longtemps s'effondrèrent dès la confrontation avec de vrais Romanov ; l'Amérique a toujours été friande de ce genre de mystification, sans doute à cause de son pouvoir d'imagination. Il se trouve toujours, dans ce pays, un milliardaire à la recherche d'une légitimité crypto-nobiliaire, pour protéger un imposteur et se gratifier ainsi d'un prestige illusoire que sa naissance ne lui a pas donné. À l'Est également, pendant la guerre froide, un agent de renseignements polonais qui travaillait pour la CIA et qui fut exfiltré à Washington parce qu'il était effectivement un espion de grande valeur affirmait haut et fort être le tsarévitch, semant la confusion dans la célèbre agence. Il fallut le mettre à la retraite pour le faire taire...

Cette avalanche de prétendants et d'imposteurs qui amusent les lecteurs de la presse à sensation est sans relief véritable comparée à l'histoire extraordinaire de la fausse Anastasia. Durant plus de soixante ans, cette femme mystérieuse et insaisissable a fasciné l'opinion internationale. Avec la question lancinante qui tarauda bien des historiens et des journalistes : Anna Anderson — « Madame l'Inconnue », comme l'appelaient les journaux allemands — était-elle vraiment la grande-duchesse Anastasia, échappée du massacre de Iekaterinbourg ?

L'histoire commence en 1920 à Berlin, lorsque l'on repêche, dans un canal, une jeune femme qui a tenté de se suicider. Elle refuse de dire qui elle est ou d'expliquer les raisons de son acte, et on la conduit dans un hôpital psychiatrique où l'administration l'enregistre sous l'identité « inconnue ». Cette femme, qui s'exprime en bon allemand, surprend son entourage parce qu'elle comprend le russe et semble également le parler. Elle est d'une humeur et d'un caractère exécrables mais au bout de quelques jours, grâce à la patience des infirmières, elle retrouve un peu de douceur et de calme. Et, sans que l'on sache s'il s'agit d'une bouffée délirante ou d'une plaisanterie, on l'entend dire et répéter qu'elle est Tatiana, la fille du tsar Nicolas II. La nouvelle commence à sourdre au-delà de l'asile et une dame de compagnie de la tsarine demande à la voir. Elle constate immédiatement qu'elle n'est pas la grande-duchesse : l'âge ne correspond pas, ni le physique très particulier de Tatiana qui ne ressemblait pas aux autres filles du couple impérial.

Une patiente et une infirmière pressent alors la malade de questions et en concluent qu'elle « serait » plutôt Anastasia. Ce n'est pas elle au départ qui avance ce prénom, mais elle sortira peu à peu de son mutisme pour s'approprier cette nouvelle identité. Et le fait qu'elle devienne Anastasia suscite immédiatement un intérêt considérable parce que cette fois l'inconnue ressemble énormément à Anastasia. La similitude est frappante et, si le nez n'est pas le même, si le bas du visage a été déformé par des blessures, il n'en reste pas moins que certains traits morphologiques, comme la forme des oreilles, sont rigoureusement les mêmes.

Très vite, dans l'hôpital où elle se trouve et où elle apparaît pour les médecins comme une patiente hors catégorie, va naître un malaise concernant sa personnalité et son passé. Cette femme physiquement et psychologiquement très dégradée porte des cicatrices sur le corps, comme si des baïonnettes l'avaient percée de toutes parts. Elle cache son visage derrière un foulard ou un éventail pour dissimuler le coup de crosse qui lui a brisé la mâchoire ; mais il est fin et beau, avec des yeux immenses et mélancoliques. Ses manières et ses attitudes témoignent d'une très bonne éducation et le personnel de l'hôpital est rapidement persuadé qu'il s'agit de la vraie Anastasia. La nouvelle se répand alors comme une traînée de poudre.

Elle séjourne pendant un an dans cet hôpital en y revenant à plusieurs reprises pour de longues périodes de dépression et de délire. Cette femme fascine aussi l'opinion et lui fait peur notamment parce qu'elle passe beaucoup de temps dans les asiles, et l'on sait que ces lieux sont perçus de manière fantasmatique comme pouvant cacher les clefs du mystère des personnalités et des secrets de l'Histoire. Elle traverse d'ailleurs des périodes de calme, mais, même avec ceux qui lui inspirent confiance, elle reste une sorte d'animal imprévisible : violente, querelleuse, désagréable, avec cette beauté fracassée, capable d'accès de tendresse qui lui valent des attachements très fidèles. Étrangement, l'inconnue incarne son identité nouvelle en adoptant un comportement ambivalent. Elle se conduit parfois comme une grande-duchesse perdue dans d'ef-

215

froyables souvenirs et parfois aussi rejette toute allusion au passé. Elle ne réclame rien, paraît en fuite d'un passé trop lourd, seulement désireuse d'être oubliée du monde entier. Cette manière d'être à la fois Anastasia et de paraître le refuser, qu'elle adoptera sa vie durant, est précisément ce qui lui vaudra d'être reconnue par tant de gens. Contrairement aux autres imposteurs qui exigent d'être traités en survivants de la famille impériale et se comportent avec une naïve arrogance pour imposer leurs prétentions, l'inconnue est infiniment plus crédible car son désordre mental et son humilité rappellent l'intensité du traumatisme qui lui aurait été infligé. Folle, misérable, repliée sur elle-même, l'inconnue est le fantôme qu'aurait été logiquement une adolescente martyrisée. Ce fut le génie, même pas tout à fait conscient, de la désespérée de Berlin.

Très vite, Irène de Prusse, la sœur de la tsarine, demande à la voir. L'entrevue est désastreuse : la tante d'Anastasia refuse de reconnaître sa nièce dans la créature prostrée, secouée par des accès de délire agressif, qui manifestement ne se souvient pas d'elle. Mais la princesse Irène n'en est pas moins troublée et elle alerte d'autres proches pour qu'ils renouvellent l'expérience. Son frère, Ernst-Ludwig de Hesse, y oppose un veto catégorique. Il a de bonnes raisons pour cela : la petite Anastasia aurait été témoin de son voyage clandestin en Russie en 1916. Si l'inconnue était bien Anastasia, elle dévoilerait ce secret qui le gêne et doit rester enfoui. Ernst-Ludwig, qui n'a aucune envie de se justifier à ce sujet, se mue instantanément en adversaire déclaré d'Anastasia, combat dans lequel il se montrera particulièrement pugnace.

Cécilie, l'épouse du Kronprinz, elle-même apparentée aux Romanov, sort d'une autre entrevue en pensant également que cette femme n'est pas Anastasia. Mais elle reviendra la voir à plusieurs reprises et chaque fois elle doutera un peu plus de sa première impression. À la fin de sa vie, elle dira même que les familles royales ont commis un crime en ne venant pas au secours de cette femme qui était, selon elle, « presque sûrement Anastasia »... Cécilie continuera à lui écrire fidèlement... jusqu'à ce que ses proches lui enjoignent de couper les ponts avec celle qu'ils tiennent pour une aventurière. Le grand-duc André vient également la voir et ressort en revanche persuadé qu'elle est la grande-duchesse ! Il essaiera d'alerter le reste des Romanov en écrivant à tous, mais, devant leur hostilité, il changera d'avis et passera dans le camp des adversaires.

La police, qui continue ses recherches, a recoupé ses fiches de renseignements et pense que l'inconnue est une demi-folle qui errait dans les rues de Berlin quelques années plus tôt, et que l'on a déjà enregistrée sous le nom d'« Anna Anderson ». En attendant d'autres confirmations et une enquête à l'étranger, l'inconnue est affublée de cette improbable identité. En fait, deux femmes, deux témoins clefs, pourraient sans hésiter démasquer Anna Anderson : la première est Anna Vyroubova, l'ancienne dame de compagnie de la tsarine Alexandra, qui vit en Finlande. Anna Anderson ne demandera jamais à la rencontrer et personne ne songe à le lui imposer. Anna Vyroubova n'est d'ailleurs elle-même qu'une pauvre épave que ses épreuves ont plongée dans une sorte de demi-folie. L'autre témoin, la tsarine mère Maria Feodorovna, refuse catégoriquement de la voir puisque, une fois pour toutes, elle a décidé que la famille impériale dans son ensemble n'a pas été assassinée, qu'elle vit cachée quelque part et qu'un jour elle réapparaîtra. Le témoignage de l'inconnue l'obligerait à admettre l'effondrement du monde ancien. Et cela, c'est au-dessus de ses forces. Pourtant, le comportement d'Anna est très curieux parce qu'elle insiste beaucoup pour être reçue par la tsarine. Est-ce déjà le syndrome de l'autopersuasion qui lui fait prendre de tels risques d'être démasquée ? Est-elle machiavélique ou inconsciente ? Machiavélique, peut-être, car sa méthode lui permet admirablement d'entretenir le doute. L'attitude d'Anna Anderson qui ne revendique pas l'identité d'Anastasia mais qui l'incarne tout simplement, sans jamais prouver quoi que ce soit, laisse à chacun de ses interlocuteurs une possibilité pour admettre ce qui n'existe pas vraiment. L'un de ses adversaires les plus résolus, un avocat des Romanov, avouera qu'il n'a jamais rencontré un tel don de persuasion chez quelqu'un. Inconsciente, elle l'est aussi puisque son comportement la prive d'appuis qui pourraient être déterminants, et décourage les meilleures volontés. Là où l'on aurait imaginé une Anastasia certes traumatisée mais douce et bien élevée, Anna Anderson effraie par son mauvais caractère et ses crises de nerfs. Or si elle se montrait modeste et reconnaissante, acceptant les faits avec stoïcisme, elle serait forcément moins crédible. De plus, cette manière d'être rejoint parfaitement le caractère de la grande-duchesse, rebelle et capricieuse, désobéissante et attachante, et évoque tous les ressentiments qui auraient dû être les siens si elle avait échappé au massacre, ressentiments contre les tueurs mais aussi contre le monde entier qui a abandonné les Romanov à leur sort.

Maria Feodorovna, donc, se refuse à toute rencontre ; cependant cette opposition rageuse fait naître la curiosité et le doute dans son entourage le plus intime. Olga, sa fille cadette, décide d'aller rencontrer « l'inconnue » bien que la tsarine le lui interdise formellement. Pour une fois, Olga passe outre à la volonté maternelle et part pour l'Allemagne, accompagnée d'une de ses anciennes dames d'honneur et du professeur Gilliard qui était à Iekaterinbourg quelques jours avant l'exécution. Olga possède de bonnes références pour savoir s'il s'agit ou non d'une imposture : elle était très proche de ses nièces et elle s'en est beaucoup occupée durant plusieurs années. Elle pourra se prononcer sans hésitation.

Entre-temps, Anna Anderson a trouvé une alliée de poids en la fille du docteur Botkine qui soignait le tsarévitch. Elle a fait sortir Anna de l'hôpital et l'a prise en charge. C'est elle qui a persuadé le grand-duc André, puis Olga et Gilliard de l'importance de leur visite. Mais, quand ils arrivent, Anna est à nouveau hospitalisée pour une tuberculose osseuse. Elle a beaucoup maigri et les médecins pensent que sa fin est proche. Dans ce climat de tristesse et de malheur, Olga et Gilliard interrogent Anna, qui ne répond pas aux questions qu'on lui pose et pleure sans discontinuer. Olga s'attache immédiatement à elle. Pendant les trois jours qu'elle passe à son chevet, elle se lie de plus en plus à Anna... et croit de moins en moins qu'il s'agisse d'Anastasia. Elle continuera, néanmoins, à s'en préoccuper fidèlement pendant des années, jusqu'à ce qu'une fois de plus Anna se fâche avec elle, comme avec tout le monde, et la rejette.

Le professeur Gilliard est ressorti très sceptique de la première entrevue avec Anna. N'ayant pu poser les questions déterminantes, il revient quelque temps plus tard pour s'entretenir avec elle et repart convaincu qu'elle n'est pas Anastasia. Anna se trompe dans ses évaluations, ignore des pans entiers de la vie de la famille et, surtout, elle ne parle pas le russe aussi bien que les infirmières le disaient. D'un autre côté, Gilliard, qui est maintenant entré au service d'Ernst-Ludwig de Hesse afin de classer les innombrables archives Romanov, peut difficilement trahir le grand-duc en défendant une thèse différente. De tous, il est le plus catégorique : Anna Anderson n'est pas Anastasia.

Il reste toujours, malgré tout, un groupe d'ardents supporters autour d'elle, tels que Mme Botkine, un prince allemand, une princesse Romanov mariée à **un** Américain et qui est intimement persuadée de la bonne foi d'Anna. Elle lui envoie de l'argent et ne cesse de l'inviter à venir la retrouver aux États-Unis. Les défenseurs et les détracteurs d'Anna se livrent alors à une véritable course-poursuite, les uns la pressant de raconter son histoire, les autres enquêtant pour retrouver sa véritable identité.

Et Anna raconte son histoire. Elle relate que, lorsque la famille impériale a été massacrée, certains des enfants ne sont pas morts immédiatement. Un soldat polonais du nom de Tchaïkovski l'a volontairement épargnée et, profitant de la confusion générale, l'a emportée avec lui, égarée par la peur et la douleur, et ils sont passés en Roumanie. Quelque temps plus tard, elle s'est retrouvée enceinte après avoir été violentée par son sauveteur. C'est la honte de son état qui l'a empêchée d'aller se réfugier auprès de la reine Marie de Roumanie, sa cousine. Puis elle a abandonné son enfant et s'est sauvée en Allemagne pour tenter de rencontrer Irène de Prusse. Mais, terrassée par une terrible crise de désespoir, elle s'est jetée dans le canal à Berlin.

Il est impossible à l'époque d'affirmer si Anna Anderson affabule ou dit la vérité. Sa version des faits est invérifiable, tant en Russie qu'en Roumanie, car ces pays ont été le théâtre de tels bouleversements que personne ne peut avoir accès à leurs archives. Mais il est certain que la reine Marie de Roumanie, qui était généreuse et intelligente, aurait ouvert les bras à la rescapée de Iekaterinbourg, même si elle avait eu plusieurs enfants d'un bolchevique. Beaucoup plus ennuyeuses pour Anna sont les tentatives, conduites et financées par Ernst-Ludwig de Hesse, pour découvrir sa véritable identité. Le grand-duc, attachant et sympathique au demeurant, s'acharne littéralement pour la démasquer, ce qui en dit long sur la peur qu'elle lui inspire. Ses agents et détectives ont trouvé une famille polonaise qui pourrait reconnaître Anna, si la jeune femme acceptait de se soumettre à une confrontation devant des experts. Contrairement à ce qu'on attendait, Anna ne se dérobe pas à cette rencontre. Et à la consternation des experts, qui se frottaient les mains par avance, la famille polonaise ne l'identifie pas, sauf une des filles qui déclare reconnaître en Anna l'une de ses grandes sœurs perdues de vue durant la Grande Guerre. Fragile témoignage que les fidèles d'Anna ont tôt fait d'écarter...

Finalement, Anna cède aux sollicitations dont elle est l'objet et elle part pour l'Amérique. Elle partage son temps entre la cousine Romanov et une milliardaire américaine, et là, pendant quelques années, elle profite pleinement du statut de grande-duchesse Romanov rescapée de la Révolution. Il faut dire que la société américaine n'a pas les repères de la société européenne. Tout ce qui a trait aux familles royales est exotique et le romanesque prend des couleurs de vérité, à partir du moment où l'on peut bâtir une vie mondaine autour d'une héroïne. Ses deux amies lui donnent de l'argent et des toilettes, elle sort dans le monde et Anna, qui a récupéré, semble-t-il, de toutes ses épreuves et qui séduit par son mystère et son anglais si étrange, est l'attraction des dîners les plus élégants de Park Avenue.

En revanche, ses détracteurs s'étonnent qu'elle ne parle pas le français, alors que toute la famille impériale maîtrisait parfaitement cette langue. « Oubli dû au traumatisme... », dit-elle, quand elle daigne s'expliquer. Elle est Anastasia, c'est tout. Aux autres de trouver des explications. Oui mais, le russe ? On n'oublie pas sa langue maternelle. Comment a-t-elle pu oublier le russe ? Anna rétorque qu'elle ne peut plus parler cette langue des tortionnaires qui ont massacré toute sa famille ; elle ne peut plus, sa mémoire s'y refuse. Évidemment, les détracteurs triomphent tandis que les fidèles insistent sur la troublante logique de cette explication. Mais les psychanalystes et les graphologues qui ont approché Anna tendent majoritairement vers la même conclusion : Anna Anderson est vraisemblablement Anastasia.

Ces rapports troublent un peu plus l'opinion, d'autant qu'on la dit manipulée par un groupe d'aventuriers, des Russes blancs désireux de récupérer à travers elle la fortune des Romanov entreposée dans une banque de Londres. En fait, il n'y a jamais eu de fortune à Londres, le tsar ayant rapatrié ses avoirs, par patriotisme, dès le déclenchement de la guerre, mais les Romanov rescapés pensent que, s'il y a de l'argent, il vaut mieux le partager entre tous, plutôt que de voir un tribunal le confier à la fausse Anastasia. Or, encore une fois, Anna Anderson déconcerte car elle ne prétend pas à cette fortune hypothétique, et rien n'est plus intrigant et plus efficace pour accréditer sa thèse et fouetter la ferveur de ses supporters que cette attitude qui consiste à ne jamais rien demander. À la mort de la tsarine Maria Feodorovna, un certain nombre de Romanov signent une lettre dans laquelle ils déclarent devant notaire et devant la presse qu'il n'y a pas d'Anastasia et qu'ils réfutent à Anna Anderson son identité Romanov. Mais cette hargne se retourne contre eux car, parmi ceux qui signent ce pacte, beaucoup ne l'ont jamais vue. Comment peuvent-ils juger Anna sans être allés à sa rencontre ? Et l'énigme repart de plus belle, la presse parle de complot de famille, d'intérêts d'argent, et Anna reçoit d'autres adeptes rejoindre le groupe grandissant de ses supporters.

Cet épisode aura eu le mérite d'éclairer les étranges relations que les Romanov entretenaient les uns avec les autres. Ils ont tous été tellement marqués par ce qu'ils ont vécu qu'ils n'aspirent pas à se retrouver et encore moins à aller vérifier s'il s'agit vraiment de la grande-duchesse. En fait, l'idée d'une « Anastasia rescapée » gêne les Romanov, comme un déraillement dans la tragédie trop bien écrite qui les lie les uns aux autres autant qu'elle les incite à se fuir. Et pourtant, à la fin de leur vie, une partie de ceux qui signèrent ce pacte ambigu de la mémoire confièrent qu'ils n'étaient pas si sûrs qu'Anna Anderson n'était pas la grande-duchesse et ils exprimèrent le remords de ne pas l'avoir vérifié.

À force de querelles et d'ingratitude, Anna Anderson a eu raison de la patience de ses deux protectrices américaines. Elles décident de la renvoyer en Europe et Anna rentre en Allemagne avec un petit pécule. Mais son état mental se délabre soudainement et elle passe une partie de la Seconde Guerre mondiale enfermée dans un hôpital psychiatrique. Le monde a d'autres préoccupations et la presse oublie un temps l'énigme Anastasia. Ruiné par la guerre, un prince de Saxe qui protégeait Anna ne peut plus l'entretenir mais, en attendant de lui trouver mieux, il l'installe dans une petite maison de bois, sorte de cabane en planches au milieu d'un jardin envahi par les mauvaises herbes et gardé par quatre énormes chiens. Puis dans les années 50, toujours avec l'aide de son protecteur, Anna quitte son baraquement pour s'installer dans une maison plus confortable. Elle a beaucoup vieilli, elle est restée aussi sauvage et elle ne quitte plus le mouchoir derrière lequel elle dissimule le bas de son visage, frêle silhouette courbée au milieu de ses chats et de ses molosses, vêtue d'un amoncellement de loques. En même temps, Anna ne manque de rien car ses adeptes la soutiennent et l'aident financièrement.

À la fin des années 60, elle repart brusquement pour l'Amérique et rompt définitivement avec l'Europe et avec ceux qui croyaient en son identité d'Anastasia. Elle vit seule quelque temps puis se laisse circonvenir par un Américain plus jeune qu'elle, personnage trouble et mystérieux, sans doute extrêmement flatté de courtiser puis d'épouser l'héroïne d'une énigme si célèbre. Avec lui, Anna n'est plus dans le besoin, il lui semble dévoué, mais ses voisins disent aussi qu'il est très dur et qu'il lui arrive de la battre. Quelques journalistes insatiables continuent à venir l'interviewer et elle reprend parfois pour eux le récit de son enfance impériale et de sa fuite, récit entrecoupé de cris de démence et d'accès de colère que chacun feint d'ignorer. Et, peu à peu, elle sombre dans l'oubli.

Si Anna Anderson s'efface volontairement en se repliant de plus en plus sur son étrange exil américain, son personnage continue de captiver le public. *Anastasia*, le film qui brode sur son histoire et où Ingrid Bergman incarne son personnage, rencontre un énorme succès. Le scénario très habile de Marcelle Maurette joue sur l'ambiguïté de tous les protagonistes et restitue remarquablement le climat qui entoura l'affaire. Anatole Litvak, le réalisateur d'origine russe, choisit un premier assistant idéal en la personne de Michel Romanov, le fils de Théodore et d'Irène. La présence et les conseils de Michel permirent ainsi à Litvak de ne pas tomber dans les clichés habituels sur la famille impériale et de laisser le mystère ouvert en donnant une vraisemblance à chaque hypothèse.

Anna Anderson meurt en Amérique dans les années 80 après quelques démêlés avec les hôpitaux psychiatriques où on l'enferme régulièrement à cause des nuisances que sa meute de chats crée dans le voisinage. Aucun membre de la famille Romanov n'assiste aux obsèques. Le mystère Anastasia aurait pu s'arrêter là et Anna emporter son secret avec elle, si quelques années auparavant elle n'avait subi une opération chirurgicale pour une occlusion intestinale. Or, il se trouve que l'hôpital a pour principe de garder une partie des tissus de chaque patient et qu'il a conservé un petit morceau de son intestin. Les supporters d'Anna, désireux de prouver à tout prix qu'elle est bien la grande-duchesse, poussent les chercheurs à se livrer à des tests ADN qui n'existaient pas au moment de sa mort. Au contraire, les détracteurs d'Anna, chez qui, malgré leur véhémence, il reste toujours un léger doute, refusent que l'analyse ait lieu. Les deux camps s'affrontent dans une violente bataille juridique, mais finalement un tribunal tranche et ordonne l'analyse. Le résultat des tests ADN est on ne peut plus clair : Anna Anderson n'est pas Anastasia.

Les analyses révélèrent aussi que la fausse Anastasia n'était pas non plus Anna Anderson. En revanche, les limiers du grand-duc de Hesse ne s'étaient pas trompés : « l'inconnue » était bien Franziska Schanzkowska, la fille de cette famille polonaise d'un village de Prusse-Orientale, qui ne l'a pas reconnue, à l'exception de l'une de ses sœurs. On n'a jamais su pourquoi cette famille n'a pas voulu la reconnaître, peut-être parce que sa forte personnalité en avait déjà fait une étrangère. Il est désormais avéré que la villageoise polonaise ne vivait pas dans la misère parmi les siens et que les enfants avaient reçu une bonne éducation, mais il semble que Franziska était d'un naturel solitaire et qu'elle restait à l'écart de ses frères et sœurs. Il semble aussi qu'elle lisait beaucoup et rêvait de devenir actrice. On sait qu'elle a été engagée plus tard comme domestique chez un hobereau prussien où elle a pu observer les grandes manières des gens de cour et où elle a dû souvent entendre parler le russe, les aristocrates des deux côtés de la frontière toute proche se recevant mutuellement. Ce qui explique qu'elle le comprenait parfaitement et qu'elle ne le parlait pas. On sait encore qu'elle a vécu à Berlin durant la guerre, qu'elle s'est mariée, qu'elle a eu un enfant et que son mari est mort au front. Plus tard, elle aurait abandonné l'enfant. Ce sont les seuls éléments connus de sa vie jusqu'à ce qu'on repêche une inconnue dans la Spree.

Bovary polonaise des confins perdus où se rejoignaient la Prusse et la Russie, rêveuse ambitionnant un grand destin et dont les espoirs se brisèrent dans la misère matérielle et morale du Berlin de la guerre, actrice ratée et simulatrice habitée par toutes les vies qu'elle ne vivrait jamais, portée au tragique et au désespoir par la conjonction du désordre général et de son propre malheur, Franziska Schanzkowska méritait a posteriori d'appartenir au chapitre de la famille Romanov car elle fut la figure la plus douée de toute l'histoire des grands imposteurs. Dans son désir d'être véritablement Anastasia, elle mit tant de force et de certitude qu'elle fut la version la plus plausible et la plus durable de ce qu'aurait été la vie des filles de la famille impériale si elles avaient survécu.

Les derniers partisans d'Anastasia ne furent pas déçus par les tests ADN et, aujourd'hui encore, ils se raccrochent au fait que ces tests peuvent présenter une marge d'erreur de un pour cent...

16

MARIA PAVLOVNA, DIMITRI ET LENNART
L'ombre du passé

> « Au fond, nous n'avons jamais vraiment parlé qu'une fois. Mais disons que ce fut suffisamment intense pour qu'il ne fût pas nécessaire d'y revenir. Maria, pauvre Maria, il est possible que moi aussi je l'aie fait souffrir. Vous savez, regardez bien, elle est ici partout. »
>
> Comte Lennart Bernadotte.

Maintenant que Dimitri, « le handicapé sublime », est royalement casé, Maria Pavlovna éprouve le besoin de faire une pause dans sa vie, de regarder en arrière et d'essayer de rassembler ses souvenirs. Ses Mémoires, hormis les souvenirs d'Alexandre, sont le premier et le meilleur récit de l'effondrement de la Russie d'autrefois, écrit par un membre de la famille Romanov. Le livre, préfacé par André Maurois, adopte un ton à la fois passionné et ironique, et témoigne comme un manuel de survie de tant de courage et de volonté qu'il devient un best-seller mondial. Ce succès international s'étend jusqu'au pays que Maria Pavlovna avait quitté avec fracas, la Suède, où l'ouvrage fait figure d'événement car, pour la première fois, quelqu'un raconte aussi la famille Bernadotte « de l'intérieur ». Ainsi qu'elle l'avait fait avec son projet de broderies russes, Maria Pavlovna a voulu toucher le plus large public et, au premier chef, les lecteurs américains. La réussite sensationnelle de l'édition américaine éveille naturellement l'intérêt de Hollywood et de Broadway, et valent à Maria Pavlovna d'être invitée aux États-Unis ; elle embarque immédiatement pour New York, comme une Européenne intrépide se lancerait à la conquête du Nouveau Monde.

Lennart

Mais avant de partir pour l'Amérique, comme si elle soldait un compte avec son ancienne vie et le vieux continent, Maria Pavlovna reprend contact avec le palais royal de Stockholm pour revoir son fils qu'elle a abandonné sans état d'âme à la cour de Suède. L'enfant, au seuil de l'adolescence, à qui on a vaguement raconté ce qu'était la Révolution russe et qui ignore tout de sa mère, au-delà du portrait épouvantable d'une étrangère dénaturée, ne trahit aucune émotion apparente à la nouvelle de ce projet d'entrevue. Mais Maria Pavlovna insiste et, grâce à l'affection que le vieux roi Gustav V lui témoigne, elle obtient finalement le rendez-vous avec son fils. La mère et l'enfant se retrouvent en Suisse et pendant deux jours elle s'occupe de lui avec un gentillesse un peu brusque, comme si elle voulait lui montrer qu'elle n'a rien à se faire pardonner et qu'elle assume totalement son comportement passé. Le jeune garçon, pour sa part, manifeste une attitude curieuse : il est gai, facile à vivre, ne pose aucune question sur l'existence de sa mère et ne s'inquiète pas de futures rencontres. Maria Pavlovna a emmené Dimitri avec elle, sans doute pour éviter un face à face qui pourrait être difficile, et Lennart adopte aussitôt cet oncle dont il ignorait jusqu'à l'existence. Le frère et la sœur, soulagés, se félicitent d'avoir découvert un enfant si serein et tranquille dont l'intelligence de surcroît les émerveille. Maria Pavlovna lui promet de le revoir bientôt ; Lennart acquiesce toujours tranquillement.

Quelques années plus tard, alors qu'elle est entre deux traversées transatlantiques, Maria Pavlovna obtient une deuxième rencontre. Lennart a désormais seize ans ; elle est frappée par son charme et son assurance et aussi par sa curieuse indifférence, si souriante et si lisse. Faute d'avoir pu mettre la main sur Dimitri, Maria Pavlovna, toujours secrètement inquiète à l'idée de se retrouver seule avec son fils, a choisi l'Allemagne pour leurs retrouvailles, afin qu'elles aient lieu chez Ernst-Ludwig de Hesse, le frère de la tsarine assassinée, dans sa magnifique maison de Wolfsgarten. Pendant ce séjour, Maria Pavlovna s'occupe bien plus de ses hôtes que de son fils qui observe silencieusement son comportement. Toujours opiniâtre et férocement lucide, Maria Pavlovna est happée par l'intérêt qu'elle

225

porte aux attitudes de ses cousins. Elle réalise brutalement tout ce qui la sépare de ceux qui regrettent leur ancienne vie alors qu'elle passe son temps à essayer de comprendre les raisons de l'effondrement de leur monde et à y remédier dans sa propre existence.

Dans ses Mémoires, Maria Pavlovna raconte de façon très émouvante ses rencontres avec son fils, et la douleur terrible pour une mère d'être restée si longtemps séparée de son enfant. Elle s'attendrit sur ses moindres faits et gestes, remarque avec émerveillement combien Lennart a grandi et embelli et comme il croît en force et en sagesse. Des pages fort belles en vérité, mais qui font sourire le principal intéressé lorsqu'il se remémore ces fameuses entrevues... et à quel point Maria Pavlovna paraissait nerveuse et indécise, fuyant toute conversation sérieuse.

Pour sa part, il la revoit, impériale et constamment entourée d'une cohorte d'admirateurs bruyamment flatteurs, proposant frénétiquement des sorties et des distractions dans la hantise de se retrouver en tête à tête avec lui. Il est vraisemblable que cette fébrilité tente de conjurer l'énorme sentiment de culpabilité qu'elle éprouve en face de lui ; Maria Pavlovna est trop intelligente pour ne pas porter un jugement parfaitement lucide sur ce qu'elle lui a infligé.

D'autant que Lennart n'exprime en fait aucun désir de la revoir. L'adolescent a de toute évidence opéré un transfert affectif sur sa gouvernante qu'il adore et, par la force des choses, il a développé une grande capacité à se sortir seul des situations les plus complexes. Ses photos d'enfance le montrent d'ailleurs toujours seul, ou bien entouré d'adultes qui ont tous l'âge d'être ses grands-parents. Qu'il soit habillé en costume marin de pied en cap ou en jeune cadet des collèges aristocratiques de Stockholm, son visage et son allure expriment un grand équilibre et un rayonnement certain, ce qui ne laisse pas de surprendre sa mère, hantée par le souvenir du départ et de l'abandon brutal qu'elle lui a imposé. Dépitée, inquiète, butant sur une énigme dont elle croit trouver la clef dans l'indifférence foncière d'un enfant qui a pris l'habitude de vivre sans elle, Maria Pavlovna cesse de lui écrire. Lennart de son côté ne fait rien pour rompre ce silence. Ils passent plusieurs années sans se donner de nouvelles.

Or la vérité est tout autre. Lennart en fait aime intensément sa mère. Il a sans cesse interrogé sa gouvernante à son sujet, et sa fidèle protectrice, trahissant les directives de la cour suédoise, l'a tenu constamment informé des aléas de la flamboyante existence de Maria Pavlovna. Mais il a compris très vite que la seule manière pour lui de la récupérer un jour était de se comporter sans rien montrer de ses sentiments profonds. Lennart, avec une remarquable maturité pour son âge, habitué à la prudence et au secret, sait que le temps travaille pour lui et que sa mère aura un jour ou l'autre besoin de lui. Il lui suffit d'attendre, de ne pas bouger et de garder en permanence l'œil sur elle. Ainsi Maria Pavlovna parcourt l'Europe et l'Amérique en se persuadant que son fils l'a oubliée, tenaillée par un obscur remords qui ne cesse de grandir, sans savoir qu'il la suit à la trace, prêt à chaque instant à voler à son secours. À tel point qu'aujourd'hui, soixante-dix ans plus tard, s'il lui adresse encore des reproches avec une tendresse ironique, sa voix trahit l'amour infini qu'il a pour elle et qu'il eut la force de lui cacher lors de leurs premières retrouvailles.

En Amérique

Si l'Amérique a accueilli Maria Pavlovna avec l'excitation médiatique qu'elle réserve aux grandes personnalités, l'intérêt pour la période de la Révolution russe et pour ses principales figures ne suffit pas à régler les factures du Waldorf Astoria où Maria Pavlovna s'est installée dans une suite digne de son rang en espérant vaguement qu'il se trouvera bien quelque nouvel admirateur pour se pencher sur les vulgaires contraintes de son séjour. Le grand public, lui, est toujours fasciné par la vie des dynasties royales et continue à se passionner pour leurs aventures. Le caractère des Russes romantiques blessés par la Révolution et survivant héroïquement est encore un cliché hollywoodien dont le meilleur exemple est donné dans *Grand Hôtel* par Greta Garbo en danseuse étoile des ballets impériaux vivant dans le souvenir d'un grand-duc assassiné. En revanche, les projets de grand mélo lacrymal ou de comédie musicale à Broadway retraçant le destin de Maria Pavlovna ne se concrétisent pas. Maria Pavlovna, horrifiée par les mœurs du show-business américain, s'empêtre dans les négociations, se persuade qu'on va la flouer et claque brusquement la porte des producteurs éventuels. Elle saura tirer les leçons de sa stratégie trop impériale, quand la dureté de l'Amérique lui aura appris à se montrer plus souple.

Quoi qu'il en soit, Maria Pavlovna ne veut pas revenir en France, en tout cas pas tout de suite. Elle sait qu'il y a en Amérique des territoires à conquérir. Mais, si en Europe elle peut mener une vie de pique-assiette de grand luxe chez les aristocrates, en Amérique elle doit travailler. Jamais à court d'idées, Maria Pavlovna entreprend de dessiner et de confectionner des petites poupées russes qu'elle vendra à un tarif prohibitif aux grands magasins et lors de soirées mondaines. Les poupées lui permettent de vivre quelques saisons, mais, de la même façon qu'elle s'était lassée des broderies, Maria se fatigue de cet artisanat trop au-dessous de ses ambitions. Et, cette fois, c'est vers la photographie qu'elle se tourne. Elle se présente au magazine *Vogue* et montre les excellentes photos qu'elle fait depuis toujours. Il faut croire qu'elle a un véritable don et un abattage inouï car elle est engagée immédiatement. Et là, Maria Pavlovna va faire des prodiges. Elle perfectionne un style très personnel et elle se révèle si talentueuse que les agences de reportages la comparent d'emblée aux grandes photographes américaines, Margaret Bourke-White ou Lee Miller, qui travaillent pour *Life* et pour les prestigieux magazines américains. Ces grandes photographes sont alors des stars à la pointe de la mode, dont les rédactions acceptent les coûteuses exigences. C'est parfait pour Maria Pavlovna qui a le sentiment de retrouver un univers à sa mesure.

Elle utilise des appareils sophistiqués, s'entoure d'assistants, n'hésite pas à voyager dans les endroits les plus raffinés propres à créer une ambiance d'un luxe et d'une distinction de grand style. Et les magazines de mode achètent les clichés, paient les notes de frais, les hôtels et les billets d'avion et de paquebot de Maria Pavlovna ; mais que ne feraient-ils pas pour avoir la signature de la grande-duchesse, d'autant que ses photos sont remarquables de qualité. Elle suit notamment le duc de Windsor et Wallis Simpson durant le fameux été 1936 où ils s'affichent clairement devant les photographes, et elle rapporte de splendides photos de leur séjour en Autriche. Mais, si Maria Pavlovna photographie les glamoureuses célébrités des années 30, elle pose aussi pour les plus grands. Si l'on en juge par le nombre de photos qui lui sont consacrées, on constate qu'elle était alors, et plus par son talent que par le souvenir de la Révolution, sur la crête de la célébrité. Horst, Hoyningen-Huerne, tous les grands photographes de la mode *people* de l'époque la firent poser pour eux. Et dans les magazines lisses et glacés, on peut la voir avec son nez un peu fort, ses épaules larges et sa mâchoire carrée, saisie à la manière de Bette Davis ou de Tallulah Bankhead, la grande star du théâtre américain, dont elle est une sœur jumelle brusquement surgie d'un autre monde.

La situation professionnelle de Maria Pavlovna est assez paradoxale car, bien qu'elle soit très connue et qu'elle travaille régulièrement pour *Vogue* ou *Life*, elle vit plutôt modestement dans un petit appartement de Manhattan et ne parvient à boucler ses fins de mois qu'en donnant des conférences dûment tarifées. Il est vrai qu'elle dépense largement ses notes de frais en jouant au poker et en voyageant à son propre compte en Amérique latine. Toujours très élégante, elle s'habille chez Mainbocher où la moindre petite robe vaut le prix d'une voiture. En même temps, le système américain brutal, égalitaire et sans pitié, qui aurait dû aller à l'encontre de toutes ses convictions féodales, lui correspond parfaitement et elle y évolue très à son aise. Durant toutes ces années, elle ne quitte pas Horst et Hoyningen et retrouve sa demi-sœur, Natalie Paley, qui vit désormais à New York. Ils forment un petit groupe inséparable, avec Nicky de Guinzbourg, Folco Di Verdura, Greta Garbo et son amant, George Schlee, le mari de Valentina, la célébrissime couturière russe de Manhattan. La vie européenne de la cafe society de New York se limite à un cercle étroit dont Maria Pavlovna est une personnalité incontournable. Horst raconte comment, pendant leurs parties de poker très imbibées, Maria Pavlovna singeait les bolcheviques en menaçant sous prétexte de tricherie d'envoyer l'un en Sibérie, l'autre à la forteresse Pierre-et-Paul... Ayant un fort accent russe, elle joue son personnage de grande-duchesse en exil pour le grand plaisir du carré de ses fidèles new-yorkais. Ensuite, elle prend un taxi et retrouve son petit appartement de Manhattan, pour quelques heures de repos, avant de repartir au combat. Avec les années, elle va connaître le sort un peu triste des femmes célibataires vieillissantes qui s'entourent de plus en plus d'artistes homosexuels parce qu'ils sont souvent disponibles pour prendre un verre et distraire la mélancolie à toute heure du jour et de la nuit.

En Europe, les choses sont plus simples. Ses photos se vendent bien, car sa réputation d'avoir réussi en Amérique avec *Vogue* lui ouvre des portes demeurées jusqu'alors méfiantes à l'égard d'une grande-duchesse se piquant d'activités artistiques. Et puis les aristocrates qui pratiquent comme une drogue le snobisme Romanov sont trop contents de l'inviter dans leurs châteaux à la campagne. Maria Pavlovna fait donc fréquemment l'aller-retour transatlantique et son personnage est une image familière pour les reporters qui hantent ces nids à célébrités que sont les ponts de première classe. Mais, au fond, la principale raison de ces tournées européennes, confuse et inavouée, est de revoir Lennart. Le jeune prince suédois, comme à l'accoutumée, accueille sa mère comme s'il venait de la quitter la veille. On ne parle pas des années sans correspondance ni téléphone... Lennart a subtilement pris ses distances avec la famille royale suédoise. Le climat cérémonieux de la cour de Stockholm, la solitude et l'ennui qui y règnent, son statut étrange de fils abandonné par une femme dont il est interdit de parler ont déterminé cette indépendance.

Or Lennart est proche du trône suédois par son père et, si son attitude de prince démocrate qui roule en moto et se mêle aux bals d'étudiants lui vaut une très grande popularité, la cour s'inquiète de le voir un jour marcher sur les brisées de sa mère. Elle va être comblée, car à vingt-deux ans, et prenant tout son entourage de vitesse, Lennart tombe amoureux d'une jeune fille de la bourgeoisie suédoise qu'il décide d'épouser contre le code des mariages de la dynastie. Les Bernadotte connaissent d'ailleurs une sérieuse hémorragie de jeunes princes à marier, que les noces avec des roturières font exclure de la ligne de succession. Avec Lennart, en qui la famille royale mettait de grands espoirs, en raison de son charme et de son rayonnement, le traitement sera encore plus sévère. Il perd tous ses titres et la tension est si forte qu'il préfère quitter la Suède avec « sa bien-aimée Karin ». De plus, Lennart refusant de se marier à l'église, aucun membre d'aucune famille royale ne fait le déplacement jusqu'à la petite mairie d'un quartier de Londres où a lieu la cérémonie. En revanche, dans la rue, une foule énorme est venue voir le prince épouser la bergère, les Anglais tentent de toucher le bras de Lennart ou le bouquet de fleurs de Karin, et toute cette agitation joyeuse et spontanée, si loin du protocole des mariages royaux, semble beaucoup amuser les jeunes époux. Si les noces provocantes de Lennart horrifient tout l'establishment royal européen, celui qui n'est plus que « Monsieur » Bernadotte se comporte pourtant avec une grande décence. Il ne porte aucun jugement sur l'attitude de la cour suédoise et évite soigneusement la société de la fête internationale fortunée qui serait prête à l'adopter spontanément. Karin et lui s'aiment profondément et cela seul leur importe. La popularité de Lennart grandit d'autant en Suède. Cependant, le film du mariage, diffusé dans les cinémas du monde entier, achève de révulser la cour de Suède : Maria Pavlovna se tient auprès des jeunes époux qui partent ensuite en voyage de noces à New York et il n'est pas nécessaire d'insister pour comprendre le message ; New York, la ville des libertés démocratiques où vit sa mère...

MARIA PAVLOVNA, DIMITRI ET LENNART

Bientôt Lennart et Karin s'installent au domaine de Maïnau, une île de quarante-cinq hectares sur le lac de Constance, que lui a légué son arrière-grand-mère, dernière souveraine de Bade. Le spectacle que découvrent Lennart et Karin quand ils arrivent sur l'île aurait de quoi décourager les plus intrépides : le domaine est recouvert de végétation touffue et de ronces, il pleut dans le château, le chemin pour y parvenir est jonché d'arbres déracinés par les tempêtes et l'admirable arboretum n'est plus qu'une jungle confuse. Ils se lancent alors à corps perdu dans la rénovation de la propriété et ce travail de titan sera l'œuvre de leur vie. Ils feront de Maïnau un véritable éden sur terre, paradis des amateurs d'arbres, d'essences rares et de jardins, que visitent aujourd'hui des centaines de milliers de touristes venus du monde entier. Entrepreneur dynamique et gestionnaire avisé, Lennart aura reconstitué un véritable royaume idéal sur son île, fruit des rêves d'un jeune prince qui souffrit de solitude et se chercha un refuge sans renier ses origines, et de l'activité d'un homme de notre temps qui en fait profiter démocratiquement ses visiteurs.

La cour royale de Suède traite Lennart comme un pestiféré et lui réserve le traitement qui avait été appliqué à sa mère, mais le roi Gustav V, égal à lui-même et discrètement critique à l'égard d'une institution dont il est pourtant le maître et le symbole, garde son affection à Lennart et entame une correspondance avec lui. Il obtient même que son neveu prodigue reçoive un titre de comte accordé par une famille royale étrangère, ce qui en dit long sur la complicité clandestine unissant le pionnier de Maïnau et le vénérable otage des traditions de Stockholm. De la même manière, Gustav V se préoccupera constamment de Maria Pavlovna, lui assurant un soutien financier régulier durant les difficiles années d'après-guerre et l'inscrivant sur son testament. La mère et le fils appartiendront toujours au jardin secret du vieux roi.

Loin de Stockholm, Lennart se sent revivre. Il aime Karin, et l'aventure de Maïnau, ce projet au long cours, enrichit encore leur relation. Maria Pavlovna est retournée en Amérique, mais elle profite de plus en plus souvent de ses reportages et de ses notes de frais pour se rendre dans l'île du lac de Constance. En fait, rien ne l'oblige à venir jusqu'à eux, d'autant que Lennart et Karin ont maintenant plusieurs enfants, et l'on connaît l'aversion de Maria Pavlovna pour les bébés. Il semble tout simplement qu'elle ne puisse plus rester longtemps séparée de son fils et, même si elle refuse catégoriquement qu'il l'appelle « maman », ils se comportent l'un l'autre avec une tendresse fraternelle dont l'évocation du passé est toujours exclue. Karin s'est immédiatement attachée à sa belle-mère, et leur complicité ajoute à la gaieté des séjours de Maria Pavlovna qui photographie sans relâche la progression de la titanesque résurrection du domaine. Les enfants, eux, sont complètement terrorisés par leur grand-mère qui fait des arrivées spectaculaires à la gare de Constance avec ses multiples malles-cantines et qui leur parle avec une voix de dragon.

Mais les heures les plus intenses sont celles pendant lesquelles la mère et le fils s'enferment dans le laboratoire photographique car, autre preuve de la similitude intime et inavouée qui les unit, Lennart est aussi un photographe de très grande qualité. Et quand Maria Pavlovna vient à Maïnau, elle apporte toutes les photos qu'elle a faites à travers l'Europe et ils travaillent ensemble en comparant leurs travaux et leurs méthodes dans le laboratoire. « Une façon, raconte aujourd'hui Lennart, d'être unis sans jamais parler du passé. » Vaste pièce obscure où apparaissent des images dans les bains de produits à développement, le laboratoire où la mère et le fils passent tant de temps vaut certainement le salon d'analyse du docteur Freud. Grâce à eux, il existe d'ailleurs à présent à Maïnau un patrimoine photographique considérable constitué des milliers d'épreuves réalisées par l'un et l'autre tout au long de leur vie, et qui offrent un fabuleux témoignage sur notre siècle.

Lorsque la guerre survient, Lennart décide de quitter le lac de Constance car, bien que Maïnau ne soit qu'à quelques kilomètres de la frontière suisse, il ne veut rien avoir à faire avec les folies guerrières nazies. Lennart, Karin et leurs enfants rentrent en Suède où ils sont bien accueillis par la cour ravalant ses griefs devant la réussite du jeune couple, alors que Maïnau devient un camp d'entraînement pour les jeunesses hitlériennes. Lennart perd le contact direct avec Maria Pavlovna dont les périples sont difficiles à suivre puisqu'elle quitte les États-Unis pour l'Argentine. Les raisons de ce nouvel exil sont bien dans le style de l'impérieuse grande-duchesse qui ne peut admettre l'alliance des Américains et des Russes en 1941 et se persuade que le monde entier va être tôt ou tard bolchevisé. L'Argentine est plus loin de Moscou, provisoirement hors d'atteinte de l'étreinte de Staline. Cependant, aucune révolution et aucune guerre ne peut plus séparer tout à fait la mère et le fils qui parviennent à correspondre régulièrement désormais, entre Stockholm et Buenos Aires.

La mort de Dimitri

Les feux d'artifice et les flots de champagne qui ont consacré l'union d'Audrey et de Dimitri se sont progressivement transformés en pétards mouillés et en potion amère. Audrey ne supporte plus l'inactivité de son mari, adorable homme objet, toujours courtois mais incapable de quelque travail que ce soit. Les fêtes et l'alcool les ont épuisés et leurs multiples infidélités ont fait naître entre eux souffrance et amertume. La vie mondaine a vampirisé leur vie sentimentale, Audrey et Dimitri ne s'aiment plus et ils se séparent à l'amiable, sans rancune et sans drame. Audrey se remarie avec un prince géorgien au caractère singulièrement plus trempé. Le cadeau de rupture d'Audrey à son mari est un fabuleux château Louis XIII, partiellement en ruine, à une centaine de kilomètres de Paris, une propriété magnifique que le grand-duc fait restaurer ici et là en s'accommodant à la fois de la splendeur et de la décrépitude du lieu. Toujours cette étonnante aptitude Romanov à s'arranger des situations matérielles les plus insolites. Les photos de l'époque montrent Dimitri dans la propriété crépusculaire et la correspondance entre l'homme et la maison est bouleversante : Dimitri a beaucoup vieilli, ses traits se sont creusés, son visage est marqué par la fatigue et exprime une insondable mélancolie. De plus, il s'égare depuis des années dans le mouvement politique des « Jeunes Russes », conglomérat confus d'opinions plus ou moins fascistes, bolcheviques et tsaristes — « l'empereur et les soviets » — dont l'impact se limite à quelques excités de l'immigration.

En se séparant d'Audrey, Dimitri perd son fils qu'il adore. En effet, à la déclaration de la guerre, Audrey retourne aux États-Unis et elle emmène avec elle le petit Paul. Dimitri les a rejoints à Gênes pour leur dire au revoir sans savoir qu'il s'agit d'un adieu. Il a apporté un superbe train électrique et des soldats de plomb que Paul continuera à collectionner toute sa vie jusqu'à constituer un fabuleux musée privé. Le départ de son fils plonge Dimitri dans un désespoir inconsolable. Jusqu'à sa dernière heure, il gardera une photo de l'enfant sur lui. Mais Paul devient un modèle parfait de petit Américain en perdant le contact avec son père. « Marine », héros de la guerre de Corée, le prince Ilinsky, selon le titre que lui a conféré le grand-duc Cyrille, sera un jour le maire de Palm Beach en Floride ; un Romanov « de toutes les Russies » à la tête de la ville symbole du soleil, de la mer et des plaisirs de milliardaires...

À la chute du communisme, lorsque les médias réveilleront la mémoire de la famille Romanov, il sortira de son silence et reprendra sa place dans la famille, au point d'être avec Nicolas Romanov au premier rang à l'enterrement de la famille impériale en 1998. Aujourd'hui, alors que Paul est un vieil homme, il revendique très fortement son patrimoine familial et culturel, parle de son père avec amour et admiration et entretient des relations étroites avec les Romanov de sa génération, Lennart, Michel, Nicolas.

Lorsque la guerre éclate, Dimitri se retrouve seul dans son château ; il n'a plus d'argent et il ne peut même pas se retourner vers sa sœur chérie Maria Pavlovna perdue dans son invraisemblable périple entre New York et l'Argentine. Le Paris de l'Occupation où il se replie ne lui vaut rien de bon : s'il évite les Allemands, il ne survit que grâce à la générosité d'anciens amis du faubourg Saint-Germain et du Jockey Club, eux-mêmes confrontés au froid et aux restrictions. À cinquante ans, Dimitri est pris par la maladie des Romanov, la tuberculose, et il part se soigner en Suisse, à l'Hôtel des Alpes de Davos. Dans l'Europe en guerre, le grand-duc Dimitri, qui fut l'un des princes les plus séduisants d'un temps romanesque, n'est plus qu'un homme vieilli avant l'âge, qui obéit docilement à ses infirmières alors que la maladie lui ronge les poumons et l'entraîne vers la mort. Pourtant, la solitude ravive sa fidélité à la Russie éternelle et il ne cède pas aux appels à la collaboration avec les nazis où se sont compromis la plupart des « Jeunes Russes ». Au contraire, il suit de très près les progrès de la résistance soviétique aux armées hitlériennes en dévorant la presse helvétique.

Ainsi lorsque, parmi les rares visiteurs qui se déplacent jusqu'à Davos, le prince Tassilo Fürstenberg vient le voir et lui annonce avec enthousiasme que les Allemands sont aux portes de Moscou, qu'ils chasseront les bolcheviques et que les Romanov pourront revenir en Russie, Dimitri interrompt le prince italo-allemand et dans un sursaut déclare : « Jamais, jamais les Allemands ne rentreront à Petrograd. » Dimitri n'a pas participé au meurtre de Raspoutine soupçonné de sympathies proallemandes, vingt-cinq ans plus tôt, pour trahir son pays alors qu'il se sent maintenant lui-même au seuil de la mort, dans la petite chambre d'hôtel d'un pays neutre.

En 1942, ses médecins lui annoncent que le mal a été enrayé et qu'il va pouvoir rentrer à Paris. Dimitri a alors l'un de ces gestes caractéristiques de son comportement dans la vie : il invite tout le personnel soignant, les infirmières et les médecins de l'hôpital dans la seule boîte de nuit de Davos. Et toutes les personnes qui l'ont côtoyé pendant ces mois de maladie viennent à la fête de Dimitri qui a cassé sa tirelire pour leur offrir du caviar, du saumon hors de prix en temps de guerre, et leur faire écouter des ballades à la balalaïka. « La fête de ma guérison », a-t-il ainsi baptisé la soirée... Et puis, à l'aube, il rentre à son hôtel, il se couche et il meurt. Près de lui, un enfant le regarde : le petit Paul, dont Dimitri a placé la photo sur sa table de nuit.

Dernier tango à Maïnau

Maria Pavlovna s'est donc installée à Buenos Aires où réside une petite communauté de Russes blancs qui vivent sur de grandes estancias comme lorsqu'ils possédaient leurs domaines en Ukraine ou en Russie du Sud. Mais elle n'a plus la même aisance financière et, entre l'argent qui lui reste et celui que lui fait parvenir le roi de Suède, l'avenir s'annonce de plus en plus incertain. Pour subsister, elle écrit dans des journaux argentins en brodant éternellement sur le thème de ses mémoires, elle rédige des articles sur la mode, le savoir-vivre ou la décoration. Tout est bon pour gagner de quoi survivre.

Conscientes de ses difficultés, les familles russes exilées ainsi que des Argentins fortunés qui habitent autour du Rio de la Plata invitent et reçoivent fréquemment Maria Pavlovna qui prend l'habitude de peindre à l'aquarelle les propriétés et les intérieurs de ses hôtes. Aquarelles ravissantes qu'elle vend ou qu'elle offre pour payer ses séjours aux amis qui l'accueillent. Ces aquarelles, vestige d'une éducation de jeune fille à Saint-Pétersbourg au début du siècle, vont lui permettre de survivre d'autant que Maria Pavlovna en peint un nombre considérable. Le tableau d'intérieur était alors un genre très russe et très à la mode — le peintre Serebriakov vivait de cet art en France —, et l'on peignait beaucoup plus que l'on ne photographiait les intérieurs des maisons réputées élégantes. Elle continue aussi à faire des photos en sautant sur toutes les occasions de voyage qu'on lui propose. C'est ainsi qu'elle a découvert l'Amérique latine qui est apparemment à l'abri de la Seconde Guerre mondiale et où l'histoire est suspendue. À Buenos Aires, à Montevideo ou à Rio de Janeiro, l'actualité a dix ans de retard et elle est encore la grande-duchesse Maria Pavlovna... On rejoue donc une nouvelle version de la séduction réciproque entre hautes sociétés locales et altesse impériale en exil, mais c'est en espagnol ou en portugais et Maria Pavlovna qui ne parle pas ces langues a du mal à saisir les sous-titres. La vérité est qu'elle est seule, terriblement démunie, sans contact avec l'Europe en guerre. Elle vieillit aussi, et son allure garçonnière s'accuse avec ses cheveux gris coupés court, ses tailleurs strictement rigides comme des complets d'homme. Lorsqu'elle apprend la mort de Dimitri, elle a le sentiment d'être elle-même parvenue brutalement au terme de son errance sur terre. Meurtrie au plus profond, hagarde, incapable de se reprendre, elle est sauvée par des amis compatissants qui la gardent plusieurs mois dans une estancia en Uruguay. Quelque chose d'essentiel s'est brisé en elle et elle n'a plus la force d'affronter l'existence comme elle le faisait auparavant.

La guerre s'achève, elle végète pauvrement dans un studio de Buenos Aires, lorsqu'en 1947 Lennart se rend en Argentine soi-disant pour faire des photos mais en fait pour retrouver sa mère après dix ans de séparation. L'Argentine est en pleine folie péroniste et Maria Pavlovna semble avoir perdu définitivement tous ses repères. Il est frappé de la voir si abattue et découragée dans son modeste meublé dont elle ne sort presque jamais et où sont disposés partout des portraits de son frère et de son fils. Alors, pour la première fois, peut-être parce qu'elle se sent si faible et abandonnée, Maria Pavlovna reparle du passé. Comme dans un film de Bergman, où les enfants et les parents se rencontrent après des années de silence et règlent les comptes de leurs échecs et de leurs fautes, mère et fils s'enferment dans un long échange de reproches, de regrets et de remords. On imagine combien cet entretien a dû être âpre et tendu. Lennart lui demande comment elle a pu partir en l'abandonnant et rester tant d'années sans lui écrire, comment elle s'est si peu souciée de lui et pourquoi ils ne se sont pas parlé avant... Et Maria Pavlovna se défend maladroitement, en évoquant pêle-mêle ce mari qu'on lui a imposé, l'ennui pesant de la cour de Suède, l'inquiétude de savoir Dimitri seul, les morts de la Révolution... Elle pleure, pleure beaucoup, et c'est comme si son cœur s'ouvrait enfin à tout cet amour réciproque dont Lennart la transperce et qu'elle n'avait jamais voulu admettre.

Lennart se souvient très bien qu'ensemble ils parlèrent suédois, sa langue maternelle, alors que Maria Pavlovna ne l'avait pas pratiquée depuis trente ans. Elle le parla à son habitude, à la perfection, sans faute de vocabulaire ni accent, comme si elle avait inconsciemment voulu préserver quelque chose qui n'aurait appartenu qu'à eux. Lorsque Lennart repart de Buenos Aires, ils sont l'un et l'autre totalement apaisés. Il a suffi de quelques jours pour que l'image de la mère mythique et dénaturée soit remplacée par celle d'une femme vulnérable à qui il accorde volontiers toutes les circonstances atténuantes. « Je ne sais pas qui a eu l'idée surréaliste de marier mon père et ma mère ensemble », dira-t-il des années plus tard...

Peu après, répondant aux instances de son fils, Maria Pavlovna, brisée par la fatigue et la course permanente à l'argent, retourne en Europe et tout naturellement s'installe à Maïnau où Karin et Lennart lui ont aménagé un appartement vaste et confortable dans le château où elle est parfaitement libre de vivre à sa guise. Dans l'immense propriété, Maria Pavlovna peint, photographie, écrit des articles pour la presse suédoise qui l'a redécouverte. Elle est si sereine, si tranquille désormais dans le refuge que lui assure son fils qu'elle se montre même aimable avec ses petits-enfants, preuve évidente que la lionne est devenue végétarienne. Maria Pavlovna est fière de Lennart et de son immense détermination, de l'admirable réussite que représente Maïnau, alors qu'elle-même, malgré ses capacités, n'a cessé de se disperser. Au début des années 50, Lennart invite aussi son père Guillaume de Suède à Maïnau. Ainsi Maria Pavlovna retrouve son premier mari qu'elle n'a pas vu depuis près de quarante ans. Les premiers jours, ils s'observent avec une prudence embarrassée, puis ils se rapprochent et finissent par passer plusieurs semaines ensemble, toute rancune évanouie, comme un vieux couple que la tendresse aurait uni toute leur existence. Et lorsque les pensées de Maria s'envolent vers Dimitri, c'est-à-dire bien souvent tant le souvenir de son frère lui est cher, une voiture du domaine l'emmène à Davos pour qu'elle puisse se recueillir sur les lieux où il vécut ses derniers mois sans avoir de nouvelles d'elle et où il est mort si loin d'elle. Pour Maria Pavlovna, il ne peut exister de châtiment plus cruel pour l'un et l'autre que cette fin séparée, aveugle et silencieuse.

Peu de temps avant sa mort, Maria Pavlovna accepte que la presse suédoise vienne faire un reportage sur elle et sur Lennart. Les photos sont très impressionnantes : son visage s'est creusé, comme ravagé de l'intérieur, elle a une perpétuelle cigarette au coin des lèvres et un air de dragon féroce dont irradie encore une force blessée. Lennart, pour sa part, la couve d'un regard affectueusement protecteur qui exprime à la fois le bonheur de leurs retrouvailles tardives et la nostalgie de toutes les années perdues.

L'agonie de Maria Pavlovna est longue et cruelle, sous la torture d'une maladie implacable qui la paralyse peu à peu. Karin et Lennart la soignent avec infiniment de dévouement, et lorsqu'elle meurt en 1957, après l'avoir inhumée à Maïnau même dans la magnifique église baroque du château qui surplombe le lac de Constance, il reste à Lennart une dernière mission à remplir. En effet, Maria Pavlovna n'a jamais abandonné l'espoir de faire revenir son frère auprès d'elle et Lennart parvient à transférer les restes de Dimitri dans la chapelle pour qu'ils reposent désormais l'un près de l'autre, unis pour l'éternité contre la Révolution et l'exil qui les séparèrent trop souvent. Les milliers de touristes qui visitent l'église et admirent son architecture baroque savent-ils, en passant devant les pierres tombales de Maria Pavlovna et de Dimitri, qu'il s'agit d'un frère et d'une sœur, parmi les Romanov les plus flamboyants, qui s'aimèrent toute leur vie et se retrouvèrent enfin dans ces confins du pays de Bade et de la Suisse, parce qu'un prince suédois leur était toujours resté fidèle ?

17

MICHEL, GARDIEN DES SOUVENIRS D'IRÈNE ET NATALIE

> « Natalie est un ange de droiture et de pureté. Elle est en cristal. Mais elle est faite pour être aimée et non pour aimer. Elle est trop belle pour souffrir ; c'est une plante merveilleuse à laquelle il faut, pour vivre, les hommages, les miroirs flatteurs et les lustres. Elle le sait. Elle est protégée par le fait qu'elle est un chef-d'œuvre. »
>
> Marie-Laure de Noailles.

Au début des années 30, les destins des deux sœurs, Irène et Natalie, se séparent peu à peu d'une manière irréversible. Irène et Théodore vivent de moins en moins ensemble ; depuis la mort de sa mère, la princesse Paley, Irène consacre beaucoup de temps et d'énergie aux œuvres russes ; la douce dérive poétique de son mari lui semble inconciliable avec la tâche dans laquelle elle s'absorbe. Théodore a bien tenté de travailler, mais l'univers des bureaux et de la compétition en affaires n'est décidément pas fait pour lui, alors qu'il excelle à dessiner et à raconter de belles histoires au petit Michel. Irène et Théodore s'aiment pourtant, mais c'est un sentiment de famille où elle le protège et où il la considère comme sa sœur. Ils décident finalement de s'éloigner doucement l'un de l'autre. Théodore part aux États-Unis dans une entreprise automobile où on lui propose d'être un pilote d'essai pour les relations publiques de la société. C'est un emploi qui enfièvre l'imagination de son fils même si Irène ne se fait guère d'illusions. En fait, Théodore ne parvient pas à s'adapter à la vie américaine dont la mentalité lui échappe et il se sent perdu. Il prend conscience qu'on l'a bassement utilisé et que ses démonstrations automobiles sur des circuits de second ordre ne servent que les relations publiques d'une bande de margoulins sans scrupules. Incapable de supporter plus longtemps la situation, Théodore quitte l'Amérique totalement meurtri. Mais, au lieu de rentrer en France pour se rapprocher d'Irène, il retourne dans la maison de sa mère. Et c'est en Angleterre, chez Xénia, qu'il va vivre les années de la guerre.

La fin de Théodore

Irène de son côté refait sa vie avec un aristocrate français, le comte de Montbrison, qui vit dans le sud-ouest de la France, et la soutient dans son travail pour les œuvres russes. Une petite fille naît de ce second mariage. Michel, le « tsarévitch de Biarritz », se retrouve un peu plus seul dans la villa où la fidèle niania prend soin de lui.

Il est loin, le petit prince blond qui jouait inlassablement sur la plage avec son père... Michel a grandi. Sa mère le met en pension car elle souhaite qu'il rencontre des adolescents de son âge et suive enfin des études sérieuses après toutes ces années de bohème délicieuse où Théodore se montrait un grand frère idéal et un pédagogue incertain. Michel est libre et espiègle, mais il est aussi bon et intelligent, et il s'adapte bien à la pension qu'Irène a choisie avec soin et qui est un excellent établissement. Chaque semaine sans exception, il reçoit des nouvelles de sa mère. Aujourd'hui encore, Michel garde précieusement les lettres admirables qu'Irène lui envoyait, des lettres tendres, remplies d'enseignement et de conseils sur l'existence. D'une certaine manière, à travers ces lettres, elle lui fait aussi progressivement prendre conscience du fait qu'il est un Romanov descendant de deux tsars, héritier d'une famille où les nobles figures du grand-duc Paul et de Vladimir ont été martyrisées et dont il incarne à son tour les natures pures et généreuses. Et si Michel a toujours su qu'il était russe, en particulier parce que sa niania le lui rappelait constamment, il n'avait pas encore perçu autant qu'avec les lettres d'Irène ce que signifiait « être un Romanov ».

Durant la guerre, Michel passe son bac à Biarritz, puis il est happé par la Résistance en laissant une douce petite amie qu'il n'oubliera d'ailleurs jamais. Premier amour où se brûle cette beauté insolente qu'il a héritée de ses parents et dont il n'a pas conscience.

Biarritz est proche de la frontière espagnole et Michel mène une vie dangereuse en servant de passeur, puis il rejoint l'armée du général Leclerc qu'il accompagnera jusqu'en Allemagne. Son courage tranquille de résistant puis de soldat français éloigne à nouveau le souvenir Romanov que lui a inculqué sa mère. Et c'est le retour de Théodore qui rassemble enfin les éléments du puzzle.

Bien que séparés, Théodore et Irène restent très proches l'un de l'autre, non seulement pour Michel mais parce que les liens qui les unissent portent sur l'essentiel. Lorsque Théodore est atteint de tuberculose après une pneumonie mal soignée en Angleterre, Irène et les Youssoupov organisent son retour en France où le climat du Pays basque et une meilleure nourriture devraient améliorer sa condition. En 1946, Théodore, arrive donc à la gare du Nord, sur une civière, dans un Paris où l'on manque de tout. La tuberculose l'a épuisé et il ne pèse plus que quarante-deux kilos pour un mètre quatre-vingt-dix-sept ; les médecins expliquent à Irène et aux Youssoupov que dans cet état de faiblesse il ne vivra plus très longtemps. La maladie l'a ravagé et on le sent brisé, incapable de se défendre devant la mort. On l'installe cependant dans une petite maison du Pays basque, loin de l'agitation des plages qu'il affectionnait tant, et il va finalement survivre là, pendant vingt ans, menant une existence de grand malade, aidé d'une femme du pays qui l'accompagnera jusqu'à la fin. Lui dont le corps athlétique brillait sur la plage de Biarritz et faisait rêver les femmes à la piscine de la Chambre d'Amour, lui qui a tellement aimé la mer et la plage, n'a même plus la force d'en fouler le sable. Mais la découverte de la pénicilline, les soins incessants qu'on lui prodigue, son absence de révolte même contre les contraintes de son état permettent cette survie quasi miraculeuse. Pendant toutes ces années, Irène et les Youssoupov viennent le voir régulièrement. Il faut croire que Théodore, qui n'est que l'ombre de lui-même, est une ombre idéalement charmante et porteuse de souvenirs enchanteurs pour que ceux qui l'aiment mettent tant d'acharnement à éviter qu'elle ne s'efface à tout jamais... Michel est évidemment aussi proche de lui que par le passé, il lui raconte les voyages que son métier de premier assistant de cinéma lui permet de faire en Inde ou dans les îles du Pacifique et, assis sur sa chaise, Théodore en l'écoutant rêve de l'océan... Et c'est tout doucement qu'il s'éteint en 1967, entouré de l'affection des siens qui n'oublieront jamais l'image du prince de lumière, à la fois si singulier et si fragile, qu'il avait toujours gardée dans leurs souvenirs.

Natalie s'évade

Dans les années 30, Natalie mène une double vie auprès de Lucien Lelong. Elle est, d'une part, le modèle exemplaire de sa maison de couture, à la fois son symbole et sa figure de proue, et, de l'autre, un astre évanescent de la vie nocturne. Elle a rejoint le monde de Jean Cocteau, Bérard, Marie-Laure de Noailles, les princes de Faucigny-Lussinge, et ils mènent ensemble la fête de toutes les soirées parisiennes. Son amitié avec Jean Cocteau suscite une vive curiosité, alimentée par le prince des poètes lui-même qui se répand auprès de leur cercle d'intimes pour affirmer qu'il est l'amant de Natalie et qu'elle aurait même attendu un enfant de lui. Quand on sait à quel point il n'était pas attiré par les relations charnelles avec des femmes et combien elle craignait d'en entretenir avec des hommes, cette liaison semble être une illusion née de l'imagination fiévreuse que procure la pratique des pipes d'opium et des coups de téléphone en pleine nuit auprès d'amis qu'il faut bien récompenser du tracas de les avoir réveillés.

Au début des années 30, et sans doute pour mettre un peu de distance avec un Jean Cocteau de plus en plus incontrôlable, Natalie fait un long voyage en Italie. Elle s'est liée avec la famille Visconti qui possède une merveilleuse maison sur le rivage d'un grand lac de l'Italie du Nord et elle passe là plusieurs semaines de vacances, à l'automne où la région est follement romantique. Puis, l'hiver venu, elle descend à Rome et à Naples avec Madina Visconti devenue son amie intime. Ensemble, elles hantent, comme des fantômes, le cimetière où repose le poète Shelley, elles visitent Pompéi, embarquent pour Capri. Madina s'est éprise de Natalie, mais le bel ange blond, comme pour Jean Cocteau, se laisse aimer sans jamais se donner à quiconque. Enfin on s'amuse beaucoup sans avoir jamais le mauvais goût de permettre à la légèreté des badinages de déraper vers l'intensité des passions. Avec les deux jeunes femmes, Luchino Visconti réalise une étrange série de photographies, qui serait comme une adaptation vaguement lesbienne de *La Voix humaine* de Jean Cocteau précisément, où Madina téléphone dans son lit à un inconnu tandis que Natalie se morfond près d'elle. Les clichés se suivent de si près comme dans un roman-photo que ce feuilleton intimiste en chambre, où Luchino apparaît à la dernière image dans un miroir en tenant l'objectif, est en fait le premier film de celui qui n'est pas encore l'illustre metteur en scène de cinéma, mais un jeune prince italien qui se passionne pour les courses de chevaux, la littérature et les jeux discrètement décadents. Natalie expérimente aussi d'autres sensations, comme les virées en cabriolet avec Guido, le frère de Luchino. Guido est très amoureux d'elle et pour la séduire il l'emmène au volant de sa Bugatti qu'il conduit encore plus vite que le Riva qu'il faisait tournoyer sur le lac avec une rage luciférienne, en espérant lui faire perdre la tête. Guido demande à Natalie de quitter Lelong et de l'épouser, mais elle se contente de lui sourire avant de se remettre du rouge à lèvres en tournant le rétroviseur, indifférente aux prouesses du roi de l'asphalte qui croyait la conquérir en l'entraînant avec lui à folle allure dans son bolide.

Au cours de cette vie de jeunes gens fortunés où, hormis le style, rien n'a vraiment de prix, où toutes les choses graves sont murmurées et où la beauté est plus importante que la vérité, il était naturel que Natalie se rapproche du cinéma. Et c'est Luchino Visconti, alors qu'il la voit collectionner les photos de Garbo et de Dietrich, qui la persuade de tenter l'aventure. Natalie est en quête d'une autre existence, le cinéma pourra lui en offrir une infinité, toutes différentes. On peut imaginer d'ailleurs, que si Visconti avait commencé à faire des films dix ans plus tôt, il aurait très certainement tourné avec Natalie dont le physique et la manière d'être étaient viscontiens avant la lettre. Mais c'est Marcel L'Herbier qui, le premier, donne sa chance à Natalie en la faisant jouer dans *L'Épervier*. Peut-être a-t-on un peu oublié aujourd'hui l'importance de Marcel L'Herbier, mais, dans les années 30, il était l'un des plus prestigieux réalisateurs du cinéma français. Il entoure les débuts au cinéma de Natalie d'une grande compréhension et d'une rare indulgence, car Natalie n'est pas une débutante particulièrement douée. Elle est très maladroite, elle déclame et on ne sent pas en elle un véritable tempérament d'actrice. De plus, sa beauté est si singulière qu'il faut faire au préalable tout un travail de maquillage et d'éclairage sophistiqué pour en rendre compte. Cependant, est-ce parce que tout le monde mélange la fiction des films et la véritable histoire de la jeune femme, est-ce parce que Marcel L'Herbier ne fléchit jamais dans sa manière de la soutenir, toujours est-il qu'à partir de 1933 Natalie tourne sans arrêt et rencontre un grand succès auprès du public. Dans l'imaginaire des spectateurs, elle occupe une place à part, celle d'une princesse de légende qui se serait coulée naturellement dans le statut des princesses modernes que sont les actrices de cinéma.

« *The Darling Princess of Hollywood* »

Pour Lucien Lelong, la nouvelle carrière de Natalie sonne le glas de leur relation professionnelle et de leur mariage. Ils ne divorceront qu'à la fin des années 30, mais lorsque Natalie s'envole pour Hollywood, appelée par George Cukor pour tourner dans *Sylvia Scarlett*, leur relation est déjà terminée.

Natalie arrive à Hollywood d'une manière très naturelle. En effet, à cette époque, les jeunes comédiennes en pleine ascension sont approchées de façon systématique par les grandes compagnies américaines qui leur proposent un contrat pour Hollywood. Natalie les intéresse immédiatement, à la fois parce qu'elle est belle, qu'elle parle anglais et qu'elle peut, tant bien que mal, jouer la comédie. Mais surtout parce qu'elle est la princesse Paley et que, suivant la vogue des sujets russes, ce lignage est un excellent argument publicitaire. En somme, Hollywood considère Natalie de la même façon que Lucien Lelong utilisa son image et son nom pour présenter ses modèles.

À Hollywood, les vies sont emportées par le dynamisme du cinéma. Et, pour l'instant, tout amuse Natalie : la précision de l'organisation, le maquillage à l'aube, le stylisme, la coiffure, les photos de presse, la publicité, l'ambiance de dynamisme et de travail. En faisant l'apprentissage d'Hollywood, Natalie découvre le monde industriel américain, avec son refus des états d'âme, et c'est aussi cela que la jeune femme est venue chercher aux États-Unis. De surcroît, dans ce milieu du cinéma, si tout le monde travaille ensemble, il se crée très rapidement des tribus, des phratries, et naturellement Natalie va faire la connaissance d'un groupe d'exilés européens élégants et à l'esprit libre. C'est ainsi que la jeune femme reconstitue une sorte de petite cour autour d'elle, qui agrège différents metteurs en scène, des acteurs, des stylistes et décorateurs plus raffinés que la moyenne des artistes américains. Il y a là George Cukor, Marlène Dietrich, Cole Porter, Everett Sloane, Klaus Mann et parfois Greta Garbo.

Cependant, après un an passé à Hollywood, Natalie est devenue complètement américaine, et son charme et sa singularité inspirent la mode et les usages de la vie mondaine à Hollywood. Les magazines féminins, la presse « people », les redoutables commères des revues de cinéma ne tarissent pas d'éloges sur la « lovely darling Princess Paley of Hollywood » qui apporte une touche d'élégance et de romanesque dans toutes les soirées des stars et les premières de gala. Natalie invente un nouveau style d'étoile : celle qui rayonne sous les feux de l'actualité de la vie des « beautiful people » sans avoir précisément besoin de tourner des films. En effet, malgré plusieurs rôles intéressants, Natalie, trop fine, trop chic, trop absente, ne peut lutter contre les bataillons de blondes en sweater collant et les dures à cuire venues de Broadway qui mènent les offensives de leurs carrières jusque dans le lit des producteurs. Elle ne deviendra pas une grande star de cinéma et apparemment cela lui importe peu. Elle est lucide sur son talent — bien que les critiques aient été très élogieux quant à sa prestation dans *Sylvia Scarlett* —, elle sait qu'elle n'a plus l'âge où les actrices débutent et elle n'a pas l'intention de souffrir pour décrocher un oscar. Elle tient sa notoriété de ce qu'elle apporte à Hollywood, à savoir une classe et un raffinement qui manquaient à la société du cinéma.

En contrepartie, elle en retire une tranquillité « à l'américaine », où on la tient totalement libre d'être ce qu'elle veut être et d'exister comme elle le souhaite. Cette légèreté lui convient parfaitement. En Amérique, rien n'a vraiment d'importance, dès lors que l'on respecte la loi, et tout le monde vous laisse vivre à votre guise si vous avez un peu d'argent. Et Natalie poursuit depuis toujours ce rêve éveillé où elle est aimable avec tous, où tout se passe toujours bien, d'une manière lisse, charmante et gaie, mais où elle ne s'implique dans aucun sentiment qui pourrait l'ébranler ni aucune relation qui la mettrait en péril. Natalie souhaite un monde aseptisé, où elle n'aurait rien à recevoir et à donner d'autre que des marques de politesse. L'Amérique est pour elle ce grand jardin d'indifférence idéale, puisque la mort de son père et de Vladimir, la guerre, la perte de sa mère, tous ces arrachements ont emporté sa capacité de souffrance et de chagrin. Sa nature personnelle a été si blessée que seule l'Amérique, avec son anonymat et son absence de passé, peut lui offrir le calme et l'oubli qu'elle recherche.

Si Natalie pratique l'indifférence sentimentale satinée qui correspond parfaitement à celle du milieu du cinéma américain, en revanche, elle cultive et entretient l'amitié. Sa grâce et son humour fascinent des personnalités plus volcaniques comme Katharine Hepburn, et elles vont devenir très amies. Pourtant, il n'existe pas deux personnes plus dissemblables que Natalie et Katharine. L'une ignore comment prendre l'autobus, n'est jamais entrée dans un supermarché et sait à peine qui est le président des États-Unis, l'autre arpente en talons plats les couloirs du métro new-yorkais et manifeste dans les rues en brandissant des pancartes dès qu'elle le peut pour soutenir une revendication sociale ou dénoncer une injustice. Il faut dire que dès que l'on parle devant Natalie de grèves, de contestation ouvrière ou de communisme, elle pâlit et demande à ce que l'on change de conversation... Mais Katharine qui est remarquablement intelligente ne juge pas Natalie sur de tels critères : elle est sensible au charme poétique de son amie et mesure parfaitement les traumatismes qu'elle a endurés. Avec Katharine Hepburn, Natalie se sent à l'abri, protégée comme elle le fut par ses parents, sa sœur ou par Lucien Lelong, et toute leur vie elles resteront très liées.

Il n'en est pas de même avec Greta Garbo. À Hollywood, Garbo est une reine mystérieuse qui se déplace incognito et qui torture les journalistes autant qu'elle les excite. Natalie et Garbo jouent toutes les deux dans le même registre, et la Divine, fille de prolétaire devenue impératrice de fiction, éprouve une acrimonieuse jalousie face à cette vraie princesse, qui doit tout à sa naissance et à son éducation et rien à son talent. Mais, surtout, Greta Garbo soupçonne Natalie de la copier dans ses attitudes et elle se venge en affirmant que Natalie est vide, sans idées et sans désirs. Plus tard, cette rancune prend même un tour encore plus désagréable pour Natalie, lorsque Garbo remarque à l'exposition de Tchelitchev, peintre russe très en vogue à cette époque, plusieurs portraits de Natalie. Évidemment Tchelitchev, exilé subtil et raffiné qui peint très avant-garde mais vit dans la nostalgie impériale, ne peut qu'adorer Natalie pour les raisons qui la font précisément détester de Garbo. « La Divine » quitte l'exposition en laissant paraître sa mauvaise humeur. Et comme Natalie et elle naviguent parmi le même petit groupe, elle ne cache pas son exaspération en demandant à chacun : « Mais pourquoi cette fille fascine-t-elle donc tant les gens ? » sans se rendre compte que c'est justement ce vide que l'on peut remplir de ses propres sentiments qui est l'une des clefs de l'attachement que suscite Natalie et de la fascination qu'elle-même exerce sur les foules.

Il est vrai que leur caractère, leur style de vie, leur manière d'être se ressemblent beaucoup ; cette similitude, dont elles ont forcément conscience, entraîne une incompatibilité d'humeur fondamentale. Leur rivalité s'étend jusque dans leur vie sentimentale. Natalie est très liée à Valentina, la grande styliste d'origine russe, dont le mari, George Schlee, est le chevalier servant de Greta, comme si le couple se partageait la fausse et la vraie Garbo. Et cette rivalité ne disparaîtra que lorsque l'une et l'autre choisiront de regagner leur obscurité personnelle et leur solitude.

En 1936, Natalie revient en France pour tourner *Les Hommes nouveaux*, de Marcel L'Herbier. Dans ce film qui se passe au Maroc et mêle l'aventure, le message cocardier et le récit colonialiste, Natalie joue le principal rôle féminin. La première a lieu à l'Opéra et c'est un immense succès. Pour une fois, la critique et le public sont unanimes et encensent Natalie. Mais ce qui aurait pu être pour elle un come-back fracassant dans sa carrière française est en fait le chant du cygne de son métier d'actrice. Désormais, Natalie ne songe plus qu'à retourner aux États-Unis, mais à New York cette fois, dont l'atmosphère européenne, la société élégante et les promesses d'anonymat l'attirent d'une manière irrépressible.

En rompant avec l'Europe, elle en retrouve le meilleur à New York, c'est-à-dire l'amitié et la fantaisie des exilés européens en Amérique. Elle veut s'installer définitivement dans le grand calme du dollar et de la beauté artificielle des sophistications de Manhattan, comme ils sont sublimés sur les photos scintillantes et glacées de Horst et de Hoyningen-Huene qui étaient précisément ses amis intimes à Paris au début des années 30 et se sont exilés comme elle outre-Atlantique. Il y a aussi, dans cette démarche et cette envie de changer de vie, une utopie du monde moderne ; la splendeur surannée de l'Europe projetée vers le futur comme un train aveugle qui avancerait à toute allure dans un décor lisse et aseptisé.

John C. Wilson

En arrivant à New York, Natalie, tout auréolée de sa célébrité française et hollywoodienne, fait la connaissance de John C. Wilson, producteur de théâtre fameux, qui est en plus un homme exquis, vif, intelligent, cultivé, et qui participe lui aussi de cette société glamoureuse américaine à laquelle Natalie est attachée. John C. Wilson a beaucoup de talent et, à trente-cinq ans, il est devenu l'une des puissances de Broadway, notamment parce qu'il est l'ami de Noel Coward et qu'il monte toutes ses pièces, mais aussi d'Anita Loss, redoutable lutin du théâtre et du cinéma, scénariste de comédies sur la vie new-yorkaise très appréciées ; *Comment épouser un milliardaire*, c'est elle. Il règne à New York à cette époque une ambiance d'effervescence qui pousse au dynamisme ; la grande crise est passée et le public retrouve les moyens de sortir, l'envie de s'amuser et d'aller au spectacle. Et John C. Wilson qui produit des pièces de grande qualité, gaies et extrêmement divertissantes, attire à lui tous les publics et gagne beaucoup d'argent. John C. Wilson a toutes les qualités pour plaire à Natalie, ainsi qu'une autre déterminante et qu'elle a su repérer dès leur première rencontre : il préfère les garçons. Tout est donc parfait, Natalie divorce en douceur de Lucien Lelong et épouse John C. Wilson. À partir de ce moment-là, elle cesse d'être la princesse Natalie Paley ; elle devient Mrs. John C. Wilson. L'exilée russe qui portait comme une perpétuelle blessure « tout le sang des Romanov » sur son adolescence est devenue une New-Yorkaise sans passé. Natalie fait table rase de ses origines, elle parle un anglais sans accent, contrairement aux autres exilés russes, et s'adapte parfaitement à la vie new-yorkaise ; son mariage avec John C. Wilson est une seconde naissance qui abolit son histoire. Au fond, Natalie n'est pas différente des immigrés juifs qui fuyaient quarante ans plus tôt cette Russie où sa famille laissait se perpétrer d'affreux pogroms à leur encontre, et ne songeaient qu'à tirer un trait sur ce qu'ils avaient subi en devenant citoyens américains. Avec la guerre, elle n'a plus de contact avec l'Europe et elle perd même de vue Irène, sa sœur chérie. Quand on constate à quel point Natalie s'accommode de leur séparation, on mesure mieux quel fut le traumatisme initial, et la force qui la pousse vers cette tranquille amnésie que lui apporte New York. En fait, la guerre en Europe intéresse si peu Natalie que, lorsque Annabella, l'épouse de Tyrone Power, avec qui elle s'est liée d'amitié, débarque chez elle en proie à une grande joie parce que Paris est libéré, elle se heurte à une indifférence embarrassante : non seulement Natalie n'est pas au courant mais elle ne comprend pas l'excitation d'Annabella.

Natalie a interrompu volontairement son métier de comédienne et elle s'est fait engager comme chargée de relations publiques chez le grand couturier des milliardaires américains, Mainbocher. Elle est la figure de proue de la maison de couture, qui accroche ainsi à prix d'or une personnalité prestigieuse à son image de marque. Natalie est en pays connu puisqu'elle faisait la même chose chez Lucien Lelong. Lorsqu'elle revient en France en 1947 pour retrouver Irène qu'elle n'a pas vue depuis dix ans, sa sœur et Michel ne la reconnaissent pas. Ce n'est pas tant le fait que les années ont passé et que, même si son teint et ses yeux fascinent toujours autant les échotiers de la presse new-yorkaise, Natalie a subtilement vieilli. L'essentiel de la métamorphose est différent : elle est devenue une véritable Américaine, coiffée et fardée, impeccablement habillée et gantée, qui descend de sa suite de luxe du *Queen Elizabeth* avec des cadeaux somptueux pour tout le monde, dans une France qui se remet à peine de ses blessures. Cependant, la mémoire si sélective de l'exilée garde intacts les souvenirs d'affection de sa jeunesse ; les retrouvailles avec Irène sont empreintes de beaucoup d'émotion et c'est elle qui apporte à Théodore dans sa retraite du Pays basque les capsules de la miraculeuse pénicilline que l'on ne trouve pas encore en France et qui lui permettront de survivre.

« *Manhattan Boulevard* »

À Broadway, pour les producteurs et les metteurs en scène de théâtre, la compétition a toujours été très dure. Une pièce qui demande des années de travail peut être révolvérisée en quelques minutes, à l'heure où sortent dans la presse les trois ou quatre critiques influentes. De mauvais papiers et c'est la mort assurée pour un spectacle. John C. Wilson continue à monter des pièces de théâtre, mais cette épreuve de la victoire ou de la défaite soudaines l'épuise et les périodes d'accablement suivent les accès d'excitation. Et, pour surmonter la tension effrayante de son métier, John C. Wilson se met à boire. Il a gagné beaucoup d'argent, mais que vaut cet argent si le public le lâche ? Pour les admirateurs de la « grande vie » qui en suivent les péripéties et en ramassent les miettes dans *Vogue*, John et Natalie C. Wilson ont un train de vie luxueux, reçoivent à la campagne dans une maison ravissante la crème des artistes à succès et donnent les plus brillants dîners de Manhattan. Toutefois, la réalité est plus amère. John boit de plus en plus et il entraîne Natalie avec lui. Au début, la débâcle est lente et imperceptible. Aux yeux de leurs invités, les Wilson incarnent la quintessence de l'élégance new-yorkaise dans leur sublime appartement près de Central Park, où, comble du chic à l'époque, l'ascenseur arrive directement dans l'entrée. L'espace immense est rempli de magnifiques meubles anglais et de tableaux de maîtres du XVIIIe siècle, les plafonds et les murs sont recouverts de papiers peints rares à motifs chinois, et la chambre du maître de maison entièrement laquée de noir est reproduite à l'envi dans tous les magazines de décoration. Mais, à deux heures du matin, Mr. et Mrs. C. Wilson disparaissent et vont s'écrouler, chacun dans leur chambre, vagues et vacillants, avec un Bloody Mary bien tassé sur la table de chevet pour avoir la force de recommencer le lendemain matin.

Dans cette angoissante descente aux enfers, John et Natalie se tiennent l'un contre l'autre. Les marques de l'alcool commencent à apparaître sur leur visage et les traits délicats de Natalie s'alourdissent, son regard magnifique semble chavirer. Et John, qui se reproche de l'avoir entraînée dans cette dérive, est adorable avec sa femme ; il l'entoure, la protège, la comble de cadeaux de prix. Jamais, chez lui, l'alcool n'entraînera ces pulsions de violence si fréquentes dans ce genre de situation. John C. Wilson restera jusqu'à la fin le plus délicat des compagnons pour Natalie. Pour sa part, elle ne cessera de l'assurer de sa compréhension et de son indulgence. Car il y a une grande place pour la gratitude chez cette fausse indifférente. Et lorsque, au cours d'un week-end, on voit un jeune acteur ou un jeune décorateur de théâtre arriver et s'installer dans la maison de campagne comme un cousin de province qui viendrait passer quelques jours sans qu'on ait jamais entendu parler de lui auparavant, Natalie n'est pas dupe mais ne pose pas la moindre question. Ainsi va la vie de Natalie et de John C. Wilson ; glissant inexorablement de l'univers léger de George Cukor ou de Vincente Minnelli à celui, infernal, de Tennessee Williams ?

Natalie revient régulièrement en France pour revoir Irène et les deux sœurs se retrouvent toujours avec une tendresse infinie. Mais, passé l'émotion d'être ensemble et d'évoquer un passé dont la douleur les tourmente différemment l'une et l'autre, que peuvent-elles se dire maintenant qu'elles ne partagent plus rien ? Irène ne quitte le Tarn-et-Garonne que pour se rendre aux œuvres russes auxquelles elle a adjoint depuis la guerre des associations d'entraide protestante car son mari pratique la religion réformée ; elle ne reste jamais longtemps à Biarritz et à Paris et elle n'a même pas la curiosité de connaître New York. Irène, sans vouloir en faire état durant les moments privilégiés où elle retrouve sa sœur, refuse la vie mondaine de Natalie. Malgré son mariage avec un héritier d'une des plus aristocratiques familles de France, elle n'entretient plus aucun lien avec le faubourg Saint-Germain et fuit toutes les manifestations de snobisme. Et Natalie à qui il arrive maintenant de chercher ses mots en français vit dans un monde décidément trop différent. En 1951, lors de leur dernière rencontre, Natalie ne fait que passer ; elle se rend en fait au bal que donne Carlos de Beistegui à Venise, dans le palais Labbia, ce fameux bal costumé que l'on appellera « le bal du siècle », où les invités firent des entrées théâtrales longtemps répétées et soigneusement mises en scène dans des costumes somptueux inspirés des fresques peintes par Tiepolo sur les murs mêmes du palais. Le bal suscite inévitablement des commentaires défavorables dans la presse de gauche. Quand l'on se remet à peine de la guerre et que la pauvreté s'étale en Italie, cette débauche de faste, d'argent, de bijoux, de tissus rares et de mets fins révulse une partie de l'opinion. Mais Natalie ignore ce qu'est un journal de gauche et a tôt fait de confondre la moindre critique sociale avec une menace communiste, elle est donc particulièrement gaie en revêtissant son costume du XVIIIe siècle et son loup de satin noir, à la perspective de revoir toute l'aristocratie européenne. Néanmoins, alors qu'elle devrait être parfaitement à son aise, s'amuser et reprendre des conversations légères interrompues depuis trop longtemps, en traversant les salons du palais une impression étrange et désagréable l'envahit. Elle ne connaît pas la moitié de ceux qui se pressent autour d'elle et qui passent à ses côtés, eux aussi, sans vouloir deviner qui se cache sous son déguisement. Elle se rend compte brusquement qu'elle est devenue une personne déplacée dans un temps et un espace qui ne sont plus les siens, spectre d'un monde que la Seconde Guerre mondiale a jeté dans l'oubli. Elle ne reviendra plus en Europe.

À New York, la situation s'aggrave inexorablement pour John C. Wilson qui a de plus en plus de mal à renouer avec les succès qui l'ont rendu riche et célèbre. Il n'arrive plus à travailler régulièrement, l'angoisse le ronge et l'alcool achève de miner ses forces. Il développe des névroses étranges, il a peur d'être suivi, il fuit la société de ses amis. Seule Natalie, qu'il semble aimer de plus en plus, peut rester près de lui. Finalement, son état empire brusquement et il meurt, victime de tous les maux de la compétition effrénée qu'il ne pouvait plus soutenir. Mais, s'il laisse Natalie seule, il a tout organisé pour qu'elle ne manque de rien, et il a même pensé à leur sépulture afin qu'ils reposent l'un près de l'autre dans un cimetière du New Jersey.

À partir de la mort de son mari, Natalie va complètement se replier sur elle-même. Elle vit désormais en recluse dans le bel appartement de Manhattan, avec pour unique compagnie une domestique qui prend soin d'elle et un couple formé d'un chorégraphe et d'un jeune danseur qui viennent lui rendre visite tous les jours. Elle regarde la télévision pendant des heures avec son chien, fait des mots croisés sur des magazines, seule dans cet espace immense, et bientôt les images se brouillent devant elle. Bien que l'alcool ait provoqué chez elle des crises de diabète et que les médecins l'aient prévenu du danger qu'elle courait, Natalie a continué à boire et aujourd'hui elle paie ses excès. L'alcool lui a volé la vue et son beau regard est perdu ; il lui faut à présent d'énormes loupes pour lire et elle ne distingue plus que des ombres autour d'elle, ce qui ajoute à son angoisse et à son isolement. Quand le téléphone sonne, ce qui n'arrive plus guère, c'est une autre épreuve : elle tâtonne pour se saisir du combiné et sa voix résonne, lointaine et voilée, comme si elle venait d'un monde désormais obscur. Et Natalie casse les bibelots précieux de son appartement, Natalie se cogne aux recoins des murs, Natalie se blesse contre les meubles.

Les deux fidèles chevaliers servants tentent bien d'éviter que l'appartement ne se dégrade, mais Natalie n'y prend pas garde, tout cela n'a plus vraiment d'importance à présent. Alors, ils s'occupent d'elle autant qu'ils le peuvent, ils la distraient, jouent aux cartes avec elle et prolongent autour d'elle un écho de vie sociale en la tenant informée des nouvelles de l'extérieur ; quand Natalie pose des questions et qu'elle ne se réfugie pas dans ses pensées. Elle répond de plus en plus brièvement aux lettres que lui envoient Irène et Michel. D'ailleurs, lorsque ce dernier passera à New York à plusieurs reprises pendant les années 70, elle refusera de le recevoir. Elle ne veut pas qu'il voie l'altération de sa beauté, qu'il constate sa misère morale, qu'il sache qu'elle n'est plus que le vestige de son passé. En décembre 1981, elle fait une chute dans sa salle de bains et se casse le col du fémur. On l'emmène à l'hôpital Roosevelt où les médecins décident de l'opérer dans la nuit, contre l'avis de ses deux derniers amis qui pensent qu'elle ne supportera pas l'opération. Mais les médecins insistent, et Natalie meurt à l'aube.

MICHEL, GARDIEN DES SOUVENIRS D'IRÈNE ET NATALIE

Lorsque Michel Romanov, appelé d'urgence à New York, pénètre dans l'appartement de Natalie, il est tétanisé par la tristesse du spectacle : les pieds des tables, des fauteuils et des guéridons sont brisés et remplacés par des bouts de bois ou des annuaires empilés, l'appartement est jonché de lettres auxquelles elle n'a pas répondu et de livres qu'elle ne pouvait plus lire, l'impression générale est sinistre et serre le cœur ; elle porte toutes les marques du crépuscule de Natalie, de sa terrible solitude. Il n'y a rien que l'on puisse reprendre et donner à ses proches, et finalement Michel n'emportera avec lui, pour Irène, que quelques cadres, quelques photos et un œuf de Fabergé que Natalie gardait près d'elle et qui lui avait été offert par sa mère. Pourtant Natalie, dans sa fuite sans fin et au cours de ces années où elle avait apparemment rompu avec les siens, n'avait en fait jamais oublié ceux qu'elle aimait au plus secret d'elle-même. Michel, déjà surpris qu'elle l'ait désigné comme exécuteur testamentaire et héritier, trouve aussi dans l'appartement une enveloppe « à n'ouvrir qu'après ma mort » destinée à Irène. Cette lettre débordante d'amour, de sentiments mélancoliques, de souvenirs fidèles de leur vie passée, est celle qu'Irène attendait de recevoir de sa sœur depuis que leurs destins avaient commencé à se séparer insensiblement, à Biarritz au début des années 20.

Irène ressentira profondément la mort de sa sœur et confiera son chagrin à Michel. Mais, alors que Natalie fuyait le passé, Irène n'a jamais cessé de le vivre au quotidien : sa sœur rejoint donc Paul, Vladimir et Olga parmi ces présences qu'elle garde constamment auprès d'elle. Et si elle a quitté Théodore, en continuant néanmoins à veiller de très près sur lui, et a adopté les usages de son second mari protestant, Irène demeure intensément, passionnément la dernière princesse Paley de l'exil, doublement Romanov et mère d'un jeune Français à qui elle a finalement fait admettre qu'il était russe. La surdité qui l'accable à la fin de sa vie paraît presque symbolique de sa volonté de rester essentiellement à l'écoute des voix de sa jeunesse. Michel est auprès d'elle quand elle s'éteint en 1990, soixante-trois ans après que le monde eut basculé pour elle dans le malheur.

Comme bien des jeunes gens dont la guerre a pulvérisé les études et bouleversé les espérances, Michel s'est retrouvé, à la Libération, confronté au syndrome des démobilisés livrés à eux-mêmes, sans relation et sans argent pour trouver un travail. Cependant son sens de l'organisation, sa curiosité, sa fantaisie et la séduction de son physique solaire vont l'aider à se tirer d'affaire dans un milieu où le travail et l'ingéniosité remplacent avantageusement les diplômes. Il devient assistant de cinéma. Michel, l'enfant ravissant et délicieux, sensible et turbulent, qui est né comme une revanche inattendue et formidable de la famille Romanov, saura se débrouiller dans la vie avec force courage et talent, alors que tant d'autres membres de sa famille seront incapables de surmonter les traumatismes de la Révolution, de la ruine, de l'exil et de la dispersion. Contrairement à beaucoup de Romanov qui se sentaient inaptes à tenir un emploi, Michel est très fier d'avoir eu, dès son plus jeune âge, des fiches de paie et d'avoir travaillé toute sa vie. Il a secondé de grands metteurs en scène tels que Julien Duvivier ou Georges Clouzot, et sa nature enthousiaste s'est très bien accommodée du désordre organisé du cinéma. Pendant trente ans, il aura été considéré par la profession comme le meilleur des premiers assistants, métier ingrat et difficile qui demande infiniment de subtilité, de rigueur et de dévouement. On peut imaginer qu'il n'a pas dû être simple de s'appeler Romanov dans ce milieu où nombre de techniciens étaient très orientés à gauche et qu'il a essuyé bien des sourires ironiques et des quolibets. Ce qui explique sans doute que dans plusieurs génériques de films figure un certain « Michel Roman », abréviation passe-partout dont il a souffert et qu'il a dû pourtant endurer, comme un déni cruel de ce qu'il était et de ce qu'il devait à sa famille. Aujourd'hui retiré à Biarritz, sans aucune arrogance ni forfanterie, le prince Michel Romanov préserve son identité, le souvenir de ses parents, de Natalie, de la princesse Paley, du grand-duc Alexandre en gardant les témoignages de leur vie dans des albums de photos qui sont des fabuleuses mines de renseignements sur le destin des Romanov.

Cependant, la vie de Michel a été singulièrement ardente même s'il ne l'évoque qu'avec infiniment de pudeur. Il fut bien l'enfant de Théodore, le rêveur merveilleux, et d'Irène, la fidèle absolue. Un des attachements de son existence est révélateur de ce double héritage. La loyauté fondamentale dont il a toujours témoigné à l'égard des siens s'est aussi exercée à l'égard de la comédienne française Annabella avec qui Natalie Paley s'était liée à Hollywood. Annabella avait quitté les États-Unis après la guerre et sa rupture avec Tyrone Power, sans parvenir à en faire le deuil. Elle était alors encore extrêmement célèbre, après avoir connu une brillante carrière en France durant les années 30, et une réussite tout aussi éclatante dans les studios américains. Mais le chagrin d'avoir dû se séparer du trop beau Tyrone, que sollicitaient autant les hommes que les femmes, et les premières atteintes de la maturité l'avaient laissée mélancolique et désemparée. C'est alors qu'elle se rendit à Biarritz pour rencontrer Irène et Théodore et leur donner des nouvelles de Natalie. Elle fit la connaissance de Michel et ce fut de sa part un coup de foudre immédiat. Avec son regard profond, ses cheveux dorés et son allure très années 50, mi-Henri Vidal mi-Jean Marais, Michel attirait toutes les sympathies. Malgré leur différence d'âge, la liaison de la star et du beau gosse durera près de dix ans, à tel point que, dans les années 50, Annabella confiera à la presse qu'elle aimerait épouser Michel. Le mariage n'aura pas lieu, et pourtant toute sa vie Michel restera fidèle à Annabella et s'en occupera jusqu'à sa mort, l'installant près de chez lui et veillant tendrement sur elle.

Pour le prince Michel Romanov dont les ancêtres commandèrent plusieurs siècles la Russie et qui se retrouva sur le pavé de Paris en 1945, sans le sou et sans appui, l'important était de mener sa vie sans rien renier des valeurs de sa famille et en faisant honneur à sa manière à ce nom qu'il avait appris à faire respecter. Michel, né en France, qui répète que la France est son pays et qu'elle le restera toujours, même si sa carte d'identité porte la mention « Michel de Russie, Prince Feodorovitch Romanov »...

18

LA RÉDEMPTION D'ONCLE FELIX

> « Les monstres ? Maman a dit : "Ah, ça non ! C'est la première chose qui va partir !" On s'était habituées, on déjeunait avec les monstres, on dînait avec les monstres, mais là, dans la maison vide, tout d'un coup c'était insupportable de les voir devant soi. »
> Xénia Sfiri.

À la fin des années 30, Felix et Irina Youssoupov quittent Boulogne et s'installent à Auteuil, dans une petite maison délicieusement agencée qui est toujours la propriété de leur petite-fille. Seule note insolite dans une décoration confortable et raffinée qui fleure bon la culture de l'ancienne Russie, Felix a accroché dans la salle à manger l'affreuse série des monstres qu'il a dessinés avec une imagination et un soin inquiétants. Ces monstres évoquent sans doute les tourments d'une âme infiniment complexe que l'apparence distinguée et les manières angéliques du beau prince dissimulent aux regards superficiels ; ils rappellent les circonstances du meurtre de Raspoutine comme des fantômes surgis des folles nuits de naufrage de Petrograd ou comme de torturants remords poursuivant l'assassin de l'envoûteur démoniaque, sans que Felix explique jamais s'ils sont pour lui des complices ou des bourreaux. En tout cas les monstres trônent dans la salle à manger, effraient les invités qui n'osent se plaindre, déplaisent souverainement à la fille et la petite-fille du prince, mais, puisque Felix l'a voulu ainsi, tout le monde est bien obligé de s'habituer. On ne résiste jamais à Felix et à son charme. Irina d'ailleurs n'est pas en reste : elle façonne des petites poupées de chiffon qui sont elles-mêmes aussi vaguement inquiétantes.

Pourtant, après la guerre, le versant pur et bienveillant du caractère de Felix l'emporte nettement sur les ombres tumultueuses du passé. Il se rend régulièrement au Pays basque pour retrouver Théodore, dont il s'occupe avec une tendresse et une compassion merveilleuses. De la même manière, il s'occupe d'un vieux domestique atteint d'un cancer de la gorge en le soignant pendant des nuits entières, en faisant ses pansements, en lui tenant compagnie et en le rassurant avec une totale abnégation. Le besoin de se dévouer repousse les limites de sa générosité déjà proverbiale. Felix donne sans compter à tous ceux qui sont dans le besoin, sans prendre garde à son propre budget qui s'est singulièrement réduit depuis le temps des grands procès qu'il avait gagnés. Il visite les hôpitaux, veille sur des malades abandonnés de tous et sa grandeur d'âme ne concerne plus seulement la communauté russe. Peu à peu ces bienfaits qu'il n'évoque jamais lui-même mais qu'il dispense sans relâche l'enveloppent de l'aura d'un être exceptionnellement bon et secourable aux déshérités. Irina, qui est trop timide et réservée pour l'accompagner dans ses tournées de bienfaisance, l'appuie sans réserve. Et elle ne lui fait aucun reproche lorsqu'elle est obligée d'emprunter à la cuisinière les sommes qui permettront de boucler un mois déjà bien entamé dès la première semaine. De toute façon, l'exceptionnelle entente du couple ne souffre aucune éclipse. Felix est si amusant, si délicieux au quotidien, même quand il pique des colères enfantines, qu'Irina ne saurait envisager de vivre un instant sans lui.

En vieillissant, Felix et Irina ne quittent plus guère Paris, hormis pour les visites à Théodore. Felix déteste voyager, il a peur de l'eau, et pas question de lui faire prendre l'avion ; ils abandonnent même la petite maison de campagne qu'ils possédaient près de Sarcelles. Ils restent ensemble, avec leur fille qui porte le nom d'Irina comme sa mère. Elle est le deuxième grand amour de Felix. À vingt ans, Irina se marie avec l'héritier d'une des plus grandes familles russes et elle quitte la maison d'Auteuil. Mais sa fille Xénia prend à son tour le chemin de la petite maison d'Auteuil. Elle gardera toute sa vie un souvenir ébloui des séjours auprès de ses grands-parents. Xénia aura elle-même, de son mariage avec un Grec, aussi séduisant, raffiné et chaleureux qu'elle, une fille qui ressemble de manière frappante à son arrière-grand-mère.

Raspoutine aurait, paraît-il, prédit à Felix du temps de leur étrange relation, avant le meurtre, que les Youssoupov n'auraient plus que des filles comme descendance. Il n'avait seulement pas prévu qu'elles seraient toutes aussi belles et charmantes, génération après génération...

À la fin de sa vie, alors qu'Irina préfère rester tranquillement à la maison pour écouter de la musique classique et se replonger dans les trésors de la littérature russe, Felix sort quelquefois le soir, dans des bars ou des restaurants à la mode. Et son allure attire l'attention : tiré à quatre épingles, discrètement maquillé, les lèvres rehaussées de rouge, le prince Youssoupov promène-t-il le masque de l'éphèbe de Petrograd qui affolait les danseuses du Ballet impérial et les officiers de la garde, attirés par sa beauté aussi ambiguë qu'ensorcelante, ou le double de Dorian Gray ? Peu après minuit, le rimmel coule et la poudre s'écaille ; Felix lit l'inquiétude dans le regard de ses convives et repart alors seul dans la nuit vers la maison d'Auteuil. Toujours l'ombre, la lumière et le mystère...

En 1967, Felix est contacté par Robert Hossein qui envisage de tourner un film intitulé *J'ai tué Raspoutine*. Prudent, et sachant que Felix a le procès ravageur, il vient le voir et lui fait lire le scénario. Il obtient le blanc-seing de Felix et la promesse qu'il ne se retournera pas contre la production, mais surtout il fait tourner à Felix et à Irina une courte séquence avant le générique, où ils répondent ensemble aux questions d'Alain Decaux. Felix évoque sa relation avec Raspoutine en insistant sur la répulsion qu'il suscitait en lui ; Irina parle d'une voix très rauque, belle et presque sauvage, qui a toujours été la voix des Romanov. Ils sont l'un près de l'autre, dans le charmant salon de la petite maison d'Auteuil. Felix porte des lunettes noires très larges comme en avait Aristote Onassis, car il est désormais presque aveugle. Irina paraît comme toujours intimidée par la présence d'étrangers. Bien qu'ils soient maintenant très avancés dans le grand âge, ils demeurent magnifiques, et le document est profondément émouvant car il exprime à la fois toute la noblesse et la détresse des années d'exil. À la fin de son intervention, Felix retire ses lunettes d'une main tremblante comme pour envoyer le générique. Et ce geste d'enlever ses lunettes pour se replonger dans le passé que va évoquer le film est déchirant comme un chant du cygne.

Felix meurt quelques semaines plus tard et on l'enterre à Sainte-Geneviève-des-Bois, dans le caveau de la famille Youssoupov dont la modestie étonne. Pas de chapelle à vitraux ; ni clochetons ni ornements, mais un simple rectangle d'herbe et une petite croix, où, mort après mort, sont inscrits les noms de ceux qui y reposent. Il y a foule à Sainte-Geneviève-des-Bois pour saluer une dernière fois le prince Youssoupov qui a achevé sa vie tumultueuse comme un saint. Les exilés pleurent Felix, car à travers lui, c'est toute l'autre Russie qui disparaît avec son cortège de tragédies et son inaltérable courage.

La mort de Felix plonge Irina dans une profonde stupeur, elle ne l'a jamais quitté et elle ne sait tout simplement pas vivre sans lui. Plus rien ne l'intéresse et elle ne sort plus de la maison, sauf une fois, pour aller au secours d'un petit chat qui miaule désespérément sur le toit de la maison et qui ne sait pas comment descendre. C'est l'hiver, il fait très froid, Irina ne porte qu'une robe légère mais elle va quand même chercher le petit animal à l'aide d'une échelle. Le soir, elle s'alite et meurt quelques jours plus tard d'une pneumonie, trois ans après la disparition de Felix.

Xénia et sa mère gardent la maison d'Auteuil avec ses émouvants souvenirs des Romanov, mais elles cèdent les dessins de monstres à des amateurs éclairés. Elles savent tout de Felix, elles ont lu ses Mémoires et elles l'ont tant aimé : à quoi bon revenir sur des fantômes qui blessent le souvenir qu'elles gardent des Youssoupov étincelants ?

19

GUILLAUME II
après 1930

> « Non, le petit buste en plâtre véritable de Sa Majesté n'est pas à vendre ; il s'agit d'une pièce de sa collection personnelle. Mais j'ai de jolies coupes à son effigie à vous proposer et tout un lot de photographies dédicacées. Sa Majesté serait ravie de vous signer des autographes, mais elle est en conférence avec son aide de camp. Peut-être pourriez-vous attendre un peu, j'intercéderai pour une demande d'audience ? »
> Hermine à Harold Lloyd, 1936.

Le nazisme était déjà monstrueux dans l'œuf. Lorsque le serpent se déploie et dévore ses proies en répandant sur le monde le cauchemar de ses instincts morbides, les enfants du Kaiser tentent de se placer sous sa protection, petits reptiles égarés entre la connivence ahurie et vaguement réticente du Kronprinz et la complicité fanatique du prince August-Wilhelm. Cette compromission macabre est révélatrice de la chute de la maison Hohenzollern. Mais la famille impériale n'est pas seule parmi la caste des princes allemands à nourrir ce genre de relations dangereuses où ils finiront tous par être étouffés entre les anneaux du serpent. Seuls quelques justes, comme Louis-Ferdinand de Prusse, sauveront ce qui restait d'honneur. Trop peu, trop tard, tant le serpent a crû de manière gigantesque et empoisonné presque toute l'humanité allemande.

Les princes allemands ont gardé beaucoup de leur prestige sous la république de Weimar, même s'ils n'exercent plus le pouvoir sur leurs anciens États. Leur présence évoque un lien familial avec leurs compatriotes et la persistance d'une Allemagne ordonnée et patriarcale. On peut d'autant plus se demander pourquoi ils n'engagèrent pas leur réputation et ne mobilisèrent pas leurs partisans pour lutter contre Hitler, et comment l'abject phénomène du nazisme fut finalement admis par la plupart d'entre eux. Il semble qu'après la défaite et la révolution cette élite ait abandonné son honneur et ses idéaux avec le souci prioritaire d'assurer sa survie et que Hitler lui apparut comme celui qui protégerait le mieux ses intérêts. Certains imaginèrent même qu'il leur permettrait de revenir au pouvoir, en les associant à la grandeur du nouveau Reich. La caste des princes allemands s'est laissé engloutir dans le même mécanisme que la petite bourgeoisie qui a eu peur d'être prolétarisée : la fuite en avant du nazisme qui se présentait comme une révolution et n'était qu'une régression totalitaire à la fois sociale et historique a donné aux uns et aux autres l'illusion d'un retour à leur statut d'antan, en libérant de surcroît des instincts de violence et de vengeance brutalement découverts par le voile déchiré de la défaite.

Les princes renégats ont remis aveuglément leur sort entre les mains d'un régime dont le but était précisément de fondre toutes les classes ensemble afin de créer le terreau de la domination permanente par une nouvelle classe de seigneurs qui leur serait interdite. Ainsi le prince de Saxe-Cobourg-Gotha, à demi-anglais et petit-fils de la reine Victoria, n'a pas hésité à arborer la croix gammée, à faire le salut hitlérien et à se compromettre avec les émissaires de Hitler avant même la prise de pouvoir des nazis. Sur les films du mariage de sa fille Sybille avec le prince héritier de Suède en 1932, les croix gammées flottent déjà sur la ville de Cobourg pourtant apparemment si tranquille et provinciale. Et lui-même, un an plus tard, s'inscrira au parti nazi en recevant provisoirement pour récompense le hochet de la présidence de la Croix-Rouge allemande. Le cousin d'Ernst-Ludwig de Hesse, le landgrave Philippe qui a épousé la fille du roi d'Italie, Mafalda, est un nazi convaincu, véritable boîte postale entre Hitler et Mussolini qui se servent sans vergogne de ses accointances avec le Quirinal et lui confient également, pour peu de temps, la charge d'être le gauleiter nominal du land de Hesse, à la mort de son cousin qui, en tant que chef de famille, n'aurait jamais laissé passer un tel affront à l'histoire de leur maison.

Il n'y a évidemment pas de corrompus sans corrupteurs ; toute la stratégie des nazis, arrêtée par Hitler lui-même qui déteste l'aristocratie des princes avec la haine vindicative d'un arriviste au snobisme primaire et qui ne leur a pas pardonné de l'avoir dédaigné lorsqu'il n'était qu'un agitateur méprisé, consiste à les attirer dans leurs filets pour retourner leur influence à leur profit. Les nazis sont longtemps considérés avec suspicion par l'élite militariste et revancharde qui les trouve trop prolétaires et se méfie de leurs connexions avec la pègre. Entraîner les princes, c'est mettre la main sur ce précieux capital d'anciens combattants dressés contre le diktat de Versailles. L'opération une fois réalisée, se débarrasser de cette poignée d'aristocrates manipulables ne sera plus qu'un jeu d'enfants ; fous, pervers et implacables.

Cependant, certains princes repoussent avec indignation les avances des nazis et leur résistent. Ces justes vont payer très cher leur attitude courageuse. Ruprecht de Bavière, chef de la maison de Wittelsbach, qui méprise Hitler et Ludendorff depuis le putsch raté de Munich en 1923, réussit à tenir sur ses positions d'hostilité déclarée pendant plusieurs mois avant de s'exiler, évitant de peu d'être arrêté et déporté. Mais sa femme qui devait le rejoindre par un autre chemin est enfermée dans un camp de concentration où elle sera sauvagement torturée. Elle en mourra peu après sa libération à la fin de la guerre. L'ancien roi de Saxe, pressentant l'abîme dans lequel se jette son pays, tombe dans une profonde dépression et se laisse mourir de chagrin. À cette façon très personnelle et définitive de s'exiler en refusant tout compromis, des milliers de gens répondront en accompagnant le cortège de ses funérailles, à Dresde, comme un dernier hommage à une Allemagne chevaleresque et condamnée.

Plusieurs familles princières fondamentalement hostiles au nazisme tenteront aussi de jouer au plus fin avec le IIIe Reich pour sauvegarder leurs biens, et sous le prétexte pas toujours fallacieux de protéger leurs anciens sujets. Il en fut ainsi, par exemple, des Hanovre dont le prestige était d'autant plus considérable qu'ils avaient été balayés une première fois par les Hohenzollern eux-mêmes et par le pouvoir de Berlin au XIXe siècle. Le chef de la maison de Hanovre, marié à Victoria-Louise, la fille du Kaiser, et apparenté aux Windsor, inscrivit ses enfants aux Jeunesses hitlériennes et reçut officiellement les chefs locaux du parti nazi ainsi que divers hauts fonctionnaires du Reich. Mais il évita soigneusement de s'engager plus loin et ne cacha jamais en privé la répugnance que lui inspirait le régime. Les Hanovre furent officiellement lavés de toute culpabilité par les comités d'épuration après la guerre, mais, à l'occasion du récent mariage de Caroline de

Monaco avec l'actuel chef de la maison royale, la presse n'a pas manqué de ressortir les photos compromettantes des repas avec le diable. La marge de manœuvre était sans doute étroite pour la vénérable dynastie des Hanovre, mais, à glisser sur l'arête de la frontière séparant la prudence de la collaboration, elle risquait fort d'essuyer un jour ou l'autre le retour de ce pénible boomerang de photographies qui n'avaient pas été perdues pour tout le monde.

À partir de 1934, et de la sanglante Nuit des longs couteaux où il élimine rivaux et adversaires, Hitler n'a plus besoin du soutien des princes allemands et il les écarte de toute responsabilité. Mais ce n'est qu'un début : pendant la guerre, alors que certains fils de princes meurent dans les combats, Goebbels insultera « la mort-réclame », c'est-à-dire la mort des enfants qui serviraient ainsi le prestige de leurs parents princiers. Et au nom de cette « mort-réclame », Hitler chasse tous les princes allemands de l'armée.

Les fils du Kaiser qui se sont avancés dans le nœud coulant du nazisme connaîtront le même sort. La propagande hitlérienne les suivra pas à pas durant l'agonie de 1932 à 1934 au long de la mainmise progressive des nazis sur l'Allemagne, filmant les accolades, les sourires, les visites et les bras tendus, puis le spectacle des déconvenues, de l'inexorable glissade dans l'ombre, des pathétiques tentatives pour garder un soupçon de dignité alors que tout est déjà perdu. Le Kronprinz est évidemment la vedette de ce spectacle de Grand-Guignol. Poussé par ses frères Oscar et August-Wilhelm, il a mis tout le poids de sa fragile personnalité dans le projet de faire fraterniser les compagnies d'anciens combattants avec les Sections d'assaut nazies. Les fidèles des Hohenzollern et du Kronprinz sont d'ailleurs persuadés que, face à la crise politique et sociale que traverse l'Allemagne, Hindenburg songe à restaurer l'empire soit en sa faveur, soit pour l'un de ses fils en confiant la régence à Cécilie. Curieusement, une partie de la presse internationale en est aussi persuadée. Le Kronprinz ne s'est-il pas démonstrativement réconcilié avec le vieux maréchal qu'il suit dans tous ses déplacements, alors qu'ils étaient brouillés depuis la guerre ?

En septembre 1932, sur l'aérodrome de Tempelhof transformé en champ de parades, le Kronprinz croit vivre son heure de gloire : le meeting des anciens combattants en a fait son invité d'honneur et les innombrables drapeaux de la dernière guerre s'inclinent lors du défilé en passant devant sa tribune. On sait que la chancellerie comme la présidence de la République sont décidées à présenter les amendements constitutionnels pour une restauration au Reichstag dans un très bref délai. Et pourtant le Kronprinz, qui devrait bien se tenir dans la perspective d'un retournement de fortune inespéré, est venu avec de jolies femmes à l'identité imprécise, rit, se dissipe, paraît participer à un grand jeu de camp scout plutôt qu'à un événement politique hautement symbolique. Les nazis qui sont en recul depuis plusieurs mois, malgré l'aggravation de la crise, brillent par leur absence : c'est en secret, via August-Wilhelm, qu'ils insistent auprès du prétendant facétieux pour qu'il intervienne en faveur de la jonction de ses supporters et des milices en chemise brune.

Un an plus tard, en septembre 1933, les deux mouvements paramilitaires défilent ensemble cette fois et le Kronprinz, croix gammée en brassard, cajole de ses traits d'humour son voisin Himmler qui ne sourit que du bout des lèvres, manifestement pressé qu'on le débarrasse du plaisantin impérial. Entre-temps, Hitler a réussi à se faire appeler à la chancellerie par Hindenburg en janvier 1933 en jouant à fond sur la fibre monarchiste du vieux maréchal, et a englué le Kronprinz de ses demi-promesses et de ses rendez-vous biseautés. Ainsi, au vu et au su de tous, le Kronprinz s'est rendu aux obsèques d'un souteneur nazi, tué dans une bagarre de rues, en apportant une lourde couronne à l'église ; il a assisté à un immense rassemblement à la tribune même de Hitler et suivi la cérémonie d'ouverture du Reichstag à Potsdam en serrant longuement la main du nouveau chancelier attifé d'une rassurante redingote noire ; il est bien le seul à ne pas avoir compris que Hitler se joue de lui et le presse comme un citron pour en tirer les dernières gouttes de légitimité dont il baptise ses nervis en chemise brune. Tout est consommé après la Nuit des longs couteaux en 1934.

Le Kronprinz, consigné à Cecilienhof, doit renoncer à ses apparitions et déclarations publiques et la Gestapo le serre de près pour qu'il disparaisse dans l'obscurité. Cependant le Kronprinz, désormais épouvanté et révulsé par les méthodes des nazis, n'est pas encore totalement inutile : on lui permettra bientôt de reprendre le fil de sa vie facile, largement reproduite dans la presse et les films d'actualités. Matches de tennis, concours de jumping, séjours balnéaires, manifestations mondaines et rallyes automobiles seront honorés de sa présence soigneusement médiatisée. Le fils du Kaiser, le futur héritier de la maison Hohenzollern s'essayant au dur métier de play-boy, voilà qui est encore excellent pour la propagande nazie. Allons, le Reich hitlérien n'est pas si terrible, voyez plutôt comme le Kronprinz paraît heureux et comme il s'amuse ! Malgré son inconscience et sa frivolité proverbiale, le Kronprinz sait pourtant très bien à quelle manœuvre diabolique on l'expose cyniquement. Il y a désormais dans son regard et ses sourires pour la galerie comme un air de détresse et de muette impuissance qui ne le quittera plus.

Le vent tourne aussi pour August-Wilhelm qui se croyait le favori du Führer et son fidèle serviteur. Pour avoir hésité un instant entre Röhm et Hitler, il échappe de peu au massacre de la Nuit des longs couteaux et en l'épargnant les tueurs nazis le laissent terrorisé par leurs menaces. Mais, contrairement au Kronprinz, il espérera toujours retrouver la sympathie du Führer et restera nazi jusqu'à la fin de ses jours ; le procès et la prison que lui infligeront les comités d'épuration en 1945 ne parviendront même pas à le faire changer d'avis. Il mourra honni et abandonné de tous en 1949 sans avoir renoncé à son effroyable égarement. Quant à Oscar, le troisième des princes Hohenzollern renégats, il retiendra la leçon et s'enfermera dans un silence lourd de haine à l'égard de ceux qui l'ont abusé.

Il y a quelque chose de diabolique et d'affreusement pathétique dans l'alliance contre nature des fils du Kaiser qui ont misé sur la pègre nazie pour essayer de se maintenir, une pègre qui les méprise et qui a programmé leur fin. La folie de cette stratégie est résumée dans la formule morbide de Goebbels qui, après avoir fustigé les Hohenzollern « paresseux et inutiles », dira d'eux et des autres princes allemands qu'ils sont « comme les dernières bulles d'un monde noyé ».

Il reste à rappeler que c'est le maréchal Hindenburg lui-même, à la fois président de la République et monarchiste fervent, gardien de la mémoire de l'Empire allemand et arbitre de la concorde fragile de Weimar, qui appelle en toute légalité Hitler au pouvoir. Il s'arrange de la déférence hypocrite que le Führer lui manifeste et il signe obligeamment toutes les mesures qui lui permettront d'établir sa dictature. L'attitude de Hindenburg, symbole vénéré de l'ordre ancien, illustre le manque de solidité morale et de volonté ainsi que le renoncement de la société traditionnelle allemande devant tout ce qui aurait pu lui assurer au moins une mort digne plutôt qu'un suicide lamentable.

Les mornes journées de Doorn...

Pendant ce temps, le Kaiser vieillit paisiblement dans son manoir de Doorn, auprès d'une Hermine que l'effondrement de son rêve d'un destin glorieux a amèrement dépitée. Ses enfants sont partis, mais Sigurd, qu'elle n'a jamais pu supporter, est toujours là, auprès de son mari. Le Kaiser, lui, n'a rien changé à son emploi du temps : prières, lectures, courrier, promenades et plaisanteries avec Sigurd, entretiens avec les journalistes anglo-saxons qui continuent à passer par Doorn pour l'interroger sur l'évolution de l'Allemagne. En fait, à partir du moment où Hitler a pris le pouvoir et imposé un silence absolu autour de Guillaume II, Doorn n'est plus qu'une annexe des poubelles de l'Histoire. Cependant le Kaiser ne veut rien voir ; il garde l'illusion d'un rôle à tenir, se répète qu'il est le chef de la maison Hohenzollern, évoque avec son entourage de dérisoires diagnostics sur l'état de l'Allemagne et prédit la fin prochaine du régime hitlérien. Mais s'est-il jamais vraiment intéressé à l'Allemagne, depuis qu'il s'est enfui, autrement que pour flatter son égo surdimensionné ?

Et il continue à se faire filmer aux côtés d'Hermine — qui a de plus en plus de difficulté à sourire à l'objectif. La « Kaiserine » a le sentiment d'avoir été flouée par Goering qu'elle tenait en si haute estime et elle n'hésite plus à dire tout le mal qu'elle pense maintenant des nazis devant Guillaume, qui fait semblant de ne pas entendre. À l'idée de vieillir claquemurée dans le manoir enveloppé dans les brumes de la Hollande et de l'oubli, elle trompe ses humeurs moroses en se lançant dans des courses à cheval effrénées, dont elle retourne épuisée mais rassérénée pour quelques heures. Quelques visiteurs viennent distraire la morne existence des exilés. C'est ainsi que Harold Lloyd, le grand comique américain, débarque à Doorn accompagné d'une joyeuse escorte émoustillée par ce tourisme impérial d'un genre inhabituel. Hermine leur fait les honneurs de la petite boutique de souvenirs que Guillaume a voulu aménager à l'entresol du manoir. Le sens du grotesque ayant toujours quelque peu échappé au Kaiser, les rayonnages proposent au visiteur des bustes, des cendriers, toutes sortes de bibelots à son effigie et à sa gloire. Et Hermine tient la boutique et fait l'article de tel ou tel biscuit d'Utrecht représentant le Kaiser, avec ou sans casque à pointe selon le modèle choisi, devant la star américaine et ses amis, qui ont déjà sans doute connu bien des situations loufoques à Hollywood, mais qui ont tout de même du mal à dissimuler leur ébahissement devant la « Kaiserine » devenue marchande...

Lorsque la guerre éclate, Guillaume II éprouve un sentiment de satisfaction qui relève d'une sorte de soulagement funèbre à l'idée d'être lavé du reproche d'avoir lui-même déclenché la Première Guerre mondiale. Il évite de prendre parti, mais ne peut se retenir de broder avec Sigurd sur le thème : « Je vous l'avais bien dit... la guerre est inévitable parce que l'on déteste l'Allemagne... Il arrive à l'Allemagne ce qui m'est arrivé en 1914... » En même temps, il ne peut pas pousser ces raisonnements trop loin parce qu'il méprise Hitler et qu'il le tient pour réellement responsable du nouveau conflit. Un an avant, lors des accords de Munich, le Kaiser avait écrit à Chamberlain et à son neveu George VI pour les féliciter et leur rendre grâce d'avoir sauvé la paix. Le Kaiser n'est pas à une contradiction près ; il semble pourtant que ses convictions demeurent essentiellement pacifiques ; il est vrai que la guerre va aussi déranger ses habitudes de vieil exilé tranquille.

En effet, la situation devient beaucoup plus délicate pour lui lorsque les Allemands se jettent sur cette Hollande qui l'accueille depuis plus de vingt ans, en lui prodiguant les meilleures conditions d'existence et de sécurité. En mai 40, la Hollande, bien que neutre, est sauvagement bombardée et attaquée, et se retrouve en quelques jours submergée par la Wehrmacht. Hitler frappe avec une brutalité extrême car il connaît le caractère des Hollandais et de la reine Wilhelmine. Jamais la reine de Hollande, femme courageuse et opiniâtre, n'acceptera l'occupation sans se rebeller, contrairement au roi de Danemark, dont les Allemands ont pu envahir le pays « en douceur », sachant d'avance que les Danois, s'ils ne collaboreront pas avec l'ennemi, plieront l'échine sans résister militairement ; ce qui ne les empêcha d'ailleurs pas de donner ensuite beaucoup de fil à retordre à leurs envahisseurs. En Hollande, forgée par ses luttes contre la mer, l'attitude de l'opinion est nettement plus combative. Ainsi, quelques minutes avant que les Allemands ne se saisissent d'elle, la reine Wilhelmine est encore aux avant-postes ; elle ne s'échappe qu'in extremis pour se réfugier à Londres. Et pendant toute la période de la guerre, elle fera preuve d'une pugnacité farouche qui lui vaudra, à son retour, une popularité extraordinaire. Cette petite femme, sans grâce ni beauté, vêtue si modestement qu'on pourrait la confondre avec une femme de la rue, qui vit de façon démocratique et élève sa fille, la princesse héritière Juliana, dans la plus grande simplicité, pourrait en remontrer à la plupart des princes allemands sur le plan du caractère et de l'esprit de décision. Son gendre, Bernard de Lippe, sait parfaitement à quoi s'en tenir ; il préfère affronter Hitler plutôt que sa redoutable belle-mère et se comporte en héros contre ceux qui étaient encore ses compatriotes trois ans plus tôt.

À Doorn, le Kaiser est pris au piège. Il sait tout ce qu'il doit à la reine, et en particulier de ne pas avoir été extradé auprès des Alliés après avoir trouvé refuge en Hollande. Il est plongé dans un silence circonspect alors que les stukas déferlent toutes sirènes hurlantes, lorsque lui parvient une proposition stupéfiante de la part de Churchill : le Premier ministre de Sa Majesté lui suggère de partir avec Wilhelmine pour l'Angleterre, de manière à ne pas se retrouver otage des nazis. La famille royale anglaise a évidemment donné son aval à l'initiative de Churchill. Si les cousins britanniques font taire une tenace rancune, leur démarche n'est finalement pas différente de celle de leurs ennemis hitlériens : protéger le Kaiser, c'est s'assurer un gage allemand contre le maître du Reich. Poussé par Hermine, animée désormais d'une haine inextinguible contre le Führer, et sans doute secrètement réjoui à l'idée que la Kaiserine sera certainement invitée à prendre le thé avec les « chers Windsor » à Buckingham, Guillaume paraît acquiescer à la perspective de ce nouvel exil. Quand on se souvient qu'une des causes de la guerre de 1914 fut l'animosité irrationnelle que le Kaiser portait à l'Angleterre, cette situation inattendue ne manque pas de sel... Hermine boucle d'autant plus allègrement ses valises que Sigurd ne fera pas partie du voyage, mais, au moment de partir, Guillaume change d'avis. Il est probable que les nazis ont flairé le danger et qu'ils ont menacé le Kaiser de confisquer tout ce qu'il possédait, s'il quittait ainsi la Hollande. Peut-être a-t-il aussi reçu des menaces concernant ses fils et les autres Hohenzollern restés en Allemagne ; quoi qu'il en soit, Guillaume renonce in fine à ce départ et renvoie, en prétextant sa vieillesse et ses « vieux os qui ne peuvent plus bouger », les émissaires anglais venus le chercher.

Dès le début, l'occupation nazie en Hollande est d'une férocité abominable. Les persécutions contre les Juifs s'exercent avec une cruauté implacable, tandis que la population résiste avec acharnement à l'occupant. L'exaspération des hitlériens contre les Hollandais est d'autant plus vive que Bernard de Lippe reconstitue une armée hollandaise en exil sous le commandement de sa belle-mère.

Et Hitler rêve de broyer sous sa botte ce prince allemand qu'il hait d'autant plus qu'il le nargue depuis Londres en encourageant toute la population hollandaise à la résistance.

Le manoir de Doorn est occupé par un détachement de la Wehrmacht et les officiers ont reçu l'instruction très stricte de limiter les contacts avec le Kaiser qui passe et repasse devant le corps de garde pour sa promenade quotidienne avec Hermine et recueille les confidences de Sigurd qui tape parfois le carton avec ces messieurs tout à fait « corrects » qui assurent la protection très rapprochée du manoir. À Doorn, les soirées sont longues depuis qu'on ne reçoit plus de visiteurs étrangers... Cependant, comme l'Allemagne accumule les succès militaires, la tentation est trop forte pour Guillaume qui commence à prendre Hitler pour l'un de ses généraux de la guerre précédente. Lorsque la Wehrmacht entre dans Paris, il lui envoie même un télégramme de félicitations — sans doute dicté en direct de Berlin —, dans lequel il affirme que le Führer a lavé le déshonneur de 1918... Hitler a beau vilipender les Hohenzollern, ce télégramme est un atout qu'il exploite comme il se doit, et quelques jours plus tard les félicitations impériales fleurissent dans toute la presse allemande. On imagine que Churchill a dû rester songeur en prenant connaissance du télégramme et qu'il a dû repenser à la généreuse proposition faite au Kaiser quelques semaines plus tôt. À Doorn, malgré les consignes d'ignorer le Kaiser, les officiers, tout à l'euphorie de ces belles victoires, se sont départis de leur réserve à son égard. Et Guillaume, oubliant le pieux devoir de décence dont il se réclamait vis-à-vis du pays dont il est l'hôte depuis tant d'années, se laisse complaisamment photographier et filmer avec les officiers de la Wehrmacht. Mais un porte-parole de la reine Wilhelmine ayant exprimé à la radio de Londres tout ce que la souveraine hollandaise pensait de ces manifestations de patriotisme, Guillaume met fin à ses chatteries avec les officiers et renonce à ses promenades. Échaudé par les brusques retournements de l'Histoire, le Kaiser n'a aucune envie de devoir subir l'humeur de sa protectrice si d'aventure elle revenait en Hollande...

Au cours du printemps 1941, alors que Guillaume commence à ressentir sérieusement les atteintes de l'âge, une mauvaise nouvelle l'atteint au plus profond : sa petite-fille, Frédérika de Grèce, dont il collectionne amoureusement les photographies, se retrouve elle-même prise sous les bombardements hitlériens à Athènes et doit s'enfuir en catastrophe vers la Crète avec ses deux enfants. Pour

Guillaume, le coup est terrible ; son inquiétude et son chagrin sont tels qu'ils accélèrent sa fin ; il meurt au début de juin 1941.

Dans le décor très soigné de Doorn et sous un soleil resplendissant, les obsèques du Kaiser se déroulent comme une irréelle pantomime. Le Kronprinz, désormais chef de la maison impériale, a fait preuve d'une fermeté et d'une clairvoyance inattendues en refusant absolument que les funérailles se déroulent à Potsdam. La perspective de voir les nazis refermer d'un coup de botte dédaigneux le caveau de l'histoire des Hohenzollern et de lire dans la presse que le Führer salue la mémoire de celui qui a perdu la guerre qu'il proclame avoir lui-même gagnée aurait constitué une épreuve à laquelle il n'a pu se résoudre. Les nazis ayant alors d'autres chats à fouetter n'ont pas insisté. Le Führer est cependant représenté par le sinistre Seyss-Inquart, bourreau nazi de la Hollande, grand, beau, l'air poli et conquérant, effrayant d'arrogance et de dureté glacée. Le cercueil de Guillaume est installé sur une prolonge d'artillerie, entourée de soldats prussiens sans croix gammée, et la procession menée par Sigurd traverse lentement le parc dans une chaleur de plomb. Le vieux maréchal Mackensen, glorieuse relique de la Grande Guerre, fait partie du cortège où Hermine, Victoria-Louise, — la fille de Guillaume et la mère de Frédérika de Grèce —, Cécilie, la femme du Kronprinz, sont couvertes de voiles noirs tombant jusqu'au sol, tandis que les princes Hohenzollern ont ressorti leurs uniformes de la naphtaline.

Le Kronprinz, décidément revenu de loin, n'échange qu'un bref salut de circonstance avec Seyss-Inquart, et surveille manifestement de près son frère August-Wilhelm pour le cas où il serait pris d'une irrépressible envie de faire un ultime salut hitlérien à l'adresse du défunt ; mais les caméras des actualités qui filment la cérémonie ne manqueront pas de montrer, en gros plan, l'énorme couronne offerte par Hitler et déposée sur la porte du mausolée où le Kaiser repose pour toujours. Trois semaines plus tard, les armées hitlériennes attaquent l'Union soviétique et foncent vers Moscou. Un télégramme de moins pour le Kaiser...

À la fin de la guerre, craignant sans doute qu'on ne lui demande des explications sur l'attitude pour le moins ingrate et ambiguë de Guillaume, Hermine décide de quitter la Hollande et de regagner le domaine qu'elle possède dans l'est de l'Allemagne. Pas un seul instant, Hermine n'imagine que sa vie est en danger. Dans son esprit, elle est toujours la Kaiserine, veuve de l'illustre Guillaume II et donc totalement intouchable. Les Hohenzollern, qui ne l'aiment pas, la mettent tout de même en garde contre les Russes qui s'approchent et qui ne sont pas tendres avec les membres de l'aristocratie allemande. Mais elle refuse de les écouter, victime de son aveuglement et persuadée qu'il ne lui arrivera rien. Au dernier moment, elle tente néanmoins de s'enfuir et on la retrouve marchant dans un cortège de réfugiés affolés, avec une poussette d'enfant où elle a entassé un misérable bagage. Cependant les Russes sont plus rapides. Elle se voit interdire de sortir de leur zone d'occupation. Ils la feront mourir à petit feu en 1946, lui refusant des cartes d'alimentation et lui faisant subir, debout et frigorifiée, d'interminables et inutiles interrogatoires.

20

KIRA ET LOUIS-FERDINAND,
les justes

> « Je les admire, parce qu'ils furent les premiers de la famille à partager complètement les malheurs de millions d'Allemands, sans jamais songer à réclamer de quelconques privilèges. Si vous comparez avec d'autres familles royales, vous mesurez l'exemple qu'ils ont ainsi donné à leurs enfants. »
> Prince Frédéric-Guillaume de Prusse.

La Révolution, la guerre et l'exil signifièrent pour certains enfants de l'aristocratie russe l'irruption de la fantaisie et l'arrivée inopinée de vacances inespérées permettant de rompre la routine, d'échapper aux leçons des précepteurs et aux exercices de bonnes manières avec les gouvernantes étrangères. Mais, en grandissant, les mêmes enfants seront sujets à une nostalgie qui les accompagnera toute leur vie, et qui leur fera sentir le prix à payer pour un paradis perdu dont leurs jeux inattendus ne leur avaient pas fait mesurer le manque. Kira, la deuxième fille du grand-duc Cyrille et de Victoria-Mélita, a-t-elle connu ce syndrome de la liberté inattendue lorsque ses parents l'emmenèrent avec eux en exil en Finlande, alors qu'elle n'avait pas encore dix ans et n'était accoutumée qu'au train de vie somptueux et rigide d'un immense palais de Petrograd ? L'amusement incongru s'est-il prolongé après la naissance de son petit frère Vladimir, quand l'existence de sa famille était si précaire, soumise à d'incessants déplacements pour éviter de se faire prendre sous le feu de la guerre civile finlandaise ? Le fait est que Kira se montrera tout au long de sa vie dotée d'un sens de l'humour et de la dérision rare dans son milieu, tout en ayant contracté à l'adolescence, avec une précoce lucidité, cette douce-amère maladie de mélancolie qu'elle tenait de sa mère et que le deuil de la Russie a certainement considérablement augmentée. Jeune fille, Kira est presque toujours grave et elle observe le monde en posant un regard très intense sur les choses. En cela également, elle ressemble beaucoup à sa mère : Victoria-Mélita, qui fut le grand amour de sa vie et mourut précisément de la perception aiguë du gâchis de sa propre existence pourtant promise aux plus hautes ambitions.

Au début des années 30, Kira vit à Saint-Briac avec ses parents et le petit Vladimir ; sa sœur aînée, Maria, a épousé un prince allemand et l'a suivi au château d'Amorbach, et les premières saisons en Bretagne n'ont finalement pas été malheureuses. Des précepteurs exilés, une gouvernante finlandaise ont maintenu un lien étroit avec la culture russe, et la jeune fille a beaucoup lu, beaucoup réfléchi aussi. Comparée au palais fastueux de Petrograd, la maison de Saint-Briac est bien modeste, mais elle est jolie, le jardin est agréable et toute la famille s'y sent bien. Toute leur vie, Kira, Vladimir et leurs enfants resteront fidèles à cette maison qui appartient aujourd'hui à la petite-fille de Vladimir, la grande-duchesse Marie de Russie. Saint-Briac est tout proche de Dinard et de sa colonie anglaise ; Kira et Vladimir se lient d'amitié avec des enfants de familles britanniques tout à fait distinguées et qui ne roulent pas sur l'or. Vladimir est un bon garçon sans aspérités particulières, qui travaille gentiment et à qui manque un peu le grand charme Romanov, alors qu'il est appelé à devenir un jour le chef de la maison impériale en exil. Victoria-Mélita peint des bouquets de fleurs, Cyrille s'enferme avec sa volumineuse correspondance, ils jouent parfois ensemble au piano à quatre mains, Kira profite de la saison d'été pour aller danser au casino de Dinard avec des fils d'anciens majors de l'armée des Indes et Vladimir étrenne sa motocyclette sur les petites routes bretonnes. Les années passent dans le chagrin diffus de la Russie perdue et la sérénité tranquille d'un paysage romantique.

À vingt ans, Kira est extrêmement belle, avec une allure à la Ingrid Bergman étonnamment moderne. Elle est aussi très proche de sa mère sans qu'elles aient besoin de beaucoup se parler pour se comprendre. Comment oser s'avouer que l'agitation de Cyrille est dérisoire face au pouvoir désormais solidement arrimé des communistes et que le retour considéré comme inéluctable et prochain ne s'effectuera en fait jamais ? Toutefois ce n'est pas une vie très gaie pour une princesse de son âge, séduisante et cultivée, et

Victoria-Mélita s'en inquiète. Si les distractions sont rares, des groupes de Russes blancs se rendent régulièrement à Saint-Briac pour assister à des cérémonies du souvenir, à des saluts au drapeau, aux anniversaires de mariage de Cyrille et de Victoria-Mélita. C'est émouvant mais ce n'est pas non plus follement amusant. Il y a aussi les jeux de société pour que Vladimir s'imprègne de l'histoire russe, où la maisonnée et ses invités se déguisent en héros du passé et posent pour des tableaux vivants devant l'objectif d'un photographe. Le règne d'Ivan le Terrible est ainsi reconstitué dans le salon d'une capitainerie bretonne, avec des costumes coupés dans des pans de velours et de lamé, que l'on a réussi à trouver dans les réserves du marchand de couleurs de Saint-Briac. C'est également émouvant et aussi parfois franchement triste. Cependant Kira ne se rebelle jamais ; l'important pour elle est de rester près de sa mère.

Pourtant, la découverte de la liaison adultère de Cyrille pèse sur l'atmosphère contrainte et très feutrée de la maison où Victoria-Mélita et son mari respectent soigneusement les apparences mais ne se parlent plus que d'une manière conventionnelle pour régler des questions d'intendance, sans aucune trace de la tendresse et de la complicité d'autrefois. On imagine les longues soirées d'automne et d'hiver sur la lande bretonne battue par les vents et une mer déchaînée, où ces deux personnes, qui ne sont plus jeunes s'absorbent dans leurs silences respectifs, avec Vladimir qui s'ennuie et Kira qui se doute de quelque chose mais se refuse par pudeur à vouloir connaître le secret. D'ailleurs, le grand-duc fuit de plus en plus souvent la maison pour jouer au golf ou pour s'occuper des mystérieuses affaires de l'empire en exil avec des Russes blancs de Paris. Ces voyages retournent le couteau dans la plaie pour Victoria-Mélita. Alors qu'elle pense qu'elle s'est sacrifiée pour un homme qui n'a plus de respect pour elle, Cyrille prétexte de ses rendez-vous à Paris pour poursuivre sans doute sa liaison clandestine.

D'autres humiliations aggravent la détresse de Victoria-Mélita en lui montrant à quel point son destin s'est fourvoyé ; lorsqu'elle se rend à Cobourg en 1932, au mariage de sa nièce Sybille avec le prince héritier de Suède, elle découvre à quel point la charmante petite capitale de sa jeunesse est désormais largement nazifiée. Elle contemple, effrayée, les bras qui se dressent, les saluts hitlériens et les oriflammes à croix gammée, et elle mesure un peu plus comme elle s'est trompée sur Hitler au début des années 20. Mais un détail la blesse plus intimement : alors qu'elle a été accueillie par l'assemblée des invités royaux comme « Kaiserine von Rusland », ce qu'elle trouve à la fois absurde et rassurant, quand à la sortie de l'église elle s'avance vers sa voiture, l'ex-roi Ferdinand de Bulgarie, couvert de décorations et faisant des moulinets avec sa canne, passe devant elle aux yeux de tous et au risque de la bousculer et s'engouffre dans son automobile sous prétexte qu'il a effectivement régné dans le passé et que cela lui vaut la préséance au protocole. Et Victoria-Mélita, qui se raccroche désespérément à toutes les politesses de cour, se sent blessée une fois de plus par ce misérable incident public qui pour être dérisoire n'a échappé à personne et n'en souligne pas moins le peu de cas que certains malotrus plus ou moins couronnés peuvent faire de la tsarine de l'exil.

En 1934, les actualités cinématographiques viennent enregistrer une déclaration officielle du grand-duc Cyrille et toute la famille se réunit devant les caméras, avec un naturel reconstitué on ne peut plus artificiel. On voit Kira surjouer le ravissement à l'idée que la parole paternelle va s'envoler à travers le monde, Victoria-Mélita adopter une attitude de circonstance toute de dignité, et Vladimir peiner à manifester son intérêt. Puis Cyrille, vêtu d'une tenue de gentleman anglais, lit sa proclamation, qui n'est qu'un enchaînement de propos sans consistance où il prône de nébuleuses actions démocratiques pour améliorer la compréhension entre les nations. Tout cela dans un jardin, debout devant un micro, dans une atmosphère d'abandon et de solitude où une femme aussi intelligente que Victoria-Mélita ne peut certainement pas se défaire d'un sentiment de gêne en pensant que Staline a décidément toutes les raisons de dormir tranquille.

Si Victoria-Mélita en découvrant son infortune a vu en quelques instants sa vie et son avenir s'effondrer, elle ne peut se résoudre à quitter Cyrille. Elle est une femme de devoir avant tout et elle ne fera jamais rien qui pourrait perturber la vie de ses enfants. Le jeune Vladimir ne devine pas ce qui se passe, mais Kira est extrêmement sensible à la douleur de sa mère. Et la vie continue dans la petite maison, avec les deux babouchkas qui s'activent dans la cuisine, les précepteurs et l'éducatrice finlandaise de Vladimir, Kira qui se plonge dans ses lectures, toute une petite humanité à la charge de Victoria-Mélita. Ou, plus précisément, de Marie de Roumanie qui a conclu un arrangement généreux avec sa sœur, à qui elle rachète petit à petit ses bijoux tout en lui en laissant l'usage.

Les seules diversions à cette existence morose restent précisément les visites de la reine Marie à Saint-Briac et celles que Victoria-Mélita lui rend en Roumanie. Effectivement, dès que les deux sœurs sont ensemble à Balcic, sur la mer Noire, tout va mieux. La reine Marie est gaie, expansive, les deux sœurs demeurent aussi proches que par le passé, et la relation tendre et confiante qui les unit s'est encore renforcée avec les désillusions qui leur sont infligées. Et Marie a bien besoin de réconfort. Depuis qu'il est devenu roi de Roumanie, son fils Carol la traite avec une sorte de névrose œdipienne particulièrement perverse. Carol lui compte son argent, Carol oppose des restrictions à ses projets de voyages, Carol est d'une jalousie obsessionnelle, et Marie épuise dans cette lutte une énergie et une force d'entraînement qu'elle possédait superlativement et qui viennent à lui manquer désormais.

Au cours des années 30, Kira s'installe à Paris ; toutefois elle revient régulièrement à Saint-Briac pour tenter de réconforter sa mère qui s'enfonce inexorablement dans la tristesse et le silence. En 1935, alarmée de la sentir si malheureuse et sans ressort, elle décide de l'emmener en Allemagne à l'occasion du baptême d'un des petits-enfants de Marie. Mais Victoria-Mélita ne va pas décidément bien, elle est très faible et reste assise pendant toute la célébration. Marie est elle-même très inquiète devant l'altération de sa santé. Brusquement, son état empire et Kira la conduit à Amorbach où vit sa fille aînée ; cependant Victoria-Mélita, a manifestement choisi de se laisser mourir et elle s'éteint sans une plainte, murée dans sa détresse et son secret. Cyrille et Vladimir sont accourus de Saint-Briac et ont assisté à ses derniers instants : elle a reconnu son fils et n'a pas eu un mot pour son mari. Sa volonté étant d'être inhumée le plus simplement possible, la presse n'est pas avertie de sa mort et il ne reste donc aucune image de ses obsèques auxquelles seuls assistent ses proches. La tsarine de l'exil qui avait les ambitions et les qualités d'une haute destinée s'évanouit d'une histoire qui lui a été interdite : sa sœur Marie qui a longtemps occupé le centre de la scène et dont le fils a coupé tous les rôles la suit quelques mois plus tard, mais devant une foule immense, comme un dernier retour de gloire.

Tout au long de leur vie, par éducation, par nature et aussi parce qu'elles s'y entraînaient l'une l'autre, Victoria-Mélita et Marie avaient surjoué l'expression de leurs sentiments, trouvant toujours tout « intéressant » et « parfait », les gens « admirables », les maisons « merveilleuses », les circonstances de l'existence « passionnantes », et cette manière d'être leur permettait à la fois de se donner l'impression de commander l'action et de rejeter ce qui les gênait dans l'obscurité. Puis les ombres, par une succession d'offensives, avaient étouffé le monde idéal et les avaient rendues à une réalité qui se moquait de leurs éloges ; elles accueillirent la mort comme une autre promesse d'illusion.

Kira et Louis-Ferdinand : « a love match »

La mort de sa mère, entre ses bras, est une tragédie pour Kira qui en gardera pour toujours la blessure, sans faire vraiment le deuil de l'être qu'elle aimait le plus et dont elle ne put apaiser le chagrin mystérieux. Kira a évidemment compris que quelque chose de très grave et aux conséquences dévastatrices était survenu entre sa mère et son père, mais sa réserve lui avait interdit de forcer le seuil de l'exacte vérité. Ce secret trop lourd à porter et que Victoria-Mélita scellait dans la tombe avait été un tourment pour Kira dans ses tentatives pour réconforter sa mère. Il était maintenant un remords qui ne la quitterait plus. Le chagrin de la perte des êtres aimés est aussi fait de ce que l'on ne saura jamais sur eux.

À Paris, Kira mène la vie d'une jeune femme moderne ; elle a passé son permis de conduire, elle travaille comme secrétaire du directeur d'une grande entreprise qui n'a qu'une idée vague de son identité, elle vit seule dans un appartement qu'elle loue et, dans le milieu de discrète aristocratie dans lequel elle évolue, elle évite d'évoquer la Russie et l'empire de l'exil. Elle entretient cependant des relations étroites avec la maison de retraite de la princesse Metcherski et lui rend régulièrement visite à Sainte-Geneviève-des-Bois. À l'approche de la trentaine, elle n'est toujours pas mariée et ne semble pas pressée de construire un foyer. Sa vie est en fait assez mystérieuse : des rumeurs invérifiables prétendent qu'elle fréquente des boîtes de nuit, qu'elle aurait des amants, et qu'il lui arriverait de boire plus que de raison. Ce versant obscur de sa vie privée expliquerait qu'elle paraît plus que son âge. Elle est très belle, d'une beauté de star hollywoodienne, mais déjà son visage porte les marques de la maturité. Les yeux cernés et mélancoliques, la coiffure très moderne, le grand chic de ses tenues, le visage magnifique et pourtant comme blessé de l'intérieur laissent affleurer une force meurtrie terriblement attachante qui lui vaut de nombreuses demandes en mariage, qu'elle écarte doucement. Ses photographies évoquent toujours Ingrid Bergman, mais on pense aussi à l'image d'Ava Gardner dans les années 50. Cependant, Kira ne veut pas connaître le même destin que sa mère, et elle cherche sans le dire une issue qui lui permettra de construire une vie plus positive et plus heureuse. La manière dont son père et sa mère se sont finalement perdus et la détresse de Victoria-Mélita pèsent trop fort sur elle qui était déjà prédisposée à la mélancolie. Poser à la princesse Romanov, comme certains exilés le lui demandent, alors que Staline écrase la Russie, jouer à la fortune et à la gloire, alors qu'elle n'a pas un sou et qu'elle se débat à Paris pour vivre, lui ont donné un sens aigu des réalités et de la pantomime du spectacle des royautés en exil. Et dans cet entre-deux particulièrement inconfortable, elle traverse des périodes de dépression dissimulée qui expliquent la persistance des rumeurs concernant une autre vie, en fuite dans la nuit, les amours mystérieuses et l'alcool. Rien n'est prouvé, et tout est plausible. Et si son travail lui permet de subsister également elle sent qu'elle ne connaîtra pas une réussite professionnelle telle qu'elle lui permettrait d'acquérir une véritable indépendance. Alors elle songe à trouver un partenaire à sa mesure, qui ait l'expérience de la vie réelle et de la blessure infligée aux jeunes gens déracinés à sa manière.

Or Louis-Ferdinand de Prusse est revenu en Allemagne. Il a maintenant une trentaine d'années, sa personnalité s'est renforcée et sa flamboyante liaison passée avec Lili Damita ne l'incite guère, pour se marier, à se tourner vers les oies blanches de l'aristocratie. Son frère aîné ayant épousé, à la fureur du Kaiser, une jeune femme d'un autre monde, il est désormais le futur chef de la maison Hohenzollern après son père le Kronprinz, et sa famille le presse de trouver une princesse pour fonder un foyer. Kira et Louis-Ferdinand sont faits l'un pour l'autre même s'ils ne le savent pas encore. Le mariage de Marina de Grèce et du duc de Kent où Kira est l'une des demoiselles d'honneur de sa cousine précipite une rencontre qui n'aurait sans doute pas eu lieu autrement. Leur entente est immédiate et, en 1937, la nouvelle de leurs fiançailles fait l'effet d'une bombe en rapportant sous les feux de l'actualité les deux vestiges d'un monde disparu que sont les Romanov et les Hohenzollern. Toutefois Kira confiera aux reporters accourus du monde entier que leur prochain mariage est un « love match », ce que l'on peut traduire par un « défi d'amour », plutôt qu'un coup de foudre. Kira, avec l'intensité que sa mère manifesta pour Cyrille, jusqu'à en mourir, fait partie des êtres qui s'attachent doucement mais sûrement, et qui aiment ensuite toute leur vie.

Le mariage se présente comme un magnifique flash-back historique : une Romanov appartenant au cercle le plus prestigieux de la famille impériale épouse l'hériter de la lignée Hohenzollern. Quand on se souvient que ces deux familles se sont fait la guerre vingt-cinq ans auparavant, entraînant des millions de morts à leur suite, il est bien inconséquent d'évoquer une réconciliation politique et un « happy end » de conte de fées, comme le Kaiser ne peut manquer de le faire bruyamment ; et personne ne peut croire, en voyant les deux enfants de la débâcle, s'unir comme Roméo et Juliette, que l'Allemagne et la Russie ne forment plus qu'une seule nation fraternelle. Le Kaiser peut se bercer d'illusions en ne cessant de répéter qu'il mourra tranquille à présent que les deux anciens pays ennemis se sont retrouvés, ni Hitler ni Staline ne sont disposés à jouer les garçons d'honneur de l'émouvante mascarade, qui de surcroît n'éveille aucun écho auprès de leurs peuples bâillonnés. Il n'en reste pas moins que le retournement historique et familial fait figure d'événement dans le monde clos des royautés, même si Kira et Louis-Ferdinand ont l'intelligence et la pudeur de l'évoquer avec une circonspection que leurs proches ne pratiquent pas.

Les noces se déroulent en plusieurs étapes. Les cérémonies selon les rites orthodoxe et protestant ont lieu à Potsdam et réunissent une vaste assemblée de royautés, dont Cyrille, qui, ravagé par le cancer, a tenu à être présent comme pour mieux confirmer les illusions du Kaiser. Dans l'immense salle de bal du « Cecilienhof », l'inévitable Ferdinand de Bulgarie, le torse constellé de décorations, de nombreux princes allemands en grande tenue et leurs épouses en diadème, les Hohenzollern au grand complet, à l'exception du Kaiser et d'Hermine qui ont jugé plus sage de rester à Doorn, se prêtent avec une inconscience scintillante à cette première mouture involontaire du *Bal des vampires*. Les jeunes mariés, aimables et souriants, paraissent cependant plus subtilement réservés. Louis-Ferdinand a revêtu un uniforme de la Wehrmacht dont il a fait strictement proscrire toute croix gammée malgré les imprécations de son oncle August-Wilhelm ; Kira porte une coiffe russe extrêmement belle, mais n'a épinglé sur sa robe aucune de ces décorations de l'Ancien Régime impérial que son père aurait voulu lui voir porter.

Toute la noce se déplace ensuite à Doorn pour une troisième cérémonie en hommage au Kaiser et à la Kaiserine qui insistent bien sur le fait qu'il n'y a que celle-là qui compte vraiment. Là encore, toute référence au régime nazi est évidemment exclue. Doorn est le dernier vestige d'une grandeur Hohenzollern qui ne doit rien au IIIe Reich, même si Goering rappelle de temps à autre au « vieux monsieur » qu'il a tout intérêt à s'en tenir à sa discrétion habituelle. Enfin, entre Hohenzollern, le Kaiser peut se permettre de répéter que Hitler « manque de manières élémentaires », en ponctuant ses remarques de moues bougonnes, comme un châtelain irascible qui fermerait sa porte à un importun, sans savoir que ce dernier n'a aucune envie de s'asseoir à sa table.

En fait, le mariage de Doorn s'avère beaucoup plus chaleureux que celui de Potsdam et si le Kaiser a insisté pour que tout s'accomplisse en tenues de gala, loin de l'Allemagne, les invités se détendent et entourent le vieil homme aux cheveux blancs, dans lequel on a du mal à reconnaître le personnage dominateur d'antan, avec une affection filiale qui humanise le protocole et confère à l'exil un cachet de fête provinciale. Cependant, le grand-duc Cyrille est bien trop fatigué pour assister à cette nouvelle série de cérémonies. D'ailleurs, depuis la mort de Victoria-Mélita, il n'est plus que l'ombre de lui-même et sa présence à Potsdam était en somme un geste courageux pour cet homme en ruine. Peu après le mariage de Doorn, il entre à l'hôpital américain de Neuilly et s'éteint en laissant un livre de souvenirs inachevé, un héritier bien solitaire et des cœurs chagrinés parmi les Russes blancs monarchistes, dispersés à travers le monde et eux-mêmes passablement mal en point.

Kira et Louis-Ferdinand partent en voyage de noces en Amérique ; ils n'ont pas choisi cette destination au hasard ; durant toutes les années noires du cauchemar allemand, l'Amérique représente pour les esprits libres le symbole du renouveau d'une société politique libérale, dynamique et moderne. Sur le bateau, ils se soumettent gaiement au rituel de ce genre de voyage en donnant des interviews aux reporters. Devant les caméras, Kira insiste sur leurs intentions : une vie sans références excessives au passé, le refus des illusions de leur milieu sur un retour des Romanov en Russie, ou des Hohenzollern dans les palais impériaux. Louis-Ferdinand approuve en souriant et l'on peut voir dans les regards dont il la couve combien le charme de son épouse opère sur lui. Kira est extrêmement belle sur ces films d'actualités et il est certain que son éclat hollywoodien a dû inciter à les faire diffuser à travers tous les

États-Unis. Et puis, glamour pour glamour, les reporters ont encore en mémoire toute la bonne copie qu'ils ont pu faire du temps de la liaison de Louis-Ferdinand et Lili Damita. Le « charming prince » a décidément bon goût.

Pour Kira, le mariage avec Louis-Ferdinand est aussi une entrée fracassante sur le devant de la scène. Après la vie retirée de Saint-Briac, les aléas de l'existence à Paris, le grand chagrin de la mort de sa mère, les doutes, les embarras financiers, les difficultés de toutes sortes qui semblaient devoir la faire glisser vers un destin obscur, elle fait soudainement les grands titres de la presse internationale et elle acquiert une stature politique inattendue. Les renseignements que l'on a hâtivement collectés dans de nombreuses chancelleries brossent un portrait flatteur de la nouvelle étoile des magazines : intelligente, réaliste, d'esprit démocratique et libéral. C'est ainsi que Roosevelt insiste pour recevoir le jeune couple à la Maison-Blanche et leur réserve un accueil digne de chefs d'État. Lors de son premier voyage aux États-Unis, Louis-Ferdinand avait demandé à rencontrer le président Hoover mais sans succès. La présence de Kira et le fait que Roosevelt soit un peu snob et qu'il porte de l'intérêt aux anciennes dynasties n'expliquent pas tout ; par cette rencontre, le président et le jeune couple prennent une option sur une Allemagne libérale par opposition à la pesanteur totalitaire des nazis. Pour Roosevelt, ce genre de prise de position est somme toute facile et naturelle ; pour le jeune couple, elle est en revanche hardie et lourde de menaces. L'ambassadeur allemand aux États-Unis, qui avait brillé par son absence lorsque les jeunes mariés étaient la coqueluche du Tout-Washington, se manifeste brusquement lorsqu'il apprend la nouvelle de la rencontre : Berlin se serait montré très irrité par cette diplomatie parallèle et aurait insisté pour que les princes annulent leur visite au président. Kira et Louis-Ferdinand savent que l'œil de la Gestapo demeurera désormais braqué sur eux. Ils sont bien les héritiers d'une histoire absurde et sanglante, qui conjurent le destin en s'unissant et affirment quelque chose de neuf à partir de tant de choses mortes, dans un monde où les tyrannies les plus abjectes s'acharnent à étouffer l'espoir qu'ils incarnent.

Kira donnera sept enfants à Louis-Ferdinand et le Kaiser pourra tenir dans ses bras le premier de ses arrière-petits-fils, Frédéric-Guillaume. De toute évidence, Kira fut une mère exceptionnelle et ses enfants l'adorèrent ; aujourd'hui encore, Frédéric-Guillaume parle de sa mère avec une dévotion extraordinaire, comme si, après avoir côtoyé tant d'échecs, elle avait assuré, de toute la force de son expérience, la construction psychologique harmonieuse de ses enfants. Kira, qui insistait toujours sur le fait que seule la qualité humaine des gens l'intéressait pour se faire un jugement, fut un modèle de courage et d'amour pour sa famille et un soutien absolu pour son mari. Ainsi les multiples photos de Kira et de Louis-Ferdinand prises au long de leur vie attestent parfaitement la qualité de leur amour qui ne connut pas de nuages et se renforça constamment au travers de périodes historiques particulièrement difficiles ou simplement quotidiennement ingrates.

Il faut dire que Louis-Ferdinand mérite d'être aimé et soutenu. Son exceptionnelle ouverture d'esprit lui permet d'assumer les faiblesses, les excès et les fautes de son père le Kronprinz et de son grand-père le Kaiser. Ce qu'il fait tout en affirmant une personnalité étonnamment libérale et moderne et en refusant fermement toute collusion avec un régime détestable qui a pourtant compromis son milieu et hypnotisé la population allemande. Cette ouverture au monde et cette fermeté de caractère lui viennent sans doute de sa mère Cécilie qui dut, elle-même, supporter dignement toutes les incartades et humiliations que lui infligea le Kronprinz. C'est elle qui donna à Louis-Ferdinand et à ses frères une éducation rigoureuse, entre les valeurs prussiennes d'antan et l'adaptation aux temps nouveaux. Avant la Révolution, alors qu'il était encore enfant, Louis-Ferdinand n'avait eu comme référence que la gloire triomphante des Hohenzollern et de l'Empire allemand. La chute de l'empire lui permit d'échapper aux collèges militaires auxquels on le destinait, et l'exil de son père durant plusieurs années le mit sous la coupe sans partage de sa mère qui avait détesté la guerre et avait lucidement tiré les leçons de la débâcle de la famille. La chance de Louis-Ferdinand fut aussi d'avoir eu un grand-père insupportable mais qui l'adorait et un père sans doute insouciant mais très tendre avec lui et qui l'un et l'autre n'osèrent critiquer les méthodes de Cécilie. Et, fort à la fois de leur indulgence et de leur mauvais exemple, Louis-Ferdinand ne connut durant son existence aucun de leurs dérapages égocentriques ou frivoles, ni dans sa vie publique droite et pure ni dans sa vie privée où il fut un mari attentionné et un père aimant.

Dans la tourmente de la guerre

Depuis que Hitler a chassé tous les princes de l'armée après la mort de son frère aîné sur le front de France, en invoquant le prétexte abject de la « mort-réclame », Louis-Ferdinand a quitté son poste d'instructeur dans la Luftwaffe et il mène une vie très discrète avec Kira et leurs enfants dans un domaine de l'est de l'Allemagne où tout est encore imprégné de mœurs et de traditions séculaires. Bien que leur isolement leur assure une relative sécurité, ils sont étroitement surveillés depuis Berlin et risquent à tout moment d'être emprisonnés par un régime qui les a condamnés au silence et à l'obscurité mais sait à quoi s'en tenir sur leurs opinions hostiles.

La situation s'aggrave nettement lors du complot contre Hitler en juillet 1944. Pendant toute la période du régime nazi, il y eut de nombreuses tentatives pour assassiner le Führer. Toutes échouèrent. Mais l'attentat au quartier général de Prusse-Orientale est celui qui fut le plus près de réussir. Il est organisé par un cercle d'aristocrates appartenant aux plus vieilles traditions de l'empire et qui sont, de surcroît, placés à des postes militaires aux responsabilités considérables. Stauffenberg, l'officier supérieur qui va poser une bombe sous le bureau même autour duquel Hitler et son état-major tiennent une réunion, est un habitué de « la tanière du loup », car c'est un héros de la guerre, où il a perdu un bras et un œil, aussi respecté du haut commandement qu'insoupçonnable pour la garde rapproché du Führer qui le laisse passer sans fouiller la mallette où il a dissimulé une machine infernale. Les conjurés qui ont chargé Stauffenberg de sa mission ont de nombreuses complicités dans l'appareil d'État et la plus haute hiérarchie militaire, incluant le maréchal Rommel et l'amiral Canaris. Ils incarnent la revanche de la caste militaire qui s'est laissé compromettre par les nazis lors de leur marche au pouvoir et qui n'a jamais pardonné ni la faute qu'elle a commise ni les humiliations qui l'en ont récompensée ; celle-là même qui, quinze ans auparavant, soutenait les projets de restauration monarchique et entretenait des liens étroits avec le petit nombre des princes allemands qui voulaient encore résister à Hitler. L'honneur de cette caste est d'avoir tenté l'élimination de l'homme qui menait l'Allemagne à un désastre militaire sans précédent, et d'avoir subi l'effroyable vengeance nazie après l'échec de l'entreprise. Sa faiblesse, c'est de l'avoir tentée trop tard, seule, et uniquement pour cette raison, après que tout le processus totalitaire et raciste eut été mis en œuvre, sans susciter la même prise de conscience d'une dévastation humaine et sociale absolue.

Évidemment, Louis-Ferdinand est en contact avec les conjurés. À tel point que l'une de leurs intentions est de former, une fois Hitler abattu, un gouvernement provisoire dont Louis-Ferdinand serait la figure de proue officielle. Mais Louis-Ferdinand refuse ; si un Hohenzollern doit être mis en avant, le respect qu'il a pour les règles de sa famille l'oblige à s'effacer devant son père. Or, le Kronprinz est introuvable et apparemment très occupé à filer le parfait amour avec une charmante chanteuse d'opérette berlinoise. Dans ces conditions, l'hypothèse Kronprinz n'est pas jouable ; on comprend que les officiers supérieurs qui s'apprêtent à risquer leur vie en défiant Hitler n'ont aucune envie de prendre comme leader un tel bavard impénitent et irresponsable. Louis-Ferdinand est néanmoins parfaitement informé de l'imminence de l'attentat et de l'espoir que les conjurés persistent à reporter sur lui. Il est probable qu'il aurait revu sa position si le complot avait réussi, non par opportunisme mais parce que l'appel du vide aurait été tel après l'élimination de la clef de voûte du régime qu'il n'aurait plus pu se soustraire à son devoir patriotique. On sait que le complot fut un échec, car la bombe explosa sans tuer le Führer, et qu'il entraîna le massacre de la plupart des conjurés, et la décimation systématique de la vieille aristocratie militaire, l'implacable répression hitlérienne s'acharnant jusqu'aux ultimes semaines de la guerre. Mais, alors que les victimes de la rage nazie moururent décapités à la hache ou suspendus à des crocs de boucher, Louis-Ferdinand et les siens parvinrent à échapper aux représailles. Prévenus à temps de la survie de Hitler et du naufrage de l'entreprise, alors que la Gestapo laissait traîner durant quelques heures une atmosphère d'incertitude pour que les responsables se démasquent, ils s'enfuirent dans une cachette sûre. Ce qui montre d'ailleurs que les limiers de Hitler n'étaient pas absolument infaillibles puisqu'ils échouèrent à localiser une famille entière dans un pays qu'ils tenaient sous leur botte depuis onze ans, et qu'il se trouvait encore en Allemagne des gens prêts à risquer leur vie pour dissimuler des membres de la maison Hohenzollern.

Les six mois qui suivent sont effroyables. Les pertes allemandes sont alors aussi importantes que pendant les quatre premières années de la guerre. Les villes allemandes explosent telles des boîtes d'allumettes sous les bombardements alliés et les troupes russes écrasent comme des moucherons les bataillons d'enfants soldats de la Hitlerjugend qu'on envoie au front. Enragés à la perspective prochaine de la défaite, les SS et la Gestapo massacrent tous ceux des Allemands qui leur paraissent suspects. À l'approche des Russes, Louis-Ferdinand, Kira et les enfants quittent la maison dans laquelle ils se cachaient et se réfugient sur les bords du Rhin, dans les zones qui seront probablement libérées par les Alliés. Ils effectuent cet exode en mettant à profit la confusion apocalyptique, les trains bondés qui se traînent sous les bombardements, de vrais-faux papiers que Louis-Ferdinand avait eu la clairvoyance de faire établir, et ils passent miraculeusement entre les contrôles. La Gestapo ne reconnaît pas ce couple de modestes paysans avec des enfants en bas âge qui fuient devant les Russes. En mai 1945, le Kronprinz se retrouve, pour sa part, dans la zone d'occupation française et il tente par tous les moyens de regagner le *Burg* Hohenzollern en Allemagne du Sud, « Cecilienhof » étant saisi par les Russes. Lorsque de Lattre de Tassigny apprend que le chef de la maison Hohenzollern désire le voir, il pense qu'il souhaite lui faire une visite de courtoisie. Mais, quand il comprend que le Kronprinz veut avant tout une voiture et de l'essence pour partir rejoindre un douillet refuge avec sa maîtresse — la belle artiste des cabarets berlinois —, il lui jette avec mépris : « L'Allemagne entière est en ruine, les gens errent sur les routes, il n'y a partout que deuil et misère, et vous ne songez qu'à votre confort et votre plaisir ! » Et il ajoute, avec dédain : « Vous êtes lamentable, monsieur. Lamentable. » Il est vrai qu'avec son air perpétuellement ravi le Kronprinz donne une image pitoyable de l'honneur perdu de sa génération. Le Kronprinz se retire, vexé et penaud ; décidément les temps sont durs aux « vrais gentlemen ».

Au début des années 50, manifestement soulagés que la République d'Allemagne de l'Ouest soit devenue paisible et démocratique, Louis-Ferdinand et Kira partagent leur temps entre deux maisons sans aucun luxe ostentatoire qu'ils possèdent à Brême et à Berlin. Pour Louis-Ferdinand et Kira, il est essentiel de garder une adresse dans l'ancienne capitale impériale, partagée par le rideau de fer, et bientôt par le Mur de la honte. Ils se lient d'amitié avec le bourgmestre socialiste de Berlin, Willy Brandt, et entretiennent d'excellentes relations avec l'ensemble de la classe politique d'Allemagne de l'Ouest. Désormais, ils mènent une existence calme, discrète et respectée, entourés d'attentions et d'affection. On voit fréquemment Louis-Ferdinand aux actualités, pour la remise de prix, lors de manifestations à caractère culturel, et sa présence à

Berlin où il a mené la souscription pour faire reconstruire l'église sur le Kurfürstendamm lui vaut une grande popularité dans la ville qui se sent sourdement assiégée, au cœur de la zone d'occupation soviétique. Traité avec de grands égards par les dirigeants de Bonn, Louis-Ferdinand a fort à faire ; il mène de nombreuses missions à l'étranger où son carnet d'adresses et sa réputation sans tache sont fort utiles ; il contribue ainsi à faire admettre la réalité de la Nouvelle Allemagne en Israël, ce qui est une tâche éminemment difficile. Tous les survivants de l'ancien monde ont aussi bien besoin de lui, et s'il sépare le bon grain de l'ivraie, il se montre infiniment secourable pour ceux qui ont désormais tout perdu à l'Est, soit la majorité des familles princières qui ont fui en catastrophe leurs domaines saisis par les Russes. Mais il faut vivre aussi ; ayant toujours gardé d'excellents contacts avec les dirigeants de Ford, il devient l'un des patrons de la firme automobile pour l'Allemagne.

Avec, jusqu'au bout, Kira à ses côtés ; Kira qui l'a accompagné pendant les moments les plus durs, qui prenait toujours les bonnes décisions, sentait le danger avant les autres, trouvait les abris où se cacher pour affronter tracas et menaces et savait utiliser ses relations. Il est certain que Louis-Ferdinand n'aurait pu traverser la guerre, l'oppression des nazis puis la fuite éperdue à l'approche des Russes, ou organiser leur vie d'après-guerre, s'il n'avait eu cette femme si solide et si courageuse près de lui. Cependant les tensions de ces années difficiles ont gravement nui à sa santé, et, si Kira paraît toujours tranquille et sereine, son ancienne propension à la mélancolie ne l'a pas quittée. Loin des regards, il lui arrive de s'abandonner à des moments de détresse torturante et alors les vieux fantômes de sa jeunesse et leur compagnon l'alcool reviennent fugitivement l'étreindre. Ces moments de faiblesse, rares et brefs, ne la rendent que plus attachante aux yeux de ceux qui l'aiment. En vérité, tout la touche, tout la meurtrit même si elle n'en laisse rien paraître et, comme sa mère, elle apparaît très vieillie aux abords de la cinquantaine. En 1967, alors qu'elle se sait très malade du cœur, elle retourne à Saint-Briac et, profitant de l'absence de Vladimir et de sa femme, elle passe une nuit entière à ouvrir tous les tiroirs et les placards de la maison, comme si elle cherchait quelque chose. Il semble qu'elle voulait percer enfin le secret du malheur de sa mère et retrouver, pour les détruire, des lettres ou d'autres indices de la liaison amoureuse de son père. Avant de mourir, et par respect pour sa mère, a-t-elle souhaité tenir un engagement qu'elle s'était forgé à l'égard de Victoria-Mélita pour effacer toute trace de ce qui avait tant fait souffrir sa mère ? Personne ne le saura précisément car, au matin de cette recherche frénétique, Kira est victime d'une embolie. Elle est emmenée à l'hôpital le plus proche, mais il est trop tard, elle meurt quelques heures après ; elle venait juste d'avoir cinquante-sept ans.

« Ma mère était le centre de la famille », dit aujourd'hui Frédéric-Guillaume, le fils aîné de Kira, en témoignant d'une émotion intacte. Jamais Louis-Ferdinand ne se consolera de la mort de sa femme. La musique sera son dernier refuge, et lui qui toute sa vie composa des mélodies délicatement nostalgiques pour soulever un peu le fardeau des tensions accumulées passera bien des soirées, jusqu'à sa mort, à les jouer au piano en contemplant le portrait encadré de Kira — sans un mot, sans une plainte, comme elle l'aurait fait elle-même.

21

VLADIMIR ET LÉONIDA

> « C'était un homme si bon, si patriote, si bien élevé ; en plus de quarante ans de mariage, il s'est toujours levé quand j'entrais dans une pièce où il se trouvait. Cela, même mes petits-enfants ne le feront pas ! »
> Grande-duchesse Léonida de Russie.

Le manoir de Saint-Briac avait beaucoup de charme lorsque Victoria-Mélita y jouait du piano ou peignait dans le jardin... Depuis qu'elle est partie, la grande maison de granit aux murs recouverts de vigne vierge et au joli jardin arboré est horriblement vide pour le grand-duc Cyrille et Vladimir. Cyrille a toujours été soutenu, encouragé, littéralement porté par son épouse ; à présent, il se traîne, inconsolable, en revenant constamment sur la perte irréparable qu'il a subie. Mais, au cœur du manque où il enchevêtre ses souvenirs, Cyrille bute sur le terrible remords de la peine qu'il lui a infligée et qu'il ne pourra désormais plus jamais réparer.

Vladimir et son père

Le jeune Vladimir a été un gentil garçon, gai et bienveillant, un peu gauche, un peu balourd et très attaché à sa mère. Cet enfant, sur qui ses parents ont veillé étroitement et qu'ils ont comblé d'affection, a grandi relativement isolé du monde sans ressentir la nécessité de se plonger dans l'action. Et ce n'est pas la formation politique qu'il a reçue de ses précepteurs et de l'éducatrice finlandaise choisis par Victoria-Mélita qui a beaucoup élargi sa perception de la modernité et du monde qui l'attend. Il parle cependant le russe à la perfection, connaît bien la littérature et la culture de son pays d'origine et il passe d'ailleurs haut la main ses examens avec de très bons résultats en histoire et en lettres. Au fond, Vladimir se contente encore de mener la vie d'un adolescent ordinaire qui s'ennuie un peu, sans se l'avouer, dans une petite ville de province, partage durant l'été les loisirs des jeunes estivants de son âge, parcourt les routes de la région sur sa moto malgré l'inquiétude de sa mère et fait de la mécanique dans un local qu'il s'est installé au fond du jardin. La mort de Victoria-Mélita le terrasse tout autant que Kira ; cependant elle lui donne aussi l'occasion de révéler la solidité de sa bonne nature, affectueusement droite. Vladimir n'est peut-être pas un foudre de guerre, mais il est tendre et particulièrement attentionné avec son père et, lorsqu'ils se retrouvent tous les deux dans le manoir soudain si triste de Saint-Briac, il prend en charge l'organisation de la maison et toute la détresse affective du vieil homme.

À vingt ans, Vladimir s'éloigne aussi un peu de Saint-Briac et partage les loisirs de sa génération et de son milieu social. Il se rend à des soirées dansantes, rencontre des jeunes filles intimidées que l'on a dûment chapitrées en leur expliquant qu'il est le futur chef de la maison impériale, rend visite aux principales institutions monarchistes russes. À Paris, un petit secrétariat organise une manière de conseil pour prétendant en exil et il vit simplement dans un appartement du 16e arrondissement où des reporters le filent pour de sempiternels articles sur les Russes blancs qui intéressent encore le public. Il s'y prête de bonne grâce, promène son chien avenue Foch pour les caméras des actualités, enregistre des déclarations sans aspérités notables. Rien de foudroyant, mais une dignité tranquille ; il est bien jeune et bien sage pour affronter encore les convulsions qui se préparent. Il va aussi aux sports d'hiver, et Cyrille qui a vu partir sa fille aînée, sa femme et Kira, sous prétexte de jouer son rôle de père, s'accroche à Vladimir, et le suit sans se rendre compte que parfois sa présence doit être un peu pesante pour un jeune homme qui a envie de retrouver des amis de son âge. Mais Vladimir n'envisage jamais de laisser son père seul et, lorsqu'il se rend compte que celui-ci dépend décidément tout à fait de lui, il l'emmène en voyage pour le distraire, comme s'il s'agissait de l'un de ses camarades. Il y a quelque chose de tendrement émouvant dans les photos où on les voit ensemble à cette époque. Vladimir est souvent entouré d'une belle jeunesse manifestement sans soucis, et au milieu de ces réunions le vieil homme sourit sans crainte de paraître déplacé. Vladimir a décidément hérité les dons de générosité et de fidélité de sa mère. Cependant la maladie commence à resserrer son étreinte sur Cyrille. Le souvenir de ses erreurs le ronge autant que le cancer et il sent que le temps lui est compté. Dans un dernier effort, il décidera donc d'écrire ses Mémoires, un livre où il se justifie une fois de plus sur son équipée à la Douma et où il aligne des formules sans beaucoup d'originalité sur le patriotisme, le devoir et le destin. Avec toujours l'impression d'être le dépositaire d'une histoire qui s'est finalement faite sans lui. Mais Cyrille n'aura pas le temps d'en terminer la rédaction, en mourant seulement deux ans après la disparition de Victoria-Mélita. Et c'est Vladimir qui mettra le point final au texte inachevé en y ajoutant une postface plutôt plus intéressante.

Après la mort de son père, Vladimir passe de longs mois de solitude totale dans la maison de Saint-Briac. Sans doute est-ce le temps qu'il lui faut pour réfléchir à ce rôle de prétendant à la couronne des tsars dont il hérite naturellement à la mort de Cyrille, un rôle pour lequel il ne peut plus bénéficier des conseils de Victoria-Mélita qui avait su donner peu à peu une réelle consistance au statut de son mari. La reconnaissance de Vladimir comme nouveau chef de la maison impériale en exil et comme prétendant au trône se déroule dans la salle de bal d'un grand hôtel de Paris où Mgr Euloge célèbre un office religieux. On a recouvert les murs d'aigles impériaux et de drapeaux, Mgr Euloge est entouré de nombreux religieux du clergé orthodoxe en exil ; des cosaques en uniforme, de nobles rescapés de Petrograd, des Russes blancs censés représenter les forces vives de l'émigration assistent avec ferveur à ce couronnement en chambre de Vladimir. Cette cérémonie inimaginable quelques années plus tôt, où Mgr Euloge bénit Vladimir et où l'on entonne les cantiques et les hymnes de l'ancienne Russie, est en fait la récompense posthume de tout ce qu'a accompli Victoria-Mélita pour défendre le principe selon lequel Cyrille puis Vladimir sont les prétendants légitimes, malgré le funeste écart que fut l'épisode de la Douma. Et c'est ainsi que, grâce à la patience, à la réserve et à l'opiniâtreté de sa mère disparue, Vladimir devient du jour au lendemain le personnage le plus représentatif de la communauté russe en exil, reconnu comme tel par la presse, les monarchistes, les autres familles royales. Les républicains de l'exil ne lui disputent pas non plus cette légitimité, même s'ils s'affirment indifférents. Quant aux autres Romanov, la dispersion et les difficultés de toutes sortes ont alors largement réfréné leur énergie à poursuivre dans la voie de la grande discorde familiale. En fait, Vladimir ne sera plus sérieusement contesté jusqu'à sa mort et la chute du communisme, qui réveilleront ensuite critiques, ambitions et griefs après le grand coma de l'exil et de ses illusions somnolentes.

Le syndrome Puyi...

Lors de l'agression nazie contre l'URSS, des rumeurs circulent avec insistance selon lesquelles Hitler envisagerait de détacher l'Ukraine de la Russie, et d'y ériger un État satellite du Reich, ainsi que les Japonais le firent en Chine, en détachant la Mandchourie de 1932 à 1945 et en mettant sur le trône de l'empire surréaliste ainsi créé sous le nom de Mandchoukouo, Puyi, le dernier empereur de Chine qui avait été détrôné en 1911. Le scénario selon lequel Hitler aurait envisagé de faire de Vladimir le Puyi de l'Ukraine pouvait donc paraître plausible. Conscient du danger auquel il est exposé si cette idée progresse à Berlin, Vladimir affirme dans un démenti officiel qu'il n'a jamais pensé se prêter à une telle opération. Mais, réelle ou supposée, l'hypothèse ukrainienne est révélatrice d'un climat politique où les nazis jouent sur la grande division de la communauté des exilés à leur égard.

Pour beaucoup d'exilés, la pénétration rapide des forces allemandes en Russie est perçue comme une chance : les Allemands vont renverser le régime bolchevique et rétablir la Russie d'avant. Celle des tsars ou de la République de 1917, peu importe, en tout cas ce sera la fin du bolchevisme. D'autres ont le réflexe patriotique de considérer que toute attaque contre la Russie doit être repoussée et que le salut de la mère patrie passe avant les considérations politiques. Ils sont d'ailleurs rapidement confortés dans leur analyse par les atrocités commises par les nazis à l'encontre de la population russe. Cette ligne de partage traverse toute la communauté, toutes les familles, et, pour la première fois, Vladimir doit prendre officiellement parti. On aurait pu craindre que, par timidité, par atavisme, ou par méconnaissance de la situation politique internationale, Vladimir ne se prête aux intrigues des nazis. Toutefois, instinctivement, il rejoint le bon camp et sans faire d'acte héroïque particulier, mais, avec clarté et fermeté et au risque de se couper d'une partie des monarchistes qui lui sont fidèles, il refuse tout net de se laisser manipuler par les Allemands et se retire à Saint-Briac en décourageant tout contact avec les émissaires de Berlin.

En 1944, les Allemands arrêtent Vladimir et l'emmènent en Allemagne où ils le gardent comme otage, avec l'intention de se servir de lui alors qu'ils ont de plus en plus de mal à résister à la pression de l'Armée rouge. Or Vladimir se révèle toujours aussi indocile. La dernière sœur de Victoria-Mélita, l'infante Béatrice qui vit en Espagne, tente de faire jouer ses relations à Berlin et elle obtient que Vladimir puisse se réfugier chez sa sœur Marie au château d'Amorbach ; les nazis n'en continuent pas moins de le surveiller de très près. Lorsque le IIIe Reich s'effondre, le danger pour Vladimir change de camp tout en étant également menaçant. Malgré son attitude sans équivoque, il intéresse beaucoup les Soviétiques qui le réclament aux Alliés. Ces derniers n'ayant pas hésité à livrer à Staline les prisonniers comme les collaborateurs russes, ainsi que des dizaines de milliers de pauvres gens déplacés par la guerre, Vladimir a conscience de la nécessité de quitter l'Allemagne aussi vite que possible. Sa tante l'invite alors à la rejoindre à Madrid où il sera à l'abri de toute tentative d'enlèvement par les Soviétiques. En revanche, Madrid, à cette époque, est une ville coupée du reste du monde à cause de la dictature de Franco, véritable plaque tournante des nazis en fuite, et capitale d'un pays encore plongé dans la misère par les séquelles de la guerre civile. Ce n'est pas un tremplin idéal pour recommencer sa vie sur de nouvelles bases quand la victoire des Alliés a induit une prodigieuse accélération de l'Histoire. Vladimir qui espérait trouver un travail en Espagne compatible avec ses ambitions de prétendant s'aperçoit que les possibilités professionnelles y sont inexistantes pour lui, et il mène une existence vague, sans projet ni volonté bien définie.

C'est alors qu'il rencontre Léonida Bagration, princesse royale de la maison de Géorgie, très ancien État du Caucase qui fut indépendant jusqu'au moment de son annexion par les Russes au début du XIXe siècle. Dans ce pays qui vivait la présence des Russes comme une sujétion quasi coloniale, le prestige de la famille Bagration était resté très fort, à tel point que les Romanov lui avaient reconnu le statut de « famille royale associée ». Lorsque Léonida rencontre Vladimir à Madrid, il lui revient en mémoire qu'une de ses amies lui avait conseillé de l'épouser en lui vantant ses qualités de gentillesse et d'honnêteté. Mais, à l'époque, elle le trouvait trop timide, trop enfantin, et puis il portait la moustache, ce qui n'était pas son genre. Entre le besoin de trouver un caractère bien trempé pour partager la rigueur des temps et ce genre de détails de comédie américaine, l'emploi de baby-sitter princière n'était pas du tout dans le registre de Léonida, forte nature, possédant déjà une grande expérience de l'existence.

Léonida est alors la seule héritière d'une famille royale qui peut se vanter d'avoir longtemps vécu sous le régime soviétique. En effet, la Géorgie avait profité de l'effondrement du tsarisme en 1917 pour retrouver son indépendance et proclamer une république qui s'acheminait vers la restauration des Bagration. La seconde annexion, effectuée par les bolcheviques, surprit la famille royale et la retint prisonnière. Cependant, l'ascension d'un clan géorgien dans le pouvoir soviétique à la suite de Joseph Djougachvili – dit Staline – allait paradoxalement éviter le massacre aux Bagration. Les Géorgiens ont gardé une mansuétude obscure pour une famille qui symbolise leur Histoire et puis le pays n'est pas immense et tout le monde se connaît plus ou moins. Les Bagration, provisoirement épargnés par Moscou, sont protégés sur place par leurs compatriotes. Pourtant, la vie est rien moins que facile pour la petite princesse Léonida, et, dans la confusion brutale du pouvoir soviétique qui traque ses adversaires, les bolcheviques fusillent son grand-père, emprisonnent et relâchent son père à de multiples reprises et contraignent sa mère à faire des travaux manuels pour nourrir ses enfants. Léonida travaille elle-même jour et nuit pour pouvoir continuer à aller à l'école et mériter ses cartes de rationnement, en faisant de la couture et de la broderie. Non seulement les Bagration affrontent les quolibets et les menaces des Russes dépêchés de Moscou pour mettre la Géorgie sous leur botte, mais, à l'intérieur de leur maison, ils sont surveillés par un officier de la Tcheka et son épouse. Et malgré tout, ces humiliations n'altèrent pas le moral de la famille soudée et résistante autour de la mère de Léonida qui est vraiment l'âme des Bagration. La jeune Léonida a même l'intelligence de s'attacher l'affection du petit garçon de l'officier et elle s'occupe de lui tendrement, ce qui a pour effet de rendre l'atmosphère de la maison étonnamment conviviale, entre les otages et leur gardien.

Léonida vit en Géorgie avec ses parents jusqu'au milieu des années 30. Sa mère parvient à circonvenir peu à peu le clan de ses compatriotes qui domine à Moscou, sans se risquer pour autant à approcher Staline, ex-séminariste géorgien dans un collège fondé par son père et dont la mère était précisément blanchisseuse chez sa propre mère. En 1935, elle fait intervenir Gorki, et toute la famille parvient à émigrer de Géorgie vers l'Europe. En effet, la princesse Bagration a rencontré le poète avant la guerre et a gardé des liens amicaux avec lui alors qu'il était encore en exil. Gorki est généreux, il l'a montré en intervenant pour les Romanov auprès de Lénine ; alors que la roue a semble-t-il tourné en sa faveur, il facilite maintenant le départ de l'ancienne famille royale. Léonida n'est encore qu'une adolescente qui défile le 1er Mai et pour l'anniversaire de la Révolution d'octobre en chantant les mérites du grand frère Staline...

Lorsqu'ils se retrouvent à l'Ouest, les Bagration n'ont pas la même histoire que les autres exilés. Ils sont plus souples, plus ouverts, mieux adaptés à la survie. Léonida n'oubliera jamais les leçons et la formidable habileté de sa mère. À dix-huit ans, elle est une Géorgienne à la beauté classique : brune et plantureuse, elle n'a pas le côté diaphane et éthéré des Romanov et elle n'est pas comme eux habituée aux émollients usages de la cour. En revanche, elle a un caractère d'acier, une personnalité chaleureuse et gaie et de solides principes pleins de bon sens qui lui permettront d'affronter sans fléchir les difficultés de l'existence. Réaliste et pragmatique, indifférente aux préjugés de son milieu, elle épouse, très jeune, un Américain fortuné dont elle a bientôt une fille. Mais son mari est pris dans les remous de l'Europe en guerre et disparaît dans un camp de concentration nazi. Elle se retrouve veuve et s'installe en Espagne pour élever sa fille au calme précaire de Madrid.

En somme, à la fin des années 40, Léonida et Vladimir sont dans le même état de vacuité. Il traîne ses incertitudes dans les bars de la ville ; elle attend quelque chose, une motivation, un nouvel amour. Et Léonida considère cette fois le jeune homme sous un autre jour. Peut-être est-ce pour cette raison qu'ils s'attachent si rapidement l'un à l'autre et qu'ils décident de se marier. Léonida a trente ans, Vladimir est un peu plus jeune qu'elle et il va retrouver avec cette femme forte et profondément humaine la relation qu'il avait avec Kira et avec sa mère. Léonida n'est pas seulement dynamique, elle est aussi une organisatrice hors pair qui remet au premier plan les devoirs du prétendant et entoure son statut d'un réseau d'activités et de relations à la mesure de ses ambitions. Malheureusement, ce mariage est loin de faire l'unanimité parmi les Romanov. Léonida n'a pas le « look » qu'ils attendent d'une tsarine en exil. Ils la jugent extravertie, trop pragmatique et combative, ce qui est plutôt injuste car elle a eu comme eux plus que sa part de malheurs et de difficultés. De plus, cette union rallume la flamme des anti-Cyrille, et les anciens adversaires du grand-duc ne se gênent pas pour affirmer que la famille royale de Géorgie était en fait assujettie, donc selon eux inégale, et que Léonida a déjà été mariée. On murmure qu'elle aurait même divorcé de son premier mari avant de se retrouver veuve. Bref, les Romanov ne l'aiment pas et elle va susciter chez eux une animosité tenace.

Les Romanov sont aussi repliés sur leur chagrin et trop dispersés pour fédérer un front commun des exilés contre les Soviétiques : ils se préoccupent de moins en moins de définir le statut d'un prétendant à l'héritage des tsars qui pourrait revendiquer un quelconque avenir. Léonida adopte une attitude diamétralement opposée ; elle soutient fermement Vladimir et elle proclame à qui veut l'entendre qu'il est le prétendant au trône de Russie, chef de la maison impériale. Les Romanov ne supportent pas que Léonida, forte d'être restée plus longtemps qu'eux en Union soviétique, affirme à juste titre mieux connaître le pays et son système et qu'elle ait la conviction qu'un jour ou l'autre le régime actuel disparaîtra. Effectivement, Léonida partage cette certitude chevillée au corps avec ses contempteurs, mais elle est instruite par une expérience plus réelle et appuyée par des méthodes plus positives. Et les Romanov ne comprennent pas non plus que Léonida leur donne des leçons de fidélité à la Russie et parvienne à faire reconnaître le couple qu'elle forme avec Vladimir comme prétendants officiels par les autres familles royales. La naissance de leur fille Maria, intelligente et chaleureuse comme sa mère, cristallise encore un peu plus les antagonismes de la grande discorde. Cependant, tout est encore feutré, car le pouvoir soviétique paraît tellement inébranlable que les hypothèses d'un retour sont tout bonnement impensables, et bon gré mal gré les Romanov ne font pas encore état officiellement de leur dissentiment.

Sans être jamais arrogante, Léonida impressionne aussi sans doute les Romanov par sa fermeté et son inépuisable énergie. À cet égard, la grande-duchesse sidère littéralement les émigrés les plus contrits en maintenant des liens clandestins avec la Géorgie et en allant avec Vladimir voir les films d'Eisenstein, applaudir les tournées du Bolchoï ou les chœurs de l'Armée rouge. À la fin des années 60, Vladimir et Léonida se réinstallent en France. Entre Saint-Briac, Paris et l'Amérique où ils se rendent fréquemment, ils n'en sont que plus actifs auprès de leurs fidèles. Les années passent,

Vladimir et Léonida vieillissent, Maria se marie avec un prince Hohenzollern d'une branche cadette en présence de toutes les familles royales d'Europe, mais qui pourrait croire désormais que la maison impériale sortira un jour des oubliettes de l'Histoire et de l'écrin sans valeur de la presse du cœur ? Personne, sauf Léonida.

Le dernier voyage de Vladimir et de Léonida

Lorsqu'en 1990 le communisme s'effondre, Léonida n'attend pas une seconde : elle profite de l'invitation du maire de Leningrad, Anatoli Sobtchak, pour rentrer en Russie avec son mari, sans passeport et sans visa puisqu'ils retournent simplement chez eux. À Leningrad, le choc réciproque est immense. À soixante-dix ans, Vladimir découvre le pays dont ses parents lui ont parlé toute sa vie. Les Russes s'approchent de lui avec une curiosité intimidée, beaucoup d'entre eux n'ont jamais rencontré un Romanov « en chair et en os » et ils veulent le voir de près, le toucher, lui parler. Le voyage s'achève de manière triomphale. Une foule de plus en plus considérable s'attache aux pas du couple et, lorsqu'ils repartent en promettant de revenir très vite, l'aéroport est submergé de drapeaux et d'oriflammes aux couleurs de la Sainte Russie. Quelques mois plus tard, Leningrad redevient Saint-Pétersbourg et il est certain que le succès de la visite y a largement contribué. Mais l'émotion aura été très forte pour un homme âgé au cœur fragile. À tel point que quelques semaines plus tard, alors qu'il donne une série de conférences à Miami afin d'obtenir des subsides pour la Russie, Vladimir est victime d'une crise cardiaque et meurt loin de son pays. À quelques semaines près, sa vie se sera entièrement déroulée de l'instauration à la chute du communisme.

Ce voyage dont elle avait tellement rêvé et son dramatique épilogue renvoient brutalement Léonida à sa solitude. Mais jusqu'au bout elle va faire son travail d'épouse fidèle à son mari, à son statut et à son pays. Avant de mourir, Vladimir a exprimé le souhait d'être enterré en Russie et Léonida organise des obsèques solennelles à Saint-Pétersbourg, qui sont retransmises par la télévision à travers toute la Russie. Le chagrin de Léonida bouleverse tous ceux qui assistent à la cérémonie, comme un autre chapitre d'une histoire qui les rassemble tous malgré les décennies écoulées de la séparation, du communisme et de l'exil. Quelques mois plus tard, Léonida s'occupe également du rapatriement des dépouilles mortelles de

Cyrille et Victoria-Mélita d'Allemagne en Russie, ce à quoi personne n'avait songé avant elle.

Aujourd'hui la grande-duchesse Léonida de Russie a quatre-vingt-cinq ans, elle passe ses étés dans la propriété de Saint-Briac qui n'a pas changé. La maison est très gaie et ne désemplit pas. Et, lorsqu'elle n'est pas à Paris ou en Bretagne, elle sillonne la Russie où elle n'a pas fait moins de quarante-cinq voyages depuis dix ans ! Les Romanov, dont l'hostilité n'a pas désarmé et qui continuent à la considérer avec un mélange d'amertume et de sourde estime pour ses mérites, ne peuvent pas en dire autant. Avec un dynamisme dont elle ne s'est jamais départie, elle a tissé un réseau de relations destinées à protéger son petit-fils, pour le jour où il ira finir ses études en Russie. Car Léonida ne doute pas que l'avenir du prétendant Romanov quel qu'il soit se déroulera en Russie et non pas à travers le monde, dans une coupure avec le passé. En attendant, elle « prépare le terrain », elle est introduite dans tous les cercles du pouvoir et, chaque fois qu'elle se rend à Moscou, elle est traitée avec égards et affection par ses amis, Naïna et Boris Eltsine...

22

LES COMBATS D'OTTO DE HABSBOURG

> « Le chancelier Schuschnigg voulait s'arranger. Il croyait qu'un compromis était possible. On a vu ce que cela a donné. Moi j'étais pour la résistance à outrance ; je pense que ça se serait aussi très mal fini, mais tout aurait été plus clair et plus profitable pour l'Autriche ensuite. Nous en avons beaucoup parlé ensemble après la guerre et nous n'étions toujours pas d'accord. Je ne lui en veux pas. Le chancelier Schuschnigg était un homme très bien et à quoi bon rejouer les batailles perdues ? »
>
> Otto de Habsbourg.

En 1930, Otto atteint donc sa majorité, célébrée à Steenockerzeel, le sombre château près de Bruxelles où résident les Habsbourg en exil. Et s'il veille dans ses attitudes à ne pas faire sentir de distance à l'égard des jeunes gens de son âge, on le sent investi par sa mère et par l'Histoire d'une charge terrible ; ainsi dans les films d'actualités ou les cérémonies officielles apparaît-il toujours très maître de lui, comme s'il voulait montrer au monde entier qu'il est prêt à affronter ses responsabilités. En cela, Otto est un pur produit de son éducation Habsbourg et Bourbon-Parme.

Zita a défini pour lui le cadre d'une vie de monarque en exil, où l'on s'adresse à lui comme s'il était toujours empereur d'Autriche et roi de Hongrie. Elle est d'ailleurs secrètement fière de ce fils supérieurement intelligent, qui l'a toujours suivie avec un acquiescement intime. Peut-être Otto eut-il des moments de rébellion durant son adolescence, mais jamais personne n'en a parlé. Il est vrai que, dans le domaine des dissentiments ou des conflits internes, toute la famille pratique une souriante langue de bois Habsbourg-Bourbon-Parme qui vaut l'omerta sicilienne ! Otto est à sa manière le dernier homme de la vie de Zita et il la comble dans le registre de ce qui l'intéresse le plus et qui n'est pas varié : la famille, la politique et la religion. À la fois fils et chef de la famille, successeur de Charles, nouvel empereur et roi, il assume tout cela depuis son plus jeune âge. Otto est donc discipliné et catholique, infiniment soucieux de ses devoirs et humblement pieux. Il va à la messe tous les jours sans jamais déroger à cette règle sauf circonstance exceptionnelle. Otto ne se pose même pas la question de savoir s'il aime son destin, son héritage et sa mère ; il leur est intimement fidèle, et au fond c'est lui qui protège sa mère en la rassurant par la fermeté de son comportement, malgré toute la rigueur qu'elle a pu manifester à son endroit ; dans une relation étonnante d'égalité et de confiance réciproques.

Afin de fêter solennellement la majorité du fils qui porte tous les espoirs de la famille et de la dynastie, Zita organise dans la lugubre demeure aux allures de château de Dracula une réception officielle à laquelle assistent le ban et l'arrière-ban de l'élite légitimiste de l'ancien empire. Autour d'Otto se retrouvent ce jour-là beaucoup de ceux qui servirent son père et son grand-oncle, et pour qui la notion d'empire est une notion essentielle et vivante malgré le démantèlement de l'Autriche-Hongrie. La nostalgie, à la Stefan Zweig, pour « Ce pays immense où les chefs de gare et les postiers avaient le même uniforme de Bregenz à Cracovie et de Zagreb à Prague » résonne encore dans les mémoires, et habite ceux des cœurs qui ne peuvent se résigner aux frontières, à l'animosité que se témoignent les États, à la pauvreté de Vienne. Le caractère traditionnel que Zita entend donner à la cérémonie est souligné par toutes sortes de détails. Ainsi Otto pose pour le photographe en arborant successivement les costumes nationaux des différents pays de l'empire et il apparaît en prince croate, slovène, ruthène, ou en magnat hongrois. Et dans tout l'ancien empire on verra fleurir ces photos où ces costumes magnifiques sont autant de témoignages du rôle que Zita entend voir jouer à Otto et auquel il adhère sans réticence.

Cependant, la République autrichienne lui reste hostile ; un compromis fragile y a conclu à un partage du pouvoir : la droite avec Mgr Seipel tient la chancellerie et le gouvernement ; Vienne la Rouge est aux mains des socialistes. Et même si majoritairement la population autrichienne est favorable au retour d'Otto, comme le prouvent par exemple les milliers de lettres qu'il reçoit à sa majorité, les deux partis préfèrent le tenir à distance afin de ne pas mettre en danger cet équilibre fragile.

Ailleurs, dans l'ex-empire, la situation n'est pas plus encourageante. En Hongrie, le régent Horthy monte la garde sans renoncer à ses bonnes manières et à ses sourires de commande. Même chose en Tchécoslovaquie où la haine implacable de Benes contre les Habsbourg ne désarme pas. Ne dira-t-il pas bientôt : « Plutôt Hitler que les Habsbourg », ce qui laisse rêveur quand on connaît la suite des événements ? Quant à la Yougoslavie, elle se débat déjà dans de tels conflits entre ses propres nationalités qu'Otto n'y a aucune chance.

Berlin 1930

Puisque Otto est interdit d'Autriche, il décide de s'installer provisoirement en Allemagne où il pourra parfaire son éducation et rencontrer les représentants de la classe politique. Il doit terminer sa thèse de fin d'études dont le sujet, « Le transfert de l'héritage chez les paysans autrichiens », peut sembler passablement austère mais apparaît comme le signe d'une réflexion lancinante chez ce jeune homme à qui l'histoire récente a laissé comme héritage un patrimoine dévasté que le monde entier lui conteste. Le prétendant Habsbourg arrive à Berlin alors que la crise politique fait rage ; les nazis profitant des divisions de la droite traditionnelle et de la gauche progressiste élargissent leur audience à chaque élection au Reichstag, portés par l'amertume contre le traité de Versailles et la misère qui étreint six millions de chômeurs. Or, tribut de l'instabilité politique, pas moins de quatre élections générales vont se suivre en trois ans.

Otto baigne dans cette atmosphère et il considère la situation à Berlin en gardant constamment à l'esprit celle de Vienne où la crise économique suscite les mêmes ravages. Il essaie également d'élargir le plus possible sa sphère de connaissances et de relations en rencontrant les notables de la droite traditionnelle ou le chancelier Brüning, monarchiste nostalgique, ainsi que de nombreux élus de gauche ; et il demande audience au maréchal Hindenburg, le président du Reich, qui le reçoit très aimablement. Pour l'occasion, Hindenburg a revêtu un uniforme autrichien avec toutes ses décorations, attitude pleine de tact qui honore l'héritier d'une Autriche-Hongrie disparue qui a combattu auprès de l'Allemagne durant la dernière guerre alors que la nouvelle république l'a banni, en organisant suffisamment de garde-fous pour être sûr qu'il ne revienne pas et qu'il soit traité comme un proscrit. Mais Hindenburg est très vieux, très fatigué, et il parle surtout de la guerre de 1870 au jeune Habsbourg de vingt ans. Otto ne peut que constater que le vénérable burgrave qui lui fait face, la gloire de l'armée allemande investie du prestige perdu des empereurs germaniques, est bien faible et dépassé, proie facile pour les manipulations et les flatteries des nazis. Au cœur des ténébreuses ambiguïtés de la politique allemande, Hindenburg est une solution d'attente, la meilleure possible, pour la droite monarchiste et le rempart le moins mauvais pour la gauche contre la montée des nazis. Mais il se révélera comme l'homme qui abandonnera à ses ennemis la république qu'il était censé présider et défendre. Quoi qu'il en soit, Otto le perçoit intuitivement et il comprend tout de suite que ce n'est pas le maréchal président qui retiendra la lame de fond des aspirations à un pouvoir fort que nourrissent des masses, qui ont non seulement le droit de vote mais qui comptent bien l'exercer sans se méfier des promesses d'un démagogue fanatique.

Après les élections de 1930, le groupuscule nazi est brusquement devenu un grand parti dont les cent vingt-cinq députés ont fait une entrée au Reichstag particulièrement fracassante. Tous en chemise brune... Un choc, une violence incroyables. Ce qui ne change en rien l'attitude d'Otto qui n'envisage pas une seconde de dialoguer avec les nazis. L'aversion d'Otto et de Zita pour Hitler vient d'abord de leur foi catholique. Ils ont lu l'un et l'autre *Mein Kampf* et ils ont pris le livre très au sérieux. Ils sont intimement persuadés que l'arrivée éventuelle de cet homme au pouvoir se traduira par l'application de son programme et qu'il est la négation absolue de toutes les valeurs catholiques auxquelles ils sont attachés. On peut reprocher aux Habsbourg d'être des catholiques intransigeants qui voient le monde à travers une perception étroitement religieuse, mais on ne peut dénier que leurs actes sont en accord avec leurs convictions morales. Il n'y a chez eux aucun abandon au cynisme des compromis ou à la poursuite du moindre avantage. Leur combat contre Hitler est avant tout d'ordre spirituel. Ainsi, de même que

Charles avait toujours suivi la tradition Habsbourg de protection des Juifs de l'empire et s'était refusé à admettre des critiques à leur encontre, Zita et Otto sont également révulsés par l'antisémitisme et le racisme de Hitler. Ils ont aussi discerné avant tout le monde que le désarroi général est tel que Hitler a des chances de triompher et que son révolutionnarisme débraillé, sa vision univoque et totalitaire du monde signifieront également une accélération fulgurante du déclin des valeurs incarnées par les Habsbourg. Et puis Otto sent que la guerre va arriver. Hitler n'est pas seulement un antéchrist raciste et vénéneux, il est aussi le démon qui va déclencher à nouveau les hostilités en s'attaquant d'abord aux petites nations et en particulier à l'Autriche désarmée. Et Otto sait que le projet de l'Anschluss hante la conscience autrichienne.

Hitler va cependant lui faire des appels du pied. Il demande à plusieurs reprises à le rencontrer et Otto trouve chaque fois un prétexte pour que l'entrevue n'ait pas lieu. Otto a bien retenu dans *Mein Kampf* les pages haineuses consacrées à la Vienne de l'avant-guerre, « cette cité enjuivée et décadente tenue par le pouvoir poussiéreux et archaïque des Habsbourg ». Il sait que Hitler mélange tout cela pêle-mêle, les Habsbourg, les nationalistes autrichiens, les juifs, alors à quoi bon s'engager avec lui dans un dialogue de sourds. Il a sévèrement jugé August-Wilhelm et Oscar de Prusse s'abaissant abjectement devant Hitler ainsi que les tentatives pathétiques du Kronprinz pour se faire bien voir de lui. Et l'héritier Habsbourg ne croit pas du tout à l'argument des monarchistes allemands passés au nazisme selon lequel « ce que peut faire Hitler, un Hohenzollern le fera après lui ».

Enfin, Otto a longuement parlé avec l'ancien nazi Strasser, camarade des débuts de Hitler, qui a vu croître très lentement son influence dans les années 20, puis d'une manière vertigineuse ensuite avec la crise. De plus en plus épouvanté par les multiples dérapages des nazis, Strasser a quitté le mouvement. Il décrit en détail à Otto le fonctionnement du parti, il lui raconte les caractéristiques de ses dirigeants, il lui précise le mécanisme interne de la peur, de la violence mais aussi des cupidités, des fautes que l'on encourage et que l'on pardonne ou récompense pour asseoir son pouvoir. À cette époque qui est aussi celle d'Al Capone, on parle beaucoup des gangsters américains et Otto fait tout de suite le parallèle avec le parti nazi. Jamais il n'oubliera ses conversations avec Strasser et la nécessaire prudence dont il lui faudra faire preuve face aux manœuvres insinuantes des membres du parti pour entrer en contact avec lui. Or Hitler est un joueur qui essaie toutes les donnes et, de la même manière qu'il a réussi à compromettre les Hohenzollern, il persiste à tenter de compromettre Otto pour mordre sur l'opinion publique autrichienne. Lorsqu'il comprend que ses essais de séduction sont vains, il se retourne contre lui en manifestant la haine implacable qu'il voue à l'Autriche de sa jeunesse.

Étrange est l'attitude de Hitler à l'égard de l'Autriche où il est né. Plus tard, il tentera d'endormir son entourage avec des récits où il s'attendrit sur lui-même, en expliquant qu'il se retirera un jour dans sa ville de Linz, au nord du pays. Mais la vérité est qu'il hait son pays d'origine, Vienne et ses mœurs, la légèreté et l'amabilité des Autrichiens, depuis le temps où il traînait artiste raté et vindicatif dans des asiles de nuit de la capitale autrichienne. Il n'aura d'ailleurs de cesse, après avoir intégré l'Autriche dans l'ensemble du Reich, de l'abaisser et de la diviser. Hitler se comporte avec l'Autriche comme Napoléon avec la Corse. L'empereur négligea son île, comme s'il voulait lui faire payer la modestie de sa propre naissance et les difficultés de sa jeunesse.

Coïncidence extraordinaire au mois de janvier 1933, Otto achève ses études et quitte Berlin, 48 heures avant l'accession de Hitler au pouvoir. Trois mois plus tard, il retourne en Allemagne pour rendre visite à une de ses tantes près de Munich, mais un émissaire monarchiste accourt et lui conseille de partir immédiatement. Otto comprend avec cet avertissement que sa vie est en danger et que maintenant qu'Hitler est au pouvoir, le Führer va tout faire pour se débarrasser de lui. À partir de ce moment-là, une lutte sourde mais résolue s'engage entre le dictateur allemand tout puissant et le jeune prétendant Habsbourg qui n'a que sa légitimité, l'affection que lui portent beaucoup d'Autrichiens et si peu de moyens matériels pour lui résister.

Un jeune homme pas tout à fait comme les autres

Cependant, en retrouvant la tranquille Belgique de son exil, Otto va mener très provisoirement, et autant que la férule de Zita le lui permet, la vie d'un jeune homme de son âge. Il a perdu sa grâce enfantine et le ravissant petit page est devenu un jeune homme un peu lourd et gauche qui ne ressemble pas non plus à l'adulte qu'il deviendra ensuite. Il recouvrera plus tard cette beauté virile et raffinée tout à la fois dont il ne semble jamais avoir eu conscience, quand les épreuves — et un solide régime — auront affiné son visage et le rendront à nouveau mince et délié. En revanche, le charme persiste. Otto a quelque chose de profondément séduisant, même pour ceux qui n'ont pas envie de le connaître et qui ne partagent pas ses idées. Il possède une voix mélodieuse, une agilité incroyable pour passer d'une langue à l'autre, un accent aussi léger qu'indéfinissable, comme un parfum, qui entoure ces multiples langages et un sourire désarmant de confiance et de gentillesse. À vingt ans, il commence donc à sortir un peu en compagnie d'aristocrates de Bruxelles, passe ses vacances au Pays basque où il fait du canot automobile, se baigne prudemment et joue au golf. Mais, alors que les jeunes gens de son âge dansent des slows en écoutant les roucoulades de Tino Rossi, Otto assiste plutôt à des démonstrations de planeurs... Inutile de chercher des photos de l'héritier Habsbourg en maillot de bain, bronzant sur une plage ou flirtant au bras d'une blonde de boîte de nuit : elles n'existent pas ! On ne lui connaît pas d'aventures féminines. Là encore le chœur familial assure qu'Otto a de nombreuses amies avec qui il fait des promenades ou monte à cheval ; mais nulle trace d'aventurière flamboyante ou même de timide aristocrate rougissante à l'horizon.

Pas de risque non plus de le rencontrer sur le pont d'un yacht avec des actrices et des play-boys, façon Hohenzollern, ou de le voir courir à grandes foulées dans la mer, les épaules nues sous un débardeur, façon Théodore Romanov. Zita veille sur cela comme sur le reste et fait en sorte que même dans ses distractions et ses fréquentations Otto reste l'empereur d'Autriche, roi de Hongrie. Il faut croire que les vacances de tous les jeunes Habsbourg sont également programmées dans l'agenda de Zita au même chapitre « Hygiène », car les photos qui montrent les frères et les sœurs d'Otto au bord de la mer témoignent d'une identique austère réserve. Habillée jusqu'au cou et trempant frileusement un doigt de pied dans l'eau, la nouvelle génération Habsbourg ignore souverainement les corps aux trois quarts nus qui s'ébrouent joyeusement dans les vagues.

Pourtant, à présent que son fils est majeur, Zita est censée ne plus intervenir dans les décisions d'Otto, de manière à le laisser occuper le devant de la scène et assurer ainsi le relais de la légitimité. Tous les enfants Habsbourg entonnent également le refrain d'une seule voix selon lequel Zita est vraiment admirable de s'effacer ainsi, compte tenu de son caractère entier et de sa passion pour la politique. La réalité est un peu différente. On ne peut pas imaginer que la relation si forte entre la mère et le fils s'arrête brusquement à partir du moment où Otto est majeur. Leurs liens demeurent toujours aussi étroits et, si Zita se fait moins visible, elle garde auprès de lui un rôle de conseil essentiel pour les stratégies et l'équilibre d'un tout jeune homme lancé dans la formidable épreuve des années 30.

C'est ainsi que la force de conviction de sa mère renforce Otto dans sa volonté de lutter contre Hitler et ses séides. Il n'ignore pas que ce qui s'est passé à Berlin va se reproduire à Vienne. Il le dira lui-même : « Quand j'ai quitté Berlin, le 28 janvier 1933, je savais qu'il fallait être prêt et j'étais pressé. » Pressé d'imprimer sa marque dans le cours des événements qui vont suivre.

Seul contre Hitler

Cependant la mort du prince Sixte de Bourbon-Parme, le frère de Zita, en 1934, est une nouvelle épreuve pour Otto. Sixte disparaît à quarante-neuf ans des suites d'une maladie tropicale qu'il a contractée durant ses voyages d'exploration en Afrique. Sixte était le plus poétique, le plus délicieux et le plus inspiré des frères de Zita, et il servait de repère tangible et relativement pragmatique dans le climat permanent de douce utopie où baigne la famille Bourbon-Parme. Il entretenait des relations avec tous les milieux, il était au courant de toutes les fluctuations politiques et se montrait expert en renseignements pour Otto et Zita. Quand Sixte meurt, la figure paternelle dont Otto avait besoin disparaît. Sur le film de ses funérailles, Otto tente d'être le plus digne possible, mais son visage est déformé par le chagrin. La mort de cet oncle préféré le précipite un peu plus vers l'âge adulte où le destin l'avait déjà catapulté à la mort de Charles, son père, alors qu'il n'avait que dix ans.

Mais Otto n'est pas seul. À Vienne, si la plupart des Habsbourg autrichiens ont adopté un profil bas en reconnaissant la république, il n'en est pas de même pour Maximilien, l'aîné des deux fils Hohenberg, qui n'est pas soumis aux mêmes contraintes que ses cousins. Maximilien est une personnalité sympathique et rayonnante qui dispense autour de lui beaucoup de chaleur, d'humour, de charme et de gentillesse. Il est le prototype du gentleman autrichien dans son acception la plus valeureuse et, bien qu'il s'affirme comme fidèle entre tous à Otto et monarchiste à tous crins, il n'est pas en guerre avec la république, dont les notables le consultent d'ailleurs fréquemment pour ses exceptionnelles qualités de juriste. Or, Maximilien se rend régulièrement en Belgique pour informer Otto de la dégradation accélérée de la situation en Autriche.

Dès que Hitler prend le pouvoir en Allemagne, sa force d'attraction sur les masses galvanise les partisans autrichiens de l'Anschluss, cet Anschluss qui est interdit officiellement par les grandes puissances sauf sous accord express de la Société des Nations qui a d'ailleurs de moins en moins d'audience. Le Führer ne perd pas de temps pour installer une cinquième colonne en Autriche avec des hommes à lui qui s'insinuent partout, dans l'appareil d'État et dans l'armée. Hitler est passé maître dans le jeu diabolique qui consiste à opposer la droite et la gauche, et à aiguiser leurs divisions internes pour tirer les marrons du feu des luttes dans lesquelles elles s'épuisent. Et il est assez machiavélique pour se présenter comme un révolutionnaire auprès du prolétariat et pour un allié des monarchistes auprès de la droite autrichienne. Mais, dans ce dernier registre, il ne peut faire illusion car il se heurte aux dénégations intraitables d'Otto.

Dans ces conditions d'urgence absolue, Otto est encore plus enclin à se persuader qu'il est le mieux à même d'incarner l'idée de l'Autriche malgré son jeune âge. « Puisqu'ils se déchirent, puisqu'ils ne croient pas à l'Autriche, moi je vais y croire pour eux tous... » Toujours l'empreinte de Zita et cette force de conviction personnelle qu'elle a insufflée à son fils. En même temps, comment faire de la politique en Autriche sans y être ? Quels que soient les relais dont il dispose grâce à Maximilien Hohenberg, comment faire passer son message et son projet politique ?

L'agonie de l'Autriche

À la fin des années 20, la République autrichienne et Mgr Seipel ont réussi à stabiliser la situation économique, après l'effroyable traumatisme que l'inflation et la faillite de quelques-unes des principales banques avaient infligé à la classe moyenne, suscitant une rancune lourde de menaces à l'encontre d'un état discrédité.

Mais le calme de l'Autriche est trompeur et, moins de vingt ans après le sentiment de bonheur éternel qui s'attachait aux pas du vieil empereur François-Joseph sur fond de valses viennoises et de vin blanc dégusté dans les petites tavernes du Prater le long du

Danube, la mort de Mgr Seipel, l'émiettement des partis, la grande crise économique rapportent une périlleuse instabilité. Otto écoute les récits de Maximilien de Hohenberg avec inquiétude ; la nostalgie des temps anciens obscurcit le jugement politique et peut faire choisir les solutions politiques les plus potentiellement dangereuses pour peu qu'elles promettent une stabilité politique qui est en fait celle de la mort.

Or l'Autriche connaît bientôt un état de guerre civile larvée entre deux organisations qui se disputent le contrôle de la rue et du pouvoir. Le « Schutzbund » regroupe des militants socialistes réunis dans de véritables corps d'armée privée, où toutes sortes de jeunes gens effectuent un entraînement militaire. Ils disposent de bases à Vienne, ils ont des armes, un commandement intégré, un système radio. Les socialistes ont beaucoup travaillé pour la classe ouvrière de Vienne, ils ont construit des cités remarquables dont l'architecture émerveille à juste titre les urbanistes, développé des systèmes d'assistance sociale qui s'occupent des nécessiteux de l'enfance jusqu'à la vieillesse. Cependant, le bonheur socialiste ne souffre pas la contradiction. En fait, les militants du Schutzbund ne sont pas les meilleurs garants de l'idéal démocratique ; avec leurs sections armées qui veulent dominer la rue à Vienne, ils tendent à une dictature qui n'a pas coupé les ponts avec le modèle bolchevique.

Le groupe paramilitaire qui leur fait face, la « Heimwehr », regroupe la droite, les paysans du Tyrol, les petits commerçants et tous les conservateurs. À la tête de ce mouvement, le prince Starhemberg, héritier d'une lignée qui défendit victorieusement Vienne contre les Turcs, rêve de devenir le Mussolini de l'Autriche. Coqueluche des jeunes filles bien pensantes, Starhemberg est un excellent orateur mais un très médiocre politique. Il est incapable d'insuffler à la Heimwehr autre chose que des slogans vides de sens et l'envie d'en découdre avec le Schutzbund. Et bien qu'il se présente comme le soutien le plus fidèle d'Otto, il ne prévoit pas la moindre action politique positive pour favoriser un contact entre les Habsbourg et la république.

À l'écart, les nazis observent les affrontements qui s'amplifient, comptent les coups de plus en plus sanglants et attendent le moment idoine pour déclencher un coup de force et s'emparer du pouvoir.

Au moment où la tension entre les partis approche l'irrémédiable, un homme singulier surgit sur la scène politique, le chancelier Engelbert Dollfuss. Dollfuss est le fils naturel d'une paysanne qui a eu la chance de trouver un mari et un beau-père aimant pour l'enfant du péché. La première chose qui frappe lorsque l'on observe le chancelier, c'est sa taille : Dollfuss est un homme très petit, il mesure à peine un mètre cinquante-cinq, mais il manifeste une présence impressionnante. Son visage est fin, ses yeux brillent d'intelligence et il a l'air étonnamment juvénile. Sa voix est très agréable, son charme entraînant, et il excelle à la tribune. Dans ce pays où les hommes politiques sont des professeurs chenus et souvent corpulents, Dollfuss ressemble à un lutin que l'on a envie de protéger. Il a fait les études caractéristiques de son milieu social au collège catholique puis au séminaire. Mais il a renoncé à devenir prêtre. Élu député, son ascension a été fulgurante dans le sillage de Mgr Seipel. Son intelligence et son ardeur au travail tranchent avec la douce frivolité viennoise et le laisser-aller habsbourgeois traditionnel. Et naturellement, après la mort de Seipel, Dollfuss devient chancelier d'Autriche, très jeune, ce qui témoigne pour ses exceptionnelles aptitudes et l'évanouissement des volontés devant l'acuité de la crise. Dollfuss n'est pas monarchiste et il considère que l'empire a été emporté par le vent de l'histoire. En revanche, il n'est pas question pour lui que l'Autriche s'unisse à l'Allemagne, et encore moins à l'Allemagne nazie. C'est pour cela qu'il envisage de créer un régime autoritaire dont il serait le chef et qui réduirait à néant la perpétuelle lutte fratricide entre la droite et les socialistes. Pragmatique, Dollfuss ne cessera cependant de se rapprocher d'Otto, jusqu'à souhaiter la restauration des Habsbourg, car s'il s'appuie naturellement sur la droite et la Heimwehr, il lui faut combattre les tentations qu'elles éprouvent pour l'Anschluss. Dollfuss, dont c'est l'électorat, doit naviguer serré. Il organise notamment une grande réunion de militants Heimwehr dans le parc de Schönbrunn pour conforter leur patriotisme autrichien, mais la foule chante *Deutschland über alles* à pleins poumons et la tâche s'annonce difficile. En prenant la parole, Dollfuss doit marteler ses arguments pour écarter toute référence à l'Allemagne hitlérienne dans l'avenir de l'Autriche. Il s'y reprend à plusieurs reprises au cours d'une succession de rassemblements considérables et en épurant sévèrement l'appareil d'État ; son talent d'orateur, son charisme et son énergie lui permettent encore alors de contenir les dérives de la droite et, une fois domptée, d'asseoir son pouvoir. Mais il va se heurter à une insurrection socialiste qui se préparait précisément pour contrer la droite. C'est une course de vitesse : les socialistes soupçonnent à juste titre Dollfuss de vouloir confisquer la république pour instaurer une nouvelle constitution et lui substituer un État fort, conservateur et clérical, et Dollfuss soupçonne les socialistes de préparer une révolution qui justifierait une intervention du Reich hitlérien. Après de violentes échauffourées en province, le soulèvement armé socialiste s'empare de Vienne la rouge. Dollfuss évacue la capitale pour la reconquérir à coups de canon avec une vigueur impitoyable. La méthode Thiers à l'égard de la Commune de Paris ; même taille ; même profil ; même dureté et même terrible résultat. À l'issue de plusieurs jours de combat dans les rues de Vienne, qui font plusieurs centaines de morts, Dollfuss écrase les socialistes. La guerre civile a été brève mais implacable, les chefs socialistes se sont enfuis, les tribunaux jugent les émeutiers en condamnant à mort à tour de bras, Dollfuss hésite cependant à faire exécuter les sentences. Via les frères Hohenberg, il reçoit plusieurs messages d'Otto qui intervient en faveur des condamnés et l'adjure de n'exécuter personne. Dollfuss laisse donner un grand retentissement à ces démarches, premier signe de la considération grandissante qu'il va témoigner au prétendant Habsbourg. Finalement, Dollfuss fait exécuter six condamnés ; c'est six de trop, mais la gauche retient qu'Otto a contribué à sauver plusieurs dizaines des siens.

Dollfuss installe alors le pouvoir fort qu'il souhaitait. Cependant, s'il a eu la main très lourde, son intention n'est pas d'instaurer un régime totalitaire, plutôt une dictature conservatrice respectant les droits fondamentaux. Le chancelier n'est pas un dirigeant fanatique et borné ou un fasciste qui calque ses pas sur ceux des maîtres de Rome et de Berlin. Il entend seulement répondre de la façon la plus ferme qui soit aux ambitions du Reich, à la tension venue d'Allemagne qui attise les conflits entre Autrichiens.

Or, au cours de sa marche forcée à la dictature, Dollfuss a constaté l'impact de la personnalité d'Otto sur l'opinion. À Schönbrunn, la Heimwehr scandait son nom. Dans la presse socialiste, on salue l'action de « Herr Habsbourg » avec chaleur. Le républicain Dollfuss admet alors qu'Otto peut servir de rempart fédérateur contre l'Anschluss. Mais Otto souhaite un retour à un État plus démocratique avec multipartisme et élections libres. C'est la quadrature du cercle et pourtant les négociations s'engagent...

L'assassinat de Dollfuss

Dans les mois qui suivent, le chancelier fait l'objet de plusieurs tentatives d'attentats. Mais il ne se laisse pas impressionner et, avec cette étrange candeur qui le caractérise, il n'hésite pas à se faire filmer dans sa chambre d'hôpital en pyjama après avoir essuyé plusieurs coups de revolver d'un militant nazi. Dollfuss a retenu les leçons de Roosevelt et comme lui il parle sans cesse aux actualités cinématographiques. Son interview en pyjama dramatise et augmente sa popularité. De fait, le chancelier est le premier homme politique depuis la guerre qui fasse vraiment aimer l'idée de l'Autriche aux Autrichiens. Ce sentiment doit cependant être porté par un projet moins abstrait que la simple résistance aux nazis. Et donc, les conversations s'accélèrent et se précisent pour le retour d'Otto. Dollfuss consulte en permanence les Hohenberg et confie au bourgmestre de Vienne sa décision d'entamer le processus de restauration. Il ouvre notamment le dossier des réclamations juridiques des Habsbourg pour leur rendre leurs passeports et leurs biens personnels. Mais le chancelier n'a pas le temps de laisser se refermer les plaies de la guerre civile de 1934. Un dimanche de l'été de la même année, un commando nazi téléguidé par un complot ourdi depuis Berlin pénètre par la force dans la chancellerie où se trouve le travailleur acharné.

Le petit chancelier a toujours été d'un courage stupéfiant, mais celui que l'on appelait affectueusement « milli Metternich » n'a pas vu venir le danger. Il a beau être insulté en permanence par la presse allemande qui le hait, et qui le désigne comme l'ami des francs-maçons ou des Juifs, malgré la vigueur de la campagne contre lui, il ne s'attendait pas à ce que l'offensive vînt si vite et d'une telle manière. De surcroît, il est sûr de son armée, sûr de la gendarmerie, sûr du chef d'état-major, le général Feigl, alors qu'il semble bien que tous ces fusibles aient mal fonctionné, à la fois contaminés par la légèreté habituelle de l'univers viennois et les infiltrations nazies. Quant au major Feigl, il apparaîtra qu'il poursuivait ses ambitions personnelles... Malgré ses déclarations de loyalisme à l'égard de Dollfuss, il ne fera rien pour venir à son secours.

Le commando nazi pénètre dans la chancellerie, s'empare en quelques instants de toutes les antennes du pouvoir, enferme les gardes et envahit les salons en enfilade à la recherche de Dollfuss.

Et le chancelier, qui a compris tout de suite la menace en entendant la rumeur de ses assaillants, quitte son bureau et tente de gagner l'autre extrémité du palais. On imagine ce petit homme, agile mais complètement seul, poursuivi de salon en salon par une bande de reîtres casqués et bottés, qui hurlent, mitraillent et cassent tout sur leur passage. Dollfuss sait qu'il peut s'échapper par une petite porte de service à l'autre bout d'un vaste salon de réception et il y court. Il ne sait pas que, le dimanche, le personnel de ménage ferme toutes les issues à clef. Il se jette contre la porte, qui refuse de s'ouvrir, et se retourne face à la meute des hitlériens qui arrivent sur lui l'arme au poing. Dollfuss est abattu par les nazis mais il ne meurt pas immédiatement, et il va agoniser sur un des canapés du salon pendant plusieurs heures. Comme s'ils n'avaient pas imaginé la suite de l'opération après l'assassinat du chancelier, les nazis restent là, soudain désorientés, et peu à peu sont pris au piège par la population qui arrive de toutes parts autour de la chancellerie. La situation devient de plus en plus étrange car les membres du gouvernement obtiennent de pénétrer dans le palais et défilent les uns après les autres au chevet du chancelier en essayant vainement de persuader ses agresseurs de faire entrer des secours. Et Dollfuss mourant donne ses dernières instructions en désignant, pour successeur Kurt von Schuschnigg, son ministre de la Justice, ardent avocat du retour des Habsbourg. Après plusieurs heures où il se vide de son sang devant ses collaborateurs tétanisés, Dollfuss meurt tandis que le commando nazi, sans instructions, affolé et incapable de maîtriser sa liaison avec Berlin, se rend aux forces de police.

Hitler a raté son coup. D'autant qu'il n'est pas encore l'allié de Mussolini et que le dictateur italien se porte immédiatement garant de l'indépendance de l'Autriche en massant des divisions à la frontière. Manque de discernement supplémentaire pour Hitler, l'épouse et les enfants de Dollfuss étaient précisément en vacances en Italie dans la propriété de Mussolini ! La réprobation internationale qui entoure le crime perpétré contre le chancelier est telle et les conditions de son agonie scandalisent tant l'opinion que Hitler recule.

L'énigme Schuschnigg

Otto a suivi heure par heure les événements de Vienne et ses réflexions les plus pessimistes ont été confirmées. Il a toujours pensé que Dollfuss ne tiendrait pas seul face à la haine des nazis et il sait très bien que, quoi qu'il arrive, Hitler va tenter de rejouer le coup qu'il a raté. Otto connaît Schuschnigg qui est un monarchiste de cœur mais n'a pas la même énergie et la même résolution que Dollfuss et il est persuadé que dans une prochaine épreuve l'Autriche ne sortira pas vainqueur comme cette fois. Et il enrage d'être sur le seuil de la tragédie sans pouvoir y jouer pleinement le rôle auquel il aspire.

Après l'assassinat de Dollfuss et les funérailles impressionnantes de solennité et de recueillement du chancelier de fer, Otto devient le point de mire de toute l'Europe et de l'Autriche car il offre l'alternative la plus solide à la catastrophe qui s'annonce. La réputation d'intégrité des Habsbourg est encore renforcée quand le crime pénètre jusqu'au cœur même du pouvoir autrichien : la fin tragique de Charles, l'énergie et la dignité de Zita, la personnalité d'Otto dont on connaît les qualités morales et intellectuelles, tout cela fait que, seize ans après la chute des Habsbourg et l'implosion de l'empire, le projet d'une restauration paraît le projet le plus neuf et le plus efficace. Et alors que la république est de moins en moins hostile aux Habsbourg, l'opinion publique leur voue une sympathie active et attend désormais clairement leur retour.

Dollfuss laisse derrière lui un régime politique autoritaire que la majorité des Autrichiens souhaite maintenir, avec un gouvernement de centre droit catholique où le chancelier dispose de pouvoirs quasi dictatoriaux. Mais Schuschnigg, âme noble et caractère élevé, est un homme trop doux et trop honnête pour se couler aisément dans le rôle d'un semi-dictateur franchement autoritaire. Il appartient aussi à cette catégorie d'Autrichiens qui ne peuvent imaginer un triomphe du mal, de la violence et du cynisme. Schuschnigg, enfant du Tyrol, aimable et innocent, a grandi en politique sous Mgr Seipel, l'évêque de choc, puis sous Dollfuss dont il fut le bras droit. C'est un officier de l'ancien régime qui a gardé lui aussi une vision mystique de l'Autriche d'autrefois et qui est certes profondément attaché aux Habsbourg. Cependant, s'il était fidèle à l'empereur Charles, il n'éprouve peut-être pas le même sentiment à l'égard de son fils en exil et, alors que l'on pourrait s'attendre à ce qu'il pousse les feux pour assurer la restauration des Habsbourg en Autriche, il perd au contraire du temps, hésite et tergiverse.

Si Schuschnigg n'envisage pas de rappeler immédiatement Otto, c'est, lui fait-il savoir par courrier, parce qu'il considère que la situation de l'Autriche est si grave qu'il craint de l'envoyer au massacre. Il affirme ainsi vouloir protéger la maison Habsbourg afin qu'elle ne soit pas confrontée à un deuxième désastre après celui de 1918. En somme, Schuschnigg entend se comporter en soldat-suicide de l'Autriche pour tenter de la sauver, avant de redonner sa chance à Otto. Le nouveau chancelier est sans doute sincère dans l'expression de sa fidélité et de sa volonté de tenir les Habsbourg à l'abri d'une épreuve de force décisive qui sera forcément sanglante ; et il est aussi ligoté par les menaces des autres États d'Europe centrale et notamment de Benes qui affirme vouloir intervenir militairement contre l'Autriche si Otto rentre à Vienne. Mais son attitude recouvre aussi une réalité beaucoup plus banale : il a le pouvoir, c'est lui le chancelier et, si les Habsbourg doivent revenir un jour aux affaires, que cela se fasse, mais à ses propres conditions et sans lui retirer ses prérogatives. Le pouvoir est une drogue si puissante qu'aucun homme n'y résiste et Schuschnigg pas moins que les autres.

Catholique, monarchiste, officier d'ancienne école, Schuschnigg est un bel homme aux cheveux prématurément gris, qui a beaucoup de prestance et dégage une rassurante impression de calme et de maîtrise de soi. La rebuffade imposée par Mussolini, la consternation horrifiée de l'Europe contraignent Hitler à se tenir tranquille pendant un certain temps. Les campagnes de presse abominablement venimeuses à l'encontre de Dollfuss, le chancelier des Juifs et des Habsbourg, vont cesser pour quelque temps tandis que Hitler proteste bruyamment de sa volonté de respecter l'intégrité de l'Autriche. En signe de bonne volonté, il envoie comme ambassadeur à Vienne Franz von Papen, aristocrate policé, courtois, agréable, très à l'aise dans les salons, pratiquant toutes les règles subtiles de la mondanité auprès du gouvernement et des diplomates. Mais en fait, von Papen est une crapule, renégat à son milieu, sans foi ni loi, à la fois frivole et cynique, nazifié jusqu'à l'os. C'est lui qui a tendu le marchepied du pouvoir à Hitler... et que le Führer a failli supprimer lors de la Nuit des longs couteaux. Depuis, von Papen est devenu l'homme lige de Hitler après avoir eu la peur de sa vie, et il se prête avec diligence à la mascarade de l'apaisement dictée par le Führer. L'ambassadeur écume Vienne et ses soirées, prodiguant des paroles rassurantes, faisant la chattemite, ouvrant son ambassade à tous vents comme si l'Allemagne était un pays aimable et libéral. Cependant, très vite, la pression sur l'Autriche va reprendre.

En signe d'apaisement réciproque, Hitler obtient de Schuschnigg qu'il abandonne les poursuites contre un certain nombre d'agents nazis et qu'il ouvre l'administration, les postes de direction dans certains ministères et dans l'armée à des Autrichiens dont on sait pertinemment qu'ils favorisent la politique de l'Anschluss. Schuschnigg pense qu'il peut faire ce genre de concessions pour apaiser les alliés de Hitler. En revanche, fidèle à son patriotisme autrichien, Otto s'insurge contre ce qu'il considère comme une politique d'abandon et le fait savoir publiquement au chancelier. Les relations entre les deux hommes, dont l'un pourrait être le fils de l'autre, s'aigrissent imperceptiblement. D'autant plus que c'est Otto qui a raison : les nazis profitent des mesures de Schuschnigg pour accentuer leur infiltration de l'État autrichien.

Durant l'été 1935, Otto et Schuschnigg se rencontrent enfin au cours d'un entretien secret qui a lieu dans une station thermale des Vosges. La conversation est âpre, l'atmosphère tendue. Mais le résultat de la confrontation tourne à l'avantage d'Otto. Le chancelier est très favorablement impressionné par la personnalité et l'esprit de décision du jeune prétendant et il lui accorde un certain nombre de concessions. Il fait abolir la loi de bannissement des Habsbourg et lève la saisie de leurs biens privés. En fait, Otto et les siens n'en profiteront pas longtemps car, avec l'Anschluss, Hitler s'empressera de revenir au statu quo ante.

Otto obtient notamment que deux de ses frères fassent leurs études à Vienne, et que sa famille puisse aller et venir dans le territoire autrichien. À cet égard, l'une des personnalités les plus prestigieuses de la dynastie, l'archiduc Eugène, ancien chef des armées durant la Grande Guerre, revient à Vienne et se présente comme l'ambassadeur de la famille auprès de la République viennoise. Schuschnigg rétablit également le drapeau de l'ancien empire et favorise toutes les manifestations de loyalisme à l'égard des Habsbourg. L'anniversaire de la mort de Charles donne lieu, à Vienne, à une cérémonie impressionnante où tous les Habsbourg d'Autriche surgissent des catacombes de la République. En contrepartie Otto s'est engagé à différer son propre retour pour calmer les menaces des États limitrophes et de Benes. La situation de 1935 à 1937 est extrêmement paradoxale : Otto n'est pas là, mais son fantôme est partout et sa famille le représente constamment. C'est ainsi que l'archiduc Eugène ouvre très naturellement le bal de l'Opéra aux côtés du président de la République. En fait, les Autrichiens sont toujours partagés entre la tentation de l'Anschluss et la nostalgie des Habsbourg, et cette hésitation valse dans le cœur de chacun d'entre eux.

À partir de 1937, Hitler remet la pression sur l'Autriche avec des campagnes de presse abjectes et des déferlements de propagande radiophonique depuis les émetteurs de Munich. Dans leur machiavélisme, les nazis n'hésitent pas à entourer l'Autriche d'un réseau de barbelés financiers qui aggravent la situation économique déjà difficile. Pour entrer en Autriche, les Allemands doivent payer à la douane une taxe exorbitante, et les touristes qui jouaient un rôle important dans la balance des paiements autrichienne ne passent plus la frontière ; quant aux Autrichiens qui vivent en Allemagne, ils ne peuvent plus rentrer en Autriche à moins de faire le tour par la Suisse. Ces taxes frappent également tous les produits que l'Autriche importe d'Allemagne. Un élément de chantage parmi d'autres... pour entraîner l'asphyxie du pays convoité.

Et Otto enrage de se sentir encore lié par la promesse de demeurer en exil et de n'avoir d'autre relais que Schuschnigg et son attitude ondoyante, le vieil archiduc Eugène et les deux frères Hohenberg qui, s'ils ont leurs entrées dans les cercles de l'État, assistent impuissants à l'infiltration méthodique et largement financée des agents nazis.

Hitler en profite pour forcer le jeu et réclamer de nouvelles concessions à Schuschnigg. En plus de von Papen, Hitler dispose d'un agent particulièrement actif et venimeux en la personne du chef de la Cinquième colonne nazie, Seyss-Inquart qui ne cesse de réclamer de nouveaux avantages pour lui et ses affidés. Finalement, en février 1938, Schuschnigg se rebelle et refuse d'aller plus loin. La tension s'accroît brusquement entre Berlin et Vienne. Otto réagit très vite. Considérant que le chancelier fait fausse route depuis le début, il lui écrit pour lui proposer d'organiser un partage du pouvoir où Schuschnigg deviendrait président de la République et où lui-même accéderait à la chancellerie pour faire échec à Hitler. La proposition d'Otto peut paraître follement risquée, mais il est probable que le scénario en avait été élaboré entre les deux hommes dès leur rencontre dans les Vosges et que Schuschnigg avait donné son feu vert afin de tester le rapport des forces en Europe centrale en cas d'aggravation soudaine de la situation. En tout cas, la lettre d'Otto est largement reproduite dans la presse internationale et suscite les commentaires haineux des hitlériens. Dans ses discours, Goebbels écume alors de rage contre Otto et Zita, mais Schuschnigg hésite encore et, perpétuel optimiste, il veut jouer son va-tout en se rendant auprès de Hitler au Berghof. Le Führer, alternant violences et flatteries, se joue du chancelier trop confiant qui s'est jeté dans la gueule du loup. Il lui arrache un train de mesures tel que, s'il était appliqué, l'Autriche deviendrait immédiatement un protectorat de l'Allemagne, première étape avant une absorption définitive, sans que les puissances européennes puissent s'y opposer. Cependant, dès son retour à Vienne, Schuschnigg se ressaisit, dénonce toutes les concessions accordées à Hitler et annonce un référendum dans les jours à venir, afin de déterminer si les Autrichiens souhaitent maintenir leur indépendance. Une réponse favorable induit en filigrane le retour immédiat d'Otto pour renforcer la défense de l'Autriche et son crédit international. Or le « oui » ne semble pas devoir faire de doute. Évidemment, Otto appuie le coup de poker du chancelier et cette manière de prendre le monde à témoin pour résister à Hitler malgré les obstacles. Dans les pays qui lui accordent l'asile, la France et l'Angleterre en particulier, cela fait déjà plusieurs semaines qu'il tente de mobiliser les opinions en faveur de l'Autriche. Malheureusement, en cette période de grande crise morale des démocraties, il ne recueille que peu d'échos pour venir au secours du chancelier, et appuyer ses propres démarches.

Hitler brusque alors la décision : les divisions allemandes franchissent la frontière tandis que Seyss-Inquart et ses agents enlèvent leurs masques légalistes, bousculent le chancelier et s'emparent du pouvoir. Quelques heures plus tard, Hitler est à Vienne devant une foule immense et, installé au balcon de la nouvelle Hofburg, c'est-à-dire au cœur même de l'ancien pouvoir des Habsbourg, il proclame l'union de l'Autriche au Reich allemand. Peu d'événements donnent autant que l'entrée de Hitler dans Vienne l'illustration de l'adhésion fanatique des masses à un homme. Les images les plus folles de délire hystérique illustrent le parcours de la voiture à travers les rues de la capitale où des femmes présentent leurs bébés au Führer tandis que les enfants font le salut nazi. L'Autriche renie brusquement vingt ans d'hésitations pour se jeter, en quelques heures, dans les rets du IIIe Reich. Il est vraisemblable que ces mêmes Autrichiens auraient accueilli Otto avec un enthousiasme identique, quoique sans doute moins halluciné.

Le problème d'identité profond et suicidaire dont souffrait le pays le rendait susceptible de passer ainsi d'une option opposée à l'autre, comme un enfant qui choisit soudain la délinquance. Quelques semaines plus tard, Hitler sanctionne l'Anschluss par un plébiscite auquel les Autrichiens répondent « oui » à 99 %. Comment aurait-il pu en être autrement puisque le pays est aussitôt bâillonné et que même les chefs socialistes appellent à l'union avec l'Allemagne nazie, et notamment l'un des plus respectés d'entre tous, le docteur Karl Rainer, qui deviendra Président de la République après la guerre...

Dès son arrivée en Autriche, Hitler déchaîne le macabre programme de ses fantasmes sur Vienne. Vienne la Juive, Vienne la cosmopolite, Vienne la rouge, Vienne l'orgueilleuse citadelle Habsbourg : tout est bon pour les SA qui saccagent les magasins juifs, martyrisent les membres de la communauté qui comprennent tout de suite, encore plus nettement que les Juifs allemands, le piège infernal dans lequel ils sont tombés. Ainsi, deux mois après l'Anschluss, Sigmund Freud s'enfuit, aidé par sa fille et Marie Bonaparte, en laissant tout ce qu'il possède, alors que ses deux sœurs de quatre-vingts ans, qui se croyaient à l'abri compte tenu de leur âge, seront déportées et assassinées dans les camps. Les nazis négocient aussi la vente des juifs aux Occidentaux avec un cynisme éhonté. Les Rothschild doivent verser des sommes considérables pour faire sortir leurs cousins de Vienne ; des Américains paient une fortune pour récupérer Léopoldi, un célèbre artiste de variétés. Ceux-là sont sauvés, mais tous ceux qui n'ont ni argent ni amis fortunés à l'étranger sont coincés et ils devront faire la queue pendant des semaines devant les ambassades en espérant obtenir des visas qui leur seront bien souvent refusés, les laissant face à une mort certaine.

Otto traqué, les frères Hohenberg déportés

Depuis Londres, Paris, Bruxelles, toutes les villes où il tente d'ameuter l'opinion, Otto suit avec effroi la situation à Vienne et reçoit, par centaines, par milliers, des appels au secours. Pendant les mois qui vont suivre, Otto ne va cesser d'attirer l'attention des pays alliés pour qu'ils accordent le droit d'asile à ceux qui veulent échapper à leurs bourreaux. Contrairement à ce que l'on pense, le droit d'asile à cette époque là est accordé de façon très parcimonieuse et la plupart des condamnés se battent sans espoir. Schuschnigg est le premier sur la liste des hommes politiques arrêtés ; mais tous les fidèles de Otto sont visés. L'un des principaux responsables du mouvement monarchiste est arrêté ; il parvient toutefois à détruire le fichier des sympathisants en le jetant dans le Danube, sauvant ainsi près de trente mille militants de base qui parviennent à passer à travers les mailles du filet. Schuschnigg est enfermé dans un commissariat, battu puis déporté à Dachau. Quant aux frères Hohenberg qui n'avaient jamais caché leurs opinions ni leur aversion à l'encontre d'Hitler, ils sont immédiatement arrêtés et emprisonnés également à Dachau.

Le commandement du camp les affectera au nettoyage des latrines puisqu'ils sont en somme désormais « la merde de la nouvelle Allemagne ». Des responsables communistes, eux-mêmes déportés, les verront passer jour après jour, en pyjama rayé, tirant leurs tinettes dans la boue et chantant des chansons viennoises pour se donner du courage. Ces chansons qui sont si gaies mais qui au fond serrent le cœur à force de nostalgie.

Maximilien sera libéré après neuf mois mais vivra sous la menace constante de la Gestapo et d'une nouvelle arrestation, reclus avec les siens dans un petit appartement d'Artstetten, le château et les collections ayant été saisis sur ordre de Goering. Ernest restera déporté jusqu'en 1943, transféré d'un camp à l'autre et constamment humilié et martyrisé par les kapos. Il mourra peu après la guerre sans s'être jamais vraiment remis de ses souffrances.

Maximilien, devenu le maire d'Artstetten sous l'occupation russe, et ayant peu à peu relevé le château de son père, connaîtra une fin de vie plus paisible, entouré de la considération générale que valurent aux Hohenberg leur droiture et leur courage ; quant à Sophie, la sœur aînée, elle ne s'éteindra qu'au cours des années 90, non sans avoir perdu deux de ses fils, engagés de force dans la Wehrmacht, l'un mort sur le front russe et l'autre fait prisonnier dans un camp soviétique en Sibérie dont il ne revint jamais. Toute la vie des enfants de l'archiduc François-Ferdinand et de la duchesse de Hohenberg, assassinés à Sarajevo, n'aura été qu'une succession de tragédies à l'image de la fin brutale de leurs parents.

Hitler n'a de cesse d'enlever Otto pour le traîner devant un tribunal, le faire condamner pour trahison, afin qu'il soit exécuté sans délai. Mais Otto se méfie, il est rapide à disparaître et à déjouer les pièges que lui tendent les nazis. Au cours de ces années, Otto et ses frères, ses plus fidèles lieutenants, vont être victimes de multiples tentatives d'enlèvement. C'est ainsi que, dans un restaurant, on sert à Otto des champignons empoisonnés ; le plafond s'effondre dans sa chambre à Lisbonne ; des inconnus mitraillent à plusieurs reprises son automobile ; chaque fois, il en réchappe sans même y prêter attention. Et si les nouvelles qui lui parviennent tous les jours sont de plus en plus catastrophiques, signalant tel ami ou militant déporté ou assassiné, Otto ne se décourage pas et son désir de résister n'est en rien altéré. Il connaît bien l'état du monde et des pays qui entourent l'Autriche, il connaît les politiques et le caractère des hommes qui les peuplent. Malgré son très jeune âge, avec un sens politique et une expérience que bien d'autres n'ont pas, il est intimement persuadé que l'aventure sinistre de Hitler s'achèvera par une catastrophe à l'échelle mondiale. Et puis il parvient à faire échapper beaucoup d'Autrichiens et chaque vie sauvée est une victoire contre les nazis, de telle sorte que tous ceux qui ont refusé l'Anschluss le reconnaissent désormais comme le chef légitime d'une Autriche en exil ; le chef de la seule Autriche qui existe encore.

Comment Otto a sauvé la vie à des milliers d'émigrés autrichiens

L'offensive allemande surprend Zita et sa famille, alors qu'ils sont à Steenockerzeel, en Belgique, le 10 mai 1940. Une véritable escadrille d'avions de la Luftwaffe bombarde le château qui ne représente pourtant pas un objectif militaire. Mais la plupart des bombes ratent leur cible et, en définitive, seul le tennis est touché, ce qui amuse les jeunes Habsbourg qui avaient déjà eu tout loisir de comprendre que le temps n'est plus aux parties de tennis... La Belgique est si proche de la frontière allemande que Zita décide de gagner la France. Pressée par son fils, elle part ensuite pour l'Espagne avec les plus jeunes frères et sœurs d'Otto. Elle a perdu ses papiers dans la tourmente, mais les policiers espagnols la reconnaissent depuis le temps de Lequeitio et la laissent passer sans hésiter. Puis elle s'embarque pour les États-Unis. Otto est déjà à Paris où il organise l'émigration des Autrichiens que les gouvernements Daladier et Reynaud ont consignés dans des camps puisqu'ils sont officiellement allemands, alors même qu'ils ont précisément fui le nazisme. En cas de défaite de la France, ils sont les gibiers désignés de la vindicte hitlérienne et il faut donc les exfiltrer le plus rapidement possible. Inlassablement, dans sa petite chambre de l'hôtel Cayré, boulevard Raspail, il travaille sur un dossier après l'autre. Il a réussi à faire sortir de la machine bureaucratique des camps d'internement presque tous les cas dont il a été informé et, à présent, ceux qu'il a protégés le sollicitent naturellement. Car très vite il apparaît que les Allemands foncent vers Paris. Durant les quelques semaines qui séparent le déclenchement de l'offensive allemande de l'arrivée des panzers à Paris, Otto dresse les listes de ceux qu'il va aider à partir. Et des monarchistes fervents qui l'ont toujours soutenu aux anciens communistes qui l'ont combattu, Otto ne choisit pas, il secourt tout le monde de la même manière. Avec l'aide de ses nombreuses relations à Paris, et celle particulièrement fiable et efficace de Georges Mandel, il trouve des sauf-conduits, des voitures, des autocars et de l'essence, et sur la route de l'exode plusieurs milliers d'Autrichiens se mêlent ainsi aux populations françaises en fuite.

Otto lui-même quitte Paris trois heures seulement avant que les nazis n'entrent dans la capitale. Le frêle esquif de l'Autriche en exil n'est qu'une chaloupe sur l'océan déchaîné où d'énormes croiseurs se tirent des bordées de canonnades assourdissantes, mais Otto, comme le plus fidèle des capitaines, tient solidement la barre. Avec sa voiture, il rejoint Bordeaux et, dans cette ville où ceux qui formeront le gouvernement de Vichy commencent déjà à s'organiser, Otto obtient mille cinq cents visas du consul portugais. Il a tellement de vies à sauver qu'il se voit obligé de passer des accords avec les hommes d'État les plus improbables ou à la réputation la plus douteuse. Il obtient ainsi plusieurs milliers d'autres visas pour Saint-Domingue et pour Cuba aux mains des dictateurs Trujillo et Batista qui laissèrent pourtant dans l'Histoire des souvenirs sanglants. C'est cela aussi la force d'Otto : lorsqu'une cause lui paraît juste, il peut faire alliance avec le diable pour la faire triompher. Une fois les visas obtenus, les candidats autrichiens à l'exil doivent traverser l'Espagne pour rejoindre le Portugal et s'embarquer, ce qui n'est pas une mince affaire car beaucoup d'entre eux sont d'anciens républicains qui se sont même battus contre Franco. Mais Otto a gardé beaucoup de contacts en Espagne, il arrache leur parole d'honneur aux autorités de ne pas toucher aux réfugiés, et il parvient à leur faire passer la frontière.

Otto est évidemment aussi en contact avec les Américains, notamment avec Morgenthau, très influent auprès de Roosevelt, et qu'il avait rencontré à l'automne de 1939 pendant la drôle de guerre. Otto compte bien que les États-Unis lui délivrent de nombreux visas ; à sa stupéfaction absolue, il réalise devant les hésitations et les silences gênés des consuls américains que ses appels à

Morgenthau ne servent à rien. À Washington, personne ne s'intéresse au sort des Autrichiens et encore moins des Juifs. Or Otto est persuadé que le sort de l'Autriche, après l'effondrement du nazisme dont il n'a jamais douté, se jouera aux États-Unis. Il sait que Roosevelt est malgré tout décidé à le recevoir et que Zita, avec son énergie coutumière, s'est lancée dans une fracassante tournée de conférences qui mord sur l'opinion publique isolationniste, en insistant sur le fait que l'Autriche a été la victime des nazis et non leur complice. Les chemins de la vertu sont parfois pavés de demi-vérités... Les Américains ont une idée assez mythique des royautés et ils attendent que Zita se présente telle une impératrice d'Autriche en robe de mousseline rebrodée d'or et de pierreries avec une couronne sur la tête. Au lieu de Sissi revue par Hollywood, quand ils voient arriver une sorte de chaisière en bas noirs, avec des bandeaux dans les cheveux, qui tient plus de la veuve sicilienne que de l'ex-souveraine d'un immense territoire, ils sont stupéfaits puis conquis. Bref, il est temps pour Otto de rejoindre l'Amérique.

Les dernières années écoulées ont été extrêmement éprouvantes pour lui. Il a côtoyé deuils et déceptions, morts et trahisons, sans jamais cesser de se battre ; l'arrivée à New York lui insuffle un regain d'énergie. Les manières franches et démocratiques des Américains qui l'appellent « Wonder Otto » ou « Habsburg junior » le touchent et l'enchantent ; la gentillesse de la rue et la curiosité des médias lui permettent de tester ses arguments. Et puis c'est un bel été, l'Amérique est encore en paix, et il y a des instants où il se rappelle qu'il n'a au fond que vingt-sept ans.

La rencontre avec Roosevelt

Roosevelt s'attache à Otto dès leur première rencontre, et il est aussitôt persuadé qu'il faut non seulement l'aider mais lui donner les moyens de son action. À cet effet, il accepte la formation d'une légion autrichienne aux côtés des Alliés, dans laquelle deux des frères d'Otto s'engagent. Afin de mieux se préparer, ils se rendent dans les montagnes Rocheuses et subissent un entraînement qui n'a rien à voir avec celui d'une guerre d'opérette. Au contraire, il est prévu d'envoyer les deux frères à Lisbonne pour rejoindre les agents de renseignements alliés puis de leur faire gagner l'Autriche en les parachutant au Tyrol. Enfin, pas tout de suite, car Otto juge ce projet d'équipée bien dangereux et il parvient à calmer les esprits en faisant différer sa mise en œuvre. Dorénavant Otto partage son temps entre le Portugal et les États-Unis et il retrouve régulièrement Roosevelt à la Maison Blanche où Zita a réussi à conquérir l'épouse du président. Eleonore Roosevelt est pourtant une femme émancipée et progressiste, et pour elle les dynasties européennes tiennent à la fois de la légende et du folklore. Mais Zita est habile, elle a appris à convaincre les auditoires les plus réfractaires et elle est parvenue à s'attirer l'amitié de la présidente. Finalement, à force d'éloquence, de rencontres et d'arguments de la part de Zita et d'Otto, l'invraisemblable se produit : l'Autriche est officiellement considérée par les Alliés comme un pays agressé. Quand on pense au nombre de jeunes Autrichiens qui se battent sous les drapeaux de la Wehrmacht, à la participation fanatique de certains d'entre eux à la SS ou à la Gestapo, et quand on connaît le sempiternel dédain des démocraties pour l'Autriche à tel point qu'Anthony Eden, ministre de Churchill, la désignait avec mépris comme « ce ramassis de Juifs menés par une poignée d'archiducs », on peut mesurer le formidable travail accompli par Otto et sa mère.

En obtenant que l'Autriche ne soit pas considérée comme complice de l'Allemagne, Otto lui épargne toutes les vexations imposées aux pays vaincus. Cependant, dans son combat pour sauver l'honneur de son pays, il n'a pas prévu les effets pervers du résultat obtenu, ni l'attitude des Autrichiens qui, en 1945, feront l'économie d'une autocritique qui n'aurait pas été inutile. Ce tour de passe-passe qui transforme certains complices très actifs du régime nazi en victimes et prétend effacer les images ahurissantes enregistrées lors de l'Anschluss permet aux Autrichiens d'évacuer légèrement la mémoire de toutes les compromissions auxquelles beaucoup d'entre eux se sont livrés.

Fin 1944, au péril de leur vie, les frères d'Otto qui appartiennent à la légion autrichienne sont parachutés au Tyrol et aussitôt confrontés à une situation où ils risquent de se faire prendre à chaque instant. Ils parviennent à se cacher dans des villages où se trouvent des fidèles des Habsbourg. Mais leur marge de manœuvre est strictement limitée et ce n'est véritablement qu'en avril 1945 qu'ils peuvent sortir de la clandestinité pour installer des organisations d'entraide dans un pays dévasté.

Le rendez-vous manqué

C'est ce moment qu'Otto choisit pour rejoindre l'Autriche, cette Autriche dont il entend parler depuis toujours et qu'il ne connaît pas, cette Autriche dont il a longé les frontières si souvent sans pouvoir y entrer, ce pays dont il a tant rêvé. Et son retour se passe très mal. Entre l'idée qu'il se faisait de sa patrie, le souhait de voir restaurer une Autriche indépendante et la réalité de l'après-guerre, il y a un abîme. Tout n'est que ruines et la pénurie de nourriture et de combustibles entraîne une telle misère que la mortalité chez les civils sera encore plus effrayante après 1945 que pendant la guerre. La reconstruction de l'État que suggère Otto n'intéresse personne parmi les réfugiés égarés sur les routes, et les masses qui tentent de survivre dans les villes détruites. Les Autrichiens attendent leur avenir des Alliés uniquement.

L'Autriche est divisée en quatre zones d'occupation et, si les anciennes amitiés d'Otto lui permettent de se déplacer comme il le veut dans les zones alliées, il n'en est pas de même pour la zone soviétique. Or, l'Autriche voit resurgir les hommes politiques d'avant Dollfuss et Schuschnigg. Ils sont âgés mais ils s'accrochent encore à la république de 1918. Même si beaucoup d'entre eux se sont gravement égarés en appelant à voter pour l'Anschluss, ils disposent de partis et d'appareils dans le pays, et ce ne sont pas les Habsbourg, qui ont vécu si longtemps en exil, qui peuvent se mesurer à eux et à leurs organisations ressuscitées. Sous la pression des Russes et avec la bénédiction des revenants politiques, Otto et ses frères sont expulsés à la fin de 1945 tandis que les lois de bannissement et de séquestration qu'avaient réinstaurées les nazis sont maintenues. Pour Otto, c'est une injustice et un déchirement épouvantables. Il sait ce qu'il a fait pour l'Autriche : outre la reconnaissance de sa patrie comme pays agressé, il a obtenu, au moment de la conférence de Potsdam, que la répartition des zones d'occupation en Autriche soit plus favorable aux Alliés qu'aux Russes. Il raconte lui-même comment il a forcé la porte de la chambre de Churchill à Potsdam pendant qu'il faisait la sieste, pour redessiner avec lui la carte du partage, alors même que Churchill détestait être dérangé dans son sommeil d'après ses copieux déjeuners, avec cognac et cigares. Otto sait qu'il faut que la décision soit prise tout de suite et, face à Churchill qui maugrée en se frottant les yeux, le charme d'Otto agit. Il calme le vieux lion et dessine devant lui les différentes zones en réduisant nettement celle qui sera dévolue à l'occupation russe. Et c'est cette carte-là qui sera définitivement choisie.

Otto va passer les mois qui suivent en éprouvant pour la première fois un sentiment bien proche de la déception ; sentiment vraisemblablement partagé par Zita, qui décide de rester au Canada. Elle aussi semble perdre un peu de l'espoir qui les a tous portés durant tant d'années. Ce n'est que dans les années 50 qu'elle revient en Europe pour s'installer dans un monastère en Suisse, dont elle ne sortira pratiquement plus. Elle se retranche du monde dans un milieu austère et pieux où moniales et domestiques la traitent comme l'une de ces souveraines d'autrefois qui attendaient le face-à-face ultime avec Dieu, en ayant renoncé à la vie séculière. Pendant ce temps, Otto doit résoudre le problème angoissant de sa subsistance car, s'il a donné son temps aux autres pendant la guerre, il n'a rien organisé pour son avenir matériel. Les propriétés de Hongrie ont été saisies par les communistes. Le peu d'argent que Zita avait réussi à rassembler est épuisé depuis longtemps. Et il n'y a rien à espérer de l'Autriche. Otto est confronté à la nécessité de gagner sa vie et de subvenir aux besoins de ses frères et sœurs qui continuent leurs études. C'est ainsi qu'il va commencer à donner des conférences, écrire des ouvrages historiques qui lui permettront de reconstituer peu à peu un patrimoine et des conditions de vie décentes.

La nouvelle vie d'Otto de Habsbourg

C'est au cours d'une visite dans un camp de personnes déplacées qu'Otto rencontre sa future épouse, la princesse allemande Regina de Saxe-Meiningen dont la famille a été clairement antinazie, dont le père est mort aux mains des Russes, et dont tout l'héritage se trouve désormais perdu de l'autre côté du rideau de fer. Regina est grande, belle, déjà éprouvée par la vie, et elle s'emploie à venir en aide aux réfugiés. Elle est la femme qu'il attendait sans jamais s'être donné le temps d'y penser. Otto choisit Nancy pour se marier en 1952, puisque l'Autriche lui est interdite et que, depuis le mariage de l'impératrice Marie-Thérèse, la famille est unie à l'histoire de la Lorraine. L'Europe est encore convalescente et le mariage d'Otto est le premier grand mariage royal qui réunit les Habsbourg et les princes allemands qui ont pu traverser la guerre sans déshonneur. La cérémonie et les réjouissances sont d'une gaieté extrême, d'autant que toute la population de Nancy s'associe à la joie des mariés et accompagne le cortège avec enthousiasme. La ville entière est dans la rue et le cortège qui traverse la place Stanislas rassemble avec l'aristocratie européenne, les représentants des Autrichiens, des Hongrois, des Croates, des Tchèques, des Ruthènes, souvent eux-mêmes exilés qui rendent hommage, en costumes traditionnels, au chef de la maison Habsbourg et à sa nouvelle épouse.

C'est ainsi que commence la nouvelle vie d'Otto de Habsbourg, qui l'amènera à écrire plus de trente ouvrages, à présider des centaines d'œuvres et d'associations, à refuser la présidence de la République hongroise en 1990, et le conduira à la députation européenne, avec des fortunes diverses, mais pour lesquelles personne ne peut lui reprocher ni médiocrité ni bassesse.

Il est toujours difficile d'analyser une notion aussi irrationnelle que le charme. Albert Camus dit qu'il « est une manière d'avoir une réponse à toutes les questions ». Très curieusement, même si l'on ne partage pas sa vision du monde, et si l'on ne porte pas le même jugement que lui sur l'évolution de la politique et de la société, Otto de Habsbourg charme infiniment ceux qui ont la chance de le rencontrer. Est-ce le sourire désarmant et extraordinairement juvénile de cet homme de quatre-vingt-sept ans ? Est-ce la douceur qui nimbe ses propos et ses manières ? Est-ce sa parfaite courtoisie ? Est-ce sa manière de vivre qui tranche sur celle des autres exilés, avec ses costumes fatigués, les hôtels modestes où il descend, son train de vie austère ? Sans doute tout cela en même temps... En tout cas il est certain que le charme opère immédiatement et que derrière la pudeur de cet homme qui ne parle jamais de ses tracas personnels mais replace toujours sa vie au contact de celle des autres on devine une très forte personnalité. Son caractère n'a été altéré ni par l'éducation rigide et inflexible de Zita ni par les échecs qu'il a essuyés. La vision du monde qu'il porte en lui et le système de valeurs auquel il a consacré sa vie n'ont pas détruit ses sentiments altruistes ni même son humour et sa gaieté. Et cet homme doux mais intimidant, candide mais riche d'expérience, affable mais d'une énergie de fer, qui s'exprime dans un nombre incalculable de langues et connaît la terre entière mais qui est finalement solitaire, dégage une impression d'harmonie intérieure extrêmement apaisante qu'il répand autour de lui. C'est sans doute ce qui explique qu'il ait conservé un prestige personnel intact.

Otto est un homme qui s'est parfois trompé, en croyant que ses analyses pèseraient sur l'histoire, alors qu'elle s'est souvent déroulée sans lui. Mais lorsque l'on repense au sort de la plupart des princes en exil, aucun sans doute n'a incarné autant que lui la fidélité à son patrimoine intellectuel, en homme de foi qui n'a jamais désespéré.

Et quand on le voit marcher dans les couloirs du Parlement européen, comme il le faisait il y a encore quelques mois, au milieu de tous les autres députés qui pour la plupart ont trente ou quarante ans de moins lui, lorsque l'on entend les huissiers s'adresser à lui avec une déférence particulière, Otto de Habsbourg donne le sentiment d'être le dernier gentilhomme qui puise ses racines dans la grandeur et la majesté d'un ancien monde évanoui, dont constater la fin n'interdit pas de regretter la perte.

POST-SCRIPTUM

LA DAME DE WOLFSGARTEN

> « Le voyageur réfléchissait ; il est toujours délicat d'intervenir sérieusement dans les affaires des étrangers. »
> Franz Kafka, *La Colonie pénitentiaire.*

Lorsqu'elle arriva à Darmstadt, en noir et derrière cinq cercueils, la nouvelle princesse de Hesse et du Rhin ignorait tout du pays dont un invraisemblable enchaînement de tragédies lui confiait la charge morale. La Hesse, région paisible et riante de l'Allemagne des professeurs et des vignobles, avait été si attachée à sa famille royale et notamment à son dernier grand-duc, le gracieux et flamboyant Ernst-Ludwig, et elle était si réticente à l'égard des nazis et du IIIe Reich de Hitler, que la jeune femme se vit aussitôt au centre d'une curiosité affectueuse qui n'allait pas tarder à se changer en un attachement passionné jusqu'à sa mort, loin en avant dans le siècle, au cours des années 90. La complication des temps avait transformé la Hesse en république et les jeux du cœur et du hasard avaient fait de Margaret Gaddes, jeune Anglaise moderne aimant les fleurs, les chiens et les chansons d'Ivor Novello, la souveraine officieuse d'un État où le pouvoir réel était exercé par des brutes à croix gammée. Sa venue aurait dû se dérouler au milieu de réjouissances, elle s'effectuait au cours d'un enterrement. Bientôt la guerre compliquerait encore un peu plus cette série de paradoxes puisque Margaret s'y montrerait d'un dévouement extraordinaire à l'égard de ses nouveaux compatriotes sans trahir son pays natal, cœur aimant, déchiré et silencieux, désarmant même les hommes cruels qui auraient pu la déporter dans l'un de leurs sinistres camps de la mort. Certes, la princesse de Hesse et du Rhin pouvait compter sur l'appui de son mari, le grand-duc Ludwig, mais c'était un jeune homme doux et porté sur les arts, dans la lignée de son père, la démesure en moins, et c'était plutôt lui qui avait besoin d'elle pour affronter une situation aussi difficile et dangereuse. Comme le dira plus tard le landgrave Moritz de Hesse, qu'elle adoptera en l'arrachant à d'autres effroyables chagrins et qui lui a succédé aujourd'hui : « C'était une de ces personnes merveilleuses comme on n'en rencontre pas deux fois dans sa vie, qui exerce la douceur pour vous réconforter, la domination pour vous faire aller de l'avant, le don de soi pour éclairer à chaque instant votre chemin. »

Quelques mois après son arrivée à Darmstadt, un nouveau drame aura des conséquences décisives sur le comportement de Margaret. La troisième enfant que les victimes de l'accident d'Ostende avaient laissée derrière eux, une petite fille trop jeune pour voyager, et que sa tante élevait comme son propre enfant, meurt d'une affection foudroyante. Margaret vit cet autre deuil dans un désespoir dévastateur : serait-elle condamnée par un arrêt obscur de la providence à n'apporter que le malheur autour d'elle ? Cette question lancinante et la détresse supplémentaire qu'elle en retire la décideront à vouloir combattre désormais toutes les injustices et toutes les méchancetés du temps avec l'énergie de leur opposer constamment son idéal d'équité et de bonté pour que le mal et la mort n'aient jamais le dernier mot. Et dans l'Allemagne hitlérienne la tâche était si démesurée qu'elle demandait une volonté de vivre et une foi dans le bonheur, malgré tout, absolument exceptionnelles. Margaret était la femme de ces vertus sans limites.

Elle regarda beaucoup autour d'elle. Au-delà des drapeaux à croix gammée, la ville de Darmstadt qu'Ernst-Ludwig avait léguée aux Hessois était étonnamment belle avec sa colline aux artistes, ses monuments art nouveau, ses palais emplis d'objets et de meubles de goût. À l'abri des rugissements des défilés et des parades que les habitants subissaient bien plus qu'ils n'y participaient, les demeures princières regorgeaient de souvenirs tous plus émouvants les uns que les autres sur l'enchevêtrement familial des anciennes dynasties. Tout cela était sans valeur aux yeux des nouveaux maîtres de l'Allemagne, sans intérêt pour une époque dont l'amnésie irait en s'amplifiant même après la fin de la guerre et du cauchemar, mais pour Margaret ce patrimoine était sans prix puisqu'il était justement celui de la mémoire. Curieusement, la famille de Hesse n'était pas très riche : le seul bien vraiment considérable qu'elle possédât était une prodigieuse Madone de Holbein qui avait échappé aux limiers de Goering. Margaret fit rouler la précieuse toile du maître de la Renaissance et la cacha soigneusement sous son lit, puis elle inventoria méticuleusement les souvenirs en les répartissant dans des abris sûrs. Les bombardements alliés commençaient à ravager les villes allemandes et Darmstadt connut les flammes et les destructions de l'Apocalypse. La demeure de Wolfsgarten était isolée dans la campagne. Elle s'y replia avec son mari, l'ouvrit à plusieurs centaines de réfugiés qui campaient dans le parc, les granges, les fermes, les bâtiments divers. On dormait jusque dans les salons, les chambres et les couloirs. Des proscrits, des Juifs, des communistes étaient cachés dans les greniers, et Margaret chaque jour assurait l'incroyable survie de toute la colonie et de ses clandestins. Son mari et deux adolescents l'aidaient dans sa tâche : les fils de son cousin Philippe de Hesse, le prince nazi de Cassel dont Hitler avait fait mourir la femme, Mafalda de Savoie, au camp de Buchenwald, pour punir son ancien lieutenant d'avoir pris ses distances avec le régime après Stalingrad. Deux grands enfants dont la mère avait été tuée par les anciens complices de leur père...

La tension quotidienne était si forte pour Margaret qu'elle préservait un jardin secret où nul n'était admis. Elle avait retrouvé les malles aux souvenirs des Romanov qu'Ernst-Ludwig avait fait sceller autrefois lorsqu'il avait voulu rompre avec son passé, effacer les liens qui l'unissaient à la tsarine et à la grande-duchesse Élisabeth. Ces malles renfermaient d'inépuisables trésors de photographies, de lettres, d'albums, de menus objets rappelant les innombrables instants de vies heureuses et de tendresses échangées entre les Romanov et les Hesse ; le catalogue sensible et enchanteur d'un monde éteint et qui, sans elle, allait disparaître dans l'oubli. Ainsi, chaque nuit, tandis que les lourds bombardiers alliés survolaient l'Allemagne, terrorisant les réfugiés de Wolfsgarten, Margaret ouvrait les malles, classait les souvenirs, leur trouvait des caches sûres et renouait fil à fil les liens entre un passé lumineux et un avenir qui ne pourrait être pire que le présent. Ses neveux la surprirent dans sa tâche mystérieuse ; le plus stupéfiant était de constater qu'elle pleurait sur ces papiers, ces rubans armoriés, ces éventails fanés qui avaient appartenu à des gens qu'elle n'avait pas connus, alors qu'ils ne l'avaient jamais vue essuyer une larme. Mais ils comprirent qu'il y avait dans toutes ces histoires tant de chagrins et tant d'épreuves, dont tout le monde ne parlait plus jamais qu'il fallait bien qu'il y eût un jour, au cœur de l'enfer où ils étaient tous plongés, quelqu'un pour pleurer sur ceux qu'on avait oubliés et les arracher à leur silencieux exil.

Plus tard, Margaret mit en gage le Holbein pour construire des hôpitaux et des écoles...

Remerciements

La rédaction de ce livre n'aurait pas été possible sans les nombreux entretiens qui m'ont été accordés et sans les archives de famille qu'il m'a été donné de consulter.

Je remercie chaleureusement pour leur accueil et leur aide inestimable mon cher ami le prince Michel Romanov, le prince Nicolas Romanov et son épouse, ainsi que Mme Xénia Sfiri.
Toute ma gratitude va à la grande-duchesse Léonida de Russie, à sa fille la grande-duchesse Maria et au jeune grand-duc Georges qui ont contribué à l'agrément de nos entretiens ; au comte Lennart Bernadotte et à son épouse qui m'ont ouvert leurs fabuleuses archives, ainsi qu'à la princesse Tatiana Metternich et à la princesse Metcherski, pour leur généreux accueil.
La princesse Anita Hohenberg et Son Excellence l'ambassadeur Hohenberg, chef de la famille, m'ont été d'une aide très précieuse, ainsi que l'archiduc Rodolphe de Habsbourg et son épouse. Ce fut aussi un grand privilège de rencontrer l'archiduc Otto de Habsbourg, qui m'a conduit au cœur même d'une histoire dont il fut un des acteurs essentiels.
Je remercie également la princesse Stéphanie Windichgraetz et l'archiduc Markus de Habsbourg pour les nombreux faits méconnus qu'ils m'ont relatés, le professeur Fejtö, certainement le meilleur connaisseur de l'histoire de la Hongrie durant ce siècle, et le comte et la comtesse Somssitch, dont les souvenirs personnels sur le pays magyar se sont révélés passionnants.
Sans l'apport essentiel du prince Frédéric-Guillaume de Prusse, il m'aurait été impossible d'aborder les chapitres concernant les

Hohenzollern. Je garde aussi un souvenir très ému de ma rencontre avec le prince Moritz de Hesse et du Rhin à Wolfsgarten.

Je tiens à remercier tout particulièrement Jacques Ferrand, dont les recherches généalogiques et iconographiques m'ont décidé à me lancer dans cette entreprise ; et Jean-Noël Liaut ainsi que Marie-Ange Lherbier pour leur contribution au souvenir de Natalie Paley ; quant à Sylvie Lloret, je lui suis profondément reconnaissant pour son efficacité dans la recherche de photographies originales réputées jusqu'alors disparues.

Enfin, toute ma gratitude va à Claude Mendibil qui m'a tant aidé à établir la première version du manuscrit et à mettre en forme cette plongée dans un ensemble de mémoires que le temps avait à la fois enchevêtrées et effacées

Table

1. Le dernier tsar 15
2. Le grand-duc Paul et Olga 38
3. Le grand-duc Alexandre 57
4. Maria Féodorovna 77
5. Victoria-Mélita, la tsarine de l'exil 93
6. Maria Pavlovna et Dimitri,
   mon frère, mon amour 118
7. Irène et Natalie Paley
   avant 1930 134
8. Les sortilèges d'oncle Felix 144
9. Zita, Otto et l'empire disparu 149
10. L'Autriche sans les Habsbourg 157
11. Les enfants Hohenberg 167
12. La Hongrie sans les Habsbourg 172
13. Guillaume II,
    un vieux monsieur si tranquille 183
14. Les pauvres gens
    La vie des Russes en exil 205
15. Anastasia,
    imposteur de génie 212
16. Maria Pavlovna, Dimitri et Lennart
    L'ombre du passé 224
17. Michel, gardien des souvenirs d'Irène et Natalie ... 239
18. La rédemption d'oncle Felix 256
19. Guillaume II,
    après 1930 260

20. Kira et Louis-Ferdinand,
    les justes 272
21. Vladimir et Léonida 288
22. Les combats d'Otto de Habsbourg 298

Post-scriptum
La dame de Wolfsgarten 327

Remerciements 331

Crédits photographiques

Les photos appartiennent aux collections de Cyrille Boulay et de Frédéric Mitterrand, à l'exception des suivantes :
Page 12, en haut à droite : © rue des Archives.
Page 16, en haut : © Edimedia.

*La composition de cet ouvrage
a été réalisée par l'***Imprimerie Bussière**,
*l'impression et le brochage ont été effectués
sur presse Cameron dans les ateliers
de* **Bussière Camedan Imprimeries**
*à Saint-Amand-Montrond (Cher)
pour le compte des éditions Robert Laffont
24, avenue Marceau, 75008 Paris
en septembre 1999*

N° d'édition : 40088/01. N° d'impression : 1715-993054/4.
Dépôt légal : septembre 1999.

Imprimé en France